DISCURSOS PARLAMENTARIOS
(Y OTRAS DISERTACIONES)

ÓSCAR ALZAGA VILLAAMIL
Catedrático de Derecho Constitucional

DISCURSOS PARLAMENTARIOS (Y OTRAS DISERTACIONES)

Marcial Pons
Fundación Concordia y Cultura

MADRID | BARCELONA | BUENOS AIRES | SÃO PAULO
2019

ISBN: 978-84-9123-627-6

Depósito legal: M. 10.747-2019

Diseño de la cubierta: ene estudio gráfico

Fotocomposición: Josur Tratamiento de Textos, S. L.

Impresión: Artes Gráficas Huertas, S. A.
C/ Antonio Gaudí, 15
Polígono Industrial El Palomo - 28946 Fuenlabrada (Madrid)

MADRID, 2019

ÍNDICE

Pág.

Pág.

VII

DISCURSOS, EN EL PLENO DEL CONGRESO, DURANTE LA PRIMERA LEGISLATURA (DESARROLLO NORMATIVO DE LA CONSTITUCIÓN)

VIII

INTERVENCIONES PARLAMENTARIAS EN LA SEGUNDA LEGISLATURA, DESDE LA OPOSICIÓN

Pág.

IX

INTERVENCIONES PARLAMENTARIAS, DESDE LA OPOSICIÓN, EN LA TERCERA LEGISLATURA

X

DISCURSO ANTE EL II CONGRESO NACIONAL DEL PARTIDO DEMÓCRATA POPULAR

XI

ENTREVISTA SOBRE EL PROCESO CONSTITUYENTE, CONCEDIDA A *HISTORIA CONSTITUCIONAL*

PRESENTACIÓN

Al acercarse el cuarenta aniversario de nuestra Constitución, buenos amigos me preguntaban cómo se consensuaron ciertos mojones de la transición y los más jóvenes se interesaban por el clima de diálogo, que prevaleció durante el proceso constituyente en nuestras cámaras parlamentarias. Mi avejentada cabeza pensó que lo más objetivo sería compilar aquello que personalmente había sostenido en sede parlamentaria y en alguna otra tribuna.

Así empecé por recuperar una conferencia que había pronunciado en enero de 1977, ante numerosísimo público, que reflejaba nuestra visión de cómo los dirigentes de partidos ilegales centristas de la oposición democrática podíamos participar en diseñar y compartir el camino hacia unas elecciones libres y competitivas, que abriesen en sede parlamentaria un proceso constituyente, e incluso participar en una coalición electoral de centro. Era un proceso difícil, necesitado de un diálogo generoso, inspirado en los versos de Antonio Machado: «Tu verdad no, la verdad. Vamos juntos a buscarla. La tuya guárdatela». Se trataba de hacer concesiones y ofrecer ciertas seguridades a quienes gobernaban, para lograr lo que nos parecía más básico: alcanzar por primera vez tras cuarenta y un años que España, según la expresión de Julian Marías, volviese a estar en manos de los españoles. El amigo lector, a día de hoy, probablemente la considerará una conferencia de particular mixtura, pues bajo el estilo profesoral late la preocupación de quienes estábamos aún en la ilegalidad, por superar décadas de discordia y construir entre todos diálogo, comprensión recíproca y las condiciones para transitar, en un clima de consenso, hasta un auténtico Estado de Derecho, dotado de una Constitución política inspirada en las de los mejores modelos europeos de la época. Recordamos que en la primera fila del público estuvo sentado el entonces vicepresidente del Gobierno, Alfonso Osorio, acompañado de tres ministros. Días después me hicieron llegar su cortés felicitación junto con varias reservas. Aquello obviamente no iba a ser fácil.

Seguidamente hemos recopilado nuestras intervenciones en la legislatura constituyente, en que hicimos uso de la palabra en representación del grupo parlamentario de UCD, siempre que se nos pidió. Solo esquivé intervenir en defensa de puntos relacionados con el Título VIII del proyecto de Constitución, sobre cuya singular ingeniería, casi emplazada en las antípodas de la doctrina federal, fui tan crítico que cuando simultáneamente escribí durante 1978 mi grueso *Comentario sistemático a la Constitución Española de 1978* en lo relativo a buena parte del Título VIII, me acogí a la falta de tiempo disponible para escribir poco de aquellos aspectos «que nos permiten atrevernos a profetizar que los especialistas harán una dura crítica del nivel de técnica legislativa que arroja este Título y en especial su Capítulo Tercero que desde luego es el meollo de aquel» [1].

Al inicio de la legislatura de 1979, tras declinar cortésmente el ofrecimiento que me hizo el presidente Suárez de entrar en el Gobierno como ministro de Educación, se me nombró portavoz del grupo centrista en la Comisión Constitucional del Congreso, sin perjuicio de encomendarme poco después la presidencia de la Comisión de Justicia y seguidamente fusionar esta con la Comisión de Interior, también bajo mi presidencia. Dediqué muchas energías a responsabilizarme de las enmiendas que hubimos de presentar a los proyectos de Estatutos autonómicos redactados en cada Comunidad, pero en la negociación de algunos puntos delicados se nos cortocircuitó desde Presidencia para aceptar soluciones tan inconstitucionales como el considerar competencias exclusivas de ciertas Comunidades Autónomas varias materias definidas en el artículo 149.1 de la Constitución como competencias exclusivas del Estado, lo que, al no recurrirse por inconstitucional, las convertiría en compartidas. En tales diálogos políticos en la cúspide se sumaron otras concesiones, que en mi modesta opinión eran también inconstitucionales. Consecuentemente, aunque seguí llevando en este ámbito los trabajos del Grupo Parlamentario centrista, soslayé sistemáticamente tomar la palabra en los debates, para no tener que defender soluciones con las que discrepaba. De manera que mis intervenciones versaron sobre otros Títulos de la Carta Magna.

Desafortunadamente, en esta primera legislatura la mesa del Congreso, al parecer por razón del insuficiente número de taquígrafos, acordó no cubrir con miembros de este cuerpo los debates sobre proyectos de importantes leyes orgánicas de desarrollo de la Constitución, mantenidos en la Comisión de asuntos constitucionales y en la Comisión de Justicia, sin quedar constancia escrita de los correspondientes debates, que frecuentemente tuvieron un buen nivel y de los que quienes en ellos participamos guardamos muy grato recuerdo.

Los discursos parlamentarios obviamente son de naturaleza singular, en parte porque el orador, en nuestra realidad parlamentaria grupocrática, habla en nombre de su grupo parlamentario; pero, sobre todo, porque lejos de articularse como una conferencia a impartir ante un público pasivo,

---

[1] Alzaga, Ó., *Comentario sistemático a la Constitución Española de 1978*, Madrid, Del Foro, 1978, p. 819.

se deben construir en atención a su finalidad: la defensa racional de unas tesis, bien ante parlamentarios a que se aspira a convencer para obtener sus votos o impulsarlos hacia una enmienda transaccional, o bien —si no se cree posible mover de sus posiciones a los restantes grupos— con la voz dirigida a la tribuna de prensa, de la que manarán las versiones del debate que al día siguiente leerá la ciudadanía o, en algunas ocasiones, esbozando en el *Diario de Sesiones* puntos de apoyo para un posible recurso contra la ley resultante ante el Tribunal Constitucional. A lo anterior, según creemos, se suma que un diputado debe oír con atención a su oponente para asumir en alguna medida sus posiciones y para contraargumentar, en lo que proceda, con óptimas formas. Un debate parlamentario que merezca tal nombre ha de situarse en las antípodas de los diálogos de sordos y estar presidido por razonamientos que buscan persuadir al discrepante con la dialéctica de quien defiende una tesis frente a otras, que de ordinario también merecen respeto. En la legislatura constituyente y en la siguiente —en que el Gobierno no gozaba de la mayoría absoluta— el clima de diálogo real, conformado por argumentaciones sólidas, ayunas de todo improperio, fue bastante más frecuente de lo que aconteció en legislaturas posteriores, como acreditan las intervenciones parlamentarias que recogemos.

Nuestras intervenciones en la legislatura de 1982 las formulamos en nombre de la Coalición Popular, y a comienzos de la de 1986 hablamos en representación del PDP, con voluntad de practicar una oposición impregnada de mesura y ayuna de descalificaciones. Desde un propósito constructivo procurábamos ofrecer ideas y alternativas basadas en el progreso del Estado de Derecho, en el avance del sistema educativo y en la modernización de nuestras políticas económico-sociales, sin perder de vista nunca las pautas parlamentarias de las mejores experiencias europeas. De esos discursos de oposición, que intentábamos fuesen rigurosos, documentados y carentes de tintes demagógicos, quizá quepa subrayar las intervenciones en el debate de los presupuestos generales del Estado para 1987, con cruces de intervenciones con el ministro Solchaga, que aún hoy conservan interés. De esa época transcribimos también un discurso extraparlamentario, el pronunciado ante el II Congreso Nacional del PDP, que trasluce una visión de cómo concebir un partido político, bastante diferente de las que después han prevalecido en nuestro país.

Hemos de reconocer que nuestra experiencia en el foro, por ejercer la abogacía, nos fue útil para desenvolvernos en el hemiciclo del Congreso; mantenían su vigencia las reflexiones que al término de la gran guerra nos dejó escritas Max Weber sobre la positiva presencia de abogados en los debates parlamentarios[2]. Si hubiéramos de teorizar sobre las particularidades de los discursos parlamentarios, anotaríamos que, a diferencia de los debates que se mantienen en la sala de un tribunal por los letrados de las partes, en que los intereses en juego presiden el conflicto, en un debate sobre el proyecto de Constitución, o centrado, por ejemplo, en la Ley Orgánica so-

[2] Weber, M., «Parlamentarización y democratización», en *Escritos políticos,* Madrid, Alianza Editorial, 1991, pp. 227 y 228.

bre un derecho fundamental o reguladora del Tribunal Constitucional, lejos de existir una colisión de intereses más o menos legítimos, lo que afloran son visiones un tanto dispares sobre cómo consolidar una democracia de calidad. Y en ocasiones se palparán convicciones, e incluso sentimientos, que impregnarán los razonamientos del orador, que, aunque sea letrado en ejercicio, hablará en forma bien diferente a como lo haría en estrados.

Esa correlación mantiene un cierto paralelismo con la que se puede establecer entre los discursos en la tribuna del Congreso de un profesor de Derecho constitucional y las lecciones que el mismo imparte en las mismas fechas en el aula desde su cátedra, pues el docente en su universidad difunde sus conocimientos, sin otro afán que transmitirlos con claridad a sus alumnos y convertirles en adictos al estudio; mientras que cuando opera como diputado, ha de atender a la lógica funcional de la institución parlamentaria. Pero un profesor no puede despojarse de su condición, ni de sus conocimientos, en una cámara legislativa, de modo que al hacer uso de la palabra, le será difícil ocultar su familiaridad docente con la materia sobre la que se pronuncia. De manera que bien puede decirse que casi todos los discursos parlamentarios aquí compilados están involuntariamente impregnados de nuestra modesta condición profesoral.

Debemos constatar una excepción. La del discurso que Adolfo Suárez me pidió que le escribiese la noche antes del pleno del Congreso de los Diputados que había de cerrar solemnemente los debates sobre el proyecto de Constitución. Lo transcribimos precedido de una breve nota expositiva de esta singular encomienda y de cómo redactamos con nocturnidad en la Moncloa el único discurso parlamentario íntegramente *escrito* que dimos a luz en nuestra vida.

A mediados de mayo de 1987 abandonamos la política, para dedicarnos por entero a la universidad y a la abogacía, donde seguiríamos abordando desde la tarima del aula o en estrados la problemática del Derecho público, pero en forma naturalmente distinta a como lo hicimos en sede parlamentaria. Impregnada del aire académico de esta última etapa es la entrevista que concedimos a la revista *Historia Constitucional,* sobre el proceso constituyente, que cierra el presente volumen.

Madrid, 6 de diciembre de 2018

I
HACIA LAS ELECCIONES GENERALES A CORTES CONSTITUYENTES

I.1. VISIÓN RETROSPECTIVA DEL PROCESO CONSTITUYENTE HACIA EL QUE CAMINAMOS

Contribución de la oposición a una salida del franquismo

(Conferencia pronunciada el 20 de enero de 1977) *

Para iniciar nuestra reflexión, querríamos centrar la atención en la última etapa del régimen que vino presidida por la dialéctica entre lo que la prensa dio en llamar el aperturismo y el inmovilismo. Como instrumento de análisis será útil recordar las dos dimensiones de la democracia que Robert Dahl ha distinguido: el debate público y el derecho a participar o a estar representado en los resortes del poder. Pues bien, los aperturistas lograron un sustancial avance en el terreno de la libertad de expresión, que contribuyó al tránsito de una situación de «hegemonía cerrada» hacia otra con unas «oligarquías competitivas», que debían ampararse en el estatuto *non nato* de asociaciones políticas para reducir el campo de juego al ámbito del movimiento. Pero el desarrollo rapidísimo de la sociedad española en estos últimos lustros no pudo ser digerido por un sistema político desbordado por los acontecimientos. Realmente, los últimos gobiernos presididos por D. Carlos Arias bien habrían podido hacer suya aquella confesión de Daniel Halévy cuando, en su *Ensayo sobre la aceleración de la Historia*, reconoce: «Pesa sobre nosotros la amenaza de un orden de cosas desproporcionado a lo que somos».

A la postre, para todos, menos para los ultraconservadores, se hizo patente la insoslayable necesidad de sustituir las instituciones políticas que

---

* Del texto publicado en *Revista de Derecho Público,* 2.ª época, año III, vols. III-IV, 1977, pp. 667 y ss., donde se recogió la conferencia pronunciada el 20 de enero de 1977 en el Club Siglo XXI. Y también en la compilación de este ciclo de conferencias en el curso 1976-1977, Fomento Editorial, vol. II, 1977, pp. 59-75.

legó el general Franco en incuestionable estado mortecino. Como había percibido la fina sensibilidad del doctor Marañón, las instituciones sociales y políticas «mueren siempre cuando, por virtud de una larga descomposición interna, sus resortes de regulación y disciplina han dejado de funcionar. Se achaca entonces la culpa al error de los últimos dirigentes, o al ímpetu de los presuntos sustitutos. Pero en realidad un régimen cuando cae es porque ha muerto antes de caer, aunque su propia pesadumbre le mantuviera en pie como al cadáver del elefante de la fábula».

El cadáver rugoso del viejo paquidermo es, si las cuentas no me fallan, el decimoquinto enterramiento de un orden político fundamental en la Historia contemporánea de nuestra patria. No es este el momento de analizar la razón que pueda asistir al historiador de Oxford, Raymond Carr, cuando, al referirse al pronunciamiento del general Primo de Rivera en septiembre de 1923, afirma que «no era la primera, ni la última vez, que un general aseguraba rematar un cuerpo enfermo cuando, de hecho, estaba estrangulando a un recién nacido». Lo que resulta incuestionable es que la sucesión de órdenes constitucionales en España, fallecidos en edad más o menos avanzada, es una constante de nuestra historia política y que su mayor y más triste nota característica ha sido, con alguna rara excepción, el tratarse de normas fundamentales confeccionadas con estrecha visión de partido y poco aceptables para la inmensa mayoría de los españoles. El discurrir histórico de nuestro pueblo, repleto de movimientos pendulares, propensos a los vuelcos, y ayunos de contrapesos, que se repiten con ligeras distorsiones, constituye uno de los casos a que pueda aplicarse mejor la imagen de la cicloide acuñada en la obra, más citada que leída, del profesor Toynbee.

Esta debe ser la hora del esfuerzo por lograr que la rueda gire, pero no para reproducir inútilmente su movimiento circular en el vacío, sino para tirar del carro de nuestra Historia hacia un sistema de convivencia política sin exclusiones. No se trata tan solo de poner fin al periodo franquista, a lo que, Amando de Miguel, con frase brillante, ha llamado «la guerra de los cuarenta años», sino de poner término a la guerra civil que estalló en 1833, convirtiendo una simple cuestión dinástica en un abismo político, retrasando nuestra modernización cultural y económica y gestando un radicalismo político sin igual en Europa. Se trata de superar, de una vez por todas, la división en dos Españas irreductibles, que han sobrevivido hasta nuestros días y a las que tenemos entre todos que dar albergue no en un régimen de coexistencia, sino de auténtica convivencia.

Desde esta óptica es desde la que querría aproximarme a la reforma política aprobada por las Cortes y refrendada mediante referéndum nacional.

La operación que actualmente pilota el Gobierno del Rey implica la opción por la tercera de las posibilidades que existían sobre el papel: las dos primeras eran, de una parte, el continuismo, con afán que se decía perfeccionista, de las leyes e instituciones políticas vigentes, tesis sostenida por los que parecían creer que, como decía Otto Koellreutter, «era eterno lo que se edificaba después de una guerra victoriosa». Y en segundo término, la ruptura, es decir, la discontinuidad absoluta con la legalidad del 18 de julio de 1936, para abrir un periodo constituyente desde cero, probablemente bajo el influjo de la experiencia de 1931, modelos que han tenido muy presente algunos políticos de la oposición, pese a constituir un caso muy singular en la Historia política universal. El primer camino difícilmente permitiría la interacción de quienes nos hemos mantenido ajenos al Movimiento y, el segundo habría implicado, según me temo, optar por una fuente de legitimación que no sería considerada válida por la totalidad de la población. En efecto, la experiencia de la Segunda República acredita que la ruptura sobrevenida a raíz de las elecciones municipales de 12 de abril dejó al nuevo régimen sin la legitimidad del anterior. Era una situación bastante análoga, en este punto, a la creada en 1837, por citar tan solo un precedente. A los ojos de los partidarios del sistema sustituido, se estaba ante la creación revolucionaria de un nuevo orden político, lo que, según creían, les legitimaba a su vez para el empleo de la revolución contra el mismo. Los frutos de tal planteamiento están a la vista de todos.

La dialéctica reacción-revolución que permite insertar en un continuo unidimensional buena parte de nuestra Historia política, no era superable ni por vía continuista, ni a través de una ruptura; ambas habrían acarreado infelizmente la marginación de un amplio sector de españoles.

El camino que, más o menos intuitivamente, ha elegido el Gobierno a poco que se paren mientes parece más afortunado. Entiendo que trata de aunar, de un lado, la legitimidad de las Leyes Fundamentales vigentes, válida para un sector de la población, a cuyo fin se ha respetado escrupulosamente el procedimiento de reforma previsto en el artículo 10 de la Ley de Sucesión, y de otro se suma la legitimidad democrática que emana de unas Cortes, auténticamente constituyentes, elegidas por sufragio universal en elecciones, que confiamos sean realmente libres y competitivas. Es una afortunada síntesis entre la legitimidad de la sociedad pseudounánime que se acaba y la fuente de legitimación natural de la sociedad pluralista que hemos de alumbrar entre todos. Y queda enervada la posibilidad de impugnación formal del nuevo orden democrático por la siempre temible extrema derecha.

Merece la pena pararnos un momento a pensar en por qué uno de los más ilustres líderes de la oposición democrática se equivocó por entero cuando, ejerciendo el arriesgado oficio de profeta, pronosticó, aún no hace mucho, que o los procuradores sentados en las Cortes eran un conjunto de «samuráis» dispuestos a hacerse el harakiri o la Ley de Reforma sería estrepitosamente derrotada. Y he aquí que aquel colectivo de padres de la patria, cuyo respaldo electoral en un futuro se nos antoja, en buena parte de los casos, más que dudoso, nos sorprende con su voto afirmativo, es decir, con una proeza que recuerda la del barón de Münchhausen, que consistía en elevarse en el aire tirando de sus propios cabellos.

Pero el «sí» de esas Cortes de tan dudosas convicciones demoliberales no fue un acto de magia, sino algo de lo que puede dar adecuada explicación la politología actual.

Un primer axioma científico, que en última instancia recoge un elemental principio de sentido común, viene a rezar que cuando el precio de la represión supera el precio de la tolerancia, los sectores sociales detentadores de un poder hegemónico se sienten inclinados a transar con sus oponentes y, según el caso, incluso a instaurar un régimen representativo.

Quizá se me podrá objetar que tal axioma puede explicar el comportamiento de los estamentos sociales que apoyan un régimen, pero no el de su clase política, que, movida por un afán de supervivencia, se habría de aferrar a las instituciones que le han permitido artificialmente el desempeño de un «rol» dirigente incontrastable. Pero vislumbraremos posiblemente algo de por qué las Cortes votaron afirmativamente la reforma si prestamos atención al llamado por un sector de la ciencia política norteamericana «principio de seguridad mutua». Es decir, el principio que pregona que en un tránsito de estas características es más factible si se garantiza no ya el acceso al proceso decisorio estatal por parte de la oposición, hasta ahora marginada, sino la confortabilidad en la nueva situación de quienes venían monopolizando el poder. El principio de seguridad mutua, para que resulte operativo, exige el montaje de un sistema de garantías y, en nuestro caso, no parece difícil descubrir la póliza de seguro de vida parlamentaria que se expide en beneficio de la oposición, en un Congreso de Diputados elegido por representación proporcional; mientras que la póliza de que a su vez es destinataria la vieja clase política del sistema tiene forma de Senado elegido con arreglo a un sistema electoral mayoritario. Un sano eclecticismo. El sentido práctico con que se está procediendo puede facilitar la construcción de una plataforma común de convivencia, por contraste con los grandes debates parlamentarios sobre el sufragio durante la vigencia del Estatuto Real, en que el desacuerdo sobre las bases en que había de asentarse el Derecho electoral generó la duradera escisión de los liberales, que tanto contribuyó a la inestabilidad de nuestro siglo XIX. Hoy el Gobierno está dispuesto a negociar un procedimiento sincretista con los dirigentes de la oposición. El principio de seguridad mutua así lo reclama y ambas partes así lo intuyen. No sé si algún que otro exquisito del Derecho público podrá alarmarse ante la hechura genuinamente pastelera de la Ley Electoral que se avecina, y que en estos momentos se discute por las denominadas comisiones técnicas.

Por supuesto, hay que soslayar el peligro de que por puro pragmatismo al final no se engendre lo que Donoso Cortés, al referirse a un proyecto de elecciones mixtas, aludía diciendo: «Los miembros de la Comisión han fabricado con sus manos un monstruo que nuestras manos tocan, que nuestros ojos ven, pero que la inteligencia no concibe».

Pero si se salvaguardan los requisitos democráticos mínimos, el juicio que merece la andadura del Gobierno en esta hora constituyente —Ley Electoral inclusive— habrá de ser francamente positiva, por conducir a que el nuevo orden constitucional se apoye en una doble legitimidad —lo que le hará difícilmente impugnable—. Aún más, esa misma obra reformista bien merece ser calificada de auténticamente artística. Estamos asistiendo, creo, a una verdadera obra de arte político. El arte de lo «hacedero», como gustaba de repetir Cánovas, o, si queréis, el arte de «hacer posible lo que es necesario», según la conocida divisa de un político galo.

Digamos ahora algunas palabras, necesariamente breves, sobre cómo convendría continuar la singladura hasta arribar a puerto seguro.

El mismo realismo que acabamos de elogiar nos ha de obligar a reconocer sin ambages que los problemas constitucionales no son, al menos primariamente, problemas de Derecho, sino de poder. La nueva ordenación jurídico-constitucional no será un simple hallazgo de laboratorio, sino que depende de la distribución de escaños en las Cámaras e incluso de factores reales de poder que no necesitan tomar asiento en el hemiciclo parlamentario. Voy a empezar por aclarar esta última afirmación y, para ello, permitidme que traiga a colación cómo Ferdinand Lassalle, al pronunciar una conferencia en el Berlín de 1862, propuso a sus oyentes el siguiente ejercicio de política ficción. Suponía que un gran incendio había quemado todos los textos constitucionales y disposiciones políticas de cualquier rango existentes en el país. Imaginaba, igualmente, que los prusianos quisiesen aprovechar que las leyes habían perecido para suprimir la Monarquía de Guillermo I. Pero aun en aquellas circunstancias el rey podría decirles a sus impetuosos súbditos: «Están destruidas las Leyes, pero la realidad es que el ejército me obedece». Y es que, concluye Lassalle, «el ejército y los cañones son un fragmento incombustible de la Constitución».

Ni que decir tiene que entre nosotros van a existir factores reales de poder que tampoco pueden ser desconocidos. La Constitución habrá que construirla a la medida del cuerpo social nacional, que no va a cambiar de la noche a la mañana por la mera voluntad de unas Constituyentes. La historia nos muestra la gran razón que asistía a Bonald cuando este ironizaba las pretensiones de algunos liberales de su época carentes de sentido realista, diciéndoles: «La Nación que pide una Constitución a sus legisladores se parece mucho a un enfermo que dijera a su médico: "Doctor, hágame Vd. un temperamento"».

Pero amén de los condicionamientos que todo país implica de suyo para una tarea constituyente, está otro factor que merece mayor atención porque sobre él se puede operar con voluntad y raciocinio; me refiero a la configuración de las fuerzas políticas de cuyo seno han de salir quienes ocupen los escaños de las Constituyentes.

A la derecha del abanico se ha situado Alianza Popular, en cuyo seno parecen coexistir, tanto quienes piensan que se puede tener, en materia constitucional, el último modelo de coche, pero llevando al volante un chófer de confianza, como quienes probablemente proyectan en sigilo que caminemos en vehículo de vapor y quizá marcha atrás. Es importante que en tal Alianza se imponga el primer sector al segundo. Pero aún es más imprescindible que desde las filas de la oposición procuremos evitar los anatemas que contribuyan a que los aliados anclen en posturas radicalmente integristas y que se sientan ajenos por entero a la nueva democracia que hemos de construir. No olvidemos que durante la Segunda República la izquierda se empeñó en negar la evidencia, a saber, el apoyo decisivo de los votos conservadores de las ciudades a la opción republicana en los comicios municipales de 1931, y se dispuso, con la concepción estrecha del nuevo régimen que reconoce Chapaprieta en sus memorias, a admitir, como máximo, que lo que había sido la izquierda de la Monarquía pasase a ser la derecha de la República. La marginación de un gran sector de la derecha fue entonces un error de consecuencias notorias y ahora no sería menos grave.

Con cuidada mezcla de gracejo y seriedad académica, el profesor Jiménez Blanco hace unos meses publicó un artículo titulado «Teoría del cambio de chaqueta» en el que invitaba a que todo hijo de vecino se pasase sin recato a las filas de la democracia. Esta actitud a alguno le podría parecer cínica. Una personalidad respetabilísima escribía en las páginas del último domingo de un sesudo diario de Madrid, que hay que distinguir, aquí y ahora, pragmatismo y cinismo, pero yo invitaría modestamente a tan ilustre articulista a meditar sobre la tarea que él mismo llevó a cabo tras 1931 y que no fue otra que la de intentar aportar con criterio posibilista esa derecha marginada a la plataforma de juego republicana. Ha escrito Vicéns Vives que la opinión republicana los consideró erróneamente como reaccionarios clericales, dictatoriales y prefascistas, pero, en muchos casos, acabaron siéndolo, entre otras razones, por las excomuniones de que fueron objeto.

Ahora bien, una cosa es que quienes somos demócratas desde que tenemos uso de razón política evitemos la radicalización, de la Alianza a que aludo, facilitando su integración en el juego democrático, que se ha de desenvolver por definición en un terreno de tolerancia, compatibilidades y convivencia, y otra cosa distinta es que se pueda confiar tranquilamente la elección del vehículo constitucional a una fuerza de criterio tan ambiguo al respecto. Alianza Popular, desde mi comprometido punto de vista, no debe configurar la mayoría de las próximas Constituyentes, sino una de sus minorías. Creo que se puede afirmar con toda claridad que, si el peso de unas Constituyentes tras un fenómeno de ruptura habría podido corresponder a la izquierda como en 1931, el actual proceso constituyente, por el curso natural de las cosas, va a hacer gravitar en las fuerzas democráticas de centro la grave responsabilidad política de encarrilar definitivamente a nuestro país por vías de libre convivencia. Dicho en corto, hay que lograr que de las elecciones salga una mayoría parlamentaria de centro.

Llegados a este punto, el primer panorama que descubrimos no es demasiado alentador y recuerda en exceso las horas de la Restauración que preceden inmediatamente al pronunciamiento de Primo de Rivera. El Partido liberal se había escindido por entonces, como bien sabéis, entre liberales de García Prieto, liberales del Conde de Romanones, liberales de Alba, liberales de Gasset, liberales de Alcalá Zamora y liberales independientes. El Partido Conservador ofrecía un mosaico de facciones análogo cuya prolija enumeración os quiero ahorrar, y hasta la Lliga se bifurcó por aquellas fechas con la separación de Acció Catalana. Qué duda cabe que la corta visión de los políticos de aquella época contribuyó no poco a generar el vacío político que el ejército se encargó de llenar.

Pienso que de la ingente labor de Cánovas, que tanto se cita en forma casi siempre tópica, hay, al menos, dos ideas centrales cuya lozanía actual se me antoja evidente. Me refiero, de una parte, a la reconciliación de los cuadros afines, que permitió crear un sistema de grandes partidos, y, de otra, la labor de pacificación y reconciliación que implicó poner fin a la guerra carlista y apagar los últimos rescoldos de Sagunto. Como sobre esta segunda faceta habremos de volver más adelante, fijémonos en su esfuerzo por apoyar la vida política de la Monarquía restaurada en grandes partidos.

Creo sinceramente que es escandaloso que los partidos democráticos de la oposición mantengan a estas alturas aún innumerables divisiones. Y lo creo estando ubicado como lo estoy hoy, y lo he estado siempre, en esta zona del espectro. Lo digo en voz alta porque quienes hemos asumido en estos últimos lustros la función de críticos en un país en que solo se esparcía incienso, debemos ahora preguntarnos quién critica a los críticos y, a falta de otra respuesta, hemos de practicar una sincera autocrítica. En consecuencia, subrayo la gravedad de la situación de fraccionamiento actual y como las fusiones parecen imposibles por falta material de tiempo, abogo por respaldar hasta las últimas consecuencias una unión electoral democrática que cobije a liberales, demócratas cristianos y socialdemócratas. La coincidencia de estas fuerzas, tanto si se definen de centro derecha como de centro izquierda, puede ser total a la hora de redactar un programa constitucional que es la gran tarea histórica a abordar. Hablando con franqueza, os diré que, por fortuna, los partidos que se mueven en tal espectro carecen de financiación propia mínimamente significativa. No deja de ser una paradoja que esta circunstancia sea de celebrar. Me explicaré. Decía Maurice Hauriou que el Estado moderno intervencionista sumó a los poderes políticos clásicos el tremendo poder de arruinar y de enriquecer. Pues bien, hoy el poder político, mediante una hábil legislación sobre financiación de partidos, o para sufragar gastos electorales puede sacar de la ruina a las agrupaciones moderadas, a cambio de que sean auténticos partidos políticos y no partidos de políticos, por usar la terminología empleada recientemente por una de las primeras inteligencias del país.

Al hilo de lo anterior, no querría dejar de abordar una cuestión candente: la de la llamada neutralidad electoral del Gobierno. Empezaré por exponer una opinión heterodoxa sobre la que, lo más probable, es que caiga el diluvio de tonterías que sobre cualquier asunto amenaza siempre desde el horizonte, torrencial como panza de nube gorda. Sostengo que el Gobierno debe, respetando escrupulosamente las reglas del juego, volcar su apoyo sobre esa unión electoral de centro que es la única que, de alcanzar una mayoría en el escrutinio, garantizará el buen fin del proceso constituyente en curso. En la amplia zona gris que va del centro a la derecha hay multitud de españoles sin actitudes políticas definidas que se inclinarán hacia el centro, a poco que lo vean avalado por un Gobierno como el actual, que para ellos es un exponente de sentido común y sensatez.

Ahora bien, ese apoyo del Gobierno no debe ser nunca imagen y semejanza del que se ha practicado tantas veces en este país con un cinismo inigualable. Casi me ruborizo al recordar que el día de 1890 en que se aprobó la Ley del Sufragio Universal, don Antonio Cánovas —según narra su biógrafo Del Nido— decía en los pasillos del Congreso: «Yo no temo el sufragio universal, porque estoy convencido de que los Gobiernos harán lo que quieran mientras no se transformen nuestras costumbres públicas. Con sufragio universal, y de oposición, he sido yo diputado nueve veces, y la experiencia me ha enseñado a conocer que, en España, mientras haya gobernadores y alcaldes a disposición de los gobiernos, la moralidad en las elecciones será siempre un mito. Hasta que esto se corrija —proseguía Cánovas— los caciques serán, en absoluto, los dueños del país. Uno de esos caciques me decía una vez: "Desengáñese Vd., Don Antonio. Aquí si yo soy el alcalde, riego, y si no soy el alcalde no riego". Y era verdad —concluye Cánovas—; los que vivimos en la oposición somos alcaldes de secano, porque el único que riega siempre es el Gobierno».

Sin miedo a equivocarnos, podemos afirmar que la institucionalización del fraude electoral fue, en frase de otro biógrafo de Cánovas, Melchor Fernández Almagro, el grave error histórico del artífice de la Restauración, del que solo se derivaron perjuicios para el prestigio de las instituciones políticas, que contemplaba la Constitución de 1876, incluida la Corona.

Por supuesto, el Gobierno debe mantenerse al margen del procedimiento electoral. Su actividad en este terreno debe acabar con la proclamación de la Ley que tiene encomendada y la convocatoria de las elecciones para una fecha concreta. A partir de este momento, corresponde a las Juntas del Censo, sin intromisiones de ninguna especie, y en su condición de órganos políticamente neutros, ser celosos guardianes de cuantos requisitos son precisos para que las elecciones sean libres y competitivas. Deben velar porque el censo no se falsee, salvaguardar la libre proclamación de candidatos, contribuir a que en la campaña electoral no haya cortapisas indebidas, cuidar de la pureza y secreto del acto de emisión del voto y, ni que decir tiene, garantizar que no haya ni la menor adulteración en el recuento de votos. No se podría cometer error más grave que profanar la libre voluntad del pueblo en hora tan decisiva. Pero no todo esto es enteramente compatible con que el Gobierno, en pie de igualdad con los demás protagonistas de la campaña electoral, haga oír su voz centrista. Al fin y al cabo, no hacen otra cosa los Gobiernos de todas las viejas democracias, que, en buena parte, pueden servirnos de modelo.

No querría dejar flotando en esta sala duda alguna sobre cómo veo la unión electoral del centro, porque si bien pienso y sostengo frente a opiniones encontradas que el Gobierno puede y debe apoyarla sin mengua de la pureza del sufragio, no es menos cierto que esta coalición electoral debe alumbrar con luz propia y apoyarse básicamente en resorte autónomos.

Al hacerme la pregunta de con qué energías contamos los demócratas de centro, no puedo por menos de recordar las respuestas que se daba a sí mismo Cambó en aquel jugoso opúsculo sobre las dictaduras, escrito cuando se acercaba el fin de los gobiernos de Primo de Rivera. El gran político catalán pensaba que las dictaduras estimulan el egoísmo, puesto que ponen frenos y obstáculos a todos los impulsos generosos del ciudadano, y a fuerza de no tener expansión y de no producirse, el civismo se atrofia y el ciudadano se recluye en el cuidado exclusivo de sus negocios personales. «Es en los estrechos ámbitos de la oposición, donde por excepción se cultivan como flores de invernadero las virtudes cívicas». He aquí, según creo, el principal patrimonio de la unión electoral de centro, que le va a conceder la autoridad moral al que habrá que apelar, entre otros momentos, a la hora de exigir sacrificios a los diversos estratos del país, como consecuencia de la grave crisis económica en que estamos sumergidos. Va a haber que liberar los espíritus y, a la par, progresar en su disciplina interior. En esta etapa vamos a precisar todos de lo que llamaría Bergson «un suplemento de alma».

Pero la sinceridad con que os estoy hablando me obliga a reconocer que los políticos no se pueden configurar tan solo con el ingrediente de la moral cívica, aunque tal sea imprescindible. Recordábamos hace unos momentos, al hilo de otra cuestión, que la política es un arte; pues bien, resaltemos ahora brevemente que, como todas las artes, tiene su técnica y el dominio de una técnica precisa de conocimientos teóricos y de un aprendizaje a base de experiencia.

Permitidme que traiga a colación de nuevo un párrafo debido a la pluma de Cambó y que, aunque escrito en 1929, no resulta desgraciadamente anacrónico: «Al caer el dictador —decía el líder de la Lliga— ocupan el poder los conspiradores de ayer que en la conspiración habrían adquirido alguna —no todas— de las cualidades propias de un gobernante [...]. No se forman —insiste, quizá con excesiva contundencia— fuera de la dictadura hombres aptos para tomar su sucesión, y si no dura demasiado todavía se pueden encontrar los hombres de pasta de gobernante que ella había condenado al ostracismo».

Para el supuesto de que el Gobierno personal haya durado cuarenta años, Cambó, cuyo pesimismo nunca llegó a tanto, no dejó escrita receta alguna. Pero cuando menos, una coalición de centro debe ser consciente del problema y, consecuentemente, ha de salvar lo salvable de los hombres del periodo que acaban con experiencia en la gestión pública y al unísono reunir para la tarea constituyente personas con preparación teorética y capacidad creadora suficiente. Si para ello en algún distrito hay que dar cabida a personalidades independientes que ofrezcan la necesaria solvencia, los dirigentes de los partidos centristas no deberían poner reparos. Todo, menos que el centro, en quien habrá de depositar el país su confianza, presente candidatos como los de aquel consabido cuento, en que un monaguillo, con más fervor y buena fe que saberes del ritual, se disponía a ayudar a misa dando, muy seguro, por toda respuesta, a cada frase del sacerdote, su única sabida jaculatoria: «Alabado sea el Santísimo Sacramento». Persuadido el oficiante de que aquella sola respuesta reiterada situaba la misa en términos muy piadosos, pero nada congruentes con la liturgia, interrumpió muy calmadamente al monaguillo, diciéndole: «Eso está muy bien, niño; eso está muy bien y es muy loable, pero no viene a cuento». Y acto seguido, el buen sacerdote, falto de otro colaborador, continuó la misa sin más auxilio que el del reiterado estribillo.

Dicho en pocas palabras, hemos de huir de que la «campaña de los mediocres», según titulaba Dionisio Ridruejo, la creciente ramplonería de tantos gobernantes y procuradores que el país ha sufrido estoicamente. A la coalición electoral de centro le corresponde ofrecer la solvencia que la situación reclama y chapuzarse a la vez en pueblo, como diría Unamuno. Ha de calar en la opinión pública, creando con la máxima urgencia las correas de transmisión precisas para alcanzar el respaldo de una mayoría de nuestro pueblo, sin incurrir en adulaciones fáciles ni en la demagogia, de las que, según es de temer, harán gala la derecha y la izquierda. Tengo la seguridad de que, aunque el pueblo español ande escaso de preparación política, demostrará que tiene un gran sentido común, que sabe dónde le aprieta el zapato y que no regateará su apoyo a una gran coalición genuinamente democrática, sin veleidad extremosa de ningún género.

Unas nuevas Cortes en que tome asiento una mayoría configurada por liberales, democristianos y socialdemócratas estaría en condiciones de dar al país el texto constitucional moderno que siente las bases de la libre convivencia política de todos los españoles. Una Constitución aceptable, sin desdoro tanto para la izquierda como para la derecha del país, porque hemos de estar a años luz de la roñosería democrática de aquellos liberales que, entre 1820 y 1823, contaban a voz en grito por las calles aquel célebre pareado: «Trágala, trágala, servilón. Trágala, traga la Constitución».

Una Constitución breve y huérfana de cuanto sea innecesariamente litigioso, porque, como muy bien decía Ortega: «Las Constituciones deben ser como los galgos: todo piel y huesos, nada de tejido adiposo». Una Constitución, si me apuráis, de escasos huesos, pues, como decía Maurice Amos, la Constitución inglesa ha perdurado a través de los siglos porque era una religión sin dogmas. Una Constitución, en suma, que ponga las bases de la convivencia democrática, pero que sea tan flexible que pueda, sin quebrarse, estar constantemente sometida al «*panta rei*» heraclitiano de todo lo viviente.

La tarea constituyente va a encontrar el terreno más abonado que en ocasiones anteriores. El reiterado problema de los liberales a lo largo del siglo XIX de acuñar constituciones modernas para una España escasamente desarrollada, se nos presenta ahora vuelto del revés. Como se ha repetido hasta la saciedad, es el país real sensiblemente más moderno que sus instituciones políticas. Esta dura tierra nuestra admite, sin mayores traumas, una articulación jurídico-constitucional democrática a la altura de nuestro tiempo.

Se puede afirmar, sin riesgo de pecar de optimista, que la mayor parte de los grandes obstáculos históricos para alcanzar un consenso constitucional, se han diluido como un azucarillo, sin que casi nos percatásemos de ello. Veamos alguno de los casos más significativos. La imputación de la soberanía fue caballo de batalla de la Monarquía constitucional en España desde el célebre Decreto de 24 de septiembre de 1810 que trajo por la calle de la amargura a Fernando VII, hasta la equilibrada fórmula canovista de 1876 basada en la doctrina de la Constitución interna, pasando por los textos contrapuestos de 1845 y 1856, por citar solo algunos antecedentes. Pues bien, la actual Ley de reforma política ha proclamado en su artículo 1 que «la democracia, en el Estado español, se basa en la supremacía de la Ley, expresión de la voluntad soberana del pueblo», sin que prácticamente se hayan alzado voces disonantes. Un principio tan básico, que de él depende nada menos que la titularidad del poder constituyente, hoy ya ha ganado el ánimo de la inmensa mayoría de los españoles y cuenta con el decidido respaldo regio.

Otro tanto cabría decir de las relaciones Iglesia y Estado, que han constituido un conflicto perenne desde los orígenes de nuestra Historia contemporánea hasta la constitución de la Segunda República. La renovación de la Iglesia en el Vaticano II y la línea pastoral sostenida por nuestra Jerarquía en todos estos últimos años, ante la incomprensión de quienes tenían su reloj parado en la hora de Trento, ha facilitado que hoy computemos ya como logro cierto una sana separación entre la Iglesia y el Estado, sin perjuicio de su recíproca colaboración en ámbitos concretos. Los discursos parlamentarios de Castelar e incluso de Canalejas, antaño piedra de escándalo de la feligresía, hoy podrían ser aportados como pruebas positivísimas a sus respectivos procesos de beatificación, que alguien, dotado de fino sentido del humor, podría hoy instar con cierta lógica. También este problema está básicamente encarrilado.

Pero, desdichadamente, una de las grandes dificultades de nuestro constitucionalismo histórico permanece viva y agigantada. Y es una cuestión que se sitúa en la base de todo el edificio constitucional. Es el problema nacional, que tiene un carácter previo porque afecta a la voluntad colectiva de convivencia conjunta de un pueblo. Decía Renan, en frase afortunada, que una nación es un plebiscito cotidiano. Entre nosotros, en una importante serie de casos, las respuestas como mínimo son poco entusiastas. La raíz del problema no es nueva; Galdós narra la anécdota de cómo el presidente del Gobierno, al redactarse la Constitución de 1876, le comenta a otro diputado el artículo 1, relativo a la condición de español, diciéndole: «Son españoles... los que no pueden ser otra cosa».

Es decir, el punto de la crisis afecta tan frontalmente a nuestro concepto de pueblo y de nación, que sería un error grave de diagnóstico ver el mal en las extremidades y no en el tronco y, en general, en todo el cuerpo.

Hay demasiadas «cabezas de cartón» que se limitan a repetir, cual disco rayado, que Cataluña y el País Vasco no están oprimidos, sino privilegiados. Pero, aunque admitamos como hipótesis de trabajo que así fuese, habrá que aceptar la aguda visión de Ortega, cuyo cariz centralizador no ocultó a nadie, y que, sin embargo, describía el problema en 1921 como «el caso del hombre condenado a vivir con una mujer a quien no ama, que siente las caricias de esta como un irritante roce de cadenas».

Realmente, la terapéutica aplicada a este problema durante los cuarenta años de franquismo no ha hecho otra cosa que agigantarlo e, incluso, llevarlo al límite del precipicio en el caso del País Vasco, donde se ha confiado, en términos dramáticamente pueriles, en una solución policial. No hubiera estado de más haber recordado que el viejo diplomático Talleyrand dijo que «teniendo las bayonetas, puede hacerse todo, menos sentarse en ellas». Todos sabemos por qué: las bayonetas se le clavarían a uno en las posaderas. Lo que el exsacerdote francés quería dar a entender, en esta forma epigramática, era que, disponiendo de las bayonetas, el gobernante podría hacer cuanto se le antojase, menos convertirlas en un fundamento sólido y permanente de la convivencia política.

Es imprescindible que, para cuando se proceda a la apertura de las Cortes constituyentes, se haya restablecido el clima de diálogo, sin el que sería de todo punto imposible buscar una solución negociada al problema. En consecuencia, me permito predicar, pura y llanamente el desarme. A lo mismo que Ricoeur consideraba que si ha sido posible una auténtica aproximación entre el catolicismo y el protestantismo, y entre ambas religiones y el budismo, se ha debido a que hoy ninguna de estas creencias están ya armadas; debemos postular un alto el fuego para que pueda serenamente buscarse una fórmula de equilibrio constitucional al respecto, que conceda la legítima esfera de autogobierno a aquellos de nuestros pueblos que la deseen. Y el primer paso en ese desarme ha de ser el complemento de la amnistía que se otorgó. Se debe tratar no ya de un acto de suprema generosidad regia, sino de una decisión política de la máxima envergadura, que busque apagar de una vez por todas el fragor de la guerra civil y el eco continuo de los pelotones de ejecución que en España no han dejado de oírse desde 1814.

Debo detenerme aquí. Ya he abusado mucho de la atención de todos vosotros y es obligado que termine.

Para acabar, querría decir que, según creo, el camino, aun estando erizado de dificultades, se va a convertir en transitable, gracias a que otro gran manantial de divisiones a lo largo de nuestra historia se ha convertido en la fuente de la que brota la nueva convivencia. Aludo, por supuesto, a la Corona. «La Monarquía —decía Salmerón, desde la presidencia de las Constituyentes de la Primera República— cayó porque era para pocos; es preciso —argüía— hacer la República para todos».

Poco más de un siglo después, la República es impensable, porque precisamente sería para muy pocos, mientras una Monarquía que quiere cobijar libremente a todos los españoles se muestra auténticamente identificada con los más altos intereses patrios y marca un rumbo decidido hacia una genuina democracia.

Pido a Dios que nos dé fuerzas a todos para posponer querellas personales o de partido y para construir la España grande que buscó Cambó.

II
DEBATE CONSTITUYENTE EN COMISIÓN DEL CONGRESO DE LOS DIPUTADOS

II.1. PROYECTO DE CONSTITUCIÓN, ARTÍCULO 1 *(LA SOBERANÍA NACIONAL)* *

En representación de UCD y discrepando de las enmiendas, de similar contenido, defendidas por los señores Letamendía, Belzunce y Arzalluz Antia.

El señor ALZAGA VILLAAMIL: Voy a tratar de ser lo menos polémico posible. Entiendo que hay en la práctica una coincidencia entre la enmienda del Grupo Vasco y la presentada por el señor Letamendía, al ser rectificada por él mismo *in voce* en su redacción.

Nosotros, el Grupo de UCD, entendemos que la actual redacción del anteproyecto al párrafo 2 del artículo 1 es afortunada, una vez que se ha recogido en lo sustancial la enmienda que en su día presentó el diputado don Antonio Carro.

Creemos que es acertada, en primer lugar, porque está en la mejor línea de nuestra tradición constitucional. En efecto, el artículo 3 de la Constitución gaditana de 1812 se iniciaba diciendo que la soberanía reside esencialmente en la Nación. Estaba el mismo verbo, residir, y el mismo énfasis en la existencia de la soberanía nacional.

Al hilo de esta cuestión, me permitiría llamar la atención sobre que el 28 de agosto de 1811, al discutirse este artículo 3 de la Constitución, el señor Torrero dijo que esta gran afirmación de que la soberanía reside en la Nación ni se debía discutir, ni siquiera votar en aquellas primeras Cortes Constituyentes que se celebraban en España. Y tenía un gran sentido esa afirmación del señor Torrero, porque poner en tela de juicio la existencia de la soberanía nacional es tanto como poner en tela de juicio el Título mismo en virtud del cual actúa el poder constituyente.

---

* Comisión de Asuntos Constitucionales y Libertades Públicas, *Diario de Sesiones del Congreso de los Diputados,* 11 de mayo de 1978, pp. 2183 y 2184.

En efecto, si falta y no se afirma en un artículo que es pórtico de la Constitución, como sin duda es el Primero, la existencia de la soberanía nacional, ocurrirá que difícilmente será soberana aquella Cámara que ha asumido el poder constituyente y que no es sino eco y representación de esa Nación.

Hoy estamos reunidos aquí, está reunida esta Comisión del Congreso de los Diputados, asumiendo el poder constituyente, asumiendo la soberanía nacional. Esto, evidentemente, no es una convención de embajadores de pueblos distintos y soberanos; pretendemos ser un solo pueblo soberano y no, como dijo en cierta ocasión Ortega, la polvareda que ha dejado un gran pueblo en el camino de la Historia.

Yo sé que las dos enmiendas que vengo a contestar no pretenden esa fragmentación de la Nación española; yo sé que no se pretende nada que obligue a una réplica más contundente de fondo; pero sí quiero llamar la atención sobre que es absolutamente insustituible en el lugar en que está, y con la redacción que en estos momentos contiene, este párrafo 2 del artículo 1. Por eso nos oponemos a la enmienda.

* * *

El señor PRESIDENTE: Gracias, señor Peces-Barba.

Para el turno en contra, tiene la palabra el señor Alzaga.

En respuesta a la enmienda in voce *del Grupo Parlamentario Socialista de Cataluña, defendida por el señor Martín Toval y apoyada por el señor Peces-Barba Martínez, en nombre del Grupo Socialista.*

El señor ALZAGA VILLAAMIL: Quiero consumir un brevísimo turno en contra, sobre una materia respecto de la que creo estamos caminando hacia unos derroteros doctrinales por los que difícilmente vamos a poder alcanzar el consenso que buscamos en materias fundamentales y que pienso somos capaces de alcanzar en bien de la convivencia nacional.

Antes aludía a que este artículo tiene viejas raíces en la historia del constitucionalismo español. Entiendo que este país, España, no es un nuevo país tercermundista, sino un viejo país en la lucha por las libertades públicas que tiene importantes tradiciones de las que beber y de las que puede estar orgulloso. Una de esas tradiciones es que la Nación española, cuando no ha sido autogobernada, después de periodos autoritarios, cuando ha recuperado la capacidad de autogobierno, se ha poseído a sí misma y, consiguientemente, ha esgrimido la terminología de la soberanía nacional para subrayar esta condición de recuperación del poder de gobierno de sí misma.

Es verdad que en el Derecho comparado podemos encontrar en el momento presente ambas líneas relacionadas. En la Carta de las Naciones Unidas se habla reiteradamente, como saben perfectamente los bancos de la oposición, de soberanía nacional, y también se nos pueden esgrimir, qué duda cabe, textos internacionales y textos de Derecho comparado en los que se habla de soberanía popular. Nosotros sostenemos la actual redacción porque entendemos que se ha hecho un equilibrio para recoger ambos términos en un esfuerzo sincretista y que de alguna manera con ello se atienden, en cuanto se puede, las aspiraciones que consideramos, como es lógico, legítimas, sin entrar en un tema polémico, que nos subraya el profesor Peces-Barba.

II.2. PROYECTO DE CONSTITUCIÓN, ARTÍCULO 1.3 *(LA MONARQUÍA PARLAMENTARIA)* *

En contestación al voto particular del Grupo Parlamentario Socialista, representado por el señor Gómez Llorente y apoyado, desde el Grupo de Socialistas de Cataluña por el señor Martín Toval.

El señor ALZAGA VILLAAMIL: Muchas gracias, señor presidente. Quiero, en primer lugar, pedir disculpas a don Laureano López Rodó porque, quizá por estar él sentado detrás de mí, no he visto si ha pedido la palabra cuando yo lo hacía; si le hubiera visto, con muchísimo gusto le hubiese cedido, por supuesto, este turno.

Escuchando las intervenciones que se han producido a favor de la enmienda, no he podido por menos de recordar una célebre afirmación del gran constitucionalista inglés sir Ivor Jennings; este nos contaba cómo cuando en la Cámara de los Comunes el diputado laborista Stafford Cripps venía a pronunciarse contra la corona británica, se producía siempre un cierto alborozo, difícilmente camuflado en los bancos conservadores, porque, como mínimo, cada intervención le suponía del orden de veinte mil votos. Pero este no es nuestro caso, porque realmente no produce el menor alborozo este tipo de intervenciones, sino una cierta preocupación. Una cierta preocupación, en primer lugar, por la forma de manejar los argumentos históricos, la forma en que se ha aludido a la Historia política contemporánea de España, en que, por ejemplo, se ha olvidado, sin duda por omisión involuntaria, la importante colaboración que lleva a cabo Largo Caballero durante la Dictadura de Primo de Rivera, estando al frente de la Jefatura del Estado Alfonso XIII, pero no es este el tipo de argumentos que nosotros pretendemos utilizar.

---

* Comisión de Asuntos Constitucionales y Libertades Públicas, *Diario de Sesiones del Congreso de los Diputados,* 11 de mayo de 1978, pp. 2205-2217.

Nosotros pensamos que el espíritu que subyace en la presente Cámara es el de estimar que el valor principal de una Constitución está en su funcionalidad y que en el momento actual español ello se concreta en la necesidad de buscar la forma política, la forma de gobierno que lleve a cabo una mayor aportación a la consolidación de un sistema de libre y democrática convivencia.

Como afirmaba Spaak, la Monarquía constitucional es el régimen que conviene a la Democracia, en la que siempre hay algo de débil y peligroso. «Un rey —concluye Spaak— en la cúspide estabiliza el poder». Nosotros pensamos que una Monarquía moderna, que una Monarquía de las que aquí se han calificado como Repúblicas coronadas y que más bien deben denominarse Democracias coronadas (porque República no es sinónimo de Democracia, y si no, échese una larga mirada hacia Latinoamérica o hacia los países árabes, por ejemplo); una Democracia coronada, digo, supone y permite un flexible equilibrio entre la autoridad —una autoridad dotada de coherencia y de continuidad— y el control popular de naturaleza representativa.

En las Monarquías modernas se viene a conseguir, en una síntesis prácticamente perfecta, que, junto a la forma monárquica en la cúspide, se dé un auténtico impulso democrático en la base del aparato político. El rey no está entre los poderes políticos, sino sobre los poderes políticos, en fórmula difícilmente perfeccionable. Ello le permite una imparcialidad en virtud de la cual la nave del Estado está en manos de pilotos que son políticos, que marcan el rumbo, sin que la Corona intervenga en la sustitución de esos pilotos o en el rumbo que en cada momento le dan, y hay una nota de continuidad desde el momento en que, como se afirma en el viejo aforismo, el rey nace y no se hace.

Ello, además, es posible mediante el hecho de que, en las Democracias coronadas, más que poder, lo que viene a haber en la jefatura del Estado es influencia. Según el viejo dicho, el rey aconseja, anima y advierte.

Pero querríamos también señalar que el rey facilita la integración en Europa, puesto que en sí mismo supone un principio de identidad histórico nacional a la hora de afrontar la integración en una escala superior. El rey supone también, en el momento en que vamos a afrontar la discusión del artículo 2 sobre las nacionalidades y las regiones que nos integran, la virtualidad, la modernidad de aquella célebre afirmación de Cánovas en su intervención parlamentaria de 6 de junio de 1870, cuando dijo: «En un país donde la mayoría de sus habitantes no tienen otro vínculo de unidad que la Monarquía, la creación de la Monarquía vale tanto por sí sola como la creación íntegra de la constitución del Estado».

Yo diría, para terminar, que, como gustaba de afirmar Ortega, recordando al cardenal Cusano, «el hombre es *Deus occasionatus*». No es posible plantearse la forma política que hoy interesa a España desconociendo la coyuntura por la que atraviesa el país. La democracia no sería posible sin la Monarquía y hoy es un hecho incontestable que la Monarquía tampoco sería posible sin la Democracia. Y aunque podamos reconocer a efectos dialécticos, por qué no, que en la historia en ocasiones la Corona ha cometido errores en España y ha podido ser factor de graves discrepancias, hoy realmente la Corona es la gran fuente de la que han manado las libertades públicas y la posibilidad de que estas Cortes den al pueblo una Constitución genuinamente democrática. Y, consiguientemente, tornan aquellas célebres palabras de Salmerón cuando, desde el banco azul, en la Primera República, afirma, en frase histórica, que «hay que traer la República, porque la Monarquía ya no es posible para todos los españoles y solo la República puede ser plataforma hábil de convivencia de todo el pueblo».

Pues bien, ahora, transcurrido el tiempo y en la realidad en que nos movemos, podemos en verdad afirmar que hoy la República no es posible, porque no serviría de encuentro, de plataforma de convivencia de todos los españoles y, por el contrario, el rey es en verdad el rey de todos los españoles.

* * *

El señor PRESIDENTE: Muchas gracias, señor López Rodó, presente su enmienda por escrito, como previene el artículo 19. Don Óscar Alzaga Villaamil tiene la palabra en nombre del Grupo Parlamentario de Unión de Centro Democrático.

Consumiendo un turno en contra de la enmienda de Alianza Popular, previamente defendida por el señor López Rodó, para no adjetivar la monarquía como parlamentaria, sino como constitucional.

El señor ALZAGA VILLAAMIL: Para, muy brevemente, consumir un turno en contra, empezando por afirmar con toda sinceridad y sin afán polémico, y menos aun belicoso de ningún género, que la intervención culta y, por demás, bien argumentada del profesor López Rodó, no solo no cambia nuestro voto, sino que, sinceramente, no nos ha persuadido. No nos ha convencido porque estamos en presencia de términos perfectamente acuñados por la ciencia, por la politicología contemporánea.

Realmente hoy por Monarquías parlamentarias se entienden las Monarquías europeas, las Monarquías nórdicas, las Monarquías del Benelux, y, especialmente, aquellas Monarquías que reúnen unos requisitos muy concretos.

De forma muy breve —porque no se trata, evidentemente, de explayarnos en un pequeño tratado al respecto—, se puede afirmar que la Monarquía parlamentaria constituye el último eslabón, el último estadio de la larga evolución de las formas monárquicas de gobierno hacia lo que se dan en llamar «las Democracias coronadas». Y esto es algo que no tiene nada que ver con que el monarca esté o no esté presente en el Parlamento, como nos dice el señor López Rodó.

La Monarquía constitucional es algo diferente, es aquel tipo de forma de gobierno en que el poder regio se encuentra limitado por la coparticipación del Parlamento y por la implantación de una superlegalidad sobre el monarca, que no puede modificar por sí los derechos y garantías, pero es la situación que corresponde históricamente a la España del Estatuto Real de 1834, que corresponde a la Monarquía prusiana, donde el rey no puede realizar determinados actos importantes sin la colaboración de la representación popular; el Parlamento, a su vez, no tiene facultades plenas y no puede imponerse por entero al rey. Es más, en la Monarquía constitucional, los ministros no son responsables políticamente ante el Parlamento; y he aquí que esta es una de las grandes notas definitorias de la Monarquía parlamentaria, en que los ministros del gabinete responden políticamente ante el Parlamento, tal y como está concebido y diseñado en el anteproyecto de Constitución que nos ocupa.

La Monarquía parlamentaria es aquella en que prevalece, de otra parte, el principio de la reserva de ley; en suma, donde las intervenciones personales del rey quedan reducidas al mínimo, donde el rey reina, pero no gobierna, o, si se quiere, no gobierna, pero reina.

Es decir, se ha extinguido el llamado principio monárquico sobre el que un diputado de nuestro Grupo publicó en su día un libro realmente importante.

En definitiva, la Monarquía parlamentaria es aquella en que el rey tiene menos *potestas,* pero puede alcanzar el máximo de *auctoritas.*

Esta es la que concebimos, y consideramos, por tanto, que, conforme a la terminología acuñada por el Derecho político contemporáneo, debe sostenerse en la redacción del precepto sin dar lugar a admitir ninguna de las enmiendas que se han presentado al respecto *in voce* o por escrito en su momento procesal.

II.3. PROYECTO DE CONSTITUCIÓN, ARTÍCULO 12 * *(CONCESIÓN DE EXTRADICIÓN)* **

Para mostrar su oposición a la enmienda in voce *presentada por Socialistas de Catalunya al apartado tercero del artículo 12 en el sentido de modificar el texto de la enmienda de UCD número 250, para que termine sustituyendo la expresión «por las naciones civilizadas» por la de «por los textos internacionales».*

El señor ALZAGA VILLAAMIL: Muy brevemente para mostrar nuestra cordial oposición a esta enmienda.

Nosotros entendemos que aparte de que haya sido objeto de retirada por el cauce de la enmienda *in voce* la expresión «naciones civilizadas», tampoco es enteramente feliz cuando se dice que en ningún caso se concederá la extradición por motivos políticos o para los que se pida la pena de muerte.

La extradición no solo se puede pedir en virtud de sentencia firme o de un avanzado estado del procedimiento, sino que tenemos suscritos, en concreto España, tratados internacionales en virtud de los cuales se puede pedir por otro Estado extranjero soberano la extradición simplemente como consecuencia de haberse dictado auto motivado de prisión, y, en consecuencia, el momento procesal previo a que se haya formulado la petición de pena por el fiscal correspondiente de dicho Estado extranjero.

Por estas razones técnicas nos tenemos que oponer a esta enmienda. Nada más y muchas gracias.

* * *

---

* Artículo 13.3 del texto final de la Constitución.

** Comisión de Asuntos Constitucionales y Libertades Públicas, *Diario de Sesiones del Congreso de los Diputados,* 18 de mayo de 1978, pp. 2429-2431.

Para oponerse a la enmienda in voce, *de socialistas de Cataluña, defendida por el señor Martín Toval.*

El señor PRESIDENTE: Gracias señor Martín Toval. Para un turno en contra tiene la palabra el señor Alzaga.

El señor ALZAGA VILLAAMIL: Brevísimamente para mostrar nuestra oposición toda vez que entendemos realmente que es afortunada la redacción que el proyecto da al párrafo 3 del artículo 12.

La exclusión de la extradición de los delitos políticos, como sin duda sabe perfectamente el diputado que acaba de hacer uso de la palabra, tiene claros e importantes precedentes en el Derecho constitucional, por ejemplo, en el artículo 10 de la Constitución italiana del año 1947.

Es verdad que en la panorámica del Derecho comparado podemos encontrar escasas referencias a la alusión a los actos de terrorismo, pero también es cierto que, por ejemplo, la jurisprudencia constitucional dictada en Italia al amparo del artículo 10 ha venido sentando, desde hace varios años a esta parte, que los llamados delitos de genocidio entre los que se venían incluyendo los de terrorismo no se debían considerar a estos efectos como delitos políticos. En consecuencia, lo único que hace el Proyecto es situarnos en la senda más moderna en cuanto a la interpretación de cuál es el ámbito de los delitos políticos que debe quedar exceptuado del principio general de la concesión de la extradición.

Por otra parte, hacemos honor a los Pactos internacionales que España está firmando y que tiene que firmar para luchar contra el terrorismo.

* * *

En contestación a la enmienda de la Minoría Catalana, defendida por el señor Roca Junyent.

El señor ALZAGA VILLAAMIL: Quiero hacer dos brevísimas consideraciones a la enmienda que se nos presenta, que creemos inspirada en un buen sentido, pero respecto a la que no podemos coincidir en lo que dice el proponente sobre la oportunidad de recogerla.

En primer lugar, nos tememos que subyace en esta enmienda una cierta filosofía de regateo a la institución de la extradición. Es verdad que contra la extradición hay toda una corriente doctrinal que, en última instancia, suele venir apoyada desde una óptica política, por la órbita de la anarquía y, en ocasiones, por el campo nihilista. Pero no es menos cierto, sentando las cosas con claridad, que hoy la corriente más extendida en buena técnica jurídica es que la extradición es una institución enormemente útil al servicio del principio de justicia intrínseca, del principio del deber moral que todos tenemos para con los agraviados y para con los Estados con los que se tienen relaciones diplomáticas, y es, en suma, una institución al servicio de la lucha contra el crimen en general y a favor de la defensa social.

Aplicar criterios excesivamente restrictivos puede hacer que la extradición acabe siendo una medida regresiva. Pero es que, además, procesalmente, en la línea de lo que indicábamos anteriormente, es perfectamente posible que España se encuentre ante solicitudes cursadas conforme a los tratados vigentes, gran parte de los cuales tienen alrededor de un siglo de antigüedad, formulados con anterioridad a la tipificación mínima del delito en un proceso, porque no se haya formulado la petición fiscal y porque, en suma, está por ver el procedimiento.

En consecuencia, entendemos que es imposible establecer este criterio en cuanto a aplicar el baremo de nuestras escalas punitivas del Código Penal para conceder o no la extradición si por parte del Estado que la solicita se pueden aplicar penas superiores.

Ello conduciría a una inseguridad jurídica grave, porque convertiría la concesión de la extradición en un auténtico juicio y se tendría que entrar en el fondo de una serie de complejidades que no corresponden a lo que es un procedimiento de extradición.

De todas formas, como bien apunta el proponente, esta es materia que debemos tratar con más calma, con mayor rigor técnico, y que deberá ser analizada y tratada en la ley que regule, en sustitución de la Ley vigente del 26 de diciembre de 1958, la concesión de la extradición.

II.4. PROYECTO DE CONSTITUCIÓN, ARTÍCULO 15* *(LA LIBERTAD IDEOLÓGICA Y RELIGIOSA)***

En contestación a la enmienda del Grupo Parlamentario Comunista, defendida por el señor Tamames.

El señor PRESIDENTE: Gracias, señor Tamames. Para un segundo turno tiene la palabra el señor Alzaga.

El señor ALZAGA VILLAAMIL: Muy brevemente, porque entendemos que el tema está claro, si se parte de una buena técnica jurídica, y que el concepto de orden público es un concepto perfectamente acuñado.

Es verdad que hay una acepción estricta a la que aquí no se hace referencia, que es la tarea de acción de la policía, a la que se refiere una parcela del Derecho administrativo. Hay una acepción amplia que se llega a confundir con el orden jurídico o la condición de desarrollo armónico de todas las energías humanas en el seno del Estado, y es una acepción que es la que tiene acuñada en concreto el Derecho político a estos efectos y que comparte con otras parcelas del Derecho, como por ejemplo con el Derecho internacional privado. Así, cuando en Derecho internacional privado se habla de orden público, se refiere a la acepción según la cual, como sabemos, una ley extranjera en principio aplicable deja de serlo en cuanto lesiona los intereses morales o materiales del país. Es decir, los principios morales y jurídicos esenciales para el Estado son los que se describen con el concepto de orden público. Estos son unos principios algo más amplios que los que nos viene a referir el señor Tamames en su enmienda cuando se refiere tan solo a los derechos fundamentales reconocidos en la Constitución.

---

* Artículo 16 del texto final de la Constitución.

** Comisión de Asuntos Constitucionales y Libertades Públicas, *Diario de Sesiones del Congreso de los Diputados,* 18 de mayo de 1978, pp. 2471-2488.

Nuestra posición no es por eso una posición ni confesionalista ni retardataria desde ningún punto de vista. Basta asomarse al articulado de la Constitución republicana de 1931, prototipo de lo que es una Constitución con preocupaciones laicizantes, para ver en su artículo 27 que a la hora de establecer los límites de la libertad de conciencia se decía: «Salvo el respeto debido a las exigencias de la moral pública».

Pues bien, invito al señor Tamames a que se asome a la doctrina jurídico-constitucional que existe como desarrollo de este precepto y verá que se viene a utilizar el concepto ya acuñado de orden público.

En consecuencia, nosotros entendemos que el concepto es plenamente aplicable, que no ha lugar a los riesgos o peligros que se nos señalan y que, en última instancia, no será el Gobierno, sino el Tribunal Constitucional el que tendrá que deslindar el concepto. Porque el concepto sí es cambiante y estamos dispuestos a reconocerlo. Hay una obra muy conocida en nuestra bibliografía, la de Sebastián Martín Retortillo, que se titula *Orden público y libertad religiosa*, a través de la cual se puede ver cómo ha ido evolucionando el concepto respecto a los principios de la moral social. El mismo Código Civil habla de «Moral u orden público», en esta línea a la que venimos refiriéndonos.

En consecuencia, solo nos resta rogar que sea retirada la enmienda y anunciar que, en su caso, tendremos que votar en contra de la misma.

* * *

Contestando a la enmienda in voce*, defendida en nombre del Grupo Socialista del Congreso por el señor Barón.*

El señor Alzaga Villaamil: No sé si puedo prometer una rigurosa brevedad a la hora de utilizar este turno en contra respecto de una enmienda que se nos presenta con un amplio abanico de antecedentes históricos, que por supuesto conocemos, salpicado de una serie de glosas que no vamos a valorar en este momento, pero que nos sirven para afirmar seriamente que, en primer lugar, es cierto que la cuestión religiosa, lo mismo que otras tan importantes como la de la soberanía, la de la forma de gobierno, y alguna otra, han constituido auténticos puntos clave de divergencia en los momentos constituyentes por que ha atravesado nuestra Patria, y que estos puntos de divergencia se han venido abordando mediante movimientos pendulares, sin que en nuestra trayectoria histórica hayamos sabido salir de tal trampa hasta la hora presente.

Pero la gran conclusión o lección que según creo esa gran maestra que es la Historia nos reporta en este minuto es la de que estamos en la obligación de evitar que la rueda siga girando, haciendo, al símil del cicloide que nos muestra el profesor Arnold Toynbee en su obra más citada que leída, pues debemos ser capaces de poner en marcha la rueda de la historia de España en una dirección de convivencia, en una dirección progresiva y de paz social, de una vez por todas.

Creo que algunos de los antecedentes históricos citados, por remotos, quizá hubieran sido innecesarios; pero pienso que otros ilustran cómo ha llegado la cuestión hasta la actualidad. Ha hecho bien el señor Barón en traer a colación el momento constituyente de la Segunda República; los artículos 26 y 27 son, sin duda, una de las claves en virtud de las cuales su Constitución no pudo ser la auténtica superley, la auténtica ley fundamental política, sobre la cual pudieran jugar libremente, cómodamente, todos los españoles. En el debate constituyente de los artículos 26 y 27 de 1931 hay algo de auténtico olor a rancio, auténtico sabor a antiguo; son debates que saben y huelen a siglo XIX. Es una situación de falta de modernidad política. La afirmación, entre otras auténticamente poco afortunadas, de que España había dejado de ser católica, que se pronuncia en esa célebre sesión que se nos ha referido hoy, es desafortunada porque no hay nada más desafortunado en un momento constituyente que venir a molestar, a herir los sentimientos de un sector importante de la población, que es también español.

Ahora bien; creemos que en el momento presente estamos en condiciones de superar la cuestión de una vez por todas y de afrontarla con la óptica propia de nuestro tiempo.

Nosotros, el Grupo Parlamentario de UCD, no vamos a sostener actitudes confesionales, ni solapadamente confesionales, y rechazo, en términos absolutos y categóricos, lo que se intenta insinuar al respecto. Hemos aceptado siempre, expresamente, el enunciado del número 3 del artículo que discutimos, en que se empieza por afirmar, en términos que no admiten lugar a duda o a interpretación equívoca, que ninguna confesión tendrá carácter estatal. Pero, es más, todos sabemos que realmente la Iglesia española no ha pretendido hoy introducir la confesionalidad, ni tampoco sectores importantes de los católicos.

Lo que sí es verdad es que se intenta en ocasiones inventarse el maniqueo para su hábil vapuleo. Nos vemos por tanto en la obligación de aclarar con toda sinceridad nuestro enfoque. Nosotros reconocemos la necesidad de revisar las posiciones, con frecuencia erróneas, mantenidas históricamente por los católicos en España. Lleva razón el señor Barrera cuando afirma que en demasiadas ocasiones se ha confundido lo que era de Dios y lo que pertenecía al César. Es más, yo me atrevería a reconocer aquí con toda solemnidad que muchos de los discursos que en su día vinieron a pronunciar Castelar o Canalejas en este mismo palacio del Congreso, y que antaño constituyeron piedra de escándalo para la feligresía, hoy podrían constituir auténtica prueba a su favor en un proceso de beatificación a favor de los mismos *[Risas]*. Es decir, que la Iglesia ha cambiado, los católicos de nuestro tiempo han cambiado, y abordamos la cuestión con el enfoque del Vaticano II y de su constitución *Gaudium et spes*. Es una actitud moderna, que creemos que es paralela a la modernidad del enfoque de otras confesiones, fundamentalmente las de origen cristiano.

UCD no es un partido confesional, pero UCD es un partido que recoge un amplio espectro de votos católicos. Pues bien, desde esa óptica, hemos de afirmar que no vamos a defender, ni aquí ni en ningún momento, la confesionalidad del Estado, ni pedir derechos para los católicos que no correspondan a los restantes españoles. Es más, hacemos, en este acto constituyente, solemne expresión de que abjuramos de prejuicios históricos que en ocasiones han sostenido los católicos en España.

Ahora bien, esperamos la misma modernidad de enfoque por la otra parte. Es decir, también en el juego de las dos Españas, en ese grave juego dialéctico que intentamos superar definitivamente, hay responsabilidades históricas, serias y graves para las fuerzas políticas de tradición más laica. Sinceramente, en la importante, objetiva y mesurada exposición del diputado señor Barón, hubiera querido ver alguna revisión de esas posiciones que en su día se han mantenido.

Nos encontramos con un precepto, el del número 3 del artículo 15, que, tras una enunciación negativa, que pudo ser innecesaria porque para que un Estado no sea confesional no hace falta decirlo expresamente —ahí está, sin ir más lejos, Bélgica, que a nadie le cabe duda que no es un Estado confesional—, no hace falta un enunciado de este género.

Pero nosotros no nos oponemos, porque como creemos que debemos dotar a este país de un Estado laico, en el mejor sentido del término, aceptamos con mucho gusto que el tema se explicite, pese a que en buena técnica jurídica seria innecesario, porque hay otras muchas cosas que el Estado no es y que no decimos.

Sin embargo, defendemos y consideramos oportuna una referencia que es una simple mención, un reconocimiento o constatación de la realidad.

Y a mí me viene a la memoria una conferencia célebre que pronunció Ferdinand Lassalle en el Berlín del siglo XIX sobre lo que era una Constitución, y ponía a sus oyentes ante el trance de un cierto ejercicio de política-ficción. Es decir, imaginemos por un momento que todas las Constituciones y leyes políticas del Reino han desaparecido en un gran incendio. ¿El rey, sus súbditos, pueden establecer una ordenación política por entero de nuevo cuño? Y contesta: no. El rey y sus súbditos, si quieren darse una buena Constitución han de atenerse a la realidad social.

Pues bien, la realidad social es la que es y nosotros, para la misma, venimos a proponer la fórmula de la Ponencia, que nos parece archiprudente. Y nos parece que es archiprudente, incluso desde la óptica del Derecho comparado, y yo lamento que el señor Barrera tenga cierta alergia al mismo, pero me va a perdonar que lo traiga a colación, porque me parece ilustrativo.

Voy a mencionar el artículo 7 de la Constitución italiana. Como sabemos dice: «El Estado y la Iglesia católica —y la cita— son cada uno en su propio ámbito independientes y soberanos». Incluso se predican de la Iglesia católica circunstancias que nosotros no hemos, en ningún momento, intentado introducir en el texto constitucional.

Cito la Constitución italiana, país de soporte sociológico próximo al nuestro y de la que en los años sesenta decía el profesor Aranguren que era el espejo en que podía mirarse el futuro de España. Pero nosotros estamos abierta y expresamente por un Estado no confesional. Ahora bien, los Estados no confesionales, señor Barón, se dividen en dos tipos, cuando menos, y eso lo encontramos en muchos manuales de Derecho político: los Estados con una actividad beligerante, con un laicismo beligerante, y los Estados con una actitud colaboradora con las diversas confesiones religiosas.

Si se quiere, cabría un tercer tipo en la clasificación: los Estados con una actitud sumamente pasiva o neutra. Pues bien, nosotros queremos un Estado no confesional, pero creemos que es conveniente, no para la Iglesia, sino para el debido entendimiento de todos los españoles en un clima de progreso y de paz social, la colaboración en determinadas materias, no solo con la Iglesia católica, sino con una serie de confesiones que, evidentemente, tienen un planteamiento altruista.

¿Por qué, además, pensamos que es oportuna la referencia, la mención, bien sea de pasada, a la Iglesia católica en este párrafo? Porque creemos que es materia que afecta a los sentimientos más respetables de muchos españoles. A lo mejor esos españoles hoy somos minoría, no lo sé, pero aun siendo minoría nuestros sentimientos son especialísimamente respetables. A esa sensibilidad también tiene que atender el legislador constituyente, y la hemos atendido en otros preceptos de la Constitución, por ejemplo, en el artículo 2, a la hora de utilizar el término «nacionalidades», entre otras razones por el respeto a la sensibilidad, a las creencias de unas minorías, utilizando los términos en virtud de los cuales ellos piensan que deben ser denominados.

Es, en suma, materia que afecta, como diría Pascal, a esa gran apuesta que muchos españoles formulan en el juego de su vida terrena a favor de una vida mejor. En esta materia no vamos a entrar. Queremos estar muy alejados de lo que han sido determinadas intervenciones en otros momentos constituyentes de nuestra Patria. No queremos hacer ninguna apología de la Iglesia católica, ni cosa que se le parezca. Simplemente, pensamos que ello no derivará en otras consecuencias normativas que las que por vía de legislación ordinaria se quieran aplicar. Países no confesionales, como Bélgica, han llegado incluso a la aprobación de presupuestos de culto. Eso depende de lo que quieran y deseen acordar los representantes del pueblo libremente elegidos, reunidos en su órgano legislativo.

Solamente hemos sentado la no confesionalidad, y rechazo, una vez más, que de forma solapada vengamos a establecer la confesionalidad, solo un sano principio de entendimiento, que es tanto como acabar con la lucha, con los planteamientos beligerantes en materia que afecta a la confesión religiosa.

Yo le diría al Partido Socialista Obrero Español, aun comprendiendo y respetando personal y enormemente su posición, que intente no convertir este tema en lo que en la Historia política de España se llama la cuestión religiosa, y que lo mismo que nosotros hemos hecho un esfuerzo para acercamos a esta redacción, efectúen por su parte ese mismo esfuerzo, como sin duda se efectuará, para aprobarla.

* * *

En explicación del voto de UCD.

El señor PRESIDENTE: Muchas gracias, señor Peces-Barba. El señor Alzaga de la Unión de Centro Democrático, tiene la palabra.

El señor ALZAGA VILLAAMIL: Brevísimamente, señor presidente, no pensábamos utilizar este trámite, para realmente explicar el voto en el sentido de explicar su talante.

El nuestro ha sido un voto desapasionado, precedido de argumentaciones desapasionadas y un voto en compañía de otras fuerzas, algunas de tradición laica tan indudable como el Partido Comunista, que coinciden en estimar, según se nos ha informado en la explicación de voto, la aceptabilidad de la redacción.

Yo lamento que haya otros votos que son apasionados, y rogaría que en esta materia, por el buen curso de la convivencia, intentemos todos, como nosotros nos esforzamos, por abandonar todo planteamiento de pasión.

II.5. PROYECTO DE CONSTITUCIÓN, ARTÍCULO 22* *(EL DERECHO DE FUNDACIÓN)***

En respuesta a la enmienda de supresión del Grupo Parlamentario Socialista, defendida por el señor Barón Crespo.

El señor ALZAGA VILLAAMIL: Para, en forma cuasi telegráfica, oponernos a la extensa argumentación que acabamos de escuchar que, sinceramente, nos ha sorprendido por entero.

Nos sorprende, en primer lugar, que se hable de que en el artículo 22 que nos ocupa se viene a consagrar un derecho absoluto, toda vez que el tenor literal de su precepto primero hace expresa mención de que se reconoce el derecho de fundación con arreglo a la ley, y, por tanto, no con carácter absoluto, sino como un derecho a regular en las disposiciones legales pertinentes.

En segundo lugar, nos parece singular que se diga que, por este mecanismo, se pueden crear patrimonios sin titular, salvo que se entienda que el único titular de un patrimonio tiene que ser una persona física y no una persona jurídica. Evidentemente, en el caso de una Fundación hay una persona jurídica que es la titular del patrimonio. También resulta sorprendente la homologación, que juzgamos simplista, con la vieja problemática de las manos muertas. Realmente, el derecho de Fundación si es algo, es uno de los derechos más característicos de la época moderna, del tiempo de hoy que nos toca vivir. Es uno de los mecanismos por los cuales la generosidad y los fines altruistas que pueden mover a las personas físicas permiten trasladar un patrimonio que está al servicio de fines particulares, de intereses particulares, a favor del interés público de los intereses generales.

---

* Actual artículo 34 de la CE.

** Comisión de Asuntos Constitucionales y Libertades Públicas, *Diario de Sesiones del Congreso de los Diputados,* 22 de mayo de 1978, pp. 2569-2571.

Entendemos que puede ser perfectamente uno de los grandes puentes que se han de tender para salvar el abismo existente entre los individuos y el Estado. Es uno de los puentes que puede contribuir a hacer la democracia más real, y que puede facilitar la integración de los españoles en la comunidad y la coordinación de los mismos, para alcanzar fines progresivos de orden cultural, de defensa del patrimonio histórico-artístico, etcétera.

Por todo ello, y a la vista del panorama espléndido que ofrece la obra de las Fundaciones en numerosos países con democracias muy consolidadas, como alguna de las anglosajonas, nos oponemos, respetuosamente, a la enmienda que nos ocupa y pedimos, en nombre de Unión de Centro Democrático, la votación de este artículo tal y como lo propone la Ponencia.

* * *

Contestando a la réplica del señor Barón.

El señor A*LZAGA* V*ILLAAMIL*: Lamento tener que insistir en mi argumentación, pero en beneficio de todos voy a procurar hacerlo en forma brevísima.

En primer lugar, yo no tengo el menor inconveniente en reconocer, en forma expresa y paladina, que en materia de Fundaciones, como en principio en cualquier derecho, pueden producirse extralimitaciones y desvíos de lo que debe ser el ejercicio de ese derecho. Yo no sé cuál es ese supuesto tan vagamente mencionado aquí de los ricos que, al parecer, utilizan el vehículo de las Fundaciones con fines egoístas, pero evidentemente los efectos que se deben reconocer a una Fundación, los tratamientos jurídicos-fiscales que se le deben conceder, el marco de derechos y obligaciones de control por las autoridades de las Fundaciones, etcétera, es algo a establecer en la legislación ordinaria; y, entre otras cosas, para evitar que se produzcan excesos, que se pueden producir en las Fundaciones, como se pueden producir en las asociaciones y, en general, en cualquier tipo de persona jurídica y actividad humana no angélica.

Ahora bien, una cosa es esto, que no tenemos inconveniente alguno en reconocer, y otra cosa es admitir el principio de que este derecho debe simplemente ser dejado a la posibilidad de que el legislador ordinario tenga a bien admitirlo, reconocerlo o no admitirlo.

Nosotros lo que pretendemos constitucionalizar aquí es simplemente la existencia del derecho, como el Grupo Parlamentario Socialista del Congreso con auténtico interés ha venido subrayando la necesidad de constitucionalizar otros derechos.

Es harto sabido que UCD ha procurado una cierta redacción más estricta, más breve de esta parte dogmática de la Constitución, en que en algún punto hemos estado casi a punto de incurrir en esos excesos de la Constitución de la India, por ejemplo, que llega al detalle de regular la forma en que se debe producir la matanza de las vacas, o determinadas procesiones. Y si hemos incurrido en algunos excesos, muy disculpables por el simple hecho de que estamos en la salida de un periodo histórico de limitación en el reconocimiento de los derechos, nosotros entendemos que este derecho no puede quedar al libre albedrío de los poderes públicos.

Se podrá establecer por el legislador el marco en que se debe desenvolver, pero no se podrá nunca ignorar. En consecuencia, venimos a oponernos de nuevo a la enmienda y a solicitar la votación afirmativa del texto del artículo 22 tal y como ha sido redactado por la Ponencia. Nada más y muchas gracias.

II.6. PROYECTO DE CONSTITUCIÓN, ARTÍCULO 26* *(DERECHO A LA EDUCACIÓN Y LIBERTAD DE ENSEÑANZA)***

En oposición a la enmienda del Grupo Parlamentario de Alianza Popular, defendida por el señor Silva Muñoz.

El señor ALZAGA VILLAAMIL: Muchas gracias, señor presidente. Señorías, voy a consumir un turno en contra, realmente breve, para intentar, en alguna medida, llevar al ánimo de don Federico Silva que el texto y el espíritu de la nueva redacción del artículo 26 prácticamente viene a recoger por entero las pretensiones que él nos ha formulado en su docta e interesante intervención que acabamos dé escuchar. Pero también quiero lamentar que la actitud de don Federico Silva sea la actitud de defensa de una enmienda particular que él tiene presentada en su nombre y no sea, al menos al 100 por 100, la actitud de Alianza Popular. Basta asomarse al informe de la Ponencia para observar que la actitud de Alianza Popular en el seno de la misma ha sido, al menos en varios aspectos, bastante más estatalista.

Nosotros, UCD, hubiéramos deseado de todo corazón haber contado con esta actitud como actitud oficial de Alianza Popular en el seno de los trabajos de la Ponencia. Pero volviendo al hilo fundamental de la cuestión que se suscita, quiero insistir en que lo que se plantea está básica y suficientemente recogido en el nuevo texto del artículo 26.

En efecto, se nos insiste de entrada en la responsabilidad de los padres, de la que se deriva el derecho de los mismos a elegir el tipo de educación de sus hijos. Nosotros estamos muy lejos de negar tal cosa; sería materializar demasiado a la familia, limitar su función a crear la vida física, no permi-

---

* Artículo 27 en el texto definitivo de la Constitución.

** Comisión de Asuntos Constitucionales y Libertades Públicas, *Diario de Sesiones del Congreso de los Diputados,* 23 de mayo de 1978, pp. 2600 y 2601.

tiéndole transmitir la vida moral. Es obvio y le asiste la máxima razón a don Federico Silva cuando sostiene que la familia, y no el Estado, es la creadora de vida, con sus consecuencias inherentes, entre ellas su perfeccionamiento, es decir, la educación de los hijos. El Derecho civil, como todos sabemos, impone a los padres la obligación de educar a los hijos, y de esta obligación deriva para aquellos el derecho a instruirles y elegir sus maestros. Arrebatar a los padres el derecho a educar e instruir a sus hijos equivale a esterilizar la fuerza moral de la familia.

España, como nos ha recordado don Federico Silva, tiene suscrita y ratificada la Declaración Universal de los Derechos del Hombre; el artículo 26 consagra suficientemente este derecho, que nos resulta enteramente vinculante. Y la redacción del número 1 del artículo 26, consagrando la libertad de enseñanza, en relación con el número 3 del mismo artículo, obviamente supone consagrar, reconocer y garantizar el derecho de los padres a optar por la educación que se debe dar a los hijos.

De otra parte, se nos dice que se debe consagrar el derecho a la creación y gestión de centros educativos. El término «gestión» es verdad que no está recogido literalmente en el inciso 6 del precepto que nos ocupa, pero no es menos cierto, y querría llamar la atención de don Federico Silva sobre este tema, que en el último texto que hemos elaborado del artículo 26 que va a ser objeto de votación se ha introducido un apartado importante al número 1 del mismo donde se dice que se reconoce la libertad de enseñanza. Y la libertad de enseñanza tiene un contenido suficientemente acuñado por la doctrina, como lo tiene asimismo el derecho de reunión, el derecho de asociación, la libertad de prensa y tantas otras, sin necesidad de explicitar en un texto constitucional los ingredientes que vienen a componer esa libertad.

La doctrina entiende por libertad de enseñanza la libertad de fundar centros docentes, de dirigirlos, de gestionarlos, de elegir los profesores, de fijar, en su caso, un ideario del centro; la libertad de impartir en los mismos, en el caso que se estime pertinente por los padres y los directivos del centro, la formación religiosa, etcétera.

Luego hemos establecido, en la forma sistemática que corresponde a un texto constitucional, lo que intenta con otras palabras y en forma quizá más extensa recoger la enmienda de don Federico Silva.

En suma, entendemos que la misma debe ser desestimada, no por su fondo o contenido, sino porque responde al mismo sentido y al mismo significado de la redacción que se propone del artículo 26.

II.7. PROYECTO DE CONSTITUCIÓN, ARTÍCULO 63.1 * *(EL SISTEMA ELECTORAL DE REPRESENTACIÓN PROPORCIONAL)* **

En contestación a la enmienda del Grupo Parlamentario Mixto, defendida por el señor Tierno Galván.

El señor ALZAGA VILLAAMIL: Muchas gracias, señor presidente. Para intentar, como lo ha intentado el señor Tierno Galván, ser breve, sin poder asegurar el serlo en la medida en que yo desearía, dada la complejidad e importancia de la cuestión que nos ocupa en la tarde de hoy.

A mí me ha alegrado muy especialmente observar que el terreno en que ha venido a plantear la cuestión el profesor Tierno Galván es el genuino, el que le corresponde, a saber: que estamos ante un problema de técnica democrática de Gobierno. Es decir, no se trata de negar la condición de fórmula democrática al texto de la Ponencia, en lo que la democracia significa de filosofía de la libertad, sino que, partiendo de que todos comulgamos con esa filosofía de la libertad y hemos aprobado la primera parte de la Constitución plasmada en 50 artículos, que establece los grandes dogmas al respecto, entramos a debatir una parte de la Constitución que, tradicionalmente, no se llama dogmática, se llama orgánica, precisamente porque es enormemente opinable y porque las fórmulas técnicas en cuestión se van depurando a lo largo de la experiencia y de las conveniencias.

Nosotros intentamos aproximarnos también a la cuestión con óptica de estadistas, quizá de modestos estadistas, pero no realmente con mentalidad de hombres de partido que busquemos la defensa de intereses electorales o de conveniencias sectarias.

---

* Artículo 68 del texto final de la Constitución.

** Comisión de Asuntos Constitucionales y Libertades Públicas, *Diario de Sesiones del Congreso de los Diputados,* núm. 78, 1 de junio de 1978, pp. 2834-2837.

Realmente, la regulación de los cauces electorales a través de los cuales viene a determinarse la composición de las Cámaras, como todos sabemos, es una cuestión compleja. Incluso en el terreno doctrinal, algunas de las afirmaciones que se han sostenido hasta fecha muy reciente como mitos —como, por ejemplo, los célebres paradigmas de Duverger—, hoy en día están abiertamente puestas en tela de juicio. Son tesis superadas, y yo me atrevería a afirmar que en la doctrina no existe un criterio suficientemente sólido al respecto de que haya sistemas electorales superiores a otros sistemas electorales.

El señor Tierno Galván ha insistido, en su docta y afortunada intervención, en que hemos de centrar nuestra atención en los elementos de confianza e identidad, pero precisamente una de las críticas más reiteradas —hasta el punto de ser prácticamente una crítica clásica— al sistema de representación proporcional, es que la identificación entre el elector y el elegido se difumina en el contexto de la lista, y no digamos nada cuando se produce el mecanismo de la aplicación de los residuos a una lista nacional, y que quien ha votado en Cuenca se encuentra con que su voto resulte determinante para sacar a un diputado de Barcelona o de Madrid que figuraba en la lista nacional en cuestión.

Es decir, que hemos de aproximarnos con cierta modestia a la materia. Es una materia que hay que relativizar, en que los grandes países con tradición democrática han optado por fórmulas realmente diversas y contrapuestas. Sabemos que el Derecho electoral es un factor configurador en alguna medida de la realidad social y del reparto de las fuerzas políticas, pero también hoy sabemos que eso ocurre en menor medida a como se sostenía, por ejemplo, en los años cincuenta. Es simplemente un factor operativo más.

Ahora bien, en la medida en que es una materia tan opinable y en que no hay un consenso doctrinal al respecto, se plantea la gran cuestión de si debe ser o no objeto de constitucionalidad.

La Constitución —como tantas veces se ha dicho aquí— debe ser breve, y a mí me gusta siempre recordar la feliz expresión de don José Ortega, de que debe ser como los galgos, todo piel y huesos, y nada de tejido adiposo. La Constitución, como decía Amos, refiriéndose a la Constitución inglesa, debe contener pocos dogmas, y aquellas cuestiones que no son dogmas, por supuesto, hay que pensar mucho su inclusión en la Constitución. Esta debe tender a recoger más lo que es indiscutible que lo que es discutible.

Decía Hauriou que el problema de las sociedades liberales es que el principio de libre discusión es un principio disolvente, y hace falta el contrapeso de la Constitución, que significa aquello que no se discute, aquello que todos aceptan y de lo que se parte precisamente para la discusión cotidiana.

Pues bien, el sistema electoral es algo prolijo; es algo que está lejos de ser un dogma, y es algo que es excesivamente materia de discusión, y, por tanto, tenemos muchas dudas de si se debe constitucionalizar.

Decía don Enrique Tierno, hace unos minutos, que carecemos —y desde luego le asiste la razón— de lo que él llama un mecanismo de representación histórica, una línea de representación histórica. Esto es cierto. Pero, es más; yo me permitiría llamar la atención de los comisionados de que el sistema de representación proporcional a lo largo de nuestra difícil y llena de paréntesis Historia política contemporánea, no ha estado nunca en vigor en España, si hacemos omisión de la norma que sirvió de cauce procedimental a las elecciones del 15 de junio. Es más, yo no conozco más que un precedente, si no me falla la memoria, el proyecto de Estatuto Municipal de la época de Primo de Rivera, que tuvo como redactor a don Leopoldo Calvo Sotelo *[Rumores - Risas - Unos señores diputados: Será don José].*

Es el subconsciente, y los «lapsus» surgen. Pido disculpas a los comisionados por este «lapsus» *[Risas].* Evidentemente, el gran teórico de la representación proporcional en la primera parte de nuestro siglo XX fue la derecha y fue don José Calvo Sotelo; y hay otro dato que es importante desde esta óptica en la que se ha situado don Enrique Tierno, que es la óptica de nuestra historia constitucional.

Se ha dicho con razón por don Manuel Fraga que la Constitución de 1812 incluía con todo detalle una Ley Electoral. Podríamos añadir que pasaba otro tanto con el Estatuto Real de 1834 y, en menor medida, con otras Constituciones que han estado vigentes en España; pero a lo que llevó esta constitucionalización de las leyes electorales —que era siempre materia discutible— es a que uno de los grandes elementos (y en esto hay unanimidad en los historiadores) que hacía imposible el aceptar una Constitución como válida por las distintas fuerzas en juego, era esta constitucionalización de las mecánicas electorales, de los procedimientos electorales, de los sistemas electorales.

Una de las grandes aportaciones de Cánovas (cito a Cánovas con la esperanza de que desde los bancos de la oposición no se diga que a partir de hoy también es Cánovas nuestro jefe...) *[Risas],* una de las grandes aportaciones a la historia democrática de nuestro país por parte de don Antonio Cánovas fue llegar a convencer a propios y extraños, llegar a convencer a sus conservadores, y a los liberales que encabezaba Sagasta, de que había que hacer una Constitución que dejara al margen las polémicas cuestiones electorales. Y así, si nos asomamos a la Constitución española de 1876, encontramos una constructiva laguna al respecto. Constructiva porque permitió hacer elecciones con sufragio censitario, y constructiva porque permitió hacer elecciones con sufragio universal e ir progresando por el camino de una representación más auténtica a medida que convenía a las circunstancias.

Se hace y se puede hacer una larga defensa del sistema de representación proporcional. Yo no voy a hacer aquí la contestación a la demanda ni voy a oponerme al respecto. Hay auténticas bibliotecas escritas a favor y en contra del sistema de representación proporcional. Yo lo que diría es que hay factores que hay que tener en cuenta, y que no permiten absolutizar e idealizar en exceso el sistema de representación proporcional.

La necesidad de adecuar la representación al equilibrio entre regiones pobres y ricas. Qué duda cabe que ese es un problema real en España; basta asomarse al gran debate de las primeras Constituyentes que existieron en el mundo que merecen tal nombre, Norteamérica, de 1787, para ver la enorme preocupación por que el sistema de representación permitiera que los Estados más pobres no fuesen absolutamente capitidisminuidos en su poder político en función de la sobrerrepresentación de los Estados ricos.

Hoy hay circunscripciones de características diversas en numerosos países, por razones de la representación propia de determinadas islas o de comunidades geográficas singulares; por la necesidad de primar a las zonas deprimidas que necesitan de un especial apoyo de los poderes públicos a su depresión y proceso migratorio, que las lleva a cada vez tener menos presencia en el órgano legislativo; hasta el punto de que el autor que no es sospechoso de militar en Unión de Centro Democrático, el acreditado profesor Jorge Esteban, en su conocido comentario a la reforma política y a la Ley Electoral que precede a las elecciones de 15 de junio, sostuvo que en este punto, en el premio mayor o menor que se dio a las provincias deprimidas, se estaba en la línea de lo que era la doctrina de muchos autores socialistas, que en pro de una mayor distribución de los recursos y de un mayor equilibrio regional, habían sostenido en numerosos países fórmulas de este género.

Y el mismo autor tiene escrito en otra parte —y voy a intentar ser breve y terminar— que está totalmente superada la vieja idea representativa inspirada en los principios matemáticos, a que ha hecho mención el profesor Tierno Galván citando, entre otros, a Rousseau; y que la vieja idea de los monarcómanos de que el Parlamento debe ser un compendio en pequeño del Reino, o la vieja idea de Stuart Mill sobre que corresponde al Parlamento ser un espejo o una reducción a escala, son ideas básicamente archivadas por la politología contemporánea.

La representación política ha de atender también a una serie de condicionantes sociales y a la necesidad de lograr mayorías sólidas de gobierno, y aún más, a la imperiosa necesidad de consolidar la democracia. Existe toda una literatura, que los señores comisionados conocen mejor que yo, sobre la contribución que, a juicio de muchos autores, vino indirectamente a prestar el sistema de representación proporcional a la crisis de una serie de democracias en el periodo de entre guerras.

Yo, con esto, no me pronuncio, ni mucho menos, por la representación proporcional, pero sí pienso que es algo que se puede constitucionalizar como indiscutible.

En suma, coincidimos con la idea, que ya se ha expuesto esta tarde aquí, de fijar, en la Constitución unas líneas básicas, con una regulación, en una ley muy meditada, que sea modificable sin necesidad de pasar por los mecanismos especiales que toda Constitución rígida exige, a la vista de la realidad cambiante y de los progresos sociales.

Y diría, para terminar, que con esto no estamos, señores, inventando nada; estamos en la línea de la experiencia acumulada por países con democracias muy consolidadas. La República Federal Alemana, en su Ley Fundamental de Bonn, es decir, en su Constitución, dice, en el artículo 38, que la reglamentación del Bundestag se hará por ley federal. La Constitución de la República Francesa, la Constitución vigente, de 1958, dice, en su artículo 25, que una ley orgánica fijará la duración de los poderes, etcétera, y en su segundo párrafo añade que «fijará igualmente las condiciones en que serán elegidas las personas llamadas a llenar las vacantes», etcétera. La Constitución griega vigente, en su artículo 51, párrafo 3, dice que «los diputados serán elegidos por sufragio universal, directo y secreto, por los ciudadanos con derecho a voto, del modo que la ley disponga». Y en términos no tan tajantes en materia de colegios electorales, la Constitución belga, en su artículo 48, inciso 1, dice que se regulará por ley la constitución de los colegios electorales de cada provincia.

Por todas estas razones, que nos parecen enormemente prudentes, aspiramos a lo que entendemos que es una auténtica Constitución de consenso, aquella con la que puedan gobernar todas las fuerzas políticas en juego haciéndola suya, y sin necesidad de tener que plantear, el primer día en que tomen el Gobierno, la modificación de la Constitución, o esperar a la reforma de la Constitución para poder llegar al Gobierno.

En nombre, por consiguiente, de una moderna, libre, convivencia de todos los españoles, nos oponemos a la enmienda que anteriormente se acaba de defender.

* * *

Tras la intervención del señor Roca Junyent, el señor Alzaga Villaamil pide la palabra.

El señor PRESIDENTE: Un momento, señor Alzaga. Quería esta Presidencia justificar el porqué en el ejercicio de sus atribuciones reglamentarias ha situado en los últimos lugares la intervención de la Minoría Catalana. La Presidencia está convencida de la capacidad de transacción y compromiso de su señoría, y tan acertadamente le ha puesto en último lugar, que nos ha parido dos enmiendas que todavía no conocemos *[Risas].* Esta era la explicación.

Tiene la palabra el señor Alzaga.

El señor ALZAGA VILLAAMIL: Con permiso de la Presidencia, quería consumir un brevísimo turno de un minuto para alusiones, con la esperanza de que me sobren varios segundos.

Sin enfatizar lo más mínimo, yo quería decirle al diputado señor Roca, que puedo cometer errores, sin duda los cometo, pero, desde luego, no me dedico a hacer citas trucadas ni a comerme párrafos o incisos que puedan contribuir a sostener las tesis contrarias de las que me ha correspondido mantener.

En concreto, cuando yo he citado la Constitución de Grecia, artículo 51, número 3, que remite la regulación electoral a lo que disponga la ley, no he hecho alusión al tope mínimo y máximo de diputados a que se refiere el número 1, porque estaba contestando a una enmienda sostenida por don Enrique Tierno que se refería sola y exclusivamente a la inclusión del sistema de representación proporcional y, consiguientemente, me parecía que un principio elemental de economía consistía en no leerles a los señores comisionados toda la Constitución griega.

En segundo lugar, ocurre que se nos habla de que, al hacer la referencia del artículo 38 de la Ley Fundamental de Bonn, yo omito las alusiones que en otra parte de esta Ley se contienen sobre el sistema de elección del presidente de la República, pero, señores, estamos aquí ocupándonos del artículo 63, es decir, de la composición de la Cámara Baja, y, por tanto, en buena técnica comparativa, en lo que nos debemos fijar es en la composición de la Cámara Baja de otras leyes foráneas. Consecuentemente, la aplicación del método comparado es siempre singular, plantea problemas, pero se debe hacer con criterio técnico.

Para terminar, diré que a mí esto me recuerda aquella célebre afirmación del profesor don Nicolás Ramiro Rico, que decía que algunos comparan a la ligera entre el presidencialismo norteamericano y el presidencialismo de algunos países sudamericanos, como por ejemplo el de Argentina, mientras en Norteamérica algún que otro presidente ha llegado a general por elección, en la Argentina solo algún que otro presidente ha conseguido terminar constitucionalmente su mandato con permiso de un general.

Es decir, la aplicación del método comparado debe regirse por criterios técnicos, y eso es lo que yo he pretendido hacer.

II.8. PROYECTO DE CONSTITUCIÓN, ARTÍCULO 156* *(EL PLANTEAMIENTO POR UN ÓRGANO JUDICIAL DE CUESTIÓN DE INCONSTITUCIONALIDAD ANTE EL TC)***

El señor PRESIDENTE: Muchas gracias señor Peces-Barba. Enmienda *in voce* del Grupo Parlamentario de UCD a este precepto. El señor Alzaga tiene la palabra.

El señor ALZAGA VILLAAMIL: Señor presidente, señoras y señores diputados, para sostener la enmienda *in voce* que ha sido previamente repartida, cuyo texto consiguientemente doy por conocido y me abstengo de reiterar.

La enmienda, que es a la práctica totalidad de la redacción del precepto que nos ocupa, parte de la filosofía general en materia de supremacía de la Constitución que en términos contundentes ha sido explayada hace breves minutos por el señor Peces-Barba en esta misma sesión.

Nosotros entendemos también que la Constitución la estamos elaborando con una pretensión de fuerza vinculante capaz de condicionar realmente a las restantes normas que han de componer el ordenamiento jurídico. Y ello, por supuesto —como no—, también en el momento de su aplicación por los tribunales ordinarios, que son los encargados de aplicar las disposiciones de distinto rango cuando se plantea la cuestión, el debate, sobre el Derecho aplicable a un caso concreto.

Ahora bien, nosotros partimos de que ha de superarse la técnica de nuestra vieja Ley Orgánica del Poder Judicial, que vetaba a los tribunales la posibilidad de conocer, y en su caso declarar, una pretendida constitucionalidad o inconstitucionalidad de una ley aprobada en Cortes. Ello era

---

* Pasaría a ser el artículo 163 del texto definitivo de la Constitución.

** Comisión de Asuntos Constitucionales y Libertades Públicas, *Diario de Sesiones del Congreso de los Diputados,* núm. 92, 19 de junio de 1978, pp. 3453 y 3454.

así por una interpretación estrecha del principio de división de poderes, en función de la cual se entendía que a los tribunales no competía juzgar sobre la tarea propia del legislativo.

Consiguientemente, y en la línea más moderna del Derecho constitucional contemporáneo, entendemos que es preciso introducir un control de constitucionalidad, pero no de naturaleza política, ni siquiera tan solo a través de los tribunales ordinarios, sino fundamentalmente en manos de un Tribunal Constitucional. Esto es lo que en Derecho público se llama, en términos técnicos, el judicialismo racionalizado.

Pues bien, nuestra enmienda se dirige a que realmente el judicialismo en esta materia esté debidamente racionalizado, porque entendemos con todos los respetos que la fórmula recogida en el artículo 156 del informe de la Ponencia no es todo lo correcta que desearíamos.

En efecto, según el texto del informe de la Ponencia, la inconstitucionalidad de una ley dependería de quién fuese el Tribunal que la aplicase, de modo que en los supuestos de Instancia única, como lo son la mayor parte de los recursos contencioso-administrativos, que carecen de apelación, o en el proceso laboral, en que puede decirse por lo general otro tanto, nos encontraríamos con que las leyes anticonstitucionales deberían aplicarse de modo necesario por los jueces o Tribunales.

En la misma línea plantea la redacción del precepto que nos ocupa que si la apelación no se residencia ante un Tribunal colegiado, sino ante un juez unipersonal, según parece tampoco sería posible la declaración de inconstitucionalidad. Ello conduciría a la peregrina situación de la existencia de dos ordenamientos o, al menos, a que una norma fuese válida y obligatoria en aquellos casos en que el Tribunal actúe en instancia única o la apelación esté confiada a un juez unipersonal y, sin embargo, fuese anulable en otros supuestos.

Por otra parte, la redacción que rebatimos supone, para que entre en juego la competencia del Tribunal Constitucional, una decisión formal sobre la inconstitucionalidad de la ley a aplicar por parte del Tribunal que esté entendiendo del proceso en cuestión, como resulta del texto, porque si sus señorías se atienen al texto literal verán que en el mismo se afirma «cuando un Tribunal de Apelación o de Casación considere inconstitucional una ley».

Es decir, que previamente se tiene que pronunciar el Tribunal que está conociendo del juicio en cuestión sobre la inconstitucionalidad. Con ello se está entrando en lo que en términos técnicos se denomina un sistema de jurisdicción difusa, aplicado, por ejemplo, en los Estados Unidos de América en otro contexto, en vez de un mecanismo de jurisdicción concentrada, que es el propio de todos los Tribunales constitucionales especializados del mundo.

En realidad, el sistema, tal como está el precepto redactado por la Ponencia, conduciría a que el juicio de constitucionalidad correspondería a los Tribunales y el de inconstitucionalidad requeriría el pronunciamiento conjunto y conforme de un Tribunal ordinario y del Tribunal Constitucional. El sistema ni es afortunado ni tiene precedentes, que este diputado conozca, en parte alguna del mundo, ni siquiera pensamos que pueda llegar a funcionar.

En consecuencia, por razones técnicas, es decir, por la necesidad de superar los obstáculos subrayados, hemos propuesto una redacción alternativa, que gira en torno a seis notas.

En primer lugar, que se pueda plantear el incidente de inconstitucionalidad por todo juez o Tribunal, es decir, por un órgano jurisdiccional unipersonal o colegiado.

En segundo lugar, que ello pueda ocurrir en primera o en cualquier otra instancia.

Tercera de las notas que introducimos en nuestra redacción es que la instancia del incidente de constitucionalidad se produzca de oficio, al objeto de evitar la conversión de dicho incidente en un expediente dilatorio del que puedan servirse las partes para sus pretensiones de demorar el proceso con las finalidades particulares que puedan perseguir; sin que ello obste, por supuesto, a que el juez, de oficio, pueda hacerse eco del ruego de las partes, a la vista del debate que surja en la *litis* que se plantee en los autos sobre la pretendida inconstitucionalidad de la norma a aplicar.

La cuarta nota que introducimos es que no corresponde al juez ordinario pronunciarse sobre la inconstitucionalidad, sino solo entender que la norma puede ser contraria a la Constitución, según decimos en la enmienda que presentamos.

En quinto lugar, que, en todo caso, corresponderá dilucidar la pretendida inconstitucionalidad al Tribunal Constitucional, es decir, optamos claramente por el procedimiento de jurisdicción concentrada.

Y en sexto lugar, decimos que ello ocurrirá en la forma que establezca la ley, porque es preciso, como ocurre en la totalidad, prácticamente, de los países que tienen previsto este mecanismo jurisdiccional, un desarrollo legislativo que regule en forma expresa el incidente de inconstitucionalidad.

Por estas razones, señor presidente, solicitamos el voto favorable para la enmienda que nos ocupa.

III
DEBATE CONSTITUYENTE EN SESIONES PLENARIAS DEL CONGRESO DE LOS DIPUTADOS

III.1. PROYECTO DE CONSTITUCIÓN, ARTÍCULO 12* *(CONCESIÓN DE EXTRADICIÓN)***

En contestación a la enmienda defendida por el señor Lluch Martín, representante del Grupo Parlamentario Socialista de Cataluña.

El señor PRESIDENTE: Para consumir un turno en contra, tiene la palabra el representante del Grupo Parlamentario de Unión de Centro Democrático.

El señor ALZAGA VILLAAMIL: Señor presidente, señoras y señores diputados, para intentar oponernos a la enmienda que se acaba de sostener, sin gracejos, pero con el máximo rigor que la cuestión que se plantea exige. Se nos acaba de decir, y acabamos de escuchar todos, que en los países más progresivos de Europa —y se nos cita, una vez más, por los socialistas, como prototipo, la Constitución portuguesa de 1975— se han dado pasos en este sentido, que tenemos precedentes a los que sumarnos.

Pues bien, con el mismo rigor, me voy a permitir leer ante esta Cámara —y por ahí voy a empezar, con el permiso de sus señorías— lo que dice literalmente el artículo 15, que es el que afecta a esta cuestión, de la Constitución portuguesa mencionada. Párrafo 1 del artículo 15: «Los extranjeros y los apátridas que se encuentren o residan en Portugal gozarán de los derechos y estarán sujetos a los deberes del ciudadano portugués». Importante párrafo 2: «Quedan exceptuados de lo dispuesto en el número anterior los derechos políticos, el ejercicio de las funciones públicas que no tengan carácter predominantemente técnico y los derechos y deberes reservados por la Constitución y por la ley exclusivamente a los ciudadanos portugueses».

Dicho esto, casi podría, en aras de la brevedad, retirarme de esta tribuna.

---

* Artículo 13.3 del texto final de la Constitución.

** Sesión Plenaria núm. 34 del Congreso de los Diputados, *Diario de Sesiones*, núm. 105, 6 de julio de 1978, pp. 3926-3935.

No es este un problema de tufillos, de cloacas ni de nacionalismos bien o mal entendidos; es, pura y simplemente, repito, un tema de rigor. Tampoco los datos que se nos citan sobre el reconocimiento de ciertos derechos electorales para el año 1981 son datos ciertos. Yo insto desde aquí a quien me ha precedido en el uso de la palabra a que, ejercitando el derecho de réplica, venga a confirmar esos datos y a dar la precisión mínima que se puede exigir al respecto. Otra cosa es —y nosotros la reconocemos, por supuesto— que todos los comentaristas de las grandes Constituciones que han seguido a la Primera y Segunda Guerras Mundiales hayan destacado lo que se ha dado en llamar la línea expansiva seguida por las declaraciones constitucionales de los derechos y libertades. Es igualmente cierto e importante que, tras la oleada que podríamos llamar de descolonización y como reacción lógica y natural por la liberación del yugo a que se encontraban sometidos ciertos países tercermundistas, hay una nueva etapa de Constituciones ricas en la extensión del ámbito de derecho y libertades, por lo menos a nivel semántico —a nivel real habría, en muchos casos, bastante que discutir—, y es asimismo indiscutible que hoy vivimos en una etapa de internacionalización de las garantías de los derechos humanos.

Pues bien, esta Cámara, entiendo yo, puede estar plenamente satisfecha de estar hoy trabajando sobre un dictamen que, en materia de constitucionalización rigurosa de los grandes derechos y libertades, que son la conquista de la civilización a lo largo de tanto tiempo, está auténticamente a la altura de su momento histórico.

Nosotros, desde nuestra visión personalista, estimando que realmente el hombre es el centro de la comunidad social, estamos plenamente orgullosos de la trayectoria que sigue el Título que estamos debatiendo. Pero el tema es demasiado serio como para adoptar trajes y modas —que, además, no existen en muchos casos, según acabo de demostrar— sin un juicio crítico previo y riguroso. No podemos desconocer tampoco que actualmente hay toda una corriente doctrinal prestigiosa que llama la atención sobre los peligros de una expansión, en ocasiones sin sentido, de derechos y de libertades que se constitucionalizan literalmente sin ton ni son. Sin ir más lejos, un autor prestigioso, don Francisco de Ayala, nuestro exiliado catedrático de Derecho político —nada sospechoso de recelos en estas materias—, tiene escrito que hay todo un camino de confusiones en este terreno, precisamente por constitucionalizar derechos que no deben tener tal tratamiento; cita, entre otros muchos ejemplos —¡cómo no!—, el primer texto constitucional de la Revolución Rusa con su declaración de derechos del pueblo trabajador y explotado, y continúa con muchas declaraciones de países en proceso de descolonización.

Yo entiendo, señorías, que esta enmienda del Partido Socialista y del Grupo Parlamentario Socialista de Cataluña es, con todos los respetos, lo que Rousseau llamaría una carta de amor, es decir, algo que se escribe con pleno afecto, con las mejores intenciones, pero que se empieza a escribir sin saber lo que se va a decir y se termina sin saber con certeza lo que se ha escrito. Porque lo que el artículo que nos ocupa, el artículo 12, en su inciso primero está exceptuando respecto de los extranjeros son los derechos políticos *stricto sensu;* no una acepción amplia de los derechos políticos, sino los derechos políticos en su acepción estricta en cuanto a derechos de participación en una comunidad política muy concreta, que en este caso es la española. Son los derechos a través de los cuales se efectúa la elección democrática de los gobernantes y se aplican los mecanismos de limitación y de censura a los gobernantes. En consecuencia, parece indiscutible que estos derechos, que conllevan todo un deber de asumir la carga de autogobierno de la comunidad política, debemos ponerlos exclusivamente sobre las espaldas de los nacionales. No hacen otra cosa las Constituciones progresivas, no solo la portuguesa, que he tenido que empezar por mencionar, sino la Constitución italiana, en su Título IV —a cuya lectura invito a los Grupos que enmiendan—, la Ley Fundamental de Bonn de 1949, etcétera.

Yo terminaría por hacer una consideración realista, nuestra situación geopolítica. Esta Cámara es consciente de que nuestro país tiene comunidades como Ceuta y Melilla en que el otorgamiento de derechos políticos a los extranjeros supondría consecuencias difícilmente previsibles. Desde una perspectiva radicalmente distinta, esta Cámara tiene que ser consciente de que en un país que es turístico por antonomasia, en provincias tan importantes y tan queridas para todos nosotros como las Canarias, el reconocimiento de derechos políticos indiscriminadamente y a nivel constitucional podría acarrear consecuencias también difícilmente pronosticables.

Por tanto, nosotros estamos en la mejor línea internacionalizadora de los derechos y libertades para los extranjeros, que están reconocidos en el inciso número 2 de este artículo que nos ocupa. Pero eso que yo «rousseaunianamente» daba en llamar una carta de amor a extranjeros, y a extranjeras —¿por qué no?—, es algo que no procede constitucionalizar.

* * *

En contestación al señor Zapatero Gómez.

El señor PRESIDENTE: Tiene la palabra el señor Alzaga, en turno de rectificación, que prevé el artículo 115, apartado 2, aplicable por similitud, en el Pleno, conforme dispone el artículo 123.

El señor ALZAGA VILLAAMIL: Señor presidente, señoras y señores diputados, para intentar demostrar, modestamente, el grado de conocimiento de lectura, de dominio de la lectura que uno pueda tener y espero que no el grado de dominio de la técnica de trincas que uno tuvo que practicar en las épocas de opositor en la Universidad, porque parece que nos vamos aproximando en este debate a dicho tipo de polémica.

Yo entiendo que hay diferencias sustanciales entre la posición sostenida por el digno representante del Grupo Parlamentario Socialista de Cataluña y por su homólogo del Grupo Parlamentario Socialista del Congreso, porque inicialmente se nos ha sostenido, clara y rotundamente, la conveniencia de seguir el camino progresivo de reconocer, garantizar y permitir el ejercicio de los derechos políticos a los extranjeros en nuestro país. En este segundo turno que se ha consumido se nos dice que sobra este párrafo porque ya, en virtud de la redacción del resto de este artículo y de los preceptos concordantes, los extranjeros no tienen derecho a ejercitar dichos derechos políticos; inicialmente se nos ha utilizado como Derecho comparado que inspira la enmienda de la Constitución portuguesa; posteriormente se nos apela a la Constitución italiana del 47. Yo querría intentar poner algún orden en estas ideas, ideas que me parecen excesivamente improvisadas y yuxtapuestas.

En primer lugar, creo saber leer bien la Constitución portuguesa, entre otras cosas porque, afortunadamente, hay buenas traducciones al castellano de la misma, y lo que en su inciso 3 del artículo 15, antes mencionado, dice la Constitución portuguesa es algo perfectamente análogo y de eficacia y valor vinculante normativo perfectamente paralelo y comparable a lo que ya hemos aprobado en esta Cámara en el artículo 11 cuando decimos, en el apartado 3, que «el Estado podrá negociar tratados de doble nacionalidad con los países de cultura ibérica (en el otro caso se refiere a los países de lengua portuguesa) o que hayan tenido particular vinculación histórica con España».

Hemos sido más generosos. Ni siquiera nos limitamos al dato concreto del dominio de una lengua. Es decir, que por el mecanismo de la doble nacionalidad el reconocimiento de los derechos políticos a los ciudadanos de los países de habla de lengua castellana, o de idioma español, lo tenemos resuelto a nivel constitucional.

Se apela a la Constitución italiana, pero se olvida la *ratio legis* del precepto que se invoca, que no era otra que la de resolver el problema que se creaba en Trípoli con los italianos que venían de Abisinia.

Se me habla (digo «se me habla» y no «se nos habla» porque el nombre del señor Alzaga, tan modesto, ha sido reiteradamente mencionado) de una corriente de tratados en virtud de los cuales se va a establecer un régimen de reciprocidad a efectos del ejercicio de derechos políticos y en especial del derecho de sufragio activo y pasivo. Yo querría decir que eso hoy está sinceramente verde. Los esfuerzos de la Organización Internacional del Trabajo, por ejemplo, en ese sentido han encontrado resistencias muy importantes. Como sabemos, y según parece, el Partido Socialista francés, por ejemplo, no es ajeno a esas resistencias importantes, y por razones muy profundas en las que no pretendo ahora en este trámite meterme.

Lo que sí querría es contestar a una nueva línea de argumentos que el señor Zapatero ha expuesto en este momento ante la Cámara al invocar el problema del deslinde o del grado de confusión que se puede producir entre los apartados números 1 y 2 del precepto que nos ocupa.

Nos dice que en el número 1 del artículo 12 afirmamos que solamente los españoles serán titulares de derechos políticos, pero que en el número siguiente se dice que los extranjeros gozarán de las libertades públicas del presente Título en los términos que la ley establezca. Se afirma que ahí existe grave contradicción y dudas importantes.

Yo no pretendo aquí entrar en clima de trinca de oposiciones a cátedras, pero la distinción en la doctrina es bastante clara. En nuestra Patria, desde Santa María de Paredes está acuñada la distinción entre derechos individuales, derechos políticos y derechos mixtos. La clasificación está aceptada por Fernando Mellado y llega a los autores actuales; los manuales que hoy se utilizan sobre la materia del profesor Sánchez Agesta, etcétera, tienen el tema perfectamente resuelto.

En Italia, por ejemplo, la doctrina sigue la distinción clásica de un constitucionalista de prestigio, como Pelegrino Rossi, que distinguía entre derechos privados, derechos públicos sociales y derechos políticos. Los derechos políticos para Rossi eran, fundamentalmente, los de participación de los ciudadanos en las funciones públicas, no solo los de sufragio activo y pasivo, aunque sustancialmente los de sufragio activo y pasivo eran solamente ejercitables, a su juicio, por los ciudadanos nacionales.

En la Comisión de Asuntos Constitucionales recuerdo que el profesor Fraga, con la erudición a que nos tiene acostumbrados, nos mencionaba la distinción no menos clásica de Jellinek, cuando distinguía una serie de posiciones públicas del ciudadano en el Estado en términos un tanto arcaizantes por parte de Jellinek, porque lo llamaba *status*; habla del *status subjectionis*, de obediencia al Estado del que se derivan derechos y obligaciones, como el servicio militar, que no es extensible a extranjeros; el *status libertatis*, que sí es extensible a extranjeros; el *status activae civitatis*, de participación también en las funciones públicas. La vieja distinción doctrinal a este respecto no corresponde a los extranjeros. En esta línea está la doctrina de varios autores, entre ellos Romano, y no hay confusión alguna. La confusión sí existe por parte de los enmendantes que, con el debido respeto, no habrán tenido tiempo de analizar con detalle la cuestión, pero técnicamente la Constitución es correcta, la Constitución está en la mejor línea del Derecho constitucional más progresivo, la Constitución es prudente por las razones que antes he insinuado y a las que no se me ha contestado.

Para este artículo de la Constitución pido el voto favorable al texto que viene de la Comisión.

Muchas gracias.

* * *

El señor PRESIDENTE: Para explicación de voto tiene la palabra el representante del Grupo Parlamentario de Unión de Centro Democrático.

El señor ALZAGA VILLAAMIL: Señor presidente, señoras y señores diputados, si a estas alturas del debate de este apartado 1 del artículo 12 yo no prometiera solemnísimamente ser breve, creo que cometería extrema grosería con todas sus señorías. Por tanto, voy a ser absolutamente telegráfico en la explicación del voto de nuestro Grupo Parlamentario.

En primer lugar, quiero decir que nosotros hemos votado sabiendo que votar un precepto de la Constitución que nos estamos dando y estamos dando para la totalidad de los españoles es asumir una vinculación con el contenido de ese precepto. Unión de Centro Democrático no se va a considerar vinculada por los artículos que le son más gratos o que gozan de su voto más favorable o más pleno, y se va a desentender, se va a sentir ajena a aquellos artículos que le produzcan menor agrado. Esperamos, consiguientemente, que la misma actitud se observe desde otros Grupos Parlamentarios. Esta va a ser la Constitución de todos los españoles, porque todos los artículos forman la Constitución y aceptamos todos los artículos todos los españoles.

En segundo lugar, quiero decir que el valor de una interpretación auténtica de una ley constitucional es muy relativo. La interpretación auténtica es una de las fuentes de interpretación de las normas del Derecho como todos sabemos, pero el Derecho constitucional tiene unas fuentes distintas en su origen y tiene unos mecanismos de interpretación algo singulares también. Yo acepto, por supuesto, que lo que aquí se dice es uno de los factores de interpretación, pero querría recordar que vamos a crear un Tribunal Constitucional plenamente facultado para efectuar una interpretación sistemática, una interpretación acorde con las exigencias que imponga cada uno de los momentos de aplicación de la Constitución, y, desde luego, mis modestas y apresuradas palabras de hace unos minutos no van a ser para ese Tribunal Constitucional ninguna biblia laica irreformable. Yo le reconozco al señor Peces-Barba, por el que siento una especial estima como persona, como universitario y como parlamentario, que hay una gama fronteriza entre los llamados derechos públicos y los derechos políticos, y él lo sabe mejor que nadie y lo sabemos todos los que estamos aquí. Y será precisa la interpretación en esos casos fronterizos por el Tribunal Constitucional, que resolverá, como es lógico, con arreglo a los criterios de libertad y de igualdad y democracia plena en que se inspira nuestra Constitución.

Por último, Unión de Centro Democrático ha votado la exclusividad, con las matizaciones antes referidas, del ejercicio de los derechos políticos para los ciudadanos españoles en la plena conciencia de que el derecho político tiene siempre, como otro lado de la moneda, el deber político. No hay auténtico derecho político en una sociedad participativa moderna sin el deber de los ciudadanos de asumir la vida política. Y no podemos imponer a nuestros ciudadanos esa actitud de participar como hombres responsables en los mismos términos en que se lo podemos imponer a los extranjeros, porque no vamos a una democracia formal del siglo XIX, en que, como decía Tocqueville, se trata tan solo de elegir a los mejores y esperar hasta la próxima elección. Porque vamos a una democracia gobernante, a una auténtica democracia participativa, los deberes que va a implicar para la ciudadanía solo tenemos autoridad moral en esta Cámara para imponérselos a los españoles.

Por todo ello hemos votado el texto aprobado. Muchas gracias.

III.2. PROYECTO DE CONSTITUCIÓN, ARTÍCULO 15 * *(LA LIBERTAD IDEOLÓGICA Y RELIGIOSA)* **

Tras la defensa efectuada por el señor Guerra Fontana del Grupo Parlamentario Socialista de Cataluña, de su enmienda.

El señor PRESIDENTE: Tiene la palabra el representante del Grupo Parlamentario de Unión de Centro Democrático para consumir un turno en contra.

El señor ALZAGA VILLAAMIL: Señor presidente, señoras y señores diputados, a estas alturas del debate, que bien puede calificarse de importante por el nivel de las intervenciones que me han precedido, creo que podemos estar todos plenamente convencidos de que la históricamente llamada «cuestión religiosa» realmente se encuentra en vías de canalización definitiva.

Hemos escuchado —yo por lo menos— con el mayor interés la intervención de don Heribert Barrera, agradeciendo su real y auténtica moderación. Con el mayor cariño le diría a don Heribert Barrera que, a mí, él me recuerda siempre aquella expresión de que Napoleón era la Revolución francesa a caballo. Pues bien, el señor Barrera es nuestra Segunda República, no sentada en la silla de montar de ningún caballo, sino sentada con el mejor derecho en el escaño de estas Constituyentes. Gracias, señor Barrera, por su prudente, por su moderada y afortunada intervención, aunque hayamos de discrepar en algunos matices.

Hemos escuchado, cómo no, también con el mismo interés la intervención de don Manuel Fraga, quien, tras citar a Castelar, se ha visto llevado

* Artículo 16 del texto final de la Constitución.

** Sesión Plenaria núm. 35 del Congreso de los Diputados, *Diario de Sesiones,* núm. 106, 7 de julio de 1978, pp. 3990-3992.

por el estilo castelarino hasta terminar con aquella célebre alusión al Dios del Sinaí y al Cristo del Calvario.

Decía Donoso Cortés, si no me falla la memoria, que el poder constituyente es como un rayo que surge de repente y rasga las nubes del Derecho político constituido. Bien, algo hay siempre de rayo en las intervenciones de nuestro admirado colega don Manuel Fraga, pero hemos de reconocer y respetar también la gran diferencia que hay entre la línea de la defensa mantenida en su intervención y lo que históricamente han sido las tesis que en este hemiciclo han sostenido otros católicos. Haciendo memoria y repentizando, creo recordar que el señor Pildain, en las Constituyentes de la Segunda República, dijo que si el Estado no profesaba una religión nos equipararíamos a Albania. Bien, señores, los católicos en este hemiciclo hemos dicho a lo largo de la Historia de esta dura tierra nuestra muchas tonterías y estamos en el deber de reconocerlo y en celebrar que hoy marcamos todos, quienes militamos en unos y en otros partidos, pautas muy distintas de concordia.

Celebramos igualmente la brillante intervención de don Enrique Barón, un tanto escorada a babor como, por supuesto, corresponde, pero que supone una aproximación sincera y generosa al encuentro de fórmulas de convivencia.

Y otro tanto puedo decir de la intervención, que en términos muy breves estoy en el deber de contestar, que acaba de ultimar el señor Guerra. El señor Guerra ha hecho referencia a que el tema de las dos Españas, si no es, al menos ha sido una gran realidad, y tiene toda la razón. En esa existencia de las dos Españas ha habido factores diferenciales especialmente importantes, unos ya canalizados y en vías de plena y rotunda solución, como la forma de Gobierno, y otros que tenemos en nuestras manos en estos minutos para darles una sentencia favorable y firme, como es la cuestión religiosa.

Pues bien, desde esa óptica de la superación de la división de los españoles es desde la que damos importancia y trascendencia al tema y procuramos solventarlo. El tema es tan viejo que sería inútil buscar responsabilidades históricas que adjudicar a nadie. Decía Juan Valera en 1856, refiriéndose a la oposición entre los discípulos de Donoso Cortés y los de Proudhon, para superarla, que la revolución que predican los seguidores de Proudhon vomitaba blasfemias contra Dios. La reacción encarnada por Donoso Cortés vomitó blasfemias contra la humanidad y contra los dones naturales que Dios le ha concedido. Valera recuerda la famosa frase de Donoso Cortés: «Yo no sé si hay algo debajo del sol más vil y despreciable que el género humano fuera de las vías católicas». Y le contesta con fino sentido del humor Valera: «Sócrates, Platón, Aristóteles, Epicteto, Marco Aurelio, Trajano, lo mejor de la doctrina alemana y la mayor parte de la sabia y poderosa Inglaterra son, por consiguiente, despreciables y viles. El género humano, por fortuna —concluye Valera— tiene todavía sentido común y se ríe igualmente de la protección y redención que unos le prometen en nombre del diablo y de los improperios y desvergüenzas que le dice Donoso tomando el nombre de Dios en vano o, dígase, en falso».

El problema es que en nuestro país la cuestión no fue solo doctrinal; el debate derivó a la lucha política en términos graves que afectaban a la posibilidad de un juego político democrático.

Me van a permitir una cita brevísima que encontramos en las *Notas de una vida*, de Romanones, quien, con su gracejo habitual, nos dice que «en cada pueblo existen dos tipos simbólicos: el del radical rabioso, enemigo del cura, capaz de comerse crudo hasta el monaguillo, y el del reaccionario furibundo, renegado a cada instante de cuanto huele a libertad. Estos tipos se personifican en los cerebros directivos del villorrio: párroco, médico, maestro y farmacéutico». Y proseguía Romanones explicando cómo los partidos debían intentar ganarse el favor, bien del sector integrista católico, bien del sector laico, con lo cual se ahondaba hasta el infinito la cuestión en la práctica.

Desdichadamente, hasta este minuto histórico poco se ha hecho en el devenir de nuestro pueblo para superar tan grave cuestión. Aquí se han formulado hoy quizá demasiadas referencias a la Constitución republicana de 1931, pero realmente, como bien dijo don Nicolás Pérez Serrano, este fue el verdadero punto neurálgico de una carta constitucional que provocó, con su artículo 26 de laicismo agresivo, la retirada del Congreso, como sabemos, de las Minorías Agraria y Vasco-Navarra y de una serie de diputados católicos independientes, imposibilitando el grado de consenso que era de desear en esa Constitución.

Pero yo quiero subrayar aquí y ahora que en nuestra Segunda República —y es justo que lo reconozcamos— hubo también una tercera vía republicana, genuinamente republicana, quizá laica, pero una tercera línea prudente y moderna que buscó una solución adecuada al problema. Ortega, nuestro gran Ortega, se refería a los artículos 26 y 27 como «la gran improcedencia». Él dijo el 4 de septiembre de 1931, en este mismo salón y ante estas mismas paredes, que «la Constitución ha sido mechada con unos cuantos cartuchos detonantes introducidos arbitrariamente en ella por el espíritu de propaganda o por la incontinencia del utopismo» y citaba a este como el caso más claro y más grave.

Lo que aquí me interesa, por tanto, resaltar ahora es que, junto a esas dos actitudes simplonas y excluyentes, hay una tradición española, que suele olvidarse con frecuencia, ejemplificable, entre otros, en el caso de Juan Valera, de José Ortega y de tantos otros y que tiene más mérito que cualquier otra para ser reivindicada; una tradición de mesura, una tradición de convivencia, si queréis, una tradición genuinamente centrista en el sentido no partidario del término, que si en ocasiones ha podido parecer crítica y defensiva antes de afirmarse en doctrina positiva y coherente, es porque a lo largo de nuestra Historia ha tenido que conquistarse a fuerza de esfuerzos el derecho a existir, porque se ha visto obligada a buscar el aire que respirar, el que tenía que hacer vibrar para hacer oír, en la que alguien llamó «espaciosa y triste España», unas cuantas palabras mesuradas y justas y unas pocas palabras verdaderas.

Pues bien, desde este planteamiento chapuzado de modernidad, la UCD, que como bien se ha recordado aquí en su brillante intervención por mi colega el señor Cisneros no es un partido confesional, pero que recoge un amplio número de electores católicos, ha pedido desde el primer momento que en la Constitución quede constancia expresa y taxativa de que el Estado no será confesional. Sin ser jurídicamente preciso, porque lo que no es el Estado no tiene por qué reconocerse en el tenor literal de la Constitución, sin embargo, hemos solicitado —evitando cualquier interpretación ambigua, evitando que se pueda hablar de confesionalidades solapadas— una declaración explícita y rotunda como la que se ha recogido.

Nosotros lo que queremos, y con ello procuro terminar, es saldar, mediante una fórmula afortunada, este largo pleito histórico, sin protecciones desaforadas para la Iglesia, sin ningún tipo de confesionalidad, pero también sin laicismos militantes que en momentos difíciles puedan degenerar en persecuciones aparatosas. Y permítaseme una cita de Ortega que es absolutamente traíble a colación. Él decía, en este mismo debate en las Constituyentes de la Segunda República: «Yo dudo mucho de que esta sea la mejor manera de curarse de tan largo pasado como es la historia del Estado eclesiástico en España, del Estado-Iglesia; yo dudo mucho de esas liquidaciones subitáneas. No creo en esas tácticas para combatir el pasado; no es ese el modo de liberarse del pasado. Para el mal del pasado no queda sino una digestión histórica, y es posible que hoy, en nuestra Constitución, no hagamos sino posponer ese futuro de noble convivencia histórica con el poder eclesiástico».

Pues bien, en la misma línea de solución que es la línea de lo que Azaña en ese discurso —que, como bien nos decía el señor Barón, hay que leer por entero— llamaba «atenerse a las realidades vivas españolas», nosotros pedimos una Constitución que no sea ajena a las situaciones y estructuras sociales del presente y a las agrupaciones reales sociológicamente dadas.

Si la Constitución quiere ser vigente, ha de ser expresión y sistematización de tales realidades sociales subyacentes. La Constitución no es solamente norma, sino que también ha de ser realidad; ha de recoger y mencionar retazos de esa realidad, ha de ser realidad integradora.

En la cuestión de las relaciones Iglesia y Estado, más que de normativizarlas estamos en la obligación de normalizarlas, y esto es, señores, lo que creemos que, pensando en los altos intereses de nuestro país, hace la redacción del artículo 15 del dictamen de la Comisión, cuyo voto favorable os venimos pidiendo.

III.3. PROYECTO DE CONSTITUCIÓN, ARTÍCULO 25* *(LA LIBERTAD DE ENSEÑANZA)***

Tras el rechazo, por amplia mayoría, de las enmiendas de Alianza Popular, del señor Gómez de las Roces y de Heribert Barrera, en explicación del voto favorable de UCD a este precepto.

El señor PRESIDENTE: Tiene la palabra el representante de Unión de Centro Democrático para explicación de voto.

El señor ALZAGA VILLAAMIL: Señor presidente, elocuentísimo señor vicepresidente, señoras y señores diputados que resisten a estas horas de la noche y no han tenido que desplazarse fuera; meritorios taquígrafos, dignísimos representantes de la Prensa, que hacen horas extraordinarias en estos momentos, y público «forofo», en general; son las diez y cinco de la noche y me veo en la obligación de prometer brevedad, aunque no sea nada más que por un elemental sentido de la autodefensa. Me temo que a estas horas tenga, en alguna medida al menos, dormido mi pequeño sentido de la síntesis, pero voy a intentar ceñirme a unos puntos fundamentales importantes: el significado de la cuestión que nos ha ocupado, en el debate que hemos ultimado y del artículo que hemos aprobado; los riesgos a que ha hecho alusión don Federico Silva antes de abandonar hace breves momentos su escaño y el grado de satisfacción, el grado de identificación, que tiene mi Grupo Parlamentario con el precepto, al que ha votado afirmativamente tras haber dado un voto negativo a todas y cada una de las enmiendas que previamente han sido objeto de votación.

Señorías, esta Cámara ha superado en la tarde de hoy el mismo trance que otras muchas Constituyentes han tenido que pasar: la difícil situación de buscar una fórmula de compromiso al complejísimo tema del derecho

---

* Pasó a ser el artículo 27 en el texto final de la Constitución.

** Sesión plenaria del Congreso de los Diputados, núm. 35, *Diario de Sesiones,* núm. 106, 7 de julio de 1978, pp. 4049-4052.

y la libertad de educación. Si nos asomamos a los *Diarios de Sesiones* de las grandes Constituyentes de la Segunda Posguerra mundial, veremos que uno de los temas neurálgicos, uno de los temas en que hubo que buscar un compromiso difícil, en ocasiones un compromiso en el que saltaron algunas chispas, fue este, y se produjo el encuentro de fórmulas más o menos felices, más o menos abstractas, más o menos concretas. En Alemania, por ejemplo, el partido Socialdemócrata y la Democracia Cristiana (y el paralelismo lo hago sabiendo que está ausente don Enrique Tierno y que, por tanto, no va a sacar de él en este momento consecuencias que no se pueden extraer) tuvieron que resolver este difícil problema, y lo hicieron con habilidad. Otro tanto ocurrió en los Países Bajos y en otras naciones. Nosotros hemos hecho lo mismo; hemos intentado alejarnos de lo que era el programa en materia de educación de nuestros respectivos partidos para buscar un precepto de coincidencia, y hemos de felicitarnos, porque el gran peligro que ha demostrado conllevar la historia de nuestro constitucionalismo es haber convertido los programas de partido en Constituciones.

En este tema, como muy bien decía mi colega el señor don Jordi Solé, hay implícitas demasiadas cuestiones; algunos —quizá los que ven, sobre todo, los riesgos— ven también implícita aquella célebre afirmación de Mitterrand de que para hacer la revolución ya no hay que tomar el cuartel de invierno, pues basta con tomar la escuela.

Sea como sea, nosotros pensamos que el artículo que se ha aprobado no tiene los riesgos que, con ciertos criterios alarmistas, se han subrayado, pero, que yo sepa, en materia constitucional no hay compañía de seguros que expida pólizas con cobertura a todo riesgo. No hay riesgos graves, y si se compara el precepto aprobado con otros que condujeron en la práctica a las consecuencias que temen los señores miembros del Grupo Parlamentario de Alianza Popular, se ven distancias siderales. Como muy bien sabe don Federico Silva y los restantes dignos miembros de su Grupo Parlamentario, en el artículo 26 de la Constitución de la Segunda República se prohibía taxativamente a los miembros de las órdenes religiosas ejercitar la función docente. Estamos a años luz de preceptos de esa índole.

Nosotros pensamos que el artículo en cuestión satisface, con suficiente holgura, los mínimos de nuestro programa electoral, de nuestro programa de partido y de nuestras convicciones profundas en materia de enseñanza.

Hemos votado un precepto que posibilita la libertad de enseñanza, que es una libertad señera, que está en la encrucijada de la libertad de creencias, de la libertad de pensamiento, de la libertad de expresión, de la libertad de difundir la cultura; en suma, es una auténtica libertad de libertades. Estamos poniendo las bases de una auténtica sociedad pluralista y no podemos salir a la calle con alarmismos simplistas. Nos narran —y va a ser la única cita que voy a hacer, para tranquilidad de don Santiago Carrillo— Fernández Almagro y el duque de Maura, en su espléndida obra titulada *¿Por qué cayó Alfonso XIII?*, cómo resolvía sus crisis políticas más complejas Romanones, y nos dicen que «la listeza proverbial del conde de Romanones halló un ruidoso e inofensivo sonajero muy capaz de distraer suficientemente la inconcebible puerilidad de la opinión pública española. Deslizáronse en la prensa vaguedades oficiosas acerca del vitando propósito del Gobierno de alterar la enseñanza del catecismo en las escuelas primarias. No necesitaron más para partir en "cándida cruzada" los padres de familia, las madres cristianas, la defensa social, los obreros católicos, el alto y bajo clero, la buena prensa, etcétera. El conde de Romanones no cabía en sí de gozo, seguro de tener en su mano el pequeño vaso de agua donde se desharía, cuando conviniese para sus fines, aquella tempestad fragorosa». No quiero cansar a sus señorías, pero en esta obra a que hago mención se cuenta luego cómo, con gran habilidad, el conde de Romanones dejó el asunto en nada, tras haber tenido a los católicos preocupados durante seis meses, de manifestación en manifestación en defensa de la enseñanza del catecismo. Algo hemos aprendido desde entonces y creemos saber distinguir cuándo realmente están en peligro los principios sustanciales que estamos en la obligación de defender y cuándo estamos ante discrepancia en temas que son accesorios.

Aquí se ha dicho por el digno representante del Grupo Parlamentario Socialista del Congreso y se ha repetido por el representante, no menos digno, del Grupo Parlamentario Comunista, que no les satisface este precepto en su totalidad. Pues bien, esto mismo parece ser que nos ocurre a todos, y esto mismo acredita que hemos echado un cordial pulso en la materia y hemos alcanzado un grado de acuerdo que puede ser suficiente. Yo querría añadir que, como no satisface en su totalidad tampoco a Unión de Centro Democrático, UCD luchará como lo van a hacer los demás Grupos y lo ha anunciado así, incluso, el señor vicepresidente de la Cámara, que nos ha desarrollado, prácticamente, todo un programa de gobierno en materia de educación, que supongo llevará a cabo una vez que le deje la butaca libre mi buen amigo don Íñigo Cavero, no antes *[Rumores y risas]*. No pretendo, y menos a estas horas, hacer otro tanto; pero lo que sí digo es que, democráticamente, y con arreglo a las reglas por las que se debe regir la lucha política, Unión de Centro Democrático va a combatir en este Parlamento para que, por vía de legislación ordinaria, se cumpla su programa electoral y su programa educativo. Así es que lamento defraudar a su señoría *[Señalando al señor Gómez-Llorente]* cuando esperaba que el Gobierno retirara el anteproyecto de ley sobre el Estatuto de Centros Docentes y puede, desde ahora, empezar a preparar las enmiendas que tenga a bien su señoría *[Rumores]*. Y esto por una razón muy sencilla: porque Unión de Centro Democrático es fiel a su electorado, y es fiel a su electorado en forma consecuente, ya que en ningún momento del proceso constitucional hemos prometido a ese electorado más de lo que le podíamos prometer. Le dijimos que en esta materia había que ir a una gran transacción, que era un tema que había que seguir debatiendo, que era un tema en el que el consenso que necesita nuestra sociedad no era un simple consenso a nivel de ley fundamental, sino de confrontación, de aproximación paulatina, del modo de entender por todos, la enseñanza de nuestros hijos.

Y esta consecuencia, señores, no se ha dado exactamente igual —y perdonen que lo tenga que subrayar— por parte de Alianza Popular. Alianza

Popular —y lo dije en la Comisión y fui rectificado, con argumentos que no me convencieron, por don Federico Silva, con la brillantez que le caracteriza—, en el seno de la Ponencia, a través de su ilustre ponente don Manuel Fraga, mantuvo una actitud estatalista, quizá sanamente estatalista, con una visión, sin duda, que correspondía a la que un sector de Alianza Popular estimaba coincidente con los altos intereses de la sociedad y del Estado español; pero actitud obviamente diferente a la que mantuvo don Federico Silva en la Comisión Constitucional del Congreso. Pero hay más. La enmienda que allí se sostuvo, como sabe muy bien don Federico Silva —que me está escuchando con una atención que yo le agradezco—, no coincide con la que se ha presentado y hemos tenido que debatir y votar en la tarde de hoy.

Nosotros en este terreno quizá hemos ofrecido menos, pero hemos seguido una línea con menos meandros, una línea más rectilínea. Nosotros, señores, vamos a defender una libertad de enseñanza plena, como creemos que corresponde a una sociedad moderna y democrática, que es a la que aspiramos para nuestra España. Y esa libertad de enseñanza plena, señor Silva, incluye la elección de centros e incluye la elección de los directores de los centros, tema que, al parecer, le preocupa especialmente a su señoría. Pero esa libertad de enseñanza plena no es la que nos insinuó, con su habilidad sin límites, don Santiago Carrillo el lunes pasado en su intervención sobre la totalidad, en que nos dejó caer, en una forma tan hábil que a mí me recordaba a cómo ciertas mujeres que quieren «ligar» pierden su pañuelo *[Risas]*; nos dejó caer, digo, como quien no quiere la cosa, que él entendía que la libertad de enseñanza plena era la que se iba a alcanzar en el seno de una escuela única, pero plural. Eso, don Santiago, no lo voy a discutir yo en este momento, pero tendría que ser una vez reformada la Constitución y el artículo que esta tarde hemos aprobado, porque este, tal como viene en su apartado 6, «reconoce a las personas físicas y jurídicas la libertad de creación de centros docentes», y habrá muchos españoles que ejercitemos ese derecho.

Yo quiero decir en este momento que esa libertad de enseñanza plena está en la mejor línea de nuestra historia... *[El señor Martín Toval enseña el reloj al orador]*. Perdón, pero se me ha parado el reloj, como le pasó al señor vicepresidente de la Cámara; lo pongo en hora en este momento, señor Martín Toval. Repito que quiero decir que esa libertad de enseñanza plena está en la mejor línea de nuestra tradición liberal.

No se puede hablar en un momento constituyente de la enseñanza y de la libertad de enseñanza sin rendir un merecido tributo a don Francisco Giner de los Ríos, alma y vida de la Institución Libre de Enseñanza. Pues bien, don Francisco Giner escribió, entre tantas cosas que nos ha legado, ya en 1882, que «la enseñanza seglar de las escuelas, a menudo ha sido la bandera agresiva de un partido que, en vez de libertad de conciencia, paz y tolerancia, simbolizó exactamente lo contrario». Nosotros, como él, queremos una libertad de enseñanza plena; como él y como el venerable e insigne republicano don José Castillejo, cuyo juicio compartimos cuando juzgó la legislación republicana sobre libre competencia en materia de enseñanza entre el Estado y las escuelas privadas, diciendo tajantemente que, si la intención de los legisladores era antiliberal, el efecto fue inevitablemente totalitario.

Señores, Unión de Centro Democrático, siendo fiel a sus principios doctrinales, a su programa, a sus convicciones y a su electorado, acepta, como lo ha hecho con su voto afirmativo, el artículo 25 del dictamen de Constitución y anuncia una obra política esforzada para lograr una plena libertad de enseñanza, porque sin libertad de enseñanza no hay auténtica democracia *[Aplausos]*.

III.4. PROYECTO DE CONSTITUCIÓN, ARTÍCULO 50* *(LOS ESTADOS EXCEPCIONALES CON SUSPENSIÓN DE DERECHOS Y LIBERTADES)***

Para explicación del voto favorable al texto del dictamen correspondiente al artículo 50, con la incorporación de la enmienda de adición de un nuevo párrafo del Grupo Parlamentario Vasco, defendida por el señor Cuerda Montoya.

El señor PRESIDENTE: Queda, en consecuencia, aprobado el texto del dictamen correspondiente al artículo 50 con la adición que ha sido aprobada en la enmienda anterior.

¿Alguna solicitud de palabra para explicación de voto? *[Pausa].*

Tiene la palabra el representante de Unión de Centro Democrático para explicación de voto.

El señor ALZAGA VILLAAMIL: Señor presidente, señoras y señores diputados, para explicar, con la máxima brevedad posible, el sentido abiertamente positivo del voto efectuado por mi Grupo Parlamentario a la enmienda que acaba de presentar el Partido Nacionalista Vasco y que ha defendido brillantemente el señor Cuerda.

En muy pocas palabras, yo quería decir que nosotros somos enormemente realistas y, por tanto, aceptamos en gran parte los términos en que se ha manifestado don Manuel Fraga en el sentido de que la optimista suposición de los constitucionalistas clásicos, sobre que la Constitución era una norma perenne que podía regir en cualquier circunstancia la vida política del pueblo, se encuentra bastante desmentida por la práctica.

---

* Artículo 55 en el texto final de la Constitución.

** Sesión plenaria del Congreso de los Diputados, núm. 37, *Diario de Sesiones,* núm. 108, 12 de julio de 1978, pp. 4153 y 4154.

Realmente, el Estado de Derecho lleva, en su propia dialéctica, la necesidad de un derecho excepcional; es decir, de prever la excepción y de normativizar, en lo posible, la excepción. Este es el gran drama que tiene que aceptar, por su propia naturaleza, el Estado de Derecho. Ahora bien, esto no quiere decir que en un Estado de Derecho la situación especial no tiene ley, sino que lo que tiene es una ley especial, o dicho en otros términos, el auténtico estado de excepción es un fruto típico del Estado de Derecho. En los sistemas absolutistas o totalitarios no se puede, en propiedad, hablar de estado de excepción; la concentración del poder de forma permanente es tal que el estado de excepción es su estado natural y lo que se llama estado de excepción no es sino un disfraz de modificación de ese estado natural.

Pero en el Estado democrático de Derecho que estamos construyendo nosotros entendemos que el estado de excepción es realmente un mecanismo de defensa política de la Constitución, de defensa del orden democrático, no defensa, por supuesto, ni de intereses de partido ni de gobierno. Creemos, ni que decir tiene, que el uso debe ser todo lo parco y prudente que en la práctica sea posible, como, por ejemplo, la experiencia constitucional francesa en torno a su artículo 16 nos ha enseñado.

Pues bien, escuchadas con la máxima atención por mi Grupo Parlamentario la intervención del señor Cuerda y la del señor Fraga, nosotros nos hemos inclinado por dar un voto afirmativo a la enmienda que se acaba de aprobar porque pensamos que hay que arrancar en esta materia de una importante distinción: el estado de excepción no puede hacer que pierdan temporalmente vigor las decisiones políticas fundamentales sobre la forma de vida política de un pueblo; todo lo más, puede dejar entre paréntesis, por un tiempo limitado, algunas normas concretas que permitan restablecer realmente el orden jurídico-político.

Analizado en profundidad el contenido de la enmienda al texto del apartado 3 del artículo 16, observamos que desde la atalaya del Derecho histórico constitucional patrio no hay realmente apoyatura para sostener, tal y como venía, el artículo 50, y observando el panorama del Derecho constitucional comparado, creemos que se encuentra mucho más cerca de la línea de la tesis defendida por el Grupo Parlamentario Vasco que de la defendida por Alianza Popular.

En consecuencia, estimamos que el apartado 3 del artículo 16 afecta a un derecho fundamental: el derecho de información de la persona detenida, que puede perfectamente subsistir durante la situación de excepción en la forma, como dice también el apartado 3 del artículo 16, «que la ley establezca», sin que por ello se dificulte la reinstauración del sistema de convivencia ordinario que en la situación excepcional se haya podido crear.

III.5. PROYECTO DE CONSTITUCIÓN, ARTÍCULO 63.1 * *(LA REPRESENTACIÓN EN EL CONGRESO DE LOS DIPUTADOS)* **

En contestación al señor Fraga Iribarne pidiendo que se restablezca el texto de la Ponencia, tal y como figuraba en el Boletín Oficial de las Cortes Españolas *número 82, de 17 de abril.*

El señor PRESIDENTE: Muchas gracias. ¿Turno en contra? *[Pausa].* Hay un solo turno en contra, y se ha solicitado simultáneamente la palabra por dos Grupos Parlamentarios. Existe la posibilidad del turno extraordinario. Cualquiera de los dos Partidos puede solicitarlo, porque tienen más del 10 por 100 de los señores diputados. Creo que ha sido solicitado simultáneamente por los dos Grupos el turno en contra. A la Presidencia le es exactamente igual. ¿Va a haber turno extraordinario? *[Pausa].*

Tiene la palabra el representante de la Unión de Centro Democrático.

El señor ALZAGA VILLAAMIL: Señor presidente, señoras y señores diputados, tengo el honor, en buena medida por concesión de los colegas del Grupo Parlamentario Socialista del Congreso, de contestar a la enmienda que tan brillantemente acaba de defender don Manuel Fraga.

No voy a intentar, obviamente, competir en extensión ni en profundidad con una intervención de tan alto nivel. No voy a intentar venir a debatir, a traer a colación aquí lo que es la compleja y extensa doctrina de la representación política que él nos ha resumido en la tarde de hoy. Comentando aquí algunas citas me ha parecido entender que una es de Friedrich, aunque sin mencionarlo (buen gusto por su parte, para no dar a este debate un excesivo carácter erudito); pero sí quería decir, aunque sea de pasada,

---

* Artículo 68 del texto final de la Constitución.

** Sesión Plenaria núm. 37 del Congreso de los Diputados, *Diario de Sesiones,* núm. 108, 12 de julio de 1978, pp. 4180-4184.

que esa afirmación de don Manuel Fraga en el sentido de que lo que el representante pueda negar o resolver negativamente cuando el representado afirmaría, o viceversa, es una de las cuestiones que no está aquí suscitada, en mi opinión. Esta es materia sobre la que podríamos hablar con relación a la doctrina del mandato representativo y del mandato imperativo; pero no es cuestión que venga a ser dilucidada por el artículo 63 que nos ocupa.

Un gran político inglés y un gran teórico, en un célebre discurso a sus electores en Bristol, como sabe muy bien el profesor Fraga, dejó prácticamente zanjada esta cuestión. En consecuencia, sin entrar en el problema del planteamiento general de la doctrina de la representación que aquí se nos ha insinuado, yo querría simple, lisa y modestamente intentar contribuir al afán de aclarar ante sus señorías y ante el pueblo español cuál es nuestra posición ante cuestión tan trascendente para la libre convivencia de todos los españoles, como lo es la de la composición de esta Cámara, del Congreso de los Diputados.

En un intento de hacer una exposición ordenada, voy a procurar plantear tres grandes cuestiones: el sentido del cambio de posición de mi Grupo Parlamentario, que inicialmente sostuvo la no constitucionalización de los criterios de composición y de elección de esta Cámara, para venir a asumir unos determinados criterios que quedan constitucionalizados en el precepto que nos ocupa. En segundo lugar, me veo obligado a hacer algunas referencias generales a la cuestión de los sistemas electorales que ha suscitado don Manuel Fraga en su brillante intervención y, por último, querría (aunque en términos tan breves como sea posible), hacer una defensa del actual texto del artículo 63, al menos en los puntos fundamentales que aquí hoy han sido puestos en tela de juicio.

Decía don Manuel Fraga hace brevísimos minutos que en este artículo se han producido cambios importantes, y es verdad. Podríamos decir que es un artículo Guadiana, que desapareció y volvió a aparecer en el curso de los debates de la Comisión; que desaparece con una redacción y aparece con otra; y la clave del cambio está en la especialísima e importantísima oposición con que tropezó la redacción de la Ponencia. Basta simplemente acudir al texto del *Diario de Sesiones* de la Comisión para ver que los Grupos Parlamentarios Comunista, Socialista del Congreso, Socialistas de Cataluña, Mixto, Minoría Catalana y Minoría Vasca emplearon el mayor de sus entusiasmos y lo mejor de sus argumentos para oponerse con toda la artillería a la redacción que sometía la Ponencia.

No voy a pretender aquí resumir esos argumentos, ni que decir tiene, pero a mi juicio las tesis que allí se sostuvieron son básicamente el cuestionar que la desconstitucionalización de los criterios de composición de esta Cámara, que a UCD por razones técnicas, que no se apartaban en exceso de lo que aquí ha sostenido don Manuel Fraga, le parecía que podía ser conveniente. Esa desconstitucionalización permitía poner en grave duda si la alternativa ofrecida al elector iba a ser verdaderamente pluralista. Es decir, estos grupos políticos ponían en tela de juicio si el grado de libertad de la respuesta del pueblo al llamamiento a las urnas que le ha de hacer la clase política iba a ser suficiente o si, por el contrario, se dejaban resquicios para hacer, con la Ley Electoral, malabarismos al servicio del partido en el poder. Se planteaba la enorme duda de si no se iban a buscar soluciones auténticamente representativas, pensando en la mejor y más libre convivencia de todos los españoles sino, por el contrario, con la cabeza centrada en intereses de partido. UCD pensó, desde la responsabilidad, que esas dudas no podían quedar sin despejarse en estas Constituyentes.

Todos sabemos que de la autenticidad del proceso representativo depende, en una democracia, el misterio de la obediencia civil, por emplear la célebre frase de Bertrand de Jouvenel. Yo querría recordar aquí, con la mejor intención por supuesto, que si aquel artículo fue retirado del debate ordinario en la Comisión, fue por una propuesta del señor Martín Toval, que pidió el aplazamiento del debate y su ultimación más adelante, junto al artículo 64; y que el señor Fraga, con la generosidad que le caracteriza y pensando en la búsqueda de nuevas soluciones, coincidió en estimar que ese aplazamiento, ese echar hacia adelante el análisis de este artículo era oportuno, como consta en el *Diario de Sesiones*. Es decir, que alteramos en los artículos 63 y 64 el curso ordinario del debate precepto por precepto para buscar nuevas fórmulas, no para, evidentemente, volver a sostener el texto de la Ponencia como venía, tal y como hoy lo defiende, con gran altura, don Manuel Fraga.

Quizá las fórmulas que íbamos a buscar eran técnicamente discutibles, como lo son todas las soluciones técnicas en esta materia; pero, políticamente, eran indispensables, y no estamos en un seminario de Derecho político, sino en unas Cortes Constituyentes.

Decía que, en segundo término, me veía en la obligación de hacer algunas referencias a los sistemas electorales. Don Manuel Fraga, que es hombre obviamente consecuente, viene siendo un defensor permanente en nuestra patria de las ventajas políticas del sistema mayoritario. No seré yo el que aproveche esta tribuna y esta ocasión para decirle que no tiene razón. Es materia compleja y es un sistema que ha dado espléndidos resultados en importantísimos países. Eso no hay que dudarlo. Ahora bien, como él sabe muchísimo mejor que yo, en Gran Bretaña hablan de la «ley del cubo» para referirse al sistema mayoritario, y esa ley del cubo la expresan así: «La relación de los escaños ganados por cada partido es igual al cubo de la relación de los sufragios que han obtenido». Ello implica una clara prima o preponderancia para quien ha obtenido un número de votos de más, quizá escasos; pero en la historia de nuestro país nadie habló nunca de la ley del cubo, y la verdad es que se habló, más bien, de la ley del puchero.

La historia de nuestro país es la historia del fraude electoral, y es la historia del sistema electoral mayoritario. Yo no voy a decir aquí que el sistema electoral mayoritario haya sido la única causa que venga a explicar esta situación grave de fórmulas electorales de democracia formal, de falta de un auténtico proceso representativo. Pero todos sabemos cómo, por ejemplo, la figura del «cunero» en nuestra patria operó por vía del distrito uninominal y por el célebre artículo 29 de la Ley Maura. El «cunero» ya existía antes, cuando estaban en vigor las leyes electorales de 1870 y 1890, si no me falla la memoria.

Es decir, que el «cunero» en nuestra Patria no es hijo de las listas de los sistemas de representación proporcional, sino producto del sistema mayoritario con distritos uninominales. En las sociedades industrializadas en las que domina un gran consenso, en que hay escasas escisiones, por ejemplo en los Estados Unidos de Norteamérica, en que ni siquiera existe un auténtico partido socialista como fuerza política operante, parece evidente que conviene ir a un sistema de este género y a una bipolarización en dos grandes partidos. En las sociedades latinas, el tema, cuando menos, es más complejo o más discutible.

Nos encontramos con una auténtica demanda en nuestro país de un sistema de representación proporcional con todos los inconvenientes que yo reconozco que puede tener un sistema de representación proporcional, y, nosotros, al redactar el artículo 63 hemos tenido muy presente que no tiene el menor de los sentidos ir a lo que se ha dado en llamar los «Parlamentos almoneda», es decir, los Parlamentos en que se encuentra de todo en virtud de una representación proporcional tan perfecta que hasta el corpúsculo social más reducido consigue elevar un diputado a Cortes.

Pero mi grupo piensa también que la representación proporcional puede no oponerse, y de hecho se ha logrado en diversos países, a la formación de alianzas sólidas, de gobiernos duraderos. Podría citar como caso difícilmente controvertible el de Suiza, y en cualquier caso la doctrina actual, siguiendo autores tan acreditados como Latau, creen que el sistema electoral solo tiene una influencia mucho más débil de lo que se pensaba sobre la estabilidad de los sistemas políticos hasta fechas recientes.

Por contra, el sistema de representación proporcional tiene ventajas y no es precisamente la más pequeña de ellas la que viene a impedir, si no el caciquismo, al menos el feudo caciquil que se organiza en torno al pequeño distrito.

En concreto, en las zonas rurales la posibilidad de reinstaurar un feudalismo caciquil sería difícil de negar con un sistema mayoritario de distritos, uninominales. Es más, al término de la Restauración monárquica, en los años 1921 y 1923, prácticamente toda la doctrina española y los partidos políticos habían coincidido en la necesidad de adoptar un sistema de representación proporcional como única medicina eficaz para acabar con el fraude y con lo que era el gran vicio de los feudos caciquiles.

Quizá esa preocupación aún hoy permanece vigente en sus señorías y permanece viva en el pueblo español y, por tanto, la constitucionalización de la representación proporcional, conllevando probablemente algunos inconvenientes, tiene la gran ventaja política de diluir la desconfianza de nuestro pueblo en cuanto a tema tan clave como el de los peligros de adulteración del sufragio. Y esta es materia básica en el momento del gran tránsito de la sociedad pseudo unánime, que se ha acabado, a una nueva sociedad pluralista que necesariamente debe ir basada en elecciones auténticas, libres y competitivas. Es más, hoy la doctrina moderna, por ejemplo, los estudios realizados en los últimos años en el departamento de politología de la Universidad de Yale, tienden a sostener que, en definitiva, todas las leyes electorales priman a los partidos grandes y ejercen lo que en términos científicos se denomina un «efecto integrador». Si es eso lo que don Manuel Fraga desea, a la larga también una ley de carácter proporcionalista puede alcanzarlo.

En efecto, hoy en Italia estamos viendo cómo hay un proceso de integración en grandes partidos políticos, aunque quizá no del carácter al que aspire don Manuel Fraga. Ahora bien, llevar al máximo el efecto integrador, prefabricando con excesiva artificialidad mayorías parlamentarias, puede no ser integrador, sino desintegrador. Toda ley electoral desfigura la representación en favor de las mayorías, pero el problema es hasta qué punto esto es funcionalmente positivo, y a partir de qué punto esto es no conveniente.

Y dicho lo anterior, quería pasar al último apartado de esta intervención. Tenemos sometido a sus señorías el artículo 63 con la redacción que figura en el dictamen de la Comisión. Yo diría que este artículo bien leído es, pura y simplemente, hijo legítimo y heredero universal del previsto en la Ley para la Reforma Política y del Decreto-ley de 18 de marzo de 1977, sobre normas electorales. Y es que, en materia de legislación electoral, la inercia pesa enormemente, como todo el mundo sabe. El mapa de las circunscripciones electorales, tan pronto como se traza echa raíces. En la gran ley electoral de la historia española, la llamada Ley Maura, la de 1907, se aceptaron por disposición final las circunscripciones de 1890, y se dijo que en breve se haría un nuevo mapa electoral. Nunca fue posible hacerlo. La modificación de un mapa electoral es una de las situaciones más complejas con que tropieza cualquier legislador en todo país. Pero, es más: los sistemas electorales, propiamente dichos, crean el fenómeno que los especialistas llaman la pasividad del legislador ante los mismos, y es que los legisladores son siempre hijos de un sistema electoral y, en cierta manera, sienten un respeto filial hacia el mismo.

Pero esto no significa en la práctica la inercia por la inercia; esto significa la consagración de un sistema electoral que está ya legitimado, de un sistema electoral que está ya probado. Es decir, que prácticamente el artículo 63 apunta hacia un tipo de sistema electoral que, por supuesto, puede variar, porque no establece sino los criterios básicos del que rigió la última consulta electoral, y única genuinamente democrática que hemos conocido muchos de nosotros, y que fue eficaz en la búsqueda del difícil equilibrio entre una cierta y prudente prima de la mayoría en búsqueda de un Gobierno estable, y en dar la debida y legítima representación a las minorías, y garantizar la justa representación de las zonas deprimidas como, con razón, subrayaba don Manuel Fraga. Y la eficacia es la gran fuente de la legitimación moderna, como decía Max Weber.

Está probado, y obtuvo suficiente aceptación, sin grandes protestas, aunque con lógicas reservas de menor cuantía, el sistema electoral en cuestión. En última instancia la Comisión no ha venido a aceptar ninguna de las numerosas enmiendas presentadas por los diversos Grupos Parlamentarios, pero ha extraído unos criterios generales que vienen a indicar el viejo camino conocido, y que se sabe aceptable. Porque, y con esto termino, los grandes factores de una ley electoral son dos: en primer lugar la magnitud del distrito. Y en segundo lugar el sistema electoral. Y estos son aquellos a los que responde el artículo 63; ambos se contemplan en este precepto. En cuanto al primero, la magnitud del distrito, se establece la provincia reconocida como unidad política, como división territorial para el cumplimiento de las actividades del Estado en el artículo 135, en relación con el 131, de nuestro proyecto de Constitución.

En cuanto al sistema electoral se habla de «criterios de representación proporcional» —en la misma terminología empleada en los precedentes a que he hecho mención—, pero, y con esto quiero ultimar esta contestación, como sabe mucho mejor que yo el señor Fraga, nuestro sistema parlamentario es dual. Estamos trazando un sistema bicameral y para el Senado, en el artículo 64 que se dedica al Senado, hemos constitucionalizado, también en Comisión, criterios de composición, que indirectamente predeterminan criterios electorales para la segunda Cámara. Pues bien, le recuerdo a don Manuel Fraga que respecto del artículo 64 su Grupo Parlamentario no ha presentado enmiendas, pese, a que con la misma argumentación técnica «pro desconstitucionalización» lo podía haber hecho. Nada más y muchas gracias.

* * *

Tras la defensa efectuada por el diputado señor Solé Tura de la enmienda in voce *del Grupo Parlamentario Comunista.*

El señor PRESIDENTE: ¿Algún turno en contra? *[Pausa].* El representante del Grupo Parlamentario de Unión de Centro Democrático tiene la palabra.

El señor ALZAGA VILLAAMIL: Señor presidente, señorías, de verdad que esta vez voy a ser brevísimo, porque me parecía, de la lectura de la enmienda, que era una minienmienda, que estaba en la obligación de contestar a una defensa reducida, al menos en extensión, aunque ya esperaba que fuese rica en argumentos. Y me he encontrado con que a lo que a mi juicio era una minienmienda, ha tenido una gran defensa, a la que voy a responder telegráficamente. En suma, y como se nos acaba de decir, lo que nos propone el Grupo Parlamentario Comunista es tan solo la modificación de una cifra de todo el artículo, en concreto en su número 1, donde ahora viene 300 que ponga 350; es decir, modificar el mínimo en 50 diputados más.

Yo pienso que todo tema numérico, se trate de plazos o se trate de composición de órganos colegiados, tiene algo de aleatorio. No conozco ninguna doctrina que haya logrado demostrar que el órgano ideal legislativo tiene determinado número de miembros; ni que el plazo ideal para tal o cual trámite en Derecho público sea de equis días. A favor y en contra de la existencia de una Cámara más o menos amplia o más o menos reducida se han escrito ríos de tinta, sin que jamás haya recaído sentencia firme.

Un país tan poblado e importante como es Estados Unidos tiene dos Cámaras especialmente reducidas. Se me contestará, quizá, por mi querido y apreciado colega, el profesor Solé Tura, que en Estados Unidos no hay representación proporcional. Y es verdad. Pero en Dinamarca se funciona con un Parlamento, con una Cámara, compuesta por un máximo de 179 miembros, y hay representación proporcional; en Suecia se opera igualmente con un Parlamento de 310 escaños fijos y 39 escaños de compensación electos por representación proporcional; y en los Países Bajos, la Segunda Cámara opera con 150 miembros elegidos por representación proporcional. Evidentemente, cuanto más amplia es la Cámara más pura es la representación proporcional; cuanto más reducida, más elementos implícitos de contrapeso lleva esa representación proporcional.

Podríamos seguir trayendo a colación argumentos de Derecho comparado, pero yo voy a ultimar estas palabras con una cita, que creo enormemente sabia, de la que fue una de las importantes intervenciones, ante estas mismas paredes, en las Constituyentes de la Segunda República por don José Ortega y Gasset. Ortega decía: «En el proyecto hay, sin duda, la intención de hacer el Parlamento sobrio, pero no aparece suficientemente claro, porque ha olvidado, entre otras cosas, decirnos cuál va a ser el número de diputados y hacer que este sea bastante reducido. Dentro de todas las probabilidades, un Parlamento de 200 diputados es siempre mejor que otro de 400; y de esto, del nivel moral e intelectual de los Parlamentos, depende, en última instancia, la firmeza y el prestigio de una democracia». Sin llegar nosotros a suscribir por entero esta tesis, radicalmente elitista, sí pensamos que es perfectamente lógico y razonable sostener, en los términos que viene redactado, el dictamen de la Comisión. Muchas gracias.

III.6. PROYECTO DE CONSTITUCIÓN, ARTÍCULO 81 * *(LA INICIATIVA LEGISLATIVA)* **

En defensa del texto aprobado en Comisión y en contestación a la enmienda defendida por el señor Fraga de su Grupo Parlamentario de Alianza Popular.

El señor PRESIDENTE: Para un turno en contra tiene la palabra el representante de Unión de Centro Democrático.

El señor ALZAGA VILLAAMIL: Señor presidente, señoras y señores diputados, me cabe el honor de contestar, una vez más, aunque sea de forma breve y modesta, a la intervención que acaba de hacer el profesor Fraga.

Yo quería empezar por decir que la diferencia entre la enmienda que se nos somete en la mañana de hoy y el texto del dictamen de la Comisión es, en primer lugar, pequeña; en segundo lugar, debió parecer muy pequeña a los señores miembros del Grupo Parlamentario de Alianza Popular porque en el seno de la Comisión, según consta debidamente en el *Diario de Sesiones,* el texto del dictamen fue aprobado por unanimidad, sin ni siquiera la abstención de los señores miembros del Grupo de Alianza Popular, que otorgaron su voto favorable al texto que ahora me corresponde defender.

Por supuesto, no voy a adentrarme en la endiablada polémica entre el juego dialéctico de los dos grandes principios políticos de representación y de participación que aquí han sido, cuando menos, insinuados y puestos doctamente sobre la mesa por su señoría.

Lo que sí quería de alguna manera insinuar es que en esta polémica endiablada hay a favor de los criterios de participación algunos argumentos que obligan a ciertas cautelas. La polémica, como sabemos, se remonta a

---

* Artículo 87 en el texto final de la Constitución.

** Sesión Plenaria núm. 38 del Congreso de los Diputados, *Diario de Sesiones,* núm. 109, 13 de julio de 1978, pp. 4209 y 4210.

las mejores épocas, a los primeros minutos del liberalismo francés; son los jacobinos unos de los primeros sustentadores de fórmulas de este tipo; son los rousseaunianos, pero lo hacen en gran medida en un intento de evitar la aparición de partidos políticos que vengan a situarse entre el ciudadano y el Estado. En buena medida, es una tesis que busca la democracia sin partidos o al menos paliar la existencia y la fuerza de los partidos; es también una tesis que a lo largo de la historia han defendido personajes tan importantes, pero que provocan recelos desde una atalaya democrática, como han sido Napoleón o Luis Bonaparte, y que llega hasta hoy defendida desde posiciones tan diversas como lo pueden ser incluso algunos miembros insignes de la escuela de Frankfurt, con división de tesis entre autores de inspiración socialista, por ejemplo.

Sin adentrarme en todo ello, que, por supuesto, trascendería de las posibilidades del debate, yo querría fijar brevísimamente nuestra posición.

Nosotros estamos lisa y llanamente en favor de una democracia moderna. Entendemos que esa democracia moderna debe ser en un país de nuestras dimensiones, aquí y ahora, una democracia básicamente representativa. Como decía Ortega, «la democracia no es el pueblo; es el Estado del pueblo y no el pueblo sin el Estado». Estamos, por supuesto, también en la línea de incorporar a esa democracia básicamente representativa importantes ingredientes participativos o de democracia semidirecta. Pero alguien dijo, con fino sentido, que la combinación de géneros plantea una gravedad distinta en política que en literatura. Y la prueba es que el Derecho comparado actual ofrece muy pocos ejemplos de la vigencia de la institución que en forma brillante se nos acaba de defender.

Se nos ha citado de pasada el caso de Suiza y a mí —¡cómo no!— me venía a la memoria la forma con que con gracejo nos decía en la tarde de ayer don Manuel Fraga que hay una cierta distinción entre el ganado de la Nestlé y el ganado que lidiamos por estas latitudes. Podía igualmente el profesor Fraga habernos citado el caso de Italia y no lo ha hecho; él sabe muy bien, mejor que yo, que el balance de esta institución en Italia está siendo enormemente discutido. Es decir, es una cuestión que hay que plantearse con las necesarias cautelas y que exige un tratamiento legislativo riguroso.

De aquí que nosotros no nos opongamos a la institución en sí. Por tanto, la enmienda, como su defensor ha reconocido, es una enmienda de matiz. Lo que queremos es tratarla mediante ley orgánica, porque entendemos que la ley orgánica, tal y como está concebida en el artículo 75 del proyecto constitucional, es el mecanismo legal adecuado para tratar este tipo de disposiciones.

Deseamos que por esta vía se plantee y se resuelva la complejidad que la cuestión implica; complejidad, digo, porque esta cuestión que puede parecer tan simple está en función, entre otros extremos, de cosas tan importantes como de los distintos tipos de leyes que sean objeto de iniciativa por vía popular, de la estabilidad gubernativa, del reforzamiento de determinados tipos de liderazgo, de la deseable integración política del pueblo; pero también de los abusos en que se pueda incurrir en la movilización de las masas, tomando como excusa una determinada iniciativa en materia legislativa, pero para fines políticos que pueden ser muy otros.

Nosotros no pretendemos remitir la cuestión *ad calendas graecas*, puede tener la seguridad de ello el Grupo Parlamentario de Alianza Popular. Pretendemos tan solo ir a un planteamiento serio y riguroso de algo que, sin duda, tiene muchas facetas y es complejo.

En consecuencia, pedimos el voto favorable al texto del dictamen.

IV
PROYECTO DE LEY DE PROTECCIÓN JURISDICCIONAL DE LOS DERECHOS FUNDAMENTALES DE LA PERSONA *

Este Proyecto de Ley constituyó un buen ejemplo de cómo durante el proceso constituyente se diseñaron por el Gobierno y/o por las Cortes varios «puentes», algunos un tanto singulares pero muy pragmáticos como la Ley 54/1978 —que sucedía al Real Decreto-Ley de 8 de febrero de 1977 denominado «Sobre el derecho de asociación política»—, a la que siguió la Ley 54/1978 ya denominada «De Partidos Políticos» y fechada dos días antes del Referéndum de ratificación de la Constitución. Estos puentes buscaban salvar el abismo que separaba el franquismo del nuevo Estado democrático de Derecho. Entre otros puentes de esta condición cabe destacar la Ley 62/1978 de Protección jurisdiccional de los derechos fundamentales de la persona, que fue aprobada por las Cortes el 26 de diciembre de 1978, es decir, un día antes que la Constitución.

Esta Ley respondía a finas técnicas de ingeniería constitucional a fin de que en el momento de entrar en vigor nuestra Constitución de 1978 sus principales derechos fundamentales gozasen de genuina protección jurisdiccional. Todo ello sin perjuicio de los efectos de la disposición derogatoria de la Constitución y del esfuerzo que habría de desarrollarse durante la siguiente legislatura, para dictar las leyes regulatorias de libertades y derechos fundamentales previstas en los artículos 53.1 y 81.1 CE.

La Ley de protección jurisdiccional de los derechos fundamentales de la persona comprendía específicamente las libertades de expresión, reunión y asociación, la libertad y secreto de la correspondencia, la libertad religiosa y la de residencia, la garantía de la inviolabilidad del domicilio, la protección jurídica frente a las detenciones ilegales y, en general, frente a las sanciones impuestas en materia de orden público. Establecía garantías jurisdiccionales penales, contencioso-administrativas y civiles, con una redacción que procuraba ser sucinta y obviaba en su redacción referirse puntualmente a las infinitas cuestiones que suscitaría la voluminosa herencia de la legislación franquista dictada de espaldas a los derechos y libertades de la ciudadanía.

---

* Sesión plenaria núm. 49 celebrada el 11 de octubre de 1978, *Diario de Sesiones del Congreso de los Diputados,* núm. 124, pp. 4949 y 4950.

En la ponencia, según creemos, hicimos un buen trabajo alcanzando un elevado consenso entre los diversos grupos parlamentarios, pero pervivieron algunas escasas enmiendas, que entendíamos se mantenían al margen de la ratio legis *de la especial arquitectura de esta norma. Eso sucedía en concreto con la única enmienda que el Grupo Parlamentario Socialista mantuvo hasta el Pleno del Congreso, que originó un breve debate.*

El señor VICEPRESIDENTE: Pasamos al examen de la disposición derogatoria. Hay una enmienda del Grupo Parlamentario Socialistas del Congreso. Tiene la palabra su representante para defenderla.

El señor BARÓN CRESPO: Señor presidente, señoras y señores diputados: sin ningún tipo de amago o de *dribling,* esta enmienda que vamos a mantener trata de añadir, en la tabla derogatoria que establece el proyecto de ley que estamos debatiendo, la derogación expresa de la Ley de 13 de febrero de 1974 que, como sus señorías conocen, establecía y sigue estableciendo un fuero especial para delitos cometidos por la fuerzas de orden público; por la policía, no en su totalidad, sino de determinados cuerpos [...].

El señor VICEPRESIDENTE: Para turno en contra tiene la palabra el representante de Unión de Centro Democrático.

El señor ALZAGA VILLAAMIL: Señor presidente, señoras y señores diputados, voy a ser enormemente breve, dado que lo ha sido en la defensa de su enmienda el digno representante del Grupo Parlamentario Socialista.

Se nos ha dicho que no se iba a efectuar en este campo de juego en que nos movemos, en el seno parlamentario, ningún *dribling* y, por supuesto, tampoco nosotros lo vamos a hacer, pero sí queremos poner de manifiesto que se está colocando el balón en una zona de juego que reglamentaria, procesal y procedimentalmente no corresponde.

Nosotros hemos sostenido en trámite de Ponencia y en trámite de Comisión que no procedía ni tan siquiera entrar en el fondo de las consideraciones que, por otra parte, en la tarde de hoy no han sido subrayadas ni expuestas ante esta Cámara, en función de las cuales convenía o no la derogación de la Ley 6/1974, de 3 de febrero, que el Grupo Parlamentario Socialista, por razones que no ha expuesto, desea derogar.

Lo que nosotros sostenemos es que en el supuesto de que haya razones de fondo o de forma suficientes que justifiquen la inclusión en una cláusula derogatoria de la Disposición que se intenta privar de vigencia, no es en esta ley, que está dictada para hipótesis fácticas totalmente diversas, donde corresponde.

Y la Ponencia y la Comisión estimaron que sería, llegado el caso y sin ahora prejuzgar, por supuesto, en el proyecto de Ley de Policía donde esto correspondería.

Realmente se trata de aprovechar que hay una disposición derogatoria que en el día de hoy se debate aquí para derogar una norma que no tiene conexión ninguna con el contenido de la que nos ocupa. Estamos ante una ley enormemente importante, porque lo que trata es de que las declaraciones de derechos no sean unas declaraciones de derechos subjetivos virtuales, sino de derechos exigibles y protegibles por el ordenamiento jurisdiccional. Es una ley básicamente procesal, no es una Ley de Policía, y, consiguientemente, cometeríamos un error técnico, un error sistemático, un error que constituiría un precedente negativo, trayendo a la disposición derogatoria de la ley que nos ocupa la privación de vigencia de una norma que, repito, es de naturaleza y responde a una *ratio legis,* enteramente diversas. Por ello, con el máximo respeto al Grupo proponente de la enmienda, anunciamos nuestro voto disconforme y solicitamos un voto de los restantes Grupos Parlamentarios acorde con el nuestro.

* * *

Tras una réplica por parte del señor Peces-Barba, en nombre del Grupo Parlamentario Socialista, que mantuvo su enmienda.

El señor VICEPRESIDENTE: Para rectificar tiene la palabra el señor Alzaga.

El señor ALZAGA VILLAAMIL: Señor presidente, sin estar en *off side,* según espero, querría contestar brevemente. No digo que no tenga facetas, contenidos o aspectos procesales la Ley de Policía; lo que digo es que la ley que nos ocupa, y que espero que aprobemos, es una ley importante, y sería grave que ante la opinión pública quedase devaluada en el debate de hoy, porque creo que es una ley enteramente progresiva que supone anticiparnos, en nuestro afán de no hacer una Constitución nominal o semántica, sino una Constitución de auténtica defensa real de los derechos de las personas, con los mecanismos procedimentales que posibiliten canalizar las pretensiones para su defensa por los ciudadanos. En este terreno procesal singular de defensa de los derechos públicos de los ciudadanos, de defensa del estatuto de los ciudadanos en concreto, no tiene nada básicamente que ver la Ley de Policía. Además, parlamentarios de mi Grupo, mejores conocedores que yo de la marcha de la nueva Ley de Policía en los trabajos que se siguen en esta Cámara, me dicen que está en principio aprobado que allí, es decir, en esta nueva Ley de Policía, es donde se va a efectuar la derogación con el alcance que se persigue. Desde luego, este, obviamente, no es el lugar. No estamos aprobando aquí una nueva Ley de Policía, ni incorporando preceptos análogos, paralelos ni básicamente homologables.

En consecuencia, estamos generando un Derecho complementario al Derecho vigente en España en esta faceta, y no un Derecho sustitutorio al que supone la Ley de Policía.

Por tanto, entendemos que no estamos fuera de juego, sino sosteniendo la interpretación técnicamente más correcta, porque desde luego el tema no tiene mayor alcance político y tiene, básicamente, un alcance técnico.

Nada más y muchas gracias.

V

PROYECTO DE LEY DE MODIFICACIÓN DEL CÓDIGO PENAL EN MATERIA DE TERRORISMO *

Debate suscitado con motivo de que el artículo 6 del Proyecto de Ley disponía que los depósitos de armas, municiones o explosivos, establecidos en nombre o por cuenta de una asociación, determinaría la disolución de esta. La enmienda del Grupo Parlamentario Socialista, de supresión, fue defendida por el señor Sotillo Martí.

El señor PRESIDENTE: Para un turno en contra tiene la palabra el representante del Grupo Parlamentario de Unión de Centro Democrático.

El señor ALZAGA VILLAAMIL: Presidente, señoras y señores diputados, si aplicásemos la regla de tres en materia de empleo del tiempo disponible en el Pleno y en función, también, del tiempo invertido por el señor Sotillo en su brillante intervención, para defender una enmienda de una sola palabra que dice «supresión», y lo pusiéramos en interrelación con la enmienda que debo defender, que tiene tres renglones, me temo que tendría que amenazarles a sus señorías con una amplia y extensa intervención, y no es este mi propósito.

El señor Sotillo, en la inteligente defensa de su enmienda, en realidad, ha venido a formular una crítica que tiene puntos de razón, que tiene aspectos en los que se acredita que la técnica legislativa puesta de manifiesto en la redacción del artículo 6 de la ley que nos ocupa no es todo lo depurada que sería de desear, y, evidentemente, nuestro oficio de legisladores nos obliga a utilizar el trámite, en esta ocasión el del Pleno de la Cámara, para intentar ir a una fórmula mejor en Derecho.

En consecuencia, este Grupo Parlamentario que tengo la satisfacción de representar tiene presentada a la Mesa, desde la última sesión en la que se pensó que iba a haber oportunidad de defenderla, una enmienda *in voce* de la que tiene conocimiento el Grupo Parlamentario Socialista y en particular el señor Sotillo, que creo que viene a recoger, al menos en lo sustancial, las preocupaciones justas que albergan los señores diputados de los bancos socialistas.

---

* Sesión Plenaria núm. 55, celebrada el 15 de noviembre de 1978, *Diario de Sesiones del Congreso de los Diputados,* núm. 135, pp. 5389-5406.

Es cierto, es absolutamente cierto, que la redacción del artículo 6 de la ley que nos ocupa, en cuanto supone una nueva redacción del artículo 265 del Código Penal, podría ser interpretada como un supuesto de disolución automática *ipso iure* de una asociación. Esto sencillamente se da de bruces con el artículo 20 de lo que hoy es algo más que un proyecto de Constitución; que es prácticamente un texto constitucional, solo a falta de ser sometido a la segura ratificación del pueblo español, en el cual se prevé que toda disolución de una asociación requerirá declaración judicial expresa al efecto.

El artículo que nos ocupa es, evidentemente, heredero de una gestación que se remonta en el tiempo, probablemente, a un acto anterior a aquel en el cual se dio definitiva redacción al artículo de nuestra Constitución, que versa sobre el derecho de asociación.

Por otra parte, el hecho de que se puedan tipificar conductas de almacenamiento o depósitos de explosivos que no tienen un propósito delictivo supondría una extensión del tipo penal que nos ocupa, lo que no se pretende por nuestro Grupo Parlamentario.

Por tanto, para ser breve y coherente con la promesa que en este sentido he hecho al inicio de mi intervención, nosotros sugerimos una enmienda *in voce* que, siendo realmente coherente con lo que tiene previsto a estos efectos el Reglamento de la Cámara, cumpla una función transaccional con las diversas posiciones manifestadas por los distintos Grupos Parlamentarios. Nuestra enmienda dice literalmente lo siguiente: «El artículo 265 quedará redactado en estos términos: "Los depósitos de armas, municiones o explosivos establecidos en nombre o por cuenta de una asociación con propósito delictivo determinarán la declaración judicial de ilicitud y su consiguiente disolución"».

Entendiendo que con ello se da una redacción más justa y técnicamente más perfecta al precepto que nos ocupa, solicitamos para esta enmienda *in voce* el voto unánime de la Cámara. Nada más y muchas gracias.

* * *

Intervención del representante del Grupo Parlamentario de Alianza Popular don Licinio de la Fuente y de la Fuente que aceptó la enmienda in voce, *pero con la supresión de la frase «con propósito delictivo»*

El señor PRESIDENTE: Tiene la palabra el representante del Grupo Parlamentario de Unión de Centro Democrático.

El señor ALZAGA VILLAAMIL: Señor presidente, señoras y señores diputados, no esperaba este modesto diputado que tan breve enmienda *in voce* resultase tan animada *[Risas]*.

Voy a ser enormemente breve. Nosotros hemos escuchado con la mayor atención, aunque haya tenido que ser de pie, en una esquina, a nuestro compañero el señor de la Fuente su, como siempre, brillante y, desde una perspectiva jurídica, bien fundada intervención.

Nosotros no creemos que se vacíe de contenido punitivo, de posibilidades sancionadoras, la nueva redacción del artículo 265 que nos ocupa.

Nos preocupa, por remontarnos un poco al proceso racional que nos ha llevado a esta redacción que sometemos a la Cámara en la tarde de hoy, que por razón de la posesión de una industria de carácter químico, de la necesidad incluso —qué sé yo— de almacenar equis bidones de gasolina, que pueden ser explosivos, en circunstancias análogas nos encontrásemos con que la antigua redacción pudiera suponer que esa persona, si no tuviese absolutamente en regla unas autorizaciones administrativas, que incluso en ocasiones no están previstas en nuestro Derecho para determinados productos, se viese automáticamente incurso en un precepto penal cuya pena tiene la gravedad que sus señorías conocen, sin dar posibilidad al juez de sancionar o no esa conducta. Es decir, nos encontraríamos con un supuesto objetivo, con un delito formal, con una pena automática.

Al proponer el señor de la Fuente que se suprima el inciso que UCD sugiere: «Con propósito delictivo», bajo cuya condición estaría dispuesto, según nos ha dicho, a sumarse a nuestra enmienda, lo único que hace es subrayar un aspecto que forma parte de toda realidad delictiva, que es la voluntad de cometer el delito, que es un dolo, que incluso es un dolo genérico, un dolo específico. Lo que nosotros estamos haciendo es subrayar que se tiene que tratar de una conducta dolosa y que el mero almacenamiento en una fábrica, en unos determinados almacenes, etcétera, de unas sustancias, sin más, por parte de ciertas personas con ánimo de lucro o por razones comerciales, etcétera, nunca puede ser objeto del delito que nos ocupa.

Hay que tener en cuenta —y UCD lo tiene— que la persecución de estos delitos se debe hacer con el máximo rigor, pero siempre con absoluta vigilancia del pleno mantenimiento del principio de seguridad jurídica, que es connatural a todo Estado de Derecho.

Pensando en esa seguridad jurídica, UCD, lamentándolo mucho, porque nos hubiera sido muy grato que esta enmienda *in voce* fuera aprobada por unanimidad, no puede aceptar la enmienda *in voce* a la enmienda *in voce* que ha efectuado el señor de la Fuente y que, no obstante, agradecemos.

Nada más, muchas gracias.

El señor PRESIDENTE: Nos encontramos con que esta interpretación extensiva que la Presidencia y la Mesa venían haciendo de las enmiendas *in voce*, cosa que en el Reglamento actual era dudosa para el Pleno y que, sin embargo, después de ser acordado por la Junta de Portavoces hemos venido admitiendo, nos plantea situaciones como esta en que nos encontramos ahora, en que hay varias enmiendas y enmiendas *in voce*, como decía ahora el diputado que acaba de hacer uso de la palabra, a enmiendas *in voce*. Tenemos, entonces, que proceder a determinar cuáles van a ser las votaciones. Hay una votación, si no se retira, que corresponde a las enmiendas formuladas por el Grupo Parlamentario Nacionalista Vasco y por el Grupo Parlamentario Socialista del Congreso que supone la absoluta supresión de este artículo.

¿El Grupo Parlamentario Socialista mantiene esa enmienda?

El señor PECES-BARBA MARTÍNEZ: Señor presidente, para aclarar la complicación reglamentaria y teniendo en cuenta que la enmienda *in voce* planteada por Unión de Centro Democrático —si la enmienda que ha hecho el señor de la Fuente satisface a su vez, los requisitos que el señor Sotillo ha planteado— era nuestra posición y la justificación de nuestra enmienda, la retiramos y anunciamos que votaremos a favor de la enmienda *in voce* del Grupo Parlamentario Unión de Centro Democrático.

* * *

El señor ALZAGA VILLAAMIL: Señor presidente, pido la palabra para una cuestión de orden.

El señor PRESIDENTE: Puede hacer uso de ella si es para una cuestión de orden.

El señor ALZAGA VILLAAMIL *[desde los escaños]*: Brevísimamente, señor presidente. Varios Grupos Parlamentarios hemos tomado conciencia de que, por error material, se ha producido la reiteración literal de lo que es el segundo párrafo del artículo 1 como tercer párrafo del artículo 7, lo cual se debe a que una enmienda que en su día presentó, en fase de Ponencia y Comisión, el Grupo Socialistas de Cataluña, ha sido admitida en dos artículos. Consultado el Grupo en su día proponente, el Grupo Socialista y nosotros mismos creemos que, aunque este error podría ser solventado en el Senado, viene a afear la presentación de la ley, y lo que proponemos es que se tenga por no dicho, o inexistente, en suma, el tercer párrafo del artículo 7, y que conste así en acta, si la Cámara lo estima pertinente. Nada más y muchas gracias.

El señor PRESIDENTE: ¿Sus señorías aprecian algún inconveniente en proceder a esta rectificación técnica? *[Pausa].* Que se proceda, entonces, a rectificar el error advertido.

* * *

Tras una serie de vicisitudes en el debate del artículo 9, con interesantes intervenciones de los señores Cuerda Montoya por el Grupo Parlamentario Partido Nacionalista Vasco; Sotillo Martí, por el Grupo Parlamentario Socialista y Solé Barberá por el Grupo Parlamentario Comunista, se planteó una singularísima cuestión procedimental, que en el clima de consenso reinante se solventó con una interpretación amplísima de las limitaciones reglamentarias, como pasamos a ver.

El señor PRESIDENTE: ¿Algún turno en contra? *[Pausa].* En relación con el texto del dictamen para este artículo 9, ¿algún turno a favor? *[Pausa].* ¿Algún turno en contra? *[Pausa].*

Vamos a proceder entonces a las votaciones. ¿El Grupo Parlamentario del Partido Nacionalista Vasco mantiene su enmienda?

El señor CUERDA MONTOYA: Se mantiene, señor presidente.

El señor PECES-BARBA MARTÍNEZ: Señor presidente, tal y como ha dicho en su intervención el diputado Sotillo, nosotros condicionábamos la enmienda *in voce*, que era una enmienda de concordia, a su aceptación por los otros Grupos Parlamentarios de la oposición. En las circunstancias de la manifestación del Grupo Parlamentario Comunista y del Grupo Parlamentario del Partido Nacionalista Vasco, retiramos la enmienda *in voce* y mantenemos también nuestra enmienda de supresión.

El señor PRESIDENTE: Conforme. Tiene la palabra el representante de UCD.

El señor ALZAGA VILLAAMIL: Aunque no habíamos utilizado la posibilidad de un turno en contra, a la vista de esta manifestación, si el señor presidente tiene a bien concedérnoslo...

El señor PECES-BARBA MARTÍNEZ: No es el momento.

El señor PRESIDENTE: Procesalmente no es el momento. Quizá en la explicación de voto.

El señor ALZAGA VILLAAMIL: En la explicación de voto podremos explicar no sé si la derrota tremenda que decía el Grupo Comunista o la nuestra. Pero lo que quería era dar argumentos a la Cámara en un momento que es el único que entiendo que tengo.

Nosotros partíamos de la hipótesis de que se iba a votar una enmienda *in voce* presentada por el señor Sotillo y defendida con una serie de argumentos. Resulta que esto se modifica. Tácitamente se nos viene a decir que va a haber apoyo a la enmienda de supresión que acaba de defender el señor Solé Barberá.

Ante esta circunstancia, creemos que políticamente la necesidad de oponernos a esa enmienda es mayor que la que había hace unos minutos en que creíamos que podría ser una pérdida de tiempo.

Insistimos, por tanto, en hacer uso de la palabra por dos minutos.

El señor PECES-BARBA MARTÍNEZ: El señor Sotillo ha dejado muy claramente establecido que la enmienda *in voce* se mantendría si tenía el apoyo del resto de los Grupos de la oposición.

Después, el señor Solé Barberá ya ha dicho que no estaba de acuerdo con ella. Entonces, UCD ha tenido posibilidad de haber intervenido.

No es procesalmente el momento. No nos parece serio que, habiendo habido varias posibilidades de intervención, se intente saltar el Reglamento. Y solicitamos de la Presidencia que no se conceda la palabra para un turno que está fuera del Reglamento.

El señor PRESIDENTE: La Presidencia consultará a la Mesa para decidir esto sobre la marcha *[Pausa]*.

El señor PRESIDENTE: La Presidencia, después de oír a la Mesa y después de tener en consideración que el procedimiento de enmiendas *in voce* es un procedimiento absolutamente fuera del Reglamento, no contra el Reglamento, pero sí fuera del Reglamento, con una interpretación extensiva y amplia para intervención de todos los Grupos Parlamentarios que lo han querido hacer, decide que procede el turno en contra.

Tiene la palabra el representante de Unión de Centro Democrático para mantener su turno en contra.

El señor ALZAGA VILLAAMIL: Benévolo señor presidente, benévolos señores de la Mesa, señoras y señores diputados, que se van a ver decepcionados después del clima de expectación creado por esta intervención de mi buen amigo el señor Peces-Barba.

Nosotros, que no habíamos oído, quizá por mala acústica de la Cámara, la cláusula suspensiva que por lo visto contenía la intervención del señor Sotillo, sin embargo hemos escuchado con la máxima atención sus argumentos, que básicamente eran los de afirmar que en los términos en que venía redactado el precepto correspondiente del proyecto del Gobierno faltaba un elemento básico, que es un ingrediente que hemos venido a sumar a otros tipos anteriores que ha aprobado esta Cámara hace unos minutos, a saber, el de la intencionalidad, y que, incorporado ese ingrediente de la intencionalidad en los términos hábiles en Derecho, que en una correcta redacción en la enmienda que ha presentado el señor Sotillo se hacía, estábamos perfectamente a cubierto de que se planteasen las vicisitudes con las que nos amenazaba el señor Solé Barberá a la hora de hacer obras en chalés y pisos particulares.

Yo lamento tener que discrepar por entero de la tesis del señor Solé. Este no es un supuesto de tentativa en el sentido técnico del verbo. Este es un supuesto que, en primer lugar, está en cierta medida ya inmerso, al menos en lo que supone de principio de defensa de un bien jurídico a proteger penalmente, en el apartado 2 del artículo 480, cuando, tratando de las detenciones ilegales, se dice que «en la misma pena incurrirá el que proporcionare el lugar para la ejecución del delito». Pero es que el proporcionar el lugar cuando el lugar es un lugar *ad hoc*, un lugar idóneo, cuya razón de construcción y de existencia es precisamente la de servir para la comisión del delito, cobra autonomía punitiva suficiente.

La tenencia de armas, señor Solé Barberá, como usted sabe mejor que yo, porque es más experto que yo en la práctica del Derecho penal, no es una tentativa de delito, aunque con esa arma se pueda cometer un delito de homicidio o de lesión, porque esa tenencia ilícita supone la posibilidad en tales términos de la comisión de un delito que se tipifica y adquiere naturaleza propia de realidad delictiva, adquiere autonomía como tipo singular.

En consecuencia, nosotros entendemos que hay que ser enormemente coherentes con la voluntad política de combatir el terrorismo y hay que ser enormemente realistas a la hora de saber lo que se combate, en qué consiste, cuáles son los tipos de acciones que se ejecutan, de qué medios se valen y cómo se desarrolla, en definitiva, la actividad penal, la actividad terrorista, a la que queremos salir al paso. Y es preciso que nosotros vengamos a hacer —como otras Cámaras legislativas han hecho— una tipificación del supuesto de las llamadas por la prensa, como decía muy bien el señor Solé Barberá, cárceles del pueblo, porque una de las técnicas del terrorismo o de las guerrillas urbanas, etcétera (no siempre se tiene que practicar con ello el terrorismo), es precisamente la creación de instrumentos idóneos para secuestrar, para detener ilegalmente a las personas, y no es posible que la Policía lo descubra y se nos diga que es una especie de variante de un armario empotrado, cuando, obviamente, ante lo que estamos es ante una actividad que en sí misma tiene la voluntad de privar de la libertad a las personas, de atentar contra los derechos fundamentales de las mismas, a las que nuestro Código Penal está en la obligación, en una sociedad libre y democrática, de venir a proteger con todo el peso de la ley.

No podemos combatir el terrorismo con declaraciones solemnes, con declaraciones incluso retóricas, y, a la hora de facilitar a los órganos jurisdiccionales y a los órganos policiales los instrumentos idóneos para que realmente se puedan perseguir estas actividades, venir a decir que estas actividades están en el terreno de la tentativa, cuando, además, técnicamente esto no es verdad.

Consiguientemente, nosotros hacemos nuestra en este acto —si la liberalidad de la Mesa, que linda en estos momentos con ser infinita, nos lo permite— la enmienda *in voce* que se ha presentado y sostenido con argumentos que a nosotros nos han convencido al 100 por 100, que técnicamente está mejor construida, por otra parte, que el proyecto del Gobierno —nosotros no tenemos inconveniente en reconocerlo— y que distingue mejor, aparte de introducir elementos a la intencionalidad, el caso del que construye condiciones para luego cometer el delito o para facilitarlo a otro. Es decir, hay en esos tres párrafos un deslinde perfecto y de ese deslinde, a su vez, se desprenden las garantías para los particulares, que, al no estar su conducta encuadrable en esos casilleros estrechos que deben ser siempre los artículos de un Código Penal, no tienen nada que temer, desde luego, a la hora de hacer obras en sus viviendas y en sus pisos. Estamos en un Estado de Derecho y esas expresiones resultan brillantes, pueden llegar a hacer cambiar el voto de algún Grupo Parlamentario, pero técnicamente no son sostenibles y, por supuesto, a nosotros no nos convencen.

Por consiguiente, nosotros votaremos la enmienda presentada por el señor Sotillo y solicitamos a los demás Grupos Parlamentarios que así lo hagan. Muchas gracias.

El señor PRESIDENTE: Yo quiero aclarar a su señoría que, en todo caso, no será la enmienda presentada por el señor Sotillo, sino la enmienda que en este momento presenta el Grupo Parlamentario de UCD, que coincide en su texto con la enmienda del señor Sotillo, porque no se puede votar una enmienda que ha retirado el propio presentador.

El señor ALZAGA VILLAAMIL: El señor presidente tiene toda la razón. Yo asumo su rectificación escolástica, la hago mía y pasa a ser una enmienda presentada por UCD.

* * *

El señor ALZAGA VILLAAMIL: ¿Me permite la Presidencia intervenir para alusiones?

El señor PRESIDENTE: Señor Alzaga, evidentemente su señoría ha sido aludido, pero vamos a terminar con las alusiones, porque, si no, nos estaremos aludiendo constantemente y no acabaremos nunca. Un minuto, por favor.

El señor ALZAGA VILLAAMIL: De ese minuto, señor presidente, me sobra medio para, en el tono más mesurado y más sereno, decirle al señor Solé Barberá, primero, que a mí me consta que en esta Cámara no hay ni un solo diputado que venga a defender el terrorismo ni la realización de cárceles del pueblo; segundo, que cuando el señor Solé Barberá dice que ni él ni nadie de su partido ha venido jamás a construir una cárcel del pueblo, es porque está íntimamente convencido de que eso es un delito y él no delinque. Nada más, señor Solé Barberá.

* * *

El señor PRESIDENTE: ¿Algún turno en contra de la enmienda? *[Pausa].* Tiene la palabra el representante del Grupo Parlamentario de Unión de Centro Democrático.

El señor ALZAGA VILLAAMIL: Por razones obvias, me comprometo, señor presidente y señoras y señores diputados, a la mayor brevedad en esta intervención, en el debate de una ley que se está extendiendo más de lo previsto.

Creo que el conjunto argumental que nos ha expuesto el señor Solé Barberá es un conjunto que, visto con atención en su texto literal, cuando pueda ser leído el día de mañana en el *Diario de Sesiones,* se observará que intenta reducir la variante que justifica su enmienda respecto del artículo correspondiente del proyecto de ley del Gobierno a que, de nuevo, comportamientos que, a su juicio, son de carácter de tentativa, vienen a ser tipificados como delitos. Esto no es así.

Me voy a limitar a leer, pues creo que de la mera lectura (y lamento no poder en este momento distribuir a dos columnas el texto) se deduce que lo que se hace realmente es despenalizar y destipificar una enorme serie de supuestos, de casos, de actitudes, de acciones; en definitiva, de omisiones, que en el texto del proyecto de ley que se somete a la consideración de la Cámara están incluidos. El texto de la enmienda que se nos propone que aprobemos, en su nueva redacción del artículo 554, literalmente dice: «Incurrirá en la pena de presidio mayor, como reo de estragos, con independencia del fin propuesto por el culpable, el que maliciosamente causare daños de cualquier cuantía, mediante el empleo de sustancias explosivas, inundación o utilización de medios de comunicación o transporte». Es decir, hay una referencia final a tres supuestos. El texto que somete el proyecto de ley del Gobierno a la aprobación de esta Cámara en este momento dice lo siguiente: «Incurrirá en la pena de presidio mayor, como reo de estragos, con independencia del fin propuesto por el culpable —hasta aquí el texto es igual—, el que causare maliciosamente daños de cualquier cuantía mediante destrucción de aeronaves, inmersión o varamiento de nave, empleo de sustancias explosivas, inundación, levantamiento de carriles o cambios de señales de una vía férrea, destrozos de hilos o postes telegráficos, de aparatos o instrumentos de transmisión por ondas o de cualquier otro medio de destrucción semejante a los expresados. Los Tribunales, teniendo en cuenta las circunstancias que concurran en el culpable, en el hecho y en la gravedad de este, podrán rebajar en uno o dos grados la pena a que se refiere el párrafo anterior, que podrá imponerse en su grado máximo o en la superior en grado si se hubiere producido una situación de grave peligro para la vida o la integridad corporal de las personas».

Es decir, estamos ante una enmienda a la totalidad del precepto, que despenaliza el 95 por 100 de los supuestos que contempla el proyecto de ley, y lo que yo quiero resaltar ante la Cámara es que este precepto es, en más del 50 por 100 de su literalidad, la traducción literal al castellano o español, según se quiera, de artículos que figuran en convenciones internacionales de defensa del terrorismo en materia de aeronaves, en convenios internacionales sobre terrorismo, en leyes especiales que están en vigor en Alemania, Italia, Gran Bretaña, etcétera. O sea, no hemos hecho nada más que traducir lo que es vía común de defensa jurídico-penal, en casos de terrorismo, de un Estado democrático civilizado.

Por todo lo cual, solicitamos que sea votado el texto del artículo correspondiente al proyecto del Gobierno en sus mismos términos. Muchas gracias.

* * *

El señor PRESIDENTE: Para explicación de voto, tiene la palabra el representante del Grupo Parlamentario de Unión de Centro Democrático.

El señor ALZAGA VILLAAMIL: No traigo obviamente cuartilla alguna que sirva siquiera de guion, y en tal circunstancia no puedo prometer a sus señorías una intervención ni extensa ni excesivamente bien construida, ni mucho menos que merezca el calificativo de discurso, como quizá es el que corresponde al que hemos escuchado de don Licinio de la Fuente.

Vengo solo a cumplir el trámite reglamentario de explicar el voto; el voto de un partido que está asumiendo la responsabilidad de gobernar, el voto de un partido que sabe que hoy la politología contemporánea estima que, frente a la vieja concepción de la doctrina de la división de poderes, la función esencial de gobernar, por paradójico que ello parezca es legislar. Es decir, de un partido de Gobierno y de un Gobierno que sabe que una de sus grandes responsabilidades está en la iniciativa legislativa, está en traer a las Cámaras los proyectos de ley adecuados para normar la vida social, conforme a los intereses generales.

No creemos que ningún Grupo Parlamentario pueda ganarnos a la hora de levantar la bandera de una actividad en torno a una reforma del Código Penal, de cara a su aplicación en el terreno del terrorismo, porque es en concreto al Gobierno y a su ministro de Justicia a quienes ha correspondido realmente esta iniciativa y este esfuerzo.

En segundo lugar, no queremos entrar en este momento en discusiones academicistas sobre si está enfocada la ley desde la óptica de delito de resultado o de un Derecho penal moderno de autor, en primer término porque no me considero especialista en la materia y lo que diga al respecto valdrá muy poco, y, segundo, porque me parece, por lo poco que sé, que la materia es suficientemente compleja como para que, por ejemplo, lo que fueron las incursiones de la teoría penal en la época nacional-socialista, de dar una preponderancia al factor de autor, lleva adonde llevó, a los graves excesos, de los que estamos muy lejos, aunque sé muy bien que a eso no es a lo que se refiere el señor Peces-Barba.

Yo quisiera decir, por último, que las palabras, que no he vertido yo, pero que ha vertido un representante cualificado de mi Grupo Parlamentario, no deben ser interpretadas desde los bancos socialistas como unas palabras de descortesía parlamentaria ni que impliquen el menor ataque. Son palabras vertidas en el calor de un debate; son palabras que simplemente implican adhesión plena por nuestra parte a una política realizada desde los instrumentos del Estado de Derecho frente a un terrorismo organizado, sin ambigüedad ninguna, y nos consta que también el Partido Socialista está en una actitud análoga. El problema es un problema de Estado y creemos que tenemos una oposición responsable que asume los problemas de Estado, por encima de los intereses de partido o de los pequeños juegos parlamentarios de cada día.

Dicho esto, creo que esta ley será eficaz en la medida en que la hagan eficaz las fuerzas de seguridad, en la medida en que la judicatura cuente con los medios adecuados para su mejor aplicación y en la medida en que, como ocurre con todas las leyes, cale en la realidad social y la sociedad española esté dispuesta a que lo que es norma simplemente en el papel del *Boletín Oficial del Estado* se convierta en regla de conducta de todos los españoles a la hora de regir su convivencia.

Nada más. Muchas gracias.

VI
DISCURSO REDACTADO, CON NOCTURNIDAD, PARA SU LECTURA POR EL PRESIDENTE DEL GOBIERNO, ADOLFO SUÁREZ, ANTE EL PLENO DEL CONGRESO

VI.1. DISCURSO DE ADOLFO SUÁREZ EN SESIÓN DE APROBACIÓN DEL TEXTO DE LA CONSTITUCIÓN

NOTA PREVIA

La elaboración del único discurso que escribí en mi vida para su lectura en el Congreso de los Diputados no se debió a mi iniciativa y merece un breve introito. El 30 de octubre de 1978, hacia las nueve de la noche, a la salida de una reunión de la Comisión Ejecutiva Nacional de UCD, Adolfo Suárez, con su mejor sonrisa, me pidió que le ayudase a preparar el discurso que había de pronunciar a la mañana siguiente en la sesión de cierre de la tramitación del proyecto de Constitución en el Congreso. Naturalmente me puse a su disposición y me preguntó si tenía algún inconveniente en que también solicitara la cooperación de Gabriel Cisneros; como mi relación personal con Gabi era muy buena, asentí sin reservas. Dado que la Ejecutiva se había reunido, como siempre, en el llamado «Edificio de semillas», sito en el complejo de la Moncloa, los tres caminamos en breve paseo hacia el Palacio.

Sentados ya en el despacho del presidente, pude comprobar que sobre su mesa no había ningún texto, ni esquema de la intervención. Me pidió que le escribiera el discurso que había de pronunciar a primera hora de la mañana siguiente. A mi pregunta de que deseaba decir, me contestó que lo dejaba en mis manos y, pese a mi insistencia, fui incapaz de lograr que me expusiera criterios, o me indicara los puntos que desease abordar. Cuando le pregunté por el tiempo que debía durar su intervención, me contestó que unos cuarenta y cinco minutos. Antes de terminar aquel breve diálogo le pregunté si estimaba pertinente aprovechar el discurso

* En Sesión Plenaria núm. 52, *Diario de Sesiones del Congreso de los Diputados,* núm. 130, 31 de octubre de 1978, pp. 5202-5206.

para hacer un llamamiento al voto afirmativo en el referéndum a que se sometería en diciembre el texto constitucional, obteniendo una respuesta netamente afirmativa; a la par Adolfo me rogó que dejara caer diplomáticamente que él quedaba autorizado por la Constitución para seguir al frente del Gobierno hasta el término de aquella legislatura o decretar la disolución de las Cortes. Esto último me llamó la atención y lo atribuí a que su cabeza daba ya vueltas a convocar elecciones al rebufo de una previsible gran cosecha de papeletas afirmativas en aquella consulta, pero esto último tenía poco que ver con la tarea nocturna que se me encomendaba. Nos ofreció una salita con una mesa decimonónica de encimera de mármol, donde se nos serviría una escueta cena, y puso a nuestra disposición una secretaria.

Gabi, que me narró que le había escrito a Adolfo un buen número de discursos a pronunciar en los más diversos ámbitos, me propuso que yo escribiese lo que me pareciera oportuno, y que él sustituiría algunos de mis términos profesorales por palabras de uso ordinario, y, sobre todo, recortaría párrafos extensos para hacer varios cortos, pues lo que yo fuese escribiendo, una vez troceado por él y pasado a máquina por la secretaria, lo leería Adolfo —que había subido a su vivienda para cenar— desde la tribuna del Congreso, con la técnica que dominan los buenos locutores de televisión. Por lo que me explicó, tal técnica consistía en leer con voz clara y convincente reteniendo en la memoria las últimas palabras de cada párrafo, para pronunciarlas mirando a la cámara de TVE con gesto —según correspondiera— serio o amable, acompañado con adecuados movimientos de las manos.

Antes de ponernos a la obra le expuse que como había quedado claro que Adolfo no pensaba sostener ninguna tesis concreta en aquel trance, y dado que la Constitución debía ser un marco integrador de la convivencia de todos los españoles en el seno del nuevo Estado de Derecho, quizá la fórmula más integradora que podía desplegar era enjaretar en aquel discurso citas de palabras positivas que los principales dirigentes de los distintos partidos habían pronunciado en los debates constituyentes de Comisión y Pleno. Como la idea le gustó a Gabi, pedí a la secretaria que nos trajese todos los diarios de sesiones del Congreso sobre aquellos debates, pero ella me dijo que no los tenían. Pregunté acto seguido si conservaban la colección de algún diario nacional o los dos o tres libritos que acababan de publicarse sobre la elaboración del texto constitucional y la respuesta también fue negativa. Cuando pedí que me dejaran ver que había en la biblioteca, la secretaria me contestó: «En este palacio no hay ninguna biblioteca». Una vez que ella nos dejó a los dos solos, sugerí a Gabi, que tenía confianza con Adolfo y su mujer, que subiera a su vivienda, emplazada en el piso superior, a ver si tenía lo que yo buscaba y si podía bajarme también un diccionario de sinónimos, o, al menos, uno de la lengua. Retornó en diez minutos y, sin poder contener la risa, me contó que en la casa solo había en una balda veintitantos libros, con la misma encuadernación holandesa, que eran los manuales de su licenciatura en Derecho. Ni un volumen más.

En este escenario era imposible redactar un discurso integrador, repleto de citas de lo dicho por distintos líderes de los diversos partidos en los debates *de constitutione ferenda*. Le dije a Gabi que renunciaba a aquella formula integradora de las mejores aportaciones producidas hasta la fecha en sede parlamentaria; y que simplemente me pondría a escribir de corrido un discurso correcto, para que él lo fuese privando de las expresiones excesivamente técnico-jurídicas y troceándolo, para pasárselo seguidamente al presidente, lo que le pareció muy bien. Dos horas y pico después habíamos terminado y abandonado el Palacio de la Moncloa para ir a dormir a nuestras casas. A la mañana siguiente, Adolfo ofreció una muy buena imagen ante las cámaras de televisión. Y como Gabi les había contado a media docena de diputados amigos nuestras peripecias nocturnas, a mitad de discurso, uno de los bedeles del Congreso subió a mi escaño la nota que le había dado Gregorio Peces-Barba felicitándome en términos divertidísimos. A la salida, hacia las dos de la tarde, Pío Cabanillas, hombre lector y culto, a la sazón ministro de Cultura, vino hacia mí partiéndose de risa, pues nuestro común amigo Gabriel Cisneros le había puesto al corriente de mi búsqueda nocturna de bibliografía en aquel palacio ágrafo; y me preguntó si yo creía que debía haber una biblioteca en el Palacio de la Moncloa. Ante mi respuesta afirmativa me pidió que le preparase una nota sobre las materias que deberían cubrirse con las indicaciones complementarias que quisiese. Pasada una semana se la remití y la Dirección General de Bibliotecas de su Ministerio poco tiempo después envió mil y pico libros a la residencia presidencial, que se repartieron entre varias dependencias.

Ciertamente este discurso constituye en el contexto de este libro una curiosa rareza, quizá expresiva de la razón que asistía a Max Weber cuando desarrolló su conocida teoría sobre las notorias diferencias percibibles entre la vocación de poder que mueve a los políticos profesionales y la vocación científica que nos mueve a los profesores universitarios, incluso cuando asumimos el compromiso de ser políticos ocasionales[1]. Pero, según creo, en ocasiones se tiene el deber de escribir un discurso de esta naturaleza y prestar este pequeño servicio con todo agrado.

* * *

El señor PRESIDENTE DEL CONGRESO: El señor presidente del Gobierno tiene la palabra.

El señor PRESIDENTE DEL GOBIERNO *(*SUÁREZ GONZÁLEZ*)*: Señor presidente, señoras y señores diputados: culminamos hoy —y pienso que de forma brillante— el proceso de elaboración de la Constitución. Tras recibir el voto de las Cámaras, resta someterla al referéndum del pueblo español. Si, como es de esperar, el resultado de la consulta popular es positivo, España dispondrá de una Constitución que yo caracterizaría, en síntesis, por las siguientes notas.

---

[1] A lo que se suma su distinción entre vivir «de» la política y vivir «para» la política, en *El político y el científico*, Madrid, Alianza Editorial, 1967, pp. 95 y ss.

En relación con nuestra singular experiencia histórica, la Constitución expresa la convicción de que no hay dos Españas —como aquí se ha dicho esta mañana— irreconciliables y en permanente confrontación. Creo que es el triunfo de la voluntad común de alcanzar una razonable, ordenada y pacífica convivencia para todos los españoles.

En relación con la peculiaridad del proceso político que estamos protagonizando, creo que es el fruto de una cooperación de las diversas fuerzas políticas y sociales, con el resultado pretendido de construir un Estado sin partir de ruinas o quiebras de legalidad.

En relación con los valores que proclama, es una Constitución fuertemente progresiva, que orienta la vida pública y la acción del Gobierno, cualquiera que sea su signo, hacia metas de libertad, igualdad, justicia y solidaridad. Creo que es una Constitución de su tiempo, que contiene los valores de un tiempo nuevo y mejor.

En relación con las plurales concepciones de los partidos, creo que es una Constitución que, en un marco amplio y flexible, permite operar en función de las decisiones electorales del pueblo, que solo excluye las opciones violentas, y que tiende a asegurar la estabilidad política.

En relación con la organización territorial del Estado, la Constitución, que se fundamenta en la indisoluble unidad de la Nación española, reconoce y justifica su más auténtica unidad, garantizando el derecho a la autonomía de los pueblos de España de forma amplia y sincera como jamás se configuró en ningún otro momento de nuestra historia constitucional.

En relación con las aspiraciones de nuestra sociedad para una transformación en profundidad de nuestras estructuras, la Constitución articula mecanismos ágiles y eficaces de Gobierno, concebidos por la técnica jurídico-constitucional más moderna.

Y en relación, finalmente, con la sociedad a la que se dirige, la Constitución asocia la responsabilidad a la libertad; respalda los derechos con garantías, los correlaciona con deberes y busca el fortalecimiento del Estado y de la autoridad en el consentimiento libremente expresado de los ciudadanos y en la estabilidad de sus instituciones.

La Constitución, como norma de normas y vértice del ordenamiento de un auténtico Estado de Derecho, responde a las cuestiones fundamentales que plantea la comunidad política: quién manda y hasta dónde manda; determina la tabla fundamental de derechos y obligaciones; configura los mecanismos de acceso a titulares del poder y arbitra los dispositivos para asegurar su correcto ejercicio y dirimir los conflictos.

Y solo a partir de una Constitución así concebida, que sea asumida sincera y responsablemente por todos, pienso que puede desarrollarse con fecundidad la ordinaria dialéctica política, sin cuestionar los fundamentos del Estado y de la convivencia, y estando todos de acuerdo, al menos (como señalaba un constitucionalista anglosajón) sobre el modo y la forma de estar en desacuerdo.

La democracia parlamentaria supone, como es sabido, no solamente que gobierna la mayoría, conforme a la esencia del principio democrático, sino que ya esa mayoría se integra a sí misma y explaya su capacidad de imperio en parlamento, esto es, en diálogo.

Por eso, la estructura esencial de toda democracia parlamentaria, cualesquiera que sean sus formas externas, es la estructura dialogal entre el Gobierno y las asambleas, entre las diversas fracciones que integran estas, entre los elegidos que las componen y el propio cuerpo electoral.

Quienes creemos que el lenguaje es supremo don de la humanidad, vemos en este constante diálogo, que sustituye la contienda por el debate, que supera la discrepancia por el acuerdo, la más alta forma de vida política.

Nosotros mismos, al aprobar hoy un texto constitucional a partir de programas y concepciones muy diversas, hemos dado muestra ante nuestra Historia y ante el mundo de la capacidad de la democracia parlamentaria para superar diferencias más que seculares, gracias al acuerdo responsable entre las fuerzas políticas y sociales en presencia.

Este régimen de diálogo practicado durante los largos meses de trabajo constituyente lo consagramos ahora a través de lo que será su piedra angular para el futuro: la Constitución.

La Constitución es una decisión suprema sobre el modo y forma de vivir en común, y ello exige que alguien, el llamado poder constituyente, adopte esa decisión. El proyecto que surge de las Cámaras por las fuerzas políticas que han participado en su elaboración, por lo flexible de las fórmulas en él utilizadas, por el número de votos que lo respaldan, es la decisión adoptada por los representantes democráticamente elegidos de la inmensa mayoría de los españoles, y será el mismo pueblo directamente, mediante referéndum, quien diga la última palabra constituyente.

Y, repito, si, como esperamos, los españoles ratifican lo hecho por las Cortes que ellos mismos eligieron, la Constitución será la obra de la soberanía nacional. El largo proceso que la Corona ha impulsado y ha hecho posible, de devolver al pueblo español su soberanía, habrá culminado así con el fruto de esa soberanía: una Constitución mediante la cual el pueblo español decide libremente cómo y de qué forma quiere gobernarse.

Quienes desde el mandato recibido —todos nosotros— hemos protagonizado este proceso de devolución de la soberanía al pueblo, a través de cauces legales y pacíficos, podemos alegrarnos como vencedores; como vencedores, no en una contienda concreta, sino pienso que en la mejor y más noble de las batallas: la batalla contra el miedo, contra el desánimo, contra el pesimismo secular, contra la violencia y contra nuestras propias pasiones mantenidas.

La Constitución es, además, instrumento que ordena el futuro, que no pretende tanto describir la realidad como transformarla. Y por ello la

Constitución regula detenidamente las libertades públicas y los derechos y deberes de los españoles; establece garantías, algunas incluso audaces y novedosas, en nuestra latitud y nuestra historia, y consagra lo que es un baluarte de la libertad, la independencia real y efectiva del Poder Judicial, no solo frente a los restantes poderes del Estado, sino frente a cualesquiera grupos políticos o sociales.

El Estado que la Constitución delinea no puede limitarse a reconocer unas libertades que la desigualdad real entre los hombres y sus condiciones económicas pudieran convertir, como de hecho ocurre con frecuencia, en meramente formales para una gran parte de nuestro pueblo. Por ello, el Estado asume la tarea de remover los obstáculos para que la libertad y la igualdad de los españoles dejen de ser abstracciones retóricas y se conviertan en cotidiana realidad. Por ello mismo, la Constitución somete al propio legislador y a los poderes a unos principios rectores tendentes a expandir en la economía y en la sociedad una democracia que sería irreal si se acantonara en las solas instituciones políticas.

Quienes adoptamos aquí y ahora estas decisiones no hacemos sino ser fieles al compromiso que tenemos contraído con el pueblo español, que espera y exige de sus mandatarios, junto con el orden y la seguridad, el bienestar de un progreso solidario para todos a niveles individuales y regionales.

El Estado que la Constitución configura es, en fin, aquel en el que no solamente se gobierna para el pueblo, sino que es el pueblo el que gobierna, eligiendo, controlando y responsabilizando a sus representantes. Ese Estado del pueblo ha de ser un Estado fuerte para defender a sus ciudadanos de sus enemigos interiores y exteriores, para garantizar su propio ordenamiento constitucional, para asegurar su primera y más preciada libertad, su propia libertad como pueblo soberano. Por ello nuestra Constitución, de acuerdo con la mejor línea de tradición democrática, desde la sociedad más antigua a las más sofisticadas Constituciones modernas, reconoce una función medular a las Fuerzas Armadas.

Ese Estado ha de ser también un Estado gobernado por quien periódicamente elija el pueblo. Por ello la Constitución establece unas Cortes cuyas dos Cámaras son fruto del más democrático de los sistemas: el sufragio universal, y hacen del Gobierno un órgano que surge del Congreso de los Diputados y que es constantemente responsable ante el mismo.

Se ha hecho una determinada referencia aquí esta mañana por el portavoz del Grupo Socialista del Congreso, y creo que no debo por ello dejar de aludir a una cuestión diversamente interpretada en la opinión pública durante estos días. Me refiero al sentido y alcance de la Disposición Transitoria octava del texto constitucional, ya que entiendo que la Comisión Mixta ha percibido con rigor la naturaleza del problema planteado y lo ha solventado con precisión e inteligencia.

La valoración de los principios generales propios del Derecho transitorio permitían, evidentemente, resolver razonablemente y sin generar vacíos institucionales el paso de una legalidad a otra; pero legítimas opiniones habían desplazado el tema en la opinión desde el campo propio de la técnica jurídica al terreno estrictamente político, abriéndose paso una posible interpretación que parecía conducir a la caducidad automática de poderes e instituciones por la entrada en vigor de la Constitución.

Pienso que en estas circunstancias la certeza jurídica se convertía en imperiosa necesidad para asegurar que la transición al nuevo orden institucional había de producirse sin vacíos de poder ni soluciones de continuidad. Había que asegurarlo y garantizar, a la par, el pronto y pleno funcionamiento de las previsiones constitucionales, de modo que en plazos definidos la titularidad del Poder Ejecutivo quedara conferida de acuerdo con la Constitución.

Creo que uno y otro objetivos son atendidos por la Disposición Transitoria octava, según lo ha concebido y propuesto a los Plenos de ambas Cámaras la Comisión Mixta Constitucional. De acuerdo con ella, en el plazo de un mes habrán de funcionar los mecanismos constitucionales, de suerte que, sin previas elecciones generales o tras la celebración de estas, exista un presidente del Gobierno nombrado e investido de acuerdo con la Constitución.

Creo que para quien lea con objetividad y valore con rigor el texto de la Disposición, ninguna duda puede haber sobre la corrección técnica y la prudencia política de sus previsiones. Ocioso resulta, por tanto, que me esfuerce en explicar que solo el sentido de responsabilidad inspira su redacción.

Sé bien, señoras y señores diputados, que, de acuerdo con la Constitución, me corresponderá adoptar una decisión política capital para proceder o no a la disolución de las Cortes y convocar en el primer caso nuevas elecciones generales, y sé también que toda suerte de vaticinios y pronósticos se formulan a este respecto y, como bien conocen sus señorías, la potestad de adoptar una decisión de esta naturaleza por el presidente del Gobierno constituye una de las piezas esenciales de ese delicado equilibrio que caracteriza al sistema parlamentario.

Al Gobierno, que sufre la erosión y el desgaste del poder y que está sometido al control y censura del Parlamento, es a quien corresponde en contrapartida decidir en cualquier momento y de acuerdo con la Constitución la apelación al electorado. Y de la misma forma que la oposición no tiene por qué anunciar la presentación de un voto de censura, ni es lógico exigirle la seguridad de que no lo haga, no debe esperarse, creo yo, que un Gobierno anticipe innecesariamente su propósito de disolver las Cortes o contraiga el compromiso de no hacerlo en un plazo determinado.

El sistema parlamentario tiene unas reglas en las que funda su eficacia y que aseguran su equilibrio. Creo que el buen funcionamiento del sistema depende del conocimiento, aceptación y respeto de esas reglas por parte de todos. Ya sé que en la situación en que vivimos el cumplimiento de tales reglas es, si cabe, más necesario que en supuestos de plena normalidad constitucional, no solo por la inmediata repercusión de todo orden que origina el anuncio de la decisión, sino porque, aun cuando estamos culminando un proceso constituyente, la cuestión de fondo es siempre la misma: quién debe estar en el Gobierno y quién en la oposición. Porque la peculiaridad del proceso español radica justamente en que hemos puesto en práctica los principios básicos de un régimen parlamentario al tiempo que lo consagrábamos en la Constitución.

Para terminar, señoras y señores diputados, pienso que, con la finalidad de que no se generen ilusiones infundadas que pueden devenir en frustraciones peligrosas, es forzoso proclamar que disponer de una Constitución adecuada, aunque sea condición necesaria, no es por sí sola —y aquí se ha dicho con acierto— suficiente para que ese cúmulo ingente de problemas que día a día siente el español se encuentre resuelto. Esa serie de problemas que hacen la pequeña historia y que con frecuencia condicionan la gran historia.

Pienso, sin embargo, que es condición necesaria porque solo desde la investidura constitucional de la autoridad y desde el respeto a la Constitución como marco de convivencia puede abordarse eficazmente la solución de los problemas. Y no es suficiente porque nada excusa el esfuerzo, el trabajo y el sacrificio necesarios para su solución.

La democracia, por encima de sus exigencias políticas concretas y de sus modos técnicos de realización, es un estilo de vida, una forma de entender y actualizar la convivencia política que se gana día a día por el trabajo ilusionado, el esfuerzo integrador, la voluntad de diálogo y la capacidad de compromiso.

Y bueno será que todos nosotros, que todas las fuerzas políticas, en nuestro empeño de entrañar la Constitución en el pueblo español, seamos capaces, a la par, de transmitir ese factor de realismo incompatible con las quimeras y de infundir una mística necesariamente enraizada en la conciencia y en el orgullo de ser español, capaz de despertar la ilusión y la esperanza, que han de ser el motor de nuestro esfuerzo colectivo por alcanzar un futuro mejor.

Alcanzar ese horizonte requiere el estímulo creador de los pensadores, el esfuerzo imaginativo y firme de los políticos; pero requiere también la cooperación causal de todos; porque solo puede lograrse como obra de un pueblo ilusionado en la tarea de su promoción y progreso; porque esta es una Constitución para la libertad en la responsabilidad; porque esta tarea de promoción exige un esfuerzo responsable de todo el pueblo; porque no ayudaremos a la implantación de las libertades si postergamos la conciencia de la responsabilidad, y porque constituye no solo un derecho irrenunciable, sino también un deber insoslayable, podemos todos pedir desde este momento al pueblo español que protagonice el papel que le corresponde en el proceso democrático y vote afirmativamente a la Constitución que hemos aprobado, en la seguridad de que responde a las exigencias de nuestra sociedad.

Señoras y señores diputados, como diputado de esta Cámara, en mi condición de presidente de Unión de Centro Democrático y presidente del

Gobierno, he de decir que en esta hora crucial debemos felicitarnos todos por haber sabido y querido dar respuesta a una necesidad básica de nuestro pueblo: la de construir una Constitución con sentido integrador y de futuro, por haber sabido sacrificar posiciones de partido en aras del interés superior de la totalidad del pueblo español.

Y, por último, debo señalar, y con ello termino, que creo que este proceso constituyente —y pienso que es el sentido mayoritario de la Cámara— ha sido posible gracias al pueblo español, a lo que la Corona es y representa como símbolo de la unidad y permanencia del Estado y suprema instancia arbitral y moderadora del funcionamiento de nuestras instituciones políticas y gracias al patriotismo y sentido del deber de Su Majestad el rey don Juan Carlos. Gracias también, de manera muy especial, al sentido de responsabilidad de todos los hombres y mujeres que integran las Cámaras, Congreso y Senado, representantes auténticos del pueblo español. Nada más.

VII
DISCURSOS, EN EL PLENO DEL CONGRESO, DURANTE LA PRIMERA LEGISLATURA (DESARROLLO NORMATIVO DE LA CONSTITUCIÓN)

VII.1. PROYECTO DE LEY ORGÁNICA DEL TRIBUNAL CONSTITUCIONAL* *(ARTÍCULOS 2, 6, 7, 32, 80, 81, 82, 83, 84, DISPOSICIÓN TRANSITORIA SEGUNDA Y DISPOSICIÓN ADICIONAL TERCERA)*

El señor PRESIDENTE: Para la defensa del dictamen de la Comisión, en relación con esta letra *e)* del apartado 1 del artículo 2, tiene la palabra el señor Alzaga.

El señor ALZAGA VILLAAMIL: Señor presidente, señorías, lamento tener que anunciar una intervención ligeramente extensa, porque estoy en la obligación de dar respuesta nada menos que a cuatro defensas de enmiendas. Ampliamente aburrida, porque estoy en la necesidad de replicar a argumentos jurídicos formales que se han expuesto en forma salteada, y sobre los que habré de brincar en réplica, y en la que quizá tenga que recordar a la Cámara cosas obvias que conoce mejor que yo, pero que de alguna de las intervenciones que acabo de escuchar parece deducirse que han sido, al menos momentáneamente, olvidadas por algún orador.

En primer lugar, querría contestar, en forma tan breve como me sea posible, a la argumentación que, reiteradamente, ha sostenido el señor Solé en la mañana de hoy, sobre que el recurso previo de inconstitucionalidad es inconstitucional en sí mismo, toda vez que vulnera el papel fundamental —el papel central, se nos ha dicho— que corresponde a las Cortes en nuestro sistema político, por obra y gracia de la Constitución. Esto, sencillamente, no es verdad. No es verdad porque nuestras Cortes son unas Cortes sometidas a Derecho, porque nuestras Cortes no son, en sí mismas, constituyentes, no tienen reservada la facultad de, por vía de ley ordinaria, modificar los

* En Sesión Plenaria núm. 23, extraordinaria, de 23 de julio de 1979, *Diario de Sesiones del Congreso de los Diputados*, núm. 23, pp. 1217-1263.

imperativos de nuestra Constitución, sino que la Constitución solamente es modificable, como es lógico —como ley política fundamental, rígida, que es— por procedimientos especiales, que casi me atrevo a calificar de tortuosos, que son los que prevé el Título X de la misma Constitución.

En consecuencia, una ley dictada por las Cortes de acuerdo con el procedimiento legislativo solo es válida en cuanto que armoniza con el contenido de nuestra ley política fundamental, porque la Constitución —repito— solo puede ser modificada por mecanismos especiales.

Cuando una ley infringe la Constitución es inválida, y la invalidez precisa, en nuestra Constitución, de un órgano capaz de declararla, que es el previsto al efecto en el Título IX de la misma, es decir, el Tribunal Constitucional.

En algunas Constituciones, en la inmensa mayoría de las del siglo XIX, el Parlamento era juez de su propia causa. Sin embargo, ello conllevaba dificultades graves en cuanto a la debida observancia de los preceptos constitucionales. Esa tesis está abiertamente en desuso en el Derecho constitucional occidental de nuestra época. Aunque bien es verdad que rige en el Derecho constitucional de los llamados países socialistas.

La Constitución semántica, a mi juicio, de la República Democrática Alemana mantiene el mecanismo de que no tiene un Tribunal por encima de sí a esos efectos, sino que realmente corresponde al órgano legislativo entender de estas cuestiones. Y ese es el criterio imperante en la inmensa mayoría de las llamadas Constituciones socialistas, con alguna excepción como quizá lo es la yugoslava, pero esta no es la filosofía preponderante hoy en el Derecho constitucional moderno.

Desde el primer Tribunal constitucional especial que se estableció en Checoslovaquia hasta posteriormente el Tribunal constitucional que por inspiración de Kelsen viene a establecer la Constitución austriaca de 1920; hasta poco después, y marcando un hito muy importante en el progreso a este respecto de nuestro Derecho constitucional europeo, el Tribunal de Garantías Constitucionales español de 1931, que sirve de precedente al Tribunal italiano de análogo nombre de 1947; pasando por el Tribunal Constitucional Federal alemán de 1949; el Consejo Constitucional francés de la V República; el Tribunal Especial superior griego y la Comisión Constitucional portuguesa —bien es verdad que de forma distinta— en todos estos casos se parte de la premisa de que el Parlamento tiene que supeditarse a la Constitución, y que existe un Tribunal constitucional que debe velar por que esto sea así.

Con ello se intenta dar respuesta a una pregunta siempre difícil y siempre vigente en el Derecho público: *¿Quis custodiet custodes?* ¿Quién guarda por que nosotros guardemos nuestra Constitución? En nuestra Constitución el Tribunal Constitucional.

Partiendo de este enfoque, que no es un enfoque rancio, señor Solé Tura, que es un enfoque moderno al que estamos obligados los demócratas de nuestra época, en nuestra opinión se plantean problemas más concretos que aquí se han suscitado, y a los cuales yo intento dar respuesta.

Se nos ha dicho al principio de la mañana, en una brillante intervención de don Miguel Roca, que es evidente que en el Derecho constitucional existen recursos previos más o menos de esta índole, pero no cuando la Cámara se ha pronunciado ya, porque entonces está en juego la soberanía de la Cámara.

Se nos pedían ejemplos de contrario. Yo con mucho gusto se los suministro. Entre otros, recuerdo que en Venezuela, desde 1937, con una ley ya promulgada, antes de la publicación, el jefe del Estado podía acudir a la Corte Suprema para verificar si la norma era o no anticonstitucional antes de que entrase en vigor, de que empezase a producir efectos, y que la declaración posterior de anticonstitucionalidad suscitase inconvenientes graves con motivo de que ya hubiera entrado en aplicación.

Se nos ha dicho, y especialmente en la intervención extensa y ordenada del señor Peces-Barba, que con este mecanismo del apartado *e)* del número 1 del artículo 2 de la ley se produce una ruptura del marco constitucional, porque el mecanismo en sí mismo es inconstitucional en cuanto que vulnera las hipótesis previstas en el artículo 161.

Esto tampoco es así a nuestro juicio. Y no es así porque los sistemas de competencias en el orden jurídico-constitucional que sepamos, son de dos tipos: los de competencias tasadas bien en la Constitución, bien en la Ley Orgánica (normalmente en la Constitución) o los mecanismos de competencias abiertas. La opción por el sistema de competencia abierta del Tribunal constitucional es una elección sobre la que se ha escrito mucho, y se puede discutir si es una vía mejor o peor que la de competencia tasada en *numerus clausus;* pero el hecho es que nuestra Constitución, en el artículo 161 opta por el sistema de competencias abiertas. Opta por el sistema de competencias abiertas, sin duda ninguna, y el esfuerzo que se ha hecho en demostrar lo contrario es buena prueba de que ven la dificultad que encierra el mantener esta tesis, porque cuando el apartado 1 de este artículo 161 de nuestra ley de leyes dice que: «El Tribunal constitucional tiene jurisdicción en todo el territorio español, y es competente para conocer», y nos enumera: «Del recurso de inconstitucionalidad contra leyes y disposiciones normativas con fuerza de ley», «del recurso de amparo», «de los conflictos de competencia», y por último, nos afirma «de las demás materias que le atribuyan la Constitución o las leyes orgánicas». Es decir, que existe una previsión a las demás materias que prevean la Constitución o las leyes orgánicas.

Ocurre que entre esas leyes orgánicas hay una ley orgánica específica sobre el Tribunal Constitucional que se encuentra prevista en el artículo 165 de la Constitución, y que parece lógico que sea ella la que se ocupe ya de completar el abanico de competencias abiertas, solo hasta cierto punto. Y se nos afirma que es que esa ley orgánica tiene naturaleza adjetiva. Tengo que decir a mis queridos contradictores que esto es una mera interpretación cuasi doctrinal: la Constitución no adjetiva esa ley orgánica como ley adjetiva.

Se podrá afirmar que el artículo 165 dice que una ley orgánica necesariamente ha de regular una serie de aspectos, y esa serie de aspectos tiene más o menos carácter adjetivo, pero ese es un mandato al legislador ordinario para que esa ley orgánica regule el funcionamiento del Tribunal Constitucional, el estatuto de sus miembros, el procedimiento ante el mismo y las condiciones para el ejercicio de las acciones, pero no exclusivamente esas materias. Ese es un mandato que puede estar completado por la circunstancia de que la ley orgánica —como, además, necesariamente hace en otros muchos apartados— ha de venir a tocar otros puntos imprescindibles para el buen y debido funcionamiento del sistema político y de la institución que nos ocupa.

Pero es que, además, se nos habla de que la legitimación que en el artículo correspondiente estructuramos al respecto es una legitimación clandestina, porque se nos dice que se establece al margen de los supuestos previstos en el artículo 162, que cuando dice que «están legitimados» se refiere a hipótesis distintas. Clandestinidad modesta realmente, porque el apartado número 2 del artículo 162 dice «en los demás casos», es decir, en casos distintos al recurso de inconstitucionalidad y al recurso de amparo previamente observados en el artículo 162, repito, «en los demás casos, la ley orgánica determinará las personas y órganos legitimados».

Obviamente, esa ley orgánica —y nos parece, desde todo punto de vista, que no dice «una ley orgánica», sino «la ley orgánica»— es la ley orgánica del artículo 165, que al determinar las «personas y órganos legitimados en los demás casos», está en plena competencia para decir cuáles son esos demás casos.

También se nos ha hecho mención de que el artículo 161.1.*d)*, cuando habla «de las demás materias que le atribuyan la Constitución o las leyes orgánicas», no da pie a este control previo de constitucionalidad, porque la materia es la misma.

Yo no pretendo cansar a sus señorías con discursos más o menos eruditos sobre término tan amplio y plurivalente como es la palabra «materia», pero, evidentemente, un proyecto normativo tiene naturaleza jurídica y alcance distinto de una ley o una disposición normativa propiamente dicha: es materia diversa.

A la vista de todo ello, creemos que no es preciso citar —como se nos ha hecho— una larga tradición de juristas, ni es preciso demostrar en mayor detalle que no hacemos picardías, que no cometemos argucias y que no incurrimos en retórica de leguleyos, como se nos ha insinuado incluso antes de escucharnos.

Nosotros, con el mayor respeto, tenemos que decir que nada tiene que ver nuestra posición al respecto con las críticas de Erasmo o de Quevedo que, obviamente, se escribieron para cuestiones muy distintas. La posición de mi Grupo Parlamentario, como juristas que creemos en un auténtico Estado de Derecho, es la posición de intentar dotar a nuestro sistema político naciente, lo antes posible, de una Ley Orgánica del Tribunal Constitucional que ponga en vías de realidad esta institución.

Saben muy bien los dignos representantes de partidos de la oposición, que me han precedido en el uso de la palabra, que en muchísimos países el lapso que ha existido desde la promulgación de la correspondiente Constitución hasta la puesta en funcionamiento del Tribunal Constitucional ha sido importante; por ejemplo, en Italia fue de no pocos años. Nosotros estamos auténticamente preocupados por preservar la Constitución y por que realmente ese guardián supremo de la misma esté ahí y podamos acudir a él. Consiguientemente nos preocupa que desde ópticas que esperamos no sean diversas y con excusas que creemos que no se tienen en pie, se nos pueda de alguna manera insinuar que se reservan, nada menos, que al negar la mayoría precisa para la aprobación de la Ley Orgánica del Tribunal Constitucional.

Yo tengo que afirmar que el control previo de constitucionalidad se practica, con éxito, en países de sistemas constitucionales de probada eficacia, como ocurre en Alemania, por el Tribunal Constitucional Federal. Tengo que decir que no cabe la menor duda de que en ciertas ocasiones la medicina preventiva es muy superior en eficacia y en economía de costes humanos a la medicina quirúrgica.

Tengo que decir también que, cuando aquí se alude a los Estatutos de Autonomía, nosotros lo que no queremos es que nunca se niegue un Estatuto por dudas de inconstitucionalidad y que esas dudas de inconstitucionalidad puedan ser sustanciadas por el órgano constitucional expresamente previsto al efecto.

Y quiero decir, por último, que nosotros no estamos en negar posibilidades autonómicas, sino que, como hemos demostrado con pruebas irrefutables en el terreno de la práctica y en tiempo inmediato, realmente estamos a favor de las máximas posibilidades autonómicas en el marco de la Constitución. La posición de Unión de Centro Democrático, desempeñando un papel clave en la elaboración del Estatuto de Autonomía del País Vasco, en términos de constitucionalidad, nos parece una prueba irrefutable.

En consecuencia, señorías, nosotros prevemos un mecanismo, una competencia expresa del Tribunal Constitucional en este artículo 2, que podrá ser opinable, pero que está en la mejor y más moderna tradición del Derecho constitucional comparado y que, evidentemente, no encierra ninguno de los riesgos políticos que aquí se han insinuado. Por tanto, señorías, mi Grupo votará favorablemente el apartado en cuestión.

* * *

En contestación al señor Solé Tura.

El señor PRESIDENTE: Para hacer uso del turno de rectificación, tiene la palabra el señor Alzaga.

El señor Alzaga Villaamil: Señor presidente, señorías: yo supongo que jugar al tenis en solitario frente a tres jugadores debe ser especialmente difícil, pero aceptamos gustosos la experiencia.

En lo que respecta a las observaciones formuladas por el señor Peces-Barba (que al comienzo de su disertación nos ha dicho que eran cinco y yo solamente he tomado nota de cuatro, pese a haberle escuchado con el mayor interés), le contesto con la debida sumariedad.

Evidentemente, el argumento de que si el señor Alzaga hubiera estado en las reuniones en que hicimos determinado artículo de la Constitución... no es un argumento serio. No sé de ningún sistema constitucional en el que se invoque como criterio interpretativo el «yo estaba presente en la reunión elaboradora de determinado precepto»; estoy seguro de que ello no ocurre ni en los países que nos cita con frecuencia a estos efectos el señor Peces-Barba.

En segundo lugar, sobre si la ley es adjetiva, las disquisiciones que hemos llevado a cabo, señor Peces-Barba, eran en contestación a otro Grupo Parlamentario que ha hecho esas afirmaciones, como le consta.

Entrando en los dos puntos básicos que su señoría ha formulado: el problema de si el control previo de constitucionalidad es una modalidad de recurso de inconstitucionalidad y el problema de si estamos canalizando por aquí conflictos políticos, tengo que afirmar que, a nuestra manera de ver, el control previo de constitucionalidad no es el recurso de inconstitucionalidad expresamente previsto y contemplado en el artículo 161.1.*a)*, aunque, obviamente, el Tribunal Constitucional, haciendo honor no solo a la razón de ser, sino al título o rótulo que le ampara de «Tribunal Constitucional», siempre entiende de transgresiones o de hipotéticas vulneraciones de la norma constitucional. En última instancia, incluso los recursos de amparo suponen afrontar por el Tribunal Constitucional supuestos en que, de alguna manera, se ha vulnerado o no observado la Constitución. En esa visión amplia, todo sería, en alguna medida, un tipo de recurso de inconstitucionalidad. Lo que pasa es que la Constitución, cuando se trata de violación de derechos y libertades, habla de recurso de amparo —a los conflictos de competencia les dan este otro nombre—, y nosotros, cuando entendemos que la materia objeto de análisis por parte de este Alto Tribunal no son las leyes y disposiciones normativas ya con fuerza de ley de que habla el artículo 161.1.*a)*, sino proyectos normativos, entendemos que se debe hablar de control previo de constitucionalidad, que es una hipótesis distinta, como nos enseña el Derecho comparado y ha quedado suficientemente esclarecido.

En cuanto al viejo problema de que aquí se intentan canalizar decisiones o conflictos políticos por vías jurisdiccionales, yo diría que ese es un problema inherente a toda actividad del Tribunal Constitucional o, al menos, a las más importantes. Los poderes públicos tienden, por principio lógico y elemental, a defender sus actos y sus normas, y tienden a hacerlo apoyándose, mejor o peor, en los preceptos constitucionales, que es donde derivan sus facultades. De esta forma, los conflictos políticos que pueden surgir por posiciones diversas entre poderes distintos o entre fuerzas políticas distintas, reviste, con frecuencia, en un Estado de Derecho, en una democracia constitucional, forma jurídica, y de aquí que las decisiones del Tribunal Constitucional tienen carácter político, sin perjuicio de que adopten la forma de sentencias a través de los considerandos propios de la resolución de un Tribunal con apoyos de carácter legal. El problema está en que cuando surge un conflicto político hay que resolverlo; y estamos en que lo mejor es que la clase política soslaye el que tenga que ser el Tribunal Constitucional el que entre a dilucidar el conflicto en cuestión. Italia es un caso concreto, que suelen citar todos los especialistas, de un país en el que tradicionalmente la clase política ha soslayado que los conflictos más delicados lleguen a los estrados del Tribunal. Pero eso no quita para que cuando las fuerzas políticas en juego no son capaces de alcanzar el ideal compromiso, exista la posibilidad de que la última vía prevista en un Estado de Derecho democrático sea utilizada, sometiendo la cuestión a la consideración de esos doce hombres de que se hablaba esta mañana, que son la última garantía del respeto a la Constitución.

Contestando a las observaciones del señor Roca, yo diría que, en efecto, algunos de los ejemplos que se han puesto al respecto son aquellos en que la legitimación corresponde al jefe del Estado; pero se trata de Repúblicas democráticas donde el jefe del Estado conserva en su mano un haz de funciones, un haz de competencias superior, por razones obvias, a las que conserva un monarca moderno en una Monarquía parlamentaria, en una Monarquía democrática de nuestra época. Esto incide en esta materia, e incide en la ampliación de las funciones de los Gobiernos en las Monarquías constitucionales contemporáneas, que asumen ciertas tareas que corresponden a la Jefatura del Estado, como todos sabemos, en bastantes Repúblicas, y nosotros tenemos hoy que optar desde la óptica que nos facilita el artículo 1 de la Constitución, que concibe nuestro régimen político como de Monarquía Parlamentaria.

En lo que respecta a las rectificaciones formuladas por el señor Solé, tengo que decir, con el máximo respeto y sin afán polémico alguno, que llego a la conclusión de que el señor Solé realmente lo que está es oponiendo observaciones al sistema ya previsto en nuestra Constitución en el Título IX. Yo no niego lo que él afirma sobre que las Cortes son, en nuestro sistema político, el máximo órgano representativo. Esto es verdad; pero no es menos cierto que las Cortes se conciben en nuestra Constitución no como una asamblea soberana, sino como una asamblea conjugada con otros órganos del Estado, a modo y manera a como está concebido todo el Derecho constitucional de la Segunda Posguerra Mundial. Sin ir más lejos, en la Francia de la V República o en la Alemania de la Constitución de 1949, donde, en la práctica, el Gobierno, de alguna manera, se convierte en el director de la acción política en el seno del Estado, como él sabe muy bien. Y él sabe también muy bien que la vieja tesis de la división de poderes a este respecto es una tesis archivada; y que la tesis de que ningún órgano, más o menos de carácter judicial, puede asomarse a conocer de las decisiones de las Cortes, es una tesis absoluta. En nuestro Derecho constitucional histórico, la vieja Ley Orgánica del Poder Judicial de 1870, en uno de sus primeros artículos prohibía, y lo hacía taxativamente, que ningún tribunal entendiese de si era constitucional o no una ley dictada por las Cortes. ¿Por qué? Por el principio de la división de poderes entendido a rajatabla. Pero esa vieja Ley Orgánica del Poder Judicial data de 1870 y estaba apoyada, evidentemente, en plano diverso de todo el Derecho constitucional contemporáneo que hemos aludido y que concibe que las Cortes tienen que someterse a los mandatos de la Constitución y que, en última instancia, el Tribunal Constitucional está facultado para anular incluso una ley. Como decía Kelsen, quien puede anular una ley, en cierta medida asume funciones legislativas, porque tan importante es decretar una ley como derogarla. Pero eso está en la misma esencia de la existencia del Tribunal Constitucional, y eso no es algo que venga a suscitar ahora, de nuevas, la Ley Orgánica del Tribunal Constitucional que se está debatiendo, sino que está ya ventilado de forma definitiva por el Título IX de nuestra Constitución.

En consecuencia, reiteramos que vamos a votar a favor del artículo 2 objeto de debate. Muchas gracias.

* * *

Debate conjunto de los artículos 6 y 7 del Proyecto de Ley y de los votos particulares relativos a los mismos mantenidos por el Grupo Parlamentario Socialistas del Congreso.

El señor PRESIDENTE: Para la defensa del dictamen de la Comisión tiene la palabra el señor Alzaga.

El señor ALZAGA VILLAAMIL: Brevísimamente, señor presidente, como corresponde a la brevedad con que ha intervenido el señor Sotillo.

En esta materia, evidentemente, se puede optar por el mecanismo de Vicepresidencias o por el mecanismo del magistrado más antiguo. El primero permite, a su vez, distinguir entre Vicepresidencia única o Vicepresidencias plurales, como nos enseña el precedente del Tribunal de Garantías Constitucionales de la Segunda República. Solo el hecho de fijar el número de Vicepresidencias, en sí mismo, puede encerrar el predeterminar ciertos equilibrios internos en el seno del Tribunal. Nosotros entendemos que, sin perjuicio de que la materia objeto de tratamiento por el Tribunal es una materia política, debemos ir a la máxima judicialización posible en el seno del Tribunal y la Vicepresidencia puede, de alguna manera, introducir criterios de carácter ideológico en la designación de la persona que ocupe ese cargo. En suma, considerando y aceptando que la enmienda que se sostiene tiene su lógica y es perfectamente mantenible, creemos que, en aras del mejor funcionamiento, imparcial e independiente del Tribunal, como exigen los mandatos de nuestra Constitución, es preferible la redacción del proyecto según llega al Pleno, que registra el sistema de que, en su caso, sea sustituido el presidente por el Magisterio más antiguo y esta será la fórmula que vote nuestro Grupo Parlamentario. Muchas gracias.

* * *

Tras la intervención del señor Sotillo Martí.

El señor PRESIDENTE: Tiene la palabra el señor Alzaga para rectificaciones.

El señor ALZAGA VILLAAMIL: Señorías, de nuevo con la máxima parquedad. De lo único que esta Cámara, creemos, debe tomar nota es de que en el proceso legislativo —que está precisamente para una elaboración conjunta de los proyectos de ley y para su mejora técnica y de toda índole— fue admitida en su día una enmienda de la Minoría Catalana. La enmienda iba avalada con argumentos de peso y mi Grupo Parlamentario, cuando esos argumentos de peso se le exponen, se deja convencer y, consiguientemente, actúa en términos de razón; yo espero que en los mismos términos actuemos todos. Muchas gracias.

* * *

Al término del debate relativo a los artículos 29 y 30 de la LOTC.

El señor PRESIDENTE: Para explicación de voto por el Grupo Parlamentario Centrista tiene la palabra el señor Alzaga.

El señor ALZAGA VILLAAMIL: Señor presidente, señorías, a lo largo de este debate hemos tenido que oír algunas cosas con las que, como es lógico, no estamos de acuerdo, porque ello es inherente a todo Parlamento pluralista, a todo auténtico Parlamento que nace de unas elecciones libres y competitivas. Pero hemos tenido que oír también, hace breves minutos, cosas respecto de las cuales tenemos que dejar constancia de nuestra más plena y absoluta disconformidad.

No se puede, seria y honestamente, hablar de que aquí se está traficando con mercancía. No se puede venir a imputar la condición de mercaderes a quienes están trabajando pensando en el interés general. No se puede querer decir que aquí hay una parte de esta ágora, de esta sala, que opera con las normas del mercado, y que hay otra parte que es el templo de la legalidad.

Yo creo que los demócratas sabemos que la verdad política se reduce a muy pocos principios. Nos acercamos, con un mínimo de modestia, a aquellos problemas que son de índole técnico-jurídica, y pensamos, desde luego, que la democracia pasa por no descalificar con epítetos al adversario, como de alguna manera se ha hecho en las explicaciones de voto que nos han precedido.

A mi Grupo Parlamentario le coge muy acostumbrado el que cuando sus votos coinciden, por ejemplo, con los de Coalición Democrática, se hable sin más de mayoría mecánica, y que, sin embargo, esa mayoría merezca una calificación favorable si coincide con ciertos votos de ciertos partidos de la izquierda, y ya entonces merece ser adjetivada como mayoría progresiva o, incluso, como consenso si coinciden todos los Grupos.

Yo quiero dejar aquí sentado, con toda claridad y sin ningún ánimo polémico, que mi Grupo, por supuesto como los demás Grupos, no trafica con votos, ni opera con ánimo de lucro. A la misma materia del precepto que ha sido objeto de votación basta prestarle un mínimo de atención para, de alguna manera, deducir que no puede haber ningún interés de partido en que sea resuelta la cuestión, bien con el texto que provenía de Comisión, o bien con el texto del voto particular, en función de intereses de clase política, de intereses partidarios. Nuestro Grupo Parlamentario se puede equivocar o puede acertar, como le ocurre a cualquier fuerza política aquí representada, pero opera siempre en función del interés general; y yo quiero decir que lo seguirá haciendo en todo caso, pese a que en ocasiones la oposición vaya a tensionar los debates, e incluso aunque se tensionen con mal estilo parlamentario. Muchas gracias.

* * *

En explicación de voto del artículo 83 de la LOTC.

El señor ALZAGA VILLAAMIL: Muchas gracias señor presidente. Mi Grupo Parlamentario, que ha asumido la responsabilidad de dar a este país, en esta coyuntura, una Ley Orgánica del Tribunal Constitucional que es necesaria, para velar debidamente por el respeto de la Constitución, en su Preámbulo, en su parte dogmática y en su parte orgánica ha votado a favor de un artículo 83 que *prima facie* puede parecer un artículo procedimental, toda vez que se encuentra enmarcado en el Título VII de la ley, que se refiere a las disposiciones comunes sobre procedimientos. Pero estamos convencidos de que el tenor literal de este precepto en sus tres apartados, o, si se prefiere, el primer apartado y el segundo, que se integra de dos párrafos, como sabemos, constituye una aportación valiosa a un procedimiento idóneo a la hora de los trabajos del alto Tribunal que tratamos de constituir. Cuando este precepto establece que los Cuerpos y Asambleas legislativas y las partes de los mismos, o el conjunto de diputados y senadores investidos por la Constitución y esta ley con derecho a comparecer en proceso constitucional, o a promoverlo, actuarán en los mismos representados por el miembro o miembros que designen, o por una comisión designada al efecto, se está haciendo honor al principio de representación procesal, en virtud del cual, y según norma genérica en nuestras grandes leyes rituarias, es preciso que las partes se valgan en juicio de una persona acreditada mediante poderes suficientes, es decir, bastanteados, en la forma pertinente a tales efectos.

En la segunda parte de este artículo hemos votado también a favor, señorías, porque entendemos que se establece algo que es enormemente coherente con el respeto a la institución de la dirección en el proceso a través de letrado. De aquí que se establezca junto a la representación, la defensa para sus abogados, tanto del órgano ejecutivo como del Estado, como de las Comunidades Autónomas. Y por supuesto, y con el debido respeto al prestigioso Cuerpo de Abogados del Estado, se prevé que por el órgano ejecutivo del Estado actuará, no el fiscal, que hubiera sido la otra posibilidad que hubiera cabido en principio, sino el Cuerpo de Abogados del Estado, toda vez que al fiscal reserva nuestra Constitución un papel de defensor un tanto independiente de lo que pueden ser intereses políticos concretos y de defensa general de la constitucionalidad, de los derechos y libertades de los ciudadanos y otras series de extremos que sus señorías conocen.

Por todo esto, señoras y señores diputados, mi Grupo Parlamentario, tras un análisis detenido del precepto objeto de votación, ha votado en conciencia a favor del precepto como ha quedado reflejado en la pantalla. Muchas gracias por su atención.

* * *

Sobre la cuestión de orden suscitada con motivo de no estar fijada la hora para la votación final de la Ley Orgánica del Tribunal Constitucional que se estaba terminando de debatir.

El señor ALZAGA VILLAAMIL: Señor presidente, para intervenir en esta cuestión de orden, centrando lo que, a nuestro juicio, es realmente el problema procedimental en que estamos inmersos; problema procedimental en que se encuentra inmersa esta Cámara, que está operando con un Reglamento provisional bastante huérfano de experiencias parlamentarias, cosa que es evidentemente disculpable por razones obvias. Es un Reglamento que no tiene previstas soluciones para grandes votaciones políticas que exigen mayorías reforzadas, lo que hoy es práctica habitual en muchos de los grandes Parlamentos europeos. Este problema, queridos colegas, no se hubiera producido nunca en la Cámara de los Comunes, porque en ella se habría fijado con antelación que esta votación iba a tener lugar el lunes o el martes, a las diez de la noche, y a esa hora habrían abandonado los ministros y otros diputados sus despachos para ir a votar; y ese mismo problema no se habría producido en otras Cámaras nórdicas, que tienen resueltos análogamente estos problemas procedimentales.

Lo que ocurre aquí es que se hace una previsión por sus señorías de cuándo las grandes votaciones a las que quieren concurrir van a producirse, y sucede que, en ocasiones, por circunstancias ajenas en esta ocasión a mi Grupo Parlamentario —como es el que se dejen decaer por sistema la totalidad de las enmiendas sin someterlas no ya a debate, sino ni siquiera a votación—, esos cálculos se convierten en erróneos. Ese es el problema que hay.

Yo le diría al señor Carrillo que esta ley no tiene un problema de consenso, y no tiene un problema de consenso porque están aprobados por unanimidad más de la mitad de sus preceptos; están aprobados por unanimidad preceptos muy importantes, y hay del orden de un 30 por 100 más de artículos que están apoyados por la inmensa mayoría de los Grupos Parlamentarios. Lo que ocurre es que la plena unanimidad en la totalidad de una ley que tiene del orden de ciento y pico artículos, es imposible en este y en cualquier Parlamento del mundo. Volver a Comisión no conduciría a nada.

Esta ley ha tenido una elaboración en Ponencia en que el Grupo Parlamentario del Gobierno ha estado enteramente abierto a aceptar enmiendas, muchas del Grupo Parlamentario Comunista y de los demás Grupos Parlamentarios, y aquí se da la circunstancia, que realmente es expresiva y de la que quiero que se tome buena nota, de que por el Grupo cuyo nombre no hace al caso, que no ha reservado una enmienda, que la totalidad de sus enmiendas fueron en su momento aceptadas o retiradas en trámite de Ponencia o de Comisión, que votó a favor de la totalidad de los preceptos en Comisión con una sola excepción, hoy nos ha comunicado que va a votar en contra.

Los problemas de esta ley (que es una ley básica para instaurar y consolidar la democracia y para garantizar la vigencia de nuestra Constitución), si hay ciertas dificultades, no están en el cuerpo de los preceptos de la ley. Consiguientemente, mi Grupo Parlamentario reitera la petición que ha formulado por boca del señor Attard, en el sentido de que la votación de totalidad se efectúe mañana, a las once de la mañana, sin perjuicio de que se prosiga con la votación del articulado y, en su caso, de las enmiendas, si quienes las suscriben tienen a bien sustentarla.

* * *

Terminado el debate sobre el artículo 95.

El señor PRESIDENTE: Para explicación de voto, tiene la palabra el señor Alzaga.

El señor ALZAGA VILLAAMIL: En los términos más breves posibles para decir, en nombre de mi Grupo Parlamentario, que nosotros entendemos que evidentemente la interpretación dada por vía de su explicación de voto hace breves segundos por el señor Roca es plenamente correcta. Entendemos que el control previo de constitucionalidad, por su específica naturaleza, no podrá ser aplicado a los proyectos que se tramiten con anterioridad a la constitución del propio Tribunal; es decir, solo una vez constituido este y respecto de los proyectos que en aquel tiempo no tengan adoptada su redacción definitiva o estén en fase de aprobación en Ponencia o Comisión.

Creemos que con ello queda suficientemente clara la posición irrevocable de nuestro Grupo Parlamentario al respecto.

* * *

Sobre el texto de la enmienda in voce *a la Disposición Adicional tercera.*

El señor ALZAGA VILLAAMIL: Señorías, perdón porque a estas horas yo creo que estamos todos en alguna medida cansados. La referencia que se contiene en la enmienda nuestra *in voce* son «los demás casos a que hace referencia el número 2 del artículo 162», es decir, los supuestos en que no se trate de recursos de inconstitucionalidad ni de amparo. De todas formas, si a lo que aspira el señor Peces-Barba es a que esta enmienda *in voce* sea objeto de conversaciones más detenidas, mi Grupo Parlamentario no tiene inconveniente en que mañana cuando empiece la sesión se hable sobre ello.

[...]

El señor ALZAGA VILLAAMIL: Señorías, nosotros entendemos que los conflictos constitucionales de competencias a que se refiere el Título IV de la

Ley Orgánica que estamos elaborando eran el supuesto principal al que se pretendía dar entrada por vía de esta transitoria que ha sido propuesta en sustitución de la adicional.

Si se considera que, por razones de buena técnica legislativa, debe suprimirse el inciso «en los casos referidos en el número 2 del artículo 162», mi Grupo Parlamentario no tiene inconveniente alguno, y, en consecuencia, se efectúa la sustitución *in voce* en el contenido de la enmienda *in voce*. Nada más y muchas gracias.

El señor Solé Tura [desde los escaños]: ¿Cómo queda, pues, el texto?

El señor presidente: Señor Alzaga, vamos a ver.

El señor Alzaga Villaamil: A ruego de la Presidencia se da lectura del texto definitivo, y rogamos que se someta a votación. Queda con el siguiente tenor literal: «En el caso de Navarra y salvo que, de conformidad con la Disposición Transitoria cuarta de la Constitución, decidiese su incorporación al Consejo General Vasco o al régimen autonómico vasco que le sustituya, la legitimación que esta ley confiere a las Comunidades Autónomas se entenderá conferida a la Diputación y Parlamento Foral de Navarra».

Esta es la nueva enmienda que sometemos a la consideración de esta Cámara.

[...]

El señor Alzaga Villaamil [desde los escaños]: Señor presidente, dada la delicadeza de la cuestión y la naturaleza de las partes en litigio y que nuestra intención no es la que quizá se desprenda de los acontecimientos, tal y como se están produciendo en estos momentos, solicitaríamos una suspensión, sin salir de la sala, de dos minutos para cambiar impresiones *[Rumores]*. La solicitamos con la mejor intención.

El señor presidente: Se suspende la sesión por cinco minutos.

* * *

El señor presidente: Se reanuda la sesión. El señor Alzaga va a dar lectura de los términos en que ha quedado redactada la enmienda.

El señor Alzaga Villaamil: Con su venia, señor presidente. La enmienda queda definitivamente con el siguiente texto: «Transitoria quinta —que sustituye a la Adicional tercera—. En el caso de Navarra, y salvo que, de conformidad con lo dispuesto en la Transitoria cuarta de la Constitución, decidiere su incorporación al Consejo General Vasco o al régimen autonómico vasco que lo sustituya, la legitimación para suscitar los conflictos previstos en el artículo 2.1.*c)* de esta ley se entenderá conferida a la Diputación y Parlamento Foral de Navarra».

VII.2. EL PROYECTO DE LEY ORGÁNICA DEL TRIBUNAL CONSTITUCIONAL* *(DEBATE EN EL CONGRESO DEL TEXTO QUE REGRESÓ DEL SENADO)*

Tras aceptarse, sin debate, las enmiendas introducidas en el Senado al artículo 6, apartado 2 y al artículo 7, apartados 2 y 3, se abrió el debate sobre la enmienda del Senado al artículo 8.

El señor PRESIDENTE: Para un turno en contra, por el Grupo Parlamentario Centrista tiene la palabra el señor Alzaga.

El señor ALZAGA VILLAAMIL: Señor presidente, señoras y señores diputados, sirvan estas breves e iniciales palabras, en torno a este importante proyecto de ley, para empezar por reconocer, como creo que es sinceramente obligado, la importante labor que el Senado, en su condición de Cámara colegisladora, de Cámara, si se quiere, también de reflexión, ha llevado a cabo a la hora de someter a nuestra consideración una serie de enmiendas que en gran parte han recibido ya nuestro voto afirmativo y que en otra gran parte recibirán también nuestro asenso.

Pero algunos aspectos —la inmensa mayoría, o la totalidad quizá, son más bien de simple naturaleza técnico-jurídica— a nuestro juicio estaban mejor resueltos en el texto que en su día remitió esta Cámara a nuestra segunda Cámara. En concreto, respecto al artículo 8 que nos ocupa, en el que se viene a ventilar, entre otras, la facultad que pueda corresponder a las Secciones del Tribunal Constitucional, en orden al entendimiento sobre la admisibilidad o inadmisibilidad de los recursos, entendemos que la amplitud de esta tarea requiere, ante todo, el tiempo y la atención que necesariamente, previsiblemente, no le podrán facilitar el Pleno y las Salas de este Alto Tribunal.

---

* Sesión Plenaria núm. 30, de 19 de septiembre de 1979, *Diario de Sesiones del Congreso de los Diputados*, núm. 30, pp. 1753-1779.

En consecuencia, entendemos que esta actividad de abordar el trámite de admisión o inadmisión de los recursos es una tarea típicamente propia de las Secciones del Tribunal, en evitación de que en otro caso el Pleno del mismo incurra en admisiones sin estudios previos o, lo que podría ser más grave, en inadmisiones también sin un estudio suficiente, quizá so pretexto de infracciones de forma o de otras excusas técnicas más o menos baladíes. Todo ello, por supuesto, iría en desdoro del trámite de admisión, del prestigio del Tribunal y, quizá, en una acumulación innecesaria de trabajos que deba afrontar el mismo.

En consecuencia, pensamos que los precedentes de Derecho comparado y la práctica —que cualquier jurista de alguna manera abierto a esta problemática conoce perfectamente— aconsejan la solución recogida en el tenor literal del artículo 8 que en su día aprobó el Pleno de esta Cámara, conforme al cual, para decidir sobre la admisión o inadmisión de los recursos, no solamente son competentes el Pleno y las Salas, sino también, fundamentalmente, las Secciones constituidas al respecto y compuestas por el respectivo presidente o quien le sustituya y dos magistrados.

Por estas razones, en las que creo no es preciso extenderse, nos oponemos a la enmienda remitida al respecto por el Senado.

* * *

El Senado aprobó una enmienda al apartado 2 del artículo 41. Consumiendo seguidamente el señor Roca Junyent, portavoz del Grupo Parlamentario de la Minoría Catalana un turno en contra de tal enmienda.

El señor PRESIDENTE: ¿Desea algún Grupo Parlamentario sostener un turno a favor de la enmienda propuesta por el Senado? *[Pausa].* Por el Grupo Parlamentario Centrista tiene la palabra el señor Alzaga.

El señor ALZAGA VILLAAMIL: Señor presidente, señoras y señores diputados. Hemos escuchado con la atención que siempre nos merece la brillante intervención de nuestro compañero que nos ha precedido en el uso de la palabra.

En alguna medida tenemos que reconocer que coincidimos con la posición que él sostiene, si bien creemos que el texto del Senado permite llegar a las mismas conclusiones de fondo a las que, en definitiva, el Grupo Parlamentario de la Minoría Catalana aspira, desea y tiene derecho a llegar. Nosotros incluso propondríamos a la Mesa, al presidente de la Cámara, si se estimase por el mismo posible, que cuando se dice en el texto del Senado, a la mitad de su redacción literal: «Originadas por disposiciones», se dijera «por disposiciones administrativas», en la línea de lo que se ha manifestado. Pero querríamos subrayar que, si esta especie de enmienda *in voce* procedimentalmente se considerase no viable en el momento en que nos encontramos, la conclusión en todo caso, a juicio de mi Grupo Parlamentario, sería la misma, porque el término «disposiciones» en el contexto en que se desenvuelve el número 2 del artículo 41 de esta ley orgánica no puede hacer referencia a las leyes de las Comunidades Autónomas. Las leyes de las Comunidades Autónomas pueden ser objeto de conocimiento por el Tribunal Constitucional, como sabemos, en otros supuestos.

Esto se deduce, en primer lugar, a nuestro juicio, de la propia naturaleza del recurso de amparo que nos ocupa y que está construido en esta ley en desarrollo del artículo 53.2, de la Constitución y artículos concordantes de nuestra norma política fundamental. Se deduce de todo el contexto del Capítulo I del Título III de esta ley, y se deduce muy especialmente —y en esto querríamos marcar el acento— de la redacción del artículo 43 de este mismo Capítulo y Título, que no ha sido enmendado por el Senado y que ya en el texto que aprobamos en el Congreso hablaba de «disposiciones». Hablaba de «disposiciones» y decía: «Por disposiciones, actos jurídicos o simples vías de hecho del Gobierno, de sus autoridades o funcionarios, o de los órganos ejecutivos» (no legislativos, como sabe muy bien el señor Roca), repito, «de los órganos ejecutivos colegiados de las Comunidades Autónomas o de sus autoridades o funcionarios, o provenientes de cualesquiera otros entes públicos o de sus funcionarios o agentes».

Es decir, que el marco de interpretación del artículo 41.2, nos viene dado, en cuanto al contenido del término «disposiciones», por la redacción más amplia que acabo de leer del artículo 43.

Por todo ello, mi Grupo Parlamentario entiende que la interpretación de fondo que ha sostenido el señor Roca es correcta, que esa interpretación cabe con el texto que nos aporta el Senado y que introduce mejoras técnicas de detalle que puede ser conveniente sostener, y si la Presidencia lo estimase pertinente para mayor claridad —aunque a nuestro juicio no es imprescindible ni mucho menos— se podría adjetivar el término «disposiciones», poniendo «disposiciones administrativas». Este es nuestro criterio y votaremos en consecuencia. Muchas gracias.

* * *

Tras aceptar, sin debate, la modificación por el Senado de la redacción del apartado 1 del artículo 80 de la LOTC.

El señor PRESIDENTE: En relación con el apartado 2 del texto del Senado, que supone la introducción íntegra de ese apartado, que no figuraba en el texto del Congreso, tiene la palabra, para consumir un turno en contra, el señor Alzaga.

El señor ALZAGA VILLAAMIL: Señor presidente, señorías, brevísimamente, para sostener que una vez que hemos aprobado el primer apartado del artículo 80 que nos ocupa, resulta, a nuestro juicio, de todo punto innecesaria la inserción del segundo de tales apartados que nos propone el texto que nos remite la Cámara Alta.

Este segundo apartado, como sus señorías pueden observar, versa sobre la mecánica de presentación de los recursos ante el Tribunal Constitucional. Nosotros entendemos que esta es materia típica y genuina para la aplicación subsidiaria de lo que, al respecto, sobre presentación en general de documentos de carácter judicial prevé la Ley de Enjuiciamiento Civil. Y es más: la fórmula concreta que nos ofrece el Senado entendemos que no es viable en la práctica, a saber: la fórmula de que puedan interponerse los recursos ante cualquier Juzgado, cualquiera que sea su graduación o su ubicación.

Esta es materia importante; es materia, la de interposición de los recursos, que afecta al meollo de la seguridad jurídica, porque de ella depende nada menos que la garantía del cumplimiento de los plazos en aquel aspecto más delicado, que es, sin duda, el de la caducidad de los términos hábiles para que quienes se encuentran legitimados al efecto puedan interponer los recursos que en su caso correspondan.

Es decir, que, desde una perspectiva de un realismo jurídico moderno, como nos recomienda la escuela norteamericana o la escuela sueca, como legisladores estamos en la obligación de pensar, a la hora de legislar, en las posibilidades reales de vigencia, que, dada una serie de datos objetivos, tienen las normas que van a emanar de esta Cámara.

Muchos de nosotros conocemos la práctica forense y conocemos lo que en el argot profesional se llaman ciertas «chicanas», y sabemos que, sin embargo, los Altos Tribunales han conseguido evitar que esas «chicanas» se produzcan a la hora, por ejemplo, de evacuar diligencias sobre la fecha en que se interpone un recurso. El Tribunal Supremo, sin ir más lejos, obliga a que los recursos se presenten ante él o ante el juzgado de guardia, porque se encuentra rodeado de una serie de requisitos suficientes el control de la fecha en que esa presentación del escrito en cuestión se efectúa ante los órganos jurisdiccionales competentes al efecto.

En consecuencia, nosotros creemos que la fórmula que propone el Senado no es una fórmula realista. Creemos que esto no es oponerse a lo que late y hay de positivo en el espíritu de la enmienda en cuestión del Senado; pero será en el futuro, a través de una modificación de la Ley de Enjuiciamiento Civil, que está prevista en el programa legislativo del Gobierno, cuando se analicen las vías de presentación de documentos de esta índole con las suficientes garantías, y no solo para el Tribunal Constitucional, sino para otros órganos superiores y centrales de la Administración de Justicia.

Por estas razones, que he resumido en la forma más breve posible, nosotros votaremos en contra del texto que nos ofrece, como apartado 2, el Senado para este artículo 80. Muchas gracias.

* * *

Sobre el párrafo 3 de la Disposición Transitoria primera introducido por el Senado.

El señor ALZAGA VILLAAMIL *[desde los escaños]*: Señor presidente, si es posible, desearíamos también votación separada del apartado 3 de la Disposición Transitoria primera y, en su momento, consumir un turno al respecto.

El señor ALZAGA VILLAAMIL *[desde los escaños]*: Sobre la Disposición Transitoria primera, apartado 3, querríamos pronunciar tres palabras como turno en contra.

El señor PRESIDENTE: Para un turno en contra al nuevo apartado 3 de la Disposición Transitoria primera tiene la palabra el señor Alzaga.

El señor ALZAGA VILLAAMIL: Brevísimamente, para exponer nuestro criterio, que es el criterio de haber aceptado la incorporación de la figura del vicepresidente del Tribunal, que es una de las aportaciones de la labor del Senado, si bien nosotros entendemos que la elección de ese importante cargo de la Vicepresidencia debe hacerse en el marco del espíritu que ha de presidir todas las actividades del mismo, que es el espíritu de un órgano juzgador que, fundamentalmente, viene connotado por el dato de su independencia, que, por otra parte, es exigencia inequívoca de lo que preceptúa el artículo 159.5 de nuestra Constitución.

Entendemos que en la forma en que se encuentra redactado —no quiero en este momento cansar la atención de sus señorías con razonamientos de detalle— este nuevo párrafo tercero de la Disposición Transitoria primera, se monta una mecánica que, no necesariamente, pero sí de alguna manera, pudiera servir para canalizar una especie de mayoría y de minoría en el seno del Tribunal Constitucional que, evidentemente, no es el tipo de dinámica interna que entre estos altos intérpretes de nuestra norma fundamental debe regir. Consiguientemente, entendemos que no es afortunada.

Por otra parte, no es necesaria, porque la necesidad de equilibrio a la hora de elegir al presidente y al vicepresidente será muy tenida en cuenta por esos hombres sabios y prudentes que, sin duda, serán los magistrados del Tribunal Constitucional y, por tanto, nuestro Grupo Parlamentario estima sinceramente preferible la supresión de este apartado. Nada más, y muchas gracias.

* * *

Tras procederse a la votación de conjunto del texto de la LOTC, incorporando por mayoría absoluta ciertas enmiendas provenientes del Senado, quedó aprobada esta Ley Orgánica. Y tras hacer uso de la palabra, para explicación de voto los señores Solé Tura, Aguilar Moreno y Peces-Barba Martínez.

El señor PRESIDENTE: Para explicación de voto, por el Grupo Parlamentario Centrista, tiene la palabra el señor Alzaga.

El señor ALZAGA VILLAAMIL: Señor presidente, señoras y señores diputados: el Grupo Parlamentario Centrista ha votado hace breves momentos a favor de la totalidad de la Ley Orgánica del Tribunal Constitucional con la máxima satisfacción, por diversas razones que intentaré resumir acto seguido.

En primer lugar, por lo que ello significa de reconocimiento de la labor efectuada por el Senado y de operatividad del sistema bicameral. Sus señorías saben mucho mejor que yo que no han faltado en nuestro país escritores y comentaristas muy diversos que han sostenido que la segunda Cámara que prevé nuestra norma política fundamental solo va a contribuir al proceso legislativo haciéndolo más lento, más costoso y en cualquier caso, dicen, más complicado. Y si así fuese, desde luego, tales criterios irían cargados de razón, puesto que, como se ha dicho, de todas las máximas políticas la más profunda y la que pienso que tiene la mayor agudeza es aquella que afirma que jamás se ha de crear en un régimen político una institución cuando no es necesaria. Sin embargo, nuestro Senado pensamos que es, puede ser y va a ser, una institución útil, porque, obviamente, nuestro sistema bicameral asegura una doble discusión que, según escribieron algunos viejos maestros en ciencia política, debe conseguir concertar los estímulos de opinión y razón, o los impulsos, decían otros viejos especialistas en Derecho parlamentario, de progreso y conservación.

Con una óptica más moderna, creo que hay que subrayar la tesis de Hans Kelsen —al que hace breves momentos se refería mi buen amigo el señor Peces-Barba—, que en su importante obra *El gobierno representativo* decía que todo el procedimiento parlamentario debe tender a lograr compromisos. Y es que, en la vida parlamentaria, junto a una cierta confrontación de posiciones que evidentemente es connatural a toda democracia representativa y, por tanto, pluralista, deben existir instancias idóneas al entendimiento y al compromiso.

Pienso que el Senado ha demostrado en esta ocasión que es una Cámara idónea para adoptar, para desempeñar otros cometidos, como la distensión y el apaciguamiento cuando ello es pertinente. Incluso me atrevería a calificarlo como Cámara de enfriamiento, puesto que me viene a la memoria que, en plenos debates constituyentes norteamericanos, Jefferson vertió su té caliente en el plato para que se enfriase, lo que fue interpretado agudamente por Washington como una concesión al papel moderador de la segunda Cámara.

De aquí que crea que nuestro Grupo Parlamentario y todos los miembros de esta Cámara tenemos una primera obligación de reconocimiento a nuestros compañeros del Senado y especialmente a los compañeros de nuestro Grupo Parlamentario y de los demás Grupos Parlamentarios, que formaron parte de la Ponencia y también de la Comisión, que han trabajado dura y estivalmente en esta materia.

Ahora bien, la actividad de una segunda Cámara es de suyo, inevitablemente, una actividad de segunda lectura; de segunda lectura trascendente, como lo es incluso en la Cámara de los Lores, donde su papel en el terreno de la perfección estilística de las normas y de la mejora de la técnica jurídica se viene reconociendo aún hoy, cuando el peso representativo de esa Cámara es bajo. Y esa segunda lectura, evidentemente, supone una actividad de pulimento, una actividad de trabajo, sobre una base que viene aportada por la Cámara baja.

Consiguientemente, entiendo que, por ejemplo, por el representante del Grupo Comunista que me ha precedido en el uso de la palabra, se nos diga que artículos clave de esta ley, como el 59.3, 73, 74 y 75 —creo que se citaba también la Disposición Transitoria quinta—, realmente están en los mismos términos, al menos en los mismos términos básicos, en que los aprobó esta Cámara. Eso es absolutamente cierto. La estructura de la ley, la base de la ley, lo fundamental del contenido normativo de la ley, es lo que aprobó en su día esta Cámara, como no podía ser menos, dado lo que es el funcionamiento ordinario en un sistema bicameral.

Creo que el Gobierno ha sido coherente a la hora de elevar ante el Poder legislativo una ley fundamental en el desarrollo constituyente, para elevarla con la máxima apertura a su mejora técnica en todo momento, y si en la fase de Ponencia en esta Cámara se aceptaron más de cien enmiendas, en la fase de Comisión se volvió a modificar, como en la fase de Pleno, y otro tanto ocurrió en el Senado, y de nuevo en el retorno a que hoy hemos asistido en la Cámara Baja.

La suma de todo ello es una ley que creo sinceramente que es de todos; que es también de los que se han abstenido y de los que han votado en contra, porque es una ley que supone la culminación de nuestro Estado de Derecho, la posibilidad de revisión jurisdiccional de la constitucionalidad de las leyes. Es básicamente una ley que garantiza la custodia de la Constitución y entiendo que la totalidad de las fuerzas políticas, cualquiera que haya sido su voto, están comprometidas con esa finalidad primaria y básica de la custodia de la Constitución. Y todas ellas acudirán sin duda en su día, cuando lo juzguen pertinente, a través de los procedimientos y en virtud de las legitimaciones que al efecto se reconozcan, para solicitar la autorizada opinión o la resolución que proceda de ese Alto Tribunal.

Creo sinceramente, señorías, que hoy es un día importante en la historia parlamentaria española. Es un día importante, porque se ha instaurado la pieza más notoria de un Estado de Derecho moderno para la normativización, para garantizar la debida relación jurídica entre todas las ramas del poder público, incluidas las Comunidades Autónomas, así como la conexión entre el legislativo y el ejecutivo.

En suma, estamos ante un órgano que va a intentar abordar en términos jurídicos facetas que tienen incluso su proyección en la esfera de lo político, porque el pueblo español quiere regir su convivencia con arreglo a la ley, que es la expresión de la voluntad popular formulada en términos de una democracia moderna.

Por todo ello, no me queda nada más, queridos compañeros, que expresar que nuestro Grupo Parlamentario ha votado con el mejor agrado y con la mayor satisfacción esta importante ley.

VII.3. SOBRE PROPOSICIÓN NO DE LEY DEL GRUPO PARLAMENTARIO SOCIALISTA DEL CONGRESO ACERCA DE ÓRDENES DEL MINISTERIO DE EDUCACIÓN PARA REGULAR LA FORMACIÓN RELIGIOSA EN EL BACHILLERATO *

El señor PRESIDENTE: Para exponer la posición del Grupo Parlamentario Centrista en relación con esta moción tiene la palabra el señor Alzaga.

El señor ALZAGA VILLAAMIL: Señor presidente, señoras y señores diputados, no voy, por supuesto, a pronunciar un discurso importante: es más, creo que los discursos importantes, los discursos graves en el tono sobre temas singularmente delicados, como aquí se ha dicho bien por el señor Gómez Llorente, en ocasiones pueden lindar con lo peligroso. Intentaré tan solo fijar con claridad y, por supuesto, con honestidad, cuál es nuestra posición, y ni que decir tiene que es una posición adversa a la derogación de las órdenes ministeriales en cuestión, intentando deslindar debidamente, en el terreno de esta cuestión importante que nos ocupa, lo que son los aspectos fundamentales de la misma de aquellos que son aspectos de mero detalle; porque en lo sustantivo, nosotros pensamos que, realmente, son perfectamente defendibles las órdenes ministeriales, como vamos a demostrar. Y la incidencia que hemos visto que, de forma reiterada, ha llevado a cabo el señor Gómez Llorente sobre aspectos nimios, sobre aspectos colaterales, significa, en un parlamentario de su prestigio y habilidad, la convicción última de que, en el fondo, en lo sustantivo, las órdenes ministeriales que nos ocupan son bastante razonables, bastante sostenibles, aunque no las comparta.

---

* Sesión Plenaria núm. 44, de 15 de noviembre de 1979, *Diario de Sesiones del Congreso de los Diputados,* núm. 44, pp. 2816-2821.

Ocurre que estamos en presencia de dos órdenes ministeriales, las de 28 de julio de 1979, tantas veces citadas, que son, en primer lugar, necesarias y oportunas en el tiempo en que se dictan. Se dictan a la vista de la necesidad —reitero, la necesidad— de establecer un cauce de adaptación a las previsiones constitucionales sobre libertad religiosa de la enseñanza, en materia religiosa, para el curso que iba a comenzar, el de 1979-1980, y esto había de hacerse con anterioridad a la ratificación de los acuerdos a suscribir con la Santa Sede, y en especial del relativo a materias educativas, aún no ratificados, y que en este momento todavía se encuentran pendientes del intercambio de los instrumentos de ratificación. Es decir, que aunque se consiguió en aquel momento dictar unas normas, coincidentes en su contenido básico con lo que van a ser esos acuerdos, evidentemente no tiene sentido argumentar, como aquí se ha hecho, con contraindicaciones de mero detalle, un matiz entre una norma posterior que aún no ha entrado en vigor y aquella que en forma puente había que dictar.

Estamos, por tanto, ante una norma provisional y de urgencia, pero no porque lo supongamos, sino porque expresamente se deduce del tenor literal de la misma. Leyendo el *Boletín Oficial del Estado* de 2 de agosto, que la recoge, encontramos que la cabecera de esa orden —de una de esas dos órdenes, y en forma paralela en la otra— se nos dice: «Entre los acuerdos firmados con fecha 3 de enero de 1979 entre el Estado español y la Santa Sede se encuentra el referido a la enseñanza y asuntos culturales». «Hasta tanto estos acuerdos —se afirma en otro párrafo— no hayan obtenido la ratificación o aceptación de las Cortes españolas, se hace necesaria una reordenación, aún con carácter provisional, de la enseñanza religiosa en todos los centros, etcétera, para el próximo curso 1979-1980».

Son, de otra parte, defendibles estas órdenes en tanto en cuanto a nuestro criterio son progresivas en el fondo por inspirarse —como creemos que vamos a demostrar— en nuestra moderna Constitución, que garantiza, como sabemos, la libertad religiosa y la ideológica.

Y son —¿por qué no lo vamos a reconocer?— como lo son siempre las disposiciones de este género, mejorables técnicamente, y ello había de ser así, máxime cuando venía a regularse por primera vez en la historia reciente de nuestro país, materia ante la cual no había acumulada experiencia patria.

Aquí se ha dicho, y creo que, con razón, por el señor Gómez Llorente, que el problema nuclear está en lo que él ha denominado el sistema de opción negativa o de opción positiva para enfocar la materia de la enseñanza de la religión a la luz de la libertad religiosa. Pues bien, él se nos ha mostrado partidario de lo que ha dado en llamar el sistema de opción positiva. Nosotros distinguimos, y creemos que se puede y debe distinguir, entre sistema de opción positiva simple, en virtud del cual el alumno con los padres de los alumnos piden la adscripción a la asignatura de religión, que no se presume que necesariamente hayan de dar, y el sistema que denominaríamos de opción positiva alternativa, con la posibilidad de optar, pero de optar en el sentido genuino que en castellano encierra el término «opción», entre dos enseñanzas, y, en nuestro caso concreto, según la mecánica que siguen las órdenes ministeriales que nos ocupan, y en la línea de los acuerdos con la Santa Sede, como veremos, entre la enseñanza religiosa y la enseñanza de la asignatura que se da en llamar de ética.

Nosotros pensamos, señor Gómez Llorente, sinceramente, que este sistema no solo no es coactivo, como veremos, sino que es claramente superior al que denominamos opción positiva simple, porque la acción positiva simple encierra, muy probablemente, el peligro serio de discriminación que sufrirían los alumnos que solicitasen recibir enseñanza religiosa y que mientras continuasen su actividad académica recibiendo esa asignatura verían cómo los restantes alumnos gozan de descanso o de tiempo para participar en un «estudio vigilado» o en la preparación de la asignatura.

Esto, a nuestro juicio, sí que sería realmente una penalización académica y no la que en opinión del Grupo Parlamentario Socialista sufren al tener que seguir la enseñanza de ética los alumnos que no quieren recibir la asignatura de religión. Pero es que, además, este sistema de opción positiva simple, de que quedasen exentos de recibir cualquier asignatura mientras tanto, de que pudiesen —como decíamos— descansar o preparar en ese tiempo docente otra asignatura, significaría, a nuestro juicio, la violación expresa de dos preceptos importantes. De una parte, el apartado 3 del artículo 2, suscrito en el acuerdo con la Santa Sede, cuando se dice allí, literalmente, que «las autoridades académicas adoptarán las medidas oportunas para que el hecho de recibir o no recibir la enseñanza religiosa no suponga —leemos literalmente— discriminación alguna en la actividad escolar». Y, en segundo lugar, supondría apartarse del espíritu y la letra del artículo 14 de la Constitución española vigente, conforme al cual los españoles son iguales ante la ley, sin que pueda prevalecer discriminación alguna por razón de religión.

Nosotros hemos llegado a esta conclusión y no hemos llegado a ella solamente nosotros. Entre las más viejas y prestigiosas democracias de Occidente encontramos algunas que han optado por este sistema, lo han experimentado, lo han sostenido y lo tienen en vigor. Por ejemplo, en la República Federal de Alemania. Y cito la República Federal de Alemania porque es un país de notoria pluralidad de confesiones religiosas en su seno, y donde existe un importante sector de población agnóstica. ¿Qué ocurre en la República Federal de Alemania? Ocurre que, en Baviera, en virtud de una norma de 25 de mayo de 1972, los escolares que no opten por la enseñanza de la religión han de recibir la enseñanza que se denomina «Bases de la moralidad generalmente reconocida» *[Rumores en el Grupo Parlamentario Socialista]*. En Renania Palatinado —voy a seguir la enumeración porque el haber empezado por Baviera ha suscitado ciertas esperanzas de réplica al Grupo Parlamentario Socialista, y vamos a ver inmediatamente cuál es en general el fenómeno—, en Renania Palatinado, como digo, en virtud de una disposición de 25 de abril de 1972, los alumnos que no opten por la enseñanza religiosa reciben la que se denomina de *Principios de moral natural generalmente reconocida*. Y en este *Land* se produjo un importante litigio, impugnando los padres de ciertos alumnos la constitucionalidad y legalidad de esta disposición, y esta disposición ha sido ratificada por la jurisprudencia.

Y para no cansar, puedo decir a sus señorías que, en Hesse, en Niedersachesen, en Saarland y en Baden-Wüttenberg, existe igualmente el sistema de opción positiva alternativa entre la enseñanza de la religión y la de la ética. La ética, que aquí ha sido calificada la tarde de hoy de asignatura exótica, si yo he oído bien; y el sistema de opción que aquí ha sido calificado —si yo he entendido bien— de coactivo, y realmente nos gustaría saber cómo puede hoy juzgarse entre ironías y risas públicas de nuestros socialistas el sistema educativo vigente en la República Federal de Alemania, actualmente apoyado por los socialdemócratas alemanes, de exótico y de coactivo.

Nosotros hemos sostenido siempre que en nuestra labor de Gobierno nos inspiramos en modelos acreditados, en modelos que sabemos que son compatibles con la auténtica defensa de las libertades y de los derechos fundamentales de la persona. No hemos experimentado con los estudiantes, que nos merecen el máximo respeto, ni con los profesores, ni con los padres de los estudiantes como si fueran cobayas. Hemos ido a buscar un modelo serio, modelo actual, un modelo progresivo, un modelo compatible con el pluralismo religioso ideológico, un modelo probado, un modelo compatible, por supuesto, señor Gómez Llorente, con el que en el seno de la escuela y en el seno de la familia se impartan criterios de comportamiento ético en cada momento. Un sistema que no supone que la asignatura se ideologice, como otras asignaturas de EGB o de BUP, que pueden ser ideologizadas, pero no tienen por qué serlo. Nosotros partimos de la presunción de la dignidad del profesor, no solo del usuario —como nos decía el señor Gómez Llorente—, y no podemos aceptar la presunción de que los profesores que van a impartir esta asignatura van a manipular a los alumnos, van a dar un sesgo a la disciplina en cuestión. Aquí se ha dicho, en otro momento de la intervención en defensa de la proposición no de ley, que las órdenes ministeriales en cuestión suponen un planteamiento unilateral. Se empleaba, por lo visto, un término caritativo, lo cual agradezco, aunque no se cuál se ha pensado en emplear en materia tan importante.

Aquí se ha dicho, o se ha dado a entender claramente, que se estaba discriminando a confesiones religiosas, que ni siquiera se las había invitado o permitido participar en la organización de sus enseñanzas. Yo voy a leer la nota que se hizo pública, la nota que se remitió a través de la Prensa en las mismas fechas en que se publican las órdenes ministeriales. Esta nota oficial del Ministerio de Educación decía lo siguiente: «1.º La regulación de la enseñanza de religión y moral, acordes con otras confesiones, ha de estar presidida por los mismos criterios que inspiran las disposiciones que ahora publicamos. 2.º El Ministerio no podría regular unilateralmente una materia que, de acuerdo con lo preceptuado en el punto 3 del artículo 16 de la Constitución, constituye claramente objeto de cooperación entre los poderes públicos y las diversas confesiones. 3.º Hasta ese momento, ninguna confesión, salvo la católica, se ha hecho presente en este asunto».

Esto era una invitación a la participación de esas confesiones religiosas. Yo puedo decir que el Ministerio de Educación no ha recibido ninguna queja de esas confesiones aduciendo que se consideran discriminadas.

Cuando yo le oía al señor Gómez Llorente que empezaba a tocar este punto, me preguntaba en virtud de qué base concreta se convertía en portavoz oficioso de esas confesiones religiosas, y se me venía por un momento a la cabeza —aunque luego se me disipó la idea, como después explicaré— aquella fábula de Plinio, según la cual decía Plinio que los rinocerontes sienten crecer la hierba bajo sus pies, y un chusco glosador comentaba que o Plinio había sido alguna vez rinoceronte o algún rinoceronte se lo había contado a Plinio.

Al terminar el señor Gómez Llorente su intervención sobre este punto, pude observar que quien se lo había contado a él era nuestro buen amigo el señor Cavero, ministro de Justicia a la sazón. Evidentemente, es una buena fuente, una magnífica fuente la de nuestro amigo el ministro de Justicia, pero si se hubiera acudido directamente al ministro autor de las órdenes ministeriales en cuestión, se habría efectuado una invitación que permanece abierta, porque el Ministerio está en la actitud de organizar algo que hoy es difícil, por el grado muy limitado de extensión en la sociedad que tienen determinadas confesiones religiosas. Existe el compromiso, una vez más lo ratificamos públicamente, de no discriminar —sería inconcebible suponer por un solo momento que esto ha pasado por la cabeza de ningún miembro del Gobierno— a las restantes confesiones religiosas y establecer, en régimen de cooperación, según obliga a la Constitución, los mecanismos idóneos a tales fines.

En cuanto a impartir la enseñanza de la ética en los centros privados, no voy a extenderme en exceso. Yo tengo que decir que desde la óptica de la provisionalidad y de un alcance limitado como máximo al curso 1979-1980, era materialmente imposible establecer un mecanismo, en el que en principio se pensó, para que aquellos centros a los que se refería al señor Gómez Llorente, que siendo confesionalmente católicos, por razón de condicionamientos urbanísticos, de ausencia de plazas en centros del Estado, se convierten en ocasiones en receptores de alumnos que realmente no van voluntariamente buscando una enseñanza confesional, sino que van buscando simplemente enseñanza, y la hallan en el único sitio donde la encuentran, por razones materiales. Con aquella urgencia —repito— fue imposible establecer líneas de deslinde respecto de esos centros, pero esa es materia abierta, esa es materia que en la regulación definitiva recibirá —tenga la seguridad el Grupo Parlamentario Socialista— el tratamiento que merece y, consiguientemente, ahí no va a haber problema.

Y, por último, se ha hecho alusión a un epígrafe concreto del programa de esa disciplina que se nos dice que es exótica, la disciplina de la ética. Bien, yo no creo que el Pleno, el dignísimo Pleno que me escucha con demasiada atención, del Congreso de los Diputados, sea el lugar más idóneo, ni aquí ni en ningún país serio, para que nos pongamos a pulir, a modificar, a reconsiderar programas de las diversas asignaturas de ningún nivel de enseñanza. Pero ya que el tema se suscita, entraremos brevemente en el punto.

En primer lugar, el epígrafe en cuestión se encuentra en presencia de uno más genérico. Es un subepígrafe —valga la palabreja— del más amplio titulado «dimensión antropológica sociocultural y religiosa de la sexualidad humana». Será un subepígrafe más o menos acertado —en lo que no entro—, pero en la medida en que, como toda disciplina es informativa y no adoctrinadora, no vulnera, como no lo hace toda la asignatura, la libertad de conciencia. Es un epígrafe justificable por razones que aquí se han dado, y por otras que yo tenía apuntadas, pero que, en aras de la brevedad, voy a ahorrar a sus señorías.

Lo que quiero decir a sus señorías es que me parece poco plausible, poco celebrable, el que un epígrafe en el que se cita de pasada la ética cristiana —no la católica— puede suscitar no ya irritación, sino susceptibilidades en el campo socialista. La ética cristiana es una de las grandes raíces de nuestra civilización. Y esto, señorías, no lo digo yo. En el programa del Partido Socialdemócrata alemán se afirma en su cabecera que el socialismo democrático en Europa —y somos Europa— tiene sus raíces en la ética cristiana, en el humanismo y en la filosofía clásica. Hay socialistas que no solo aceptan que en los programas de enseñanza haya alusiones a la ética, sino que las incluyen también en sus programas políticos. Confiamos en que, progresivamente, su influencia llegue a nuestros lares.

Para terminar, señorías, yo diría, en suma, que no podemos aceptar la filosofía subyacente de la proposición, y agradecemos muy sinceramente, señor Gómez Llorente, su moderación, su mesura en el tono, su forma de abordar la cuestión, que, como muy bien decía él, era delicada. Conste el agradecimiento de nuestro Grupo, y creo que el del Gobierno. Pero pienso que, aunque se nos ha dicho que no se trata de impedir ni de dificultar la enseñanza de la religión, se busca establecer un sistema de opción positiva que en alguna medida dificulta, comparativamente, el más justo que han establecido en las órdenes ministeriales que nos ocupan para la enseñanza religiosa y moral.

No aceptamos tampoco las conclusiones de la proposición no de ley que nos ocupa, porque no cabe la derogación pura y simple de estas órdenes ministeriales que se postulan, ya que esto significaría un vacío normativo a mitad del curso académico en que nos encontramos, y ello no podría hacerse sin un pequeño caos para ese elevadísimo número, como decía el señor Gómez Llorente, de familias afectadas por cuanto significan estos amplios y extensos niveles de la enseñanza. Entendemos, por último, que no procede la discusión parlamentaria de unas nuevas órdenes ministeriales sobre la materia, no solo porque va contra la división constitucional de funciones, sino porque conduciría a un asamblearismo del peor estilo. Es decir, nuestro Grupo Parlamentario estima que esas órdenes ministeriales, en primer lugar, son plenamente constitucionales; en segundo lugar son, en lo sustancial, plenamente acordes con el acuerdo suscrito con la Santa Sede en materia de enseñanza; en tercer término, están avaladas por experiencias extranjeras importantes y, si hay algo de exótico, será la proposición no de ley contraria; y en cuarto lugar consideramos sincera y modestamente que son órdenes ministeriales mejorables técnicamente en ciertos aspectos, en ciertos detalles, y lo haremos, y se compromete a hacerlo nuestro Grupo Parlamentario, en tanto que hoy sustenta al Gobierno por mandato del pueblo, a la luz de las experiencias acumuladas y que en problemas de detalles son más amplias, más ricas incluso de las que se han suscitado en la proposición no de ley que nos ocupa.

Para terminar, en consecuencia, anunciamos una nueva normativa al respecto, según preveían, en la exposición de motivos, las órdenes ministeriales en cuestión, tan pronto como se proceda al intercambio de los instrumentos de ratificación del acuerdo y, por tanto, modificaremos esas órdenes, y modificaremos las futuras, señor Gómez Llorente, cuando haga falta. Incluso no tendrán, si técnicamente se precisa la mejora, los ocupantes de los bancos socialistas que esperar tanto como sería el momento en que abandonemos el poder. Gracias.

VII.4. SOBRE PROYECTO DE LEY ORGÁNICA REGULADORA DEL ESTATUTO DE CENTROS ESCOLARES *

En debate mantenido con el representante del Grupo Parlamentario Comunista, señor Solé Tura, sobre el artículo 15, concerniente a la libertad docente en los Centros escolares dotados de ideario.

El señor VICEPRESIDENTE *[FRAILE POUJADE]*: Para un turno en contra tiene la palabra el señor Alzaga por el Grupo Parlamentario Centrista.

El señor ALZAGA VILLAAMIL: Señor presidente, señoras y señores diputados, yo querría empezar una intervención, que me temo no esté a la altura de las expectativas en la medida en que el señor Peces Barba ha calificado el debate de importante, ya que un debate solo es importante si las dos partes que debaten logran que el nivel sea importante. Querría empezar con algunas pequeñas aclaraciones previas.

Entiendo que, por parte de nuestro Grupo Parlamentario, y por supuesto por parte del Gobierno, no ha habido la intransigencia de que se nos ha acusado. Yo, personalmente, no he participado en la elaboración a nivel de Ponencia y de Comisión de este proyecto de ley; pero evidentemente lo que ha habido es negociación, lo que ha habido es diálogo, y lo que no ha habido es acuerdo, es decir, que no existió negativa a hablar. Si algo hacemos por principio en esta Cámara es dialogar. Lo que ocurre es que la negociación que no termina en acuerdo no pierde su condición de auténtico diálogo, simplemente no se ha alcanzado un acuerdo, y eso, en una sociedad pluralista, es algo que hay que aceptar, y que más en concreto tiene que saber aceptar la minoría que en cada momento existe en el Congreso.

---

* Sesión Plenaria núm. 72, de 11 de marzo de 1980, *Diario de Sesiones del Congreso de los Diputados,* núm. 72, pp. 4820-4829.

Esto no es ninguna lección, ni yo pretendo que lo copie doscientas veces el señor Peces Barba, sino simplemente una aclaración cordial de entrada, para dejar claro cuál es el espíritu de diálogo, en el que venimos sosteniendo nuestra tesis.

Una segunda aclaración es que la supresión que hemos solicitado, y consta en la mesa por vía de enmienda *in voce* del inciso del Reglamento de régimen interior, supone el intento por nuestra parte de evitar ciertas suspicacias que se habían planteado y que creemos que no tenían por qué deducirse del texto del articulado, tal como estaba redactado. Creemos que era una mención innecesaria, porque la aplicabilidad del reglamento a docentes y discentes es obvia y se deduce de otros artículos del Proyecto de ley, y quería subrayar que, con ello, además, se vuelve formalmente en este apartado al texto que en su día remitió el Gobierno a esta Cámara sin incurrir en contradicciones, por tanto, de ningún género.

Y dicho esto, yo agradezco la buena publicidad que ha hecho el señor Peces Barba de un par de libros míos, no quiero entrar en una asociación de bombos mutuos; él sobre Maritain, que ha mencionado, escribió igualmente un magnífico libro, pero no es este el tema que nos trae este momento aquí. Y el párrafo que él ha leído de mi libro no tengo que rectificarlo, opinó hoy exactamente lo mismo, y creo que no hay contradicción entre la posición que sostiene mi Grupo Parlamentario y lo que en él se dice.

Y dicho esto voy a irme acercando al meollo de la cuestión.

Creo que este es un tema complejo, es un tema que hay que enfocar con rigor —lo digo con toda cordialidad— si se intenta subrogarnos en bloque con las posiciones de carácter realmente retardatario, con las posiciones de carácter integrista, que en determinados momentos históricos ciertos sectores, de los cuales no somos herederos, hayan podido sostener.

Si mi partido y mi Grupo Parlamentario tienen una gran razón de existir es el intento de superar la dualidad entre las dos Españas, y mi partido y mi Grupo Parlamentario en ningún momento se han subrogado en los títulos, en los derechos ni en las obligaciones que puedan corresponder a una de las Españas. En cualquiera de las dos Españas hay aciertos y en las dos Españas, desgraciadamente, hubo aquellos errores que según Machado helaban el corazón del españolito. Pero nosotros no tenemos por qué aceptar de plano y no aceptamos lo que hayan escrito una serie de obispos (y cordialmente le digo al señor Peces Barba que probablemente entiendan más que yo de citas de este género), que se nos ha mencionado, lo que haya dicho el señor Vázquez de Mella. El señor Vázquez de Mella, que uno ha leído como ha leído a Carlos Marx, como ha intentado leer lo que ha podido, decía algo que a mí me venía a la memoria al hilo de lo que el señor Peces Barba afirmaba que hay que tener en cuenta. Decía que ciertas citas traídas de muy lejos merman mucho en el transporte.

Creo que hay que ser serios y que hay que ir realmente al tema, porque empezar ahora a discutir si la tesis de Laín sobre la Iglesia como isla defensiva (que aquí se ha resumido es correcta, o más bien que la tesis de

Laín es que la Iglesia debe ser una isla envolvente) es salirnos por entero del artículo 15, que es por el que a estas alturas vamos a llegar hoy tarde a nuestros domicilios.

Por tanto, yo tampoco quiero incurrir en citar a sus señorías, a las señorías que tengo en este momento geográficamente a mi izquierda, sobre tesis que históricamente han sostenido representantes suyos, que puedo citar porque el equipo que ha trabajado en mi Grupo en este proyecto de ley me ha inundado, en los minutos en que se ha elaborado esto, de citas. Pero voy a citar una como ejemplo, porque no quiero seguir por esa vía. Rodolfo Llopis, cuando retorna de su viaje a Rusia en 1929, en una obra publicada en 1933 escribe: «La revolución que aspira a perdurar acaba refugiándose en la pedagogía. Una revolución es auténtica, perdurable, cuando realiza plenamente su ciclo, y ese ciclo termina cuando se revolucionan las conciencias, cuando en cada conciencia y en cada espíritu se hace la revolución. ¿Quién ha de hacer esa revolución en las conciencias y los espíritus? Para nosotros —dice Rodolfo Llopis— no hay duda: esa revolución ha de ser obra de los educadores de las escuelas. Hay que apoderarse del alma de los niños. Ese es el grito y el lenguaje pedagógico». De Rodolfo Llopis: *La revolución en la escuela. Dos años en la Dirección General de Primera Enseñanza de Madrid*, Ediciones Aguilar, 1933, página 233.

Yo creo, queridos compañeros de tareas legislativas todos, que sería realmente un craso paso atrás en el esfuerzo de construir una España nueva en que todos estamos comprometidos, venir a estas alturas a desenterrar textos de este género, que tengo aquí por si sus señorías quieren escuchar algunos más, pero que creo que tal sería realmente mal camino.

De todo lo que se ha dicho por quienes me han precedido en el uso de la palabra en la defensa de sus respectivas enmiendas, lo que más me preocupa son las acusaciones de inconstitucionalidad. Porque el debate a fondo sobre el ideario, en realidad, está fuera de lugar, porque es el artículo 34 del proyecto de ley que nos ocupa aquel en que se establece el ideario, en que se define el ideario y en que, sin duda, producirá en esta Cámara, probablemente mañana, un debate a fondo sobre la procedencia del Estatuto *[El señor PECES BARBA: Del ideario]*. Perdón, muchas gracias; a estas horas, entra uno en claros lapsus. Pero el hecho es que aquí solamente tenemos que discutir que ese ideario, sea el que sea y en los términos en que se aprueban los artículos 34 y concordantes de este proyecto de ley, ha de ser respetado o no por los enseñantes en el ejercicio de su libertad de docencia. Esa es la cuestión en la que intento centrarme, porque es la única que nos ocupa.

Voy a intentar explicar a sus señorías por qué no queremos recoger, y no hemos recogido, en el texto aprobado mayoritariamente en Comisión, la expresión «libertad de cátedra» que se recoge en las enmiendas que, de contrario, se defiende. La libertad de cátedra tiene unos contornos, tiene los linderos y tiene unos sujetos pasivos precisos como tiene, en definitiva, toda libertad. Se desgaja de la libertad de expresión que, anteriormente, cobijaba la libertad de cátedra por el problema de que el funcionario, sujeto a una relación de dependencia específica con la Administración, tiene, generalmente, limitada su libertad de expresión. Y el funcionario docente, el profesor del Estado, se encontraba con una limitación en su actividad, en su libertad de expresión como funcionario. Y en España surge así, con la Real Orden de Álvarez, la libertad de cátedra, como sabemos todos, en 1881, para la Universidad, donde se respeta, de hecho, desde 1886, salvo el triste episodio de la expulsión de los catedráticos miembros de la Institución Libre de Enseñanza, que, señores, hoy lamentamos igual quienes estamos sentados en unos bancos y quienes estamos sentados en otros; todos asumimos nuestra historia, todos la vemos hoy con la mirada crítica que permite el tiempo y, en este caso concreto, lo lamentamos por igual. Y esa libertad que surge en España en esos términos se vincula a la idea del catedrático funcionario de una institución superior de enseñanza que tiene una función específica de investigar y de transmitir ciencia; surge así la libertad de ciencia.

La Constitución de 1931, artículo 48, párrafo 3, dice que «los maestros, profesores y catedráticos de la enseñanza oficial son funcionarios públicos». Punto y seguido. «La libertad de cátedra queda reconocida y garantizada».

La interpretación que, en su momento, se hizo por los exégetas de tal Constitución era una ampliación del ámbito de la libertad de cátedra hacia niveles educativos inferiores al de la Universidad, pero en el ámbito de la enseñanza oficial, en el ámbito de los funcionarios docentes. Y en los restantes países la libertad de cátedra surge, también, con un sentido defensivo frente al Estado y, fundamentalmente, en el campo universitario y, de aquí, su nombre, sin perjuicio de que, *lato sensu* se haya extendido al profesor universitario no catedrático, y esto es algo que es obvio y que también, *lato sensu* se vaya extendiendo, al menos en alguna medida, a otros niveles.

La gran construcción de este concepto, como saben muy bien sus señorías, se debe a la doctrina alemana, donde se configura, precisamente, la libertad de cátedra, como el principio básico de lo que allí se denomina derecho universitario. Allí se constitucionaliza nada menos que en 1849 con el nombre de libertad de ciencia y, sobre todo, se consagra en el artículo 142 de la Constitución de 1919, también referida al profesor universitario-funcionario y a la Administración.

Tenemos que, en nuestra Constitución, señorías, el artículo 20, va a decir que se reconocen y protegen los derechos: «*c)* a la libertad de cátedra».

Señorías, nadie más que nosotros tiene interés en que esta Constitución se respete, y de que se respete por entero, y que se respete también en este terreno. Ahora bien, el problema es complejo y, con la colaboración de la paciencia de sus señorías, vamos a situarlo en sus justos términos jurídico-constitucionales.

El sistema educativo que prevé la Constitución, como todos sabemos, está constituido por la coexistencia simultánea de centros docentes públicos y privados. En los centros docentes públicos no hay el menor problema respecto de la libertad de cátedra. No hay al menos otro problema que el del nivel del alumnado, es decir, dimanante de la edad de los alumnos. Porque el artículo 20.4 de la Constitución hay que tenerlo presente. El artículo 20.4 dice: «Estas libertades —"estas" son todas las que se han referido con anterioridad, incluida la de cátedra— tienen su límite en...» —hay una enumeración de los límites—, y al final se dice: «El derecho a la protección de la juventud y de la infancia».

Es decir, que hay una limitación en función de la edad del sujeto pasivo, de las personas que son sujeto pasivo de la enseñanza del docente que pueda ser titular de la libertad de cátedra. De forma que, a mayor edad del estudiante, mayor libertad de cátedra. No en vano en la universidad con adultos la libertad de cátedra es genuina, es prácticamente entera, es la auténtica y absoluta libertad de cátedra. A menor edad, menor libertad de cátedra, porque hay que respetar la juventud y la infancia. Incluso en el menor nivel, en puridad, no hay cátedra. Nunca se ha hablado en la escuela de cátedra. Y esto es así porque no es comparable la posición del estudiante universitario de veinte o veintiún años, que es titular de todos los derechos que le corresponden, además, como mayor de edad, que tiene una capacidad de crítica y de análisis, con la situación de un alumno de cinco o siete años de edad, que se encuentra en una clase en actitud pasiva, incluso me puedo atrever a decir que en ocasiones inerte, sin conocimientos previos que le puedan servir de punto de referencia para cambiar o debatir lo que se le enseña.

Tampoco es obviamente comparable el papel de los padres en la educación de sus hijos ya mayores de edad, que son estudiantes universitarios, con el que tienen en relación con sus hijos de seis o siete años que mandan a una escuela.

Por eso no queremos emplear el término «libertad de cátedra», pero ello no va en detrimento del profesor de primera enseñanza de los centros públicos, ni aún menos en detrimento del catedrático de instituto, en el que no tenemos inconveniente en reconocer que es tradicionalmente titular de una cátedra y de una libertad de cátedra adecuada siempre a las limitaciones del artículo 20.4 de la Constitución, y no va en detrimento de ningún profesor de niveles inferiores de la enseñanza, porque él está asumiendo una función distinta de mayor responsabilidad. Pero, en todo caso, y con esto termino este apartado, a ese profesor de centros públicos se le reconoce en este precepto su libertad docente sin especiales cortapisas, porque en el centro público en cuestión, como bien saben sus señorías, según este proyecto de ley no existe ideario. Es decir, que el proyecto es un proyecto progresivo, porque está extendiendo, en alguna medida, la libertad de cátedra, que genuinamente, en su acepción estricta, se refiere a ámbitos más precisos.

Y vamos a los centros docentes privados, que son los que van a tener ideario, conforme al artículo 34 y concordantes de esta ley.

Permítanme sus señorías que lea una breve cita de doña Jimena Menéndez Pidal, que es una autoridad que bien puede ser citada en esta Cámara al hablar de centros privados, dada su trayectoria vital de dedicación a la enseñanza, y modélica en tantos sentidos. Nos dice: «Así como a una familia se acercan en amistad los que sienten con ella concordancia, el espíritu de una institución es el que atrae a las personas por un deseo de compartirlo. Luego será, en el laborar de cada hora, cuando el arte de hacer se les irá comunicando. Ahí la trasmisión del espíritu educativo». Ese espíritu educativo, que puede ser singular en cada institución, es el que, en alguna medida, queremos recoger, necesitamos recoger, para que los Centros de enseñanza sean vivos en ese ideario educativo propio del centro.

Así es que hay ideario educativo propio del centro, y lo que pide el artículo 15 es que los enseñantes los respeten, no que comulguen con él. Aquí se ha dicho que, si una persona cambia de creencias, cambia de ideas, será expulsada. No si lo respeta.

El problema está en si esa persona que ha cambiado de ideas intenta cambiar a su vez el Centro, intenta atentar contra la médula del Centro.

Vayamos por partes. Aquí se refleja la coexistencia en la Constitución de dos libertades que no son iguales, porque no hemos incurrido en reiteración: en el artículo 27 se proclama la libertad de enseñanza, y en el artículo 20 la libertad de cátedra; libertad de cátedra y libertad de enseñanza son libertades distintas que, de alguna manera, entran en colisión, pero esto no puede extrañar en un régimen de libertades, porque en toda Constitución democrática hay libertades, no hay la proclamación de una libertad única y absoluta, y esas libertades han de coexistir. Y esas libertades tienen problemas de linderos. Y si existen grandes bibliotecas y tratados escritos sobre los derechos de las libertades, es porque plantean este tipo de problemas complejos como el que hoy nos ocupa.

Para empezar, sabemos algo obvio en materia de libertad: la de cualquier persona acaba siempre donde empieza la de los demás. Pero es que luego tenemos algo que no es ya obvio, sino que es otra vez el texto de la Constitución. De nuevo el artículo 20.4.

«Estas libertades» —y reitero que la referencia incluye a la libertad de cátedra que precede en la exposición— «tienen su límite en el respeto a los derechos reconocidos en este título». Repito, la libertad de cátedra, señores, por imperativo del artículo 20.4 tiene su límite en el respeto a los derechos reconocidos en este Título. Y en este Título I está el derecho a la libertad de enseñanza y al consiguiente derecho a la creación de centros. Y el inciso del artículo 20.4, de que esta libertad tiene su límite en el respeto a otros derechos y libertades, no es un inciso habitual en la forma de redactarse el Título I de la Constitución, sino que se incluye precisamente en el artículo 20, y de ello se derivan consecuencias obvias.

El letrado de esta Cámara, profesor Garrido Falla, en una conferencia importante sobre el tema, que conocerán muchas de sus señorías, ha sostenido que en la confrontación posible entre la libertad de cátedra, que es de tipo individual, y la libertad de enseñanza, que tiene carácter institucional, ha de prevalecer, en última instancia, esta última.

Yo no quiero entrar en la polémica de si la libertad de cátedra tiene carácter personal o institucional, es una polémica compleja, pero lo que es evidente es que no es el artículo 20 el que dice que esas libertades están sometidas a los restantes del Título, sino que es él el que incluye la mención de que esas libertades están sometidas a los derechos reconocidos en el resto del Título.

Si la libertad de enseñanza, de creación de Centros docentes, significa algo, es poder contribuir a la formación de las nuevas generaciones en unos determinados valores. La Constitución permite crear, más que los Centros de enseñanza, que hoy aquí se plantean como empresas capitalistas que van a obtener pingües beneficios, empresas espirituales para formar a la juventud, es lo que son las iniciativas de enseñanza en torno, evidentemente, a la idea que es el eje de toda institución.

En suma, tenemos que no se puede usar de la libertad de cátedra contra el ideario medular de una institución privada de enseñanza, porque eso atenta a la libertad de enseñanza y, consiguientemente, es inconstitucional. Va contra el artículo 27 de la Constitución y va contra el artículo 20.4 de la Constitución.

Yo voy a poner, además, un ejemplo, en alguna medida elemental, pero que creo que es gráfico, porque nos afecta a todos los que estamos aquí. Todos los que estamos aquí somos titulares de la libertad de expresión, que reconoce también el artículo 20. Todos los que estamos aquí pertenecemos a partidos y muchos a sindicatos, de izquierda, de centro, de derecha, de lo que queráis.

Bien. Lo que no es posible es pensar que nosotros en el seno de nuestro partido, invocando la libertad de expresión, podríamos sostener la tesis de que podemos hacer declaraciones hacia el exterior o mantener comportamientos que de alguna manera se confronten totalmente con los principios doctrinales o el programa de nuestros partidos o sindicatos.

Supongo que todos los partidos representados en esta Cámara tienen un reglamento interno. Supongo que tienen previstas sanciones, y ese reglamento interno no tiene categoría de ley, y esas sanciones no se imponen por los tribunales. Lo que ocurre es que eso está introducido en la idea misma de lo que es la libertad de partido, de lo que es la libertad de asociación y de lo que es una sociedad pluralista, con pluralismo de partidos y pluralismo de sindicatos. Y, consiguientemente, en defensa de ese pluralismo cada persona ha de moverse en el terreno político-social y en el terreno de la enseñanza en su contexto.

No se me venga con referencias a problemas laborales, que no existen, porque, como decíamos antes, basta con respetar el ideario. Pero yo preguntaría a sus señorías del Partido Socialista, por ejemplo ¿qué pasaría si el director o el subdirector del periódico *El Socialista* se afiliase a UCD? *[El señor PECES-BARBA MARTÍNEZ: Es imposible]*. No es metafísicamente imposible. Es más o menos probable. No vamos a intentar ficharle para demostrar la contradicción de su tesis. Evidentemente, los hombres podemos variar de opinión, pero la institución del periódico *El Socialista* responde a una razón de ser que es la transmisión de unas tesis doctrinales, y no tiene sentido, va en contra de la construcción democrática de esa sociedad, decirnos que ese contrato laboral es más importante que el que *El Socialista* pueda ser socialista.

Señorías, yo no intento inundar a esta Cámara con citas de Derecho comparado, pero existen. La Ley vigente francesa, la llamada Debray de 31 de diciembre de 1959, establece que los profesores deberán respetar el carácter propio de cada centro, y la interpretación dada a ese precepto en Francia es paralela, es absolutamente coincidente con el respeto que se pide en el artículo 15 para el ideario en los Centros privados.

Y, por último, voy a citar una sentencia dictada por la Corte Constitucional italiana el 29 de diciembre de 1972 para resolver el recurso interpuesto ante ese máximo Tribunal de la República, por un profesor despedido de la Facultad de Derecho de la Universidad Católica de Milán, de la Universidad del Sacro Cuore de Milán, en que el Tribunal rechazó el recurso del profesor separado y estableció en sus considerandos que la libertad científica en los establecimientos docentes privados se encuentra sometida a los límites necesarios para alcanzar los fines perseguidos por los mismos.

Señorías, nosotros no pretendemos utilizar nuestra mayoría en esta Cámara para retornar a ninguna caverna histórica. Nosotros pretendemos que se apruebe una ley actual y una ley plenamente constitucional que puede gustar más o menos a otros grupos que están en el derecho de discrepar de ella, pero que no pueden seriamente sostener su inconstitucionalidad. Si hubiera el menor atisbo de duda a este respecto, nosotros hubiéramos retirado en el trámite oportuno la referencia combatida. Esos motivos anunciaron el voto favorable al texto defendido. Nada más, y muchas gracias por su paciencia.

Tras el turno de rectificación del señor Solé Tura.

El señor PRESIDENTE: En turno de rectificación tiene la palabra el señor Alzaga.

El señor ALZAGA VILLAAMIL: Señor presidente, con la máxima brevedad a que obliga lo avanzado de la hora.

He escuchado con la mayor atención y con cierta sorpresa las referencias a cuestiones que creo que nada o poco tienen que ver con lo que aquí se debate, como la referencia que se ha hecho por el señor Peces-Barba al tema de los millones de pesetas que se dedican a la financiación o al contexto de la intervención del profesor Solé Tura cuando nos habla como si los centros privados fueran mayoría.

A mí me parece, y me viene pareciendo a lo largo de los debates de esta ley, que hay una reiteración en la línea argumental de las exposiciones de los legisladores que se sientan en los bancos de allí enfrente, que se reproducen prácticamente con independencia de la cuestión concreta objeto de debate. Yo diría, señorías, con todos los respetos, que son como el *Bolero* de Ravel, siempre igual. Y este tema es un tema concreto. Aquí estamos discutiendo una cuestión concreta que no tiene gran cosa que ver con la financiación.

Creo que no tiene sentido entrar en una discusión puntillosa y menos en este trámite.

Yo no he dicho —y me remito al texto taquigráfico— que en los Centros públicos no exista la limitación de la edad del artículo 20.4, sino que he dicho que esa es la limitación que queda para los Centros públicos; es decir, lo contrario de lo que se me ha entendido. Creo que el artículo 27.2, que dice que la educación tiene que respetar las leyes y la Constitución, es una cosa obvia y, evidentemente, se produce en los centros privados. Lo cual no quiere decir que la libertad de enseñanza, como tal, esté supeditada a la libertad de cátedra, sino que la libertad de cátedra no es que tenga que respetar la Constitución y las leyes, sino que tiene que respetar los derechos reconocidos en el Título, entre los cuales está la libertad de enseñanza; y no se ha contestado a esa cuestión, porque no se resuelve con la referencia al artículo 27.2.

Se me dice que unos ejemplos que ofrezco de Derecho comparado ya se han oído. Yo los he querido leer para que conste en el *Diario de Sesiones* de los debates de la Comisión, como sus señorías saben; pero, evidentemente, si esta Cámara tiene obligaciones, y las tiene, entre sus obligaciones no está la del plagio de modelos foráneos.

Esta Cámara tiene derecho a producir una legislación que, para empezar, tiene que desarrollar una Constitución que es diferente, una Constitución que será, en sus líneas generales, genuinamente europea y genuinamente democrática, que será homologable con los grandes textos políticos de nuestra época; pero que es diferente. Y en cuanto a lo que estamos discutiendo sobre las acusaciones que se vertieron por los representantes fundamentalmente de los Partidos Socialista y Comunista en Comisión, en términos muy duros, anunciando un recurso de inconstitucionalidad, anunciando que los profesores que se vieran afectados por las limitaciones del artículo 15, en los supuestos de no respeto a ese ideario, acudirían a recursos de amparo, lo que hemos hecho ha sido demostrar que no hay inconstitucionalidad, y a este punto básico no hay réplica.

¿Por qué tiene un distinto *status* el profesor de un centro público o el profesor de un centro privado? Eso es verdad, pero eso no es discriminación. Hay un distinto *status* como lo hay para el trabajador en otras áreas de la Administración Pública, en otros terrenos de la función pública y el que trabaja en entes privados de diverso género. Evidentemente, el que entre a ser profesor de una escuela promovida por los Testigos de Jehová, por ejemplo, tendrá unas limitaciones que no tendrá el que entre a dar sus clases en una escuela promovida por su ayuntamiento. Esto es obvio, pero eso no encierra ningún tipo de inconstitucionalidad.

El ideario es el reflejo de la libertad de enseñanza. El ideario, que, según el artículo 34.1 del proyecto de ley que estamos discutiendo, se encuentra como tal sometido a la Constitución y a las leyes, no será nunca un ideario que vulnere la Constitución y las leyes. Es la expresión de una libertad constitucional.

Se nos dice que la libertad de enseñanza es equiparable a la libertad de cátedra. Yo diría (y lo he dicho en mi Grupo Parlamentario con anterioridad a este momento) que, puestos a afinar, este artículo debería de hablar de libertad docente, y creo que en el Senado, ahí se debe hablar de libertad docente, porque realmente se están confundiendo cosas muy próximas, pero que no son exactas. En eso yo acepto y coincido en que hay un matiz a salvar en otra lectura. No se preocupen sus señorías porque tenemos tres lecturas en la Cámara Baja, tenemos otras tres lecturas en la Cámara Alta y tiempo hay de afinar estos matices, y si algo somos los legisladores, es rumiantes de estos proyectos de ley. Señorías, no se ofendan. En la India seríamos animales sagrados.

Nos vamos separando del tema, así es que muchas gracias, señor presidente.

VII.5. SOBRE LA PROPOSICIÓN DE LEY ORGÁNICA DE DEFENSOR DEL PUEBLO *

Tras darse por concluido el debate y votación de esta Proposición de Ley Orgánica y después de las explicaciones de voto de los representantes de los Grupos Parlamentarios, señores Peces-Barba Martínez, Solé Tura, Fraga Iribarne y Vizcaya Retana.

El señor PRESIDENTE: Por el Grupo Parlamentario Centrista, y también para explicación de voto, tiene la palabra el señor Alzaga.

El señor ALZAGA VILLAAMIL: Señor presidente, señoras y señores diputados, para, en el mismo tono de siempre y con la mayor brevedad posible, explicar nuestro voto, que ha sido un voto sin reservas, con plena orfandad de enmiendas vivas de la Unión de Centro Democrático, en una sesión en la que se culmina un trabajo legislativo especialmente grato sobre una proposición de ley socialista, que, sin tacañería alguna y con auténtica verdad, hay que calificar de una proposición de ley de una técnica legislativa muy estimable, muy elogiable.

Nosotros nos sumamos de muy buen grado a los elogios que aquí se han vertido en la tarde de hoy a la obra prelegislativa del buen administrativista don Álvaro Gil-Robles, así como a los elogios que aquí se han dirigido en conjunto al Grupo Parlamentario Socialista y a su portavoz, el señor Peces-Barba, al que no obstante le hemos visto tan orondo en elogios anteriores, que no insistiremos en demasía.

Realmente sobre esta buena proposición de ley se ha hecho por la Ponencia un trabajo que, como ya se ha calificado, ha sido concienzudo, un trabajo de pulimento, con calma y esmero, que quizá pueda muy probablemente continuarse y terminar de perfeccionarse por la Alta Cámara.

* En sesión plenaria núm. 127, de 11 de noviembre de 1980, *Diario de Sesiones del Congreso de los Diputados*, núm. 127, pp. 7961-7963.

Nosotros queremos, sin embargo, hacer, en primer lugar, una afirmación, que es la de que no podemos compartir las afirmaciones que ha vertido hace breves minutos el digno representante del Grupo Parlamentario Comunista en torno al artículo 11 de la proposición de ley que nos ocupa, afirmaciones por lo demás vertidas en momento procedimental singular, porque no han sido sostenidas ni en Ponencia ni en momento procesal pertinente en este mismo Pleno, y creemos que no podemos coincidir con la tesis de que no corresponde al Defensor del Pueblo, como delegado de las Cortes Generales, intervenir en el ámbito territorial propio de las diversas Comunidades Autónomas, porque, por imperativo del artículo 54 de la Constitución, es finalidad específica y primordial de esta institución que hoy estamos reglando la defensa de los derechos consagrados en el Título I de la Constitución. Y el artículo 149.1 de nuestra norma política fundamental, como sus señorías saben mejor que yo, afirma que el Estado tiene competencia exclusiva, entre otras materias: primera, sobre la regulación de las condiciones básicas que garanticen la igualdad de todos los españoles en el ejercicio de los derechos y en el cumplimiento de los deberes constitucionales, amén de que otros preceptos, que nos es preciso subrayar ante sus señorías, establecen, como por ejemplo el artículo 139.1, que todos los españoles tienen los mismos derechos y obligaciones en cualquier parte del territorio del Estado.

Consiguientemente, en esta materia está harto justificado que la Magistratura que estamos en estos momentos contribuyendo a reglar, de conformidad con instituciones similares que se creen con arreglo a lo previsto por la Constitución y por los Estatutos de Autonomía que están siendo objeto de redacción, en colaboración con las mismas, repito, actúe en defensa de esos derechos que son iguales para todos los españoles en cualquier parte del territorio nacional.

Porque no hay que olvidar que no estamos aquí hoy, en esta Cámara, creando la institución del Defensor del Pueblo. Es una institución que está creada por la Constitución, que la misma nos da, en los artículos 54, 162 y 70 especialmente, ciertas notas precisas de en qué consiste esa institución y que solo nos corresponde aquí proceder a regularla por vía de Ley Orgánica, según nos encomienda el reiteradamente citado artículo 54.

Yo querría en esta explicación de voto, tan brevemente como sea posible y dado que mi Grupo Parlamentario no ha hecho prácticamente uso de la palabra en el Pleno de hoy, explicar cuáles son las líneas básicas o los criterios fundamentales que han presidido el trabajo nuestro, sobre todo en Ponencia, en torno a esta proposición de ley. Afirmaremos en primer término que el Grupo Parlamentario Centrista ha partido de una gran premisa: la de dotar al Defensor del Pueblo de la máxima *auctoritas* posible.

Nosotros pensamos que, ante todo, el Defensor del Pueblo está concebido en nuestra Constitución como una Magistratura de opinión capaz de adentrarse, por tanto, en la crítica no solo de acciones, de conductas que puedan estimarse ilegales, sino también de comportamientos que quizá entran dentro del marco formal de la ley, pero que sean ineficaces, morosas o, en ocasiones, incluso contrarias a la ética y que puedan afectar a los derechos y libertades de los españoles. Estamos ante una Magistratura de opinión, a nuestro parecer, porque sus resoluciones en principio no son directamente obligatorias, pero deben estar dotadas de una especialísima autoridad. Creemos que es una Magistratura que debe contar —como cuenta en esta proposición de ley— con una independencia básica, incluso de las Cortes Generales de las que emana, porque ha de estar al margen de la lucha política cotidiana, precisamente porque tiene que ser una Magistratura especialmente objetiva, y por tanto, no sometida a los vaivenes de opinión que caracterizan a todos los partidos políticos.

De aquí que nuestro Grupo Parlamentario no haya objetado el hecho de que la elección del Defensor del Pueblo se efectúe, no por la mera mayoría parlamentaria que sostiene al Gobierno, sino por la mayoría cualificada de tres quintos. No hemos pretendido implantar un Defensor del Pueblo que sea reflejo de la mayoría de Gobierno, sino capaz de controlar con independencia la acción de la Administración.

Para nuestro Grupo Parlamentario, en consecuencia, la faceta judicial —valga la expresión— del Defensor del Pueblo es complementaria de la anterior, y aunque no desconocemos la legitimación que le reconoce la misma norma política fundamental para interponer el recurso de amparo y el recurso de inconstitucionalidad, por así preverlo el artículo 162 de nuestra Constitución, nuestro Grupo Parlamentario ha limitado, ha recortado su acción cerca del Poder Judicial para evitar interferencias entre el Defensor del Pueblo y la Justicia contencioso-administrativa u otros Juzgados o Tribunales de la Jurisdicción Ordinaria. Hemos tenido especial interés en garantizar que nadie se inmiscuya en la independencia de jueces y Tribunales que garantiza el artículo 117 de la Constitución.

Otros criterios de fondo que han presidido nuestro trabajo en torno a esta proposición de ley han sido, en primer lugar, el que en ningún momento hemos comulgado con lo que podríamos llamar una cierta fe ingenua o pueril en los efectos taumatúrgicos de esta institución. Nosotros creemos que de esta institución cabe y deben esperarse efectos positivos, pero efectos positivos limitados, según nos enseñan las experiencias extranjeras más próximas. Hemos contribuido a la puesta en marcha de la institución desde una actitud rabiosamente realista, porque los centristas comulgamos con lo que podría llamarse una razonable insatisfacción por ciertas prácticas de nuestra función pública que puedan afectar a derechos y libertades. Tenemos plena conciencia de la dificultad de solventar muchas veces estas deficiencias, según nos enseña la politología moderna, desde el Gobierno o incluso desde el Parlamento. Mi Grupo Parlamentario, desde ese realismo, sabe que la acción parlamentaria de control tiene límites naturales, y mejor que nosotros quizá lo sepan ciertos Grupos de la oposición, que son a los que les corresponde en este momento histórico asumir el rol de control del Gobierno. Y ese control parlamentario tiene límites por problemas de insuficiente información, en ocasiones, por la singularidad del juego mayoría-oposición y, muy especialmente, por la escasa flexibilidad de ciertos procedimientos parlamentarios.

Nosotros creemos, en consecuencia, que el gran valor complementario de la institución del Defensor del Pueblo deriva de su autoridad —que no nos cansamos de subrayar—, de su funcionamiento informal y ágil, más ágil que el que debe caracterizar a esta Cámara, y que puede y debe llevar a cabo labores no solo complementarias, sino previas, de las de control propiamente dicho que corresponden a las Cortes Generales.

Pero querría, antes de terminar, subrayar una idea que es consustancial a nuestro planteamiento sobre la institución del Defensor del Pueblo. Para el Grupo Parlamentario Centrista el Defensor del Pueblo es un colaborador crítico de la Administración y no una institución emplazada en oposición dialéctica frente al funcionariado. Si no entendemos todos este sentido de colaborador crítico de la institución del Defensor del Pueblo creo, sinceramente, que corremos el riesgo de que su propia existencia y, en consecuencia, la expectativa de su posible intervención en torno a toda acción administrativa conlleve efectos paralizantes sobre una Administración Pública que hablando con la sinceridad que debemos todos emplear en esta Cámara, no brilla precisamente por su dinamismo.

Es absolutamente fundamental que el Defensor del Pueblo sea un auténtico colaborador de la Administración, que ha de lograr que esa Administración, que tiene una carga de inercia histórica importante en cuanto a ciertos métodos de funcionamiento, alcance en la nueva situación democrática una mayor predisposición, una mayor preocupación por el respeto de los derechos y de las libertades de los ciudadanos. Y esto no es incompatible, sino perfectamente coherente, con que la labor del Defensor del Pueblo, a la par, busque y logre que la Administración Pública, las Administraciones Públicas, sean cada vez más funcionales. Solo así contribuirá la nueva institución al mayor prestigio del poder político ante la opinión pública.

Eso es tanto como decir que contribuirá a la legitimación cotidiana del Estado. Y esa legitimación cotidiana del Estado es una pieza básica para consolidar el sistema político democrático que estamos todos, pieza a pieza, construyendo.

A todo ello mi Grupo, y creo que todos los demás que con anterioridad a este momento han explicado su voto favorable, ha querido servir contribuyendo a la elaboración de esta importante Ley Orgánica y dándole su voto favorable.

Nada más, y muchas gracias, señor presidente.

VII.6. AL RETORNAR LA PROPOSICIÓN DE LEY ORGÁNICA DE DEFENSOR DEL PUEBLO, ENMENDADA POR EL SENADO *

Después de la explicación de voto del señor Peces-Barba Martínez.

El señor PRESIDENTE: Por el Grupo Parlamentario Centrista y para explicación de voto, tiene la palabra el señor Alzaga.

El señor ALZAGA VILLAAMIL: Muchas gracias, señor presidente, y en la forma más breve posible —diríamos que cuasi telegráfica— y, espero, que compaginable con el cordial murmullo de fondo en que se desenvuelve la Cámara en estos momentos.

Evidentemente, la Cámara Alta se ha planteado su colaboración en el proyecto de Ley Orgánica configuradora de la institución del Defensor del Pueblo, principalmente desde una perspectiva técnica. Y desde esa perspectiva técnica ha hecho, realmente, una gran labor.

Yo diría que nuestro voto ha sido un voto precedido de una reflexión conjunta con los restantes Grupos Parlamentarios. Y dicha reflexión ha estado impregnada de la preocupación por la máxima mejora técnica posible de la norma que nos ocupa, y ello explica que la mayor parte de las votaciones que se han reflejado en el tablero durante la tarde de hoy han sido cuasi unánimes o prácticamente unánimes.

Pero afirmo también que una de las circunstancias políticas probablemente más subrayables que se han registrado en la colaboración prestada por el Senado en la confección de esta norma ha sido que el bicameralismo —como decía un clásico, Rossi— tiende a compaginar los impulsos de progreso o, si se quiere, de audacia que corresponden en principio a la Cámara

---

* En sesión plenaria núm. 152, de 24 de marzo de 1981, *Diario de Sesiones del Congreso de los Diputados,* núm. 152, pp. 9504-9505.

Baja, con el principio de conservación o de prudencia que, en principio, se piensa que están fundamentalmente asentados en la Cámara Alta.

Quizá en algún sentido la concepción de la figura del Defensor del Pueblo como colaborador de la Administración, como colaborador crítico, como institución, en definitiva, que contribuye no solo a la mejor defensa de los derechos y libertades consagrados en el Título I de la Constitución, sino también a un mejor funcionamiento, a una mejora funcional de la Administración Pública, está presente en muchas de las enmiendas aportadas por el Senado, desde el principio de moderación que sagazmente subrayaba Montesquieu como típico de todo Senado.

Por todo ello, nuestro voto favorable en muchos casos y adverso en aquellos en que estimábamos que no había mejora apreciable, ha sido muy sincero y en la creencia de que hemos alumbrado una ley positiva para consolidar una democracia seria en nuestro país. Nada más y muchas gracias.

VII.7. DEBATE SOBRE LA LEY ORGÁNICA REGULADORA DE LOS ESTADOS DE ALARMA, EXCEPCIÓN Y SITIO*

Sobre la enmienda del Grupo Parlamentario Socialista del Congreso por la que se propuso la incorporación de un nuevo artículo, que sería provisionalmente el artículo 1 bis, defendida por el señor Pons Irazazabal.

El señor PRESIDENTE: En defensa del dictamen de la Comisión tiene la palabra el señor Alzaga.

El señor ALZAGA VILLAAMIL: Con su venia, señor presidente, para oponernos, no sé si exactamente con los argumentos que vaticinaba en su intervención el señor Pons, a la enmienda que él acaba de defender.

Se da el caso, como él sostiene, de que el artículo 116.5 de nuestra Constitución, tras referirse a la no disolución del Congreso, dice que «su funcionamiento», es decir, el de esta Cámara, así como el de los demás poderes constitucionales del Estado, no podrá interrumpirse durante la vigencia de estos estados.

Bien, se habla de ese funcionamiento que la enmienda quiere adjetivar de normal en un contexto, en el contexto de un párrafo que se centra en la imposibilidad de disolución de la Cámara Baja durante la vigencia de los estados de excepción. Es decir, que la *ratio legis* de la Constitución es garantizar la existencia vital de esta Cámara durante sus periodos, su no disolución y, por consiguiente, que igualmente ni se disuelvan ni se consideren entre paréntesis los poderes públicos del Estado, que existen, y no vegetativa sino operativamente, es decir, en funcionamiento.

Ese es el sentido y la interpretación correcta del artículo 116. Es obvio que el funcionamiento de los poderes públicos en los estados de excepción

* En Sesión Plenaria núm. 160, de 21 de abril de 1981, *Diario de Sesiones del Congreso de los Diputados,* núm. 160, pp. 9891-9915.

no es normal, sino más bien anómalo o excepcional, y que no se diga que cuando se quiere adjetivar de normal se quiere decir con arreglo al ordenamiento jurídico, porque si eso es lo que desea expresar el señor Pons, podemos ahorrarnos esos gramos de tinta legislativa, toda vez que el artículo 9.1 de nuestra Constitución —que es de general aplicación y que está en el Título pórtico de nuestra ley de leyes— establece que los poderes públicos están sujetos siempre a la Constitución y al resto del ordenamiento jurídico.

No es esa, por tanto, la interpretación que tendría sentido. Porque, en cualquier caso, por disposición de nuestra norma fundamental, durante la vigencia de los estados a que se refiere la presente Ley Orgánica, los poderes públicos están acogidos a la legislación vigente.

Durante los estados anómalos, seamos realistas, el funcionamiento de los poderes públicos es a la defensiva; en defensa de la sociedad y de su Estado en una situación anormal. Se disminuye entonces la competencia y el rigor procesal con que tienen que actuar los órganos jurisdiccionales, por lo menos en los estados de excepción y sitio; se concentran —en todo caso— funciones en el Poder ejecutivo de forma no normal, y en el estado de sitio, como todos sabemos, se procede al trasvase de facultades de la Administración civil a la militar, al menos en ciertos campos, casos y condiciones.

En suma, como dice un constitucionalista alemán, en los estados de excepción no pierden temporalmente vigor las decisiones políticas fundamentales sobre la forma de convivencia de un pueblo, pero sí pueden perder transitoriamente vigencia normas generales contenidas en las leyes constitucionales, sobre cómo llevar a ejecución tales decisiones y en especial las normas dirigidas a la protección de las libertades públicas.

Esa es exactamente la correcta filosofía jurídico-constitucional de nuestro artículo 116 y a ella se atiene el precepto primero de la ley que nos ocupa y, por consiguiente, no podemos aceptar la adición de un artículo 1 bis con el adjetivo «normal».

Esta es una enmienda que creemos que no incluye garantías adicionales. Las garantías están a lo largo de la ley, como tendremos ocasión de ver en la sesión de hoy a la hora de exigir el acuerdo del Congreso, su control, plazo, vigencia del principio de responsabilidad, etcétera.

Es una enmienda en alguna medida literaria, pero que puede tener un valor interpretativo, y es un principio de interpretación que no podemos admitir, porque va *contra natura*. El funcionamiento de los poderes públicos en situaciones de excepción —valga la redundancia— no es normal, sino excepcional.

Muchas gracias.

* * *

Tras nueva intervención sobre la misma materia del señor Pons Irazazabal.

El señor PRESIDENTE: Tiene la palabra el señor Alzaga.

El señor ALZAGA VILLAAMIL: Brevísimamente, señor presidente, porque creo que podemos incurrir en el riesgo de la reiteración.

En primer lugar, como sabe mejor que yo el señor Pons, la literatura, como tantas cosas en esta vida, puede ser mejor o peor. Yo no he querido hacer un juicio de valor y no creo que sea una enmienda de la mejor literatura jurídica.

En segundo término, evidentemente la concentración de poder que se efectúa fundamentalmente en el órgano ejecutivo por excelencia dentro de la mecánica del aparato del Estado que es el Gobierno, supone un funcionamiento anormal porque cercena a su vez en ocasiones, atribuciones que corresponden a otros poderes, como es en concreto el poder judicial.

Si el periodo de tiempo limitado constitucionalmente para una detención gubernativa queda en suspenso por haber sido declarado un estado de excepción, evidentemente el funcionamiento del Poder ejecutivo a través de la policía es anómalo durante el estado de excepción, o es anormal porque lo normal es que se respete la limitación de tiempo a las detenciones prevista en la Constitución. O sea, que evidentemente las circunstancias que motivan el estado de excepción son anormales, son de emergencia y suponen una mecánica, un funcionamiento de los poderes públicos, excepcional. Porque para un funcionamiento ordinario de los poderes públicos, podíamos a estas horas irnos a nuestros respectivos domicilios y evitarnos la aprobación y redacción del resto de esta ley.

Muchas gracias.

* * *

Tras la defensa llevada a cabo por el señor Vizcaya Retana, en representación del Grupo Parlamentario Vasco (PNV) de su enmienda al artículo 6 del proyecto.

El señor PRESIDENTE: Para defender el dictamen de la Comisión, tiene la palabra el señor Alzaga.

El señor ALZAGA VILLAAMIL: Señor presidente, señoras y señores diputados: parece que las circunstancias excepcionales, o el hablar de circunstancias excepcionales, y de las consiguientes medidas excepcionales, de alguna manera trae a colación una somnolencia excepcional en la Cámara. Yo no sé si avanzamos hacia unos hipotéticos estados de excepción por la vía del estado de sopor, pero quizá no sea malo, porque quizá el estado ideal del hombre es el de sopor o el del sueño. Así que contribuiremos a la felicidad de sus señorías. Con una intervención plúmbea, pero tan breve como sea posible.

De las primeras palabras del señor Vizcaya, que me ha precedido en el uso de esta tribuna, parecía deducirse una cierta acumulación de algunas enmiendas, que yo interpretaba que serían, junto a la que lleva el ordinal 65, las números 70 y 78, que se refieren al estado de excepción.

Por sus últimas palabras parece colegirse que las relativas al estado de excepción serán objeto de defensa aparte. Consiguientemente intentaré, de alguna manera, hacer una escisión en los argumentos que yo había ido acumulando mientras le oía.

Existe una variedad de motivos por los cuales es pertinente oponerse, como nos oponemos, a la enmienda del Grupo Parlamentario Vasco. Y hay estos motivos adicionales en el caso del estado de excepción, para objetar este trámite de audiencia previa que se intenta introducir en el mecanismo de decretar los estados anómalos. Veamos los primeros.

Hay un primer capítulo de motivos que se refiere a cuál debe ser el órgano idóneo para decretar estos estados. La doctrina *ius publicista* suele coincidir en argumentar que el órgano idóneo, para ser titular de poderes excepcionales, poderes singulares, en dichos estados e incluso en un estado especial, como es el que el artículo 116 de nuestra Constitución incluye bajo el título, un tanto singular, de «Estado de alarma», debe reunir los siguientes requisitos: en primer lugar, que sea un órgano expeditivo, porque la urgencia de la respuesta a una situación singular de este tipo así lo requiere; segundo, que sea un órgano homogéneo y, en tercer término, que sea un órgano capacitado para llevar a cabo misiones de salvación pública, que son las que requieren una declaración de estado de alarma.

Pues bien, el órgano por definición en que concurren estas notas es obviamente el órgano ejecutivo, el Gobierno de la Nación. El mecanismo que se propone en la enmienda del artículo 65 va, en primer lugar, contra la urgencia. Supone la necesidad de solicitar y, por consiguiente, que se formule un informe.

Se nos ha hecho alusión verbal por el señor Vizcaya a los métodos modernos de comunicación. Pero yo entiendo que el informe consiguiente en que se está pensando es probablemente un informe escrito. Y así parece, por analogía con la enmienda 71 que al artículo 13 tiene presentado el mismo Grupo Parlamentario, que plantea que en la documentación que tiene que aportar el Gobierno al Congreso debe unirse ese informe. Es decir, debe ser un informe escrito, al menos cuando se trata de estado de excepción, y como no se dice lo contrario es de suponer que también en esta hipótesis.

La enmienda va contra la homogeneidad del centro decisorio, al introducir un órgano, en concreto el Gobierno de la Comunidad Autónoma. Evidentemente, si no se trata de un diálogo de sordos, el Gobierno tendrá que exponer ante el Gobierno de la Comunidad Autónoma por qué cree imprescindible declarar el estado de alarma. Será preciso hacer un acopio argumental, quizá hacer un informe previo que, evidentemente, requerirá un tiempo y puede requerir informaciones complementarias y un diálogo, en definitiva.

Es decir, que mientras el artículo 116 de la Constitución, primando una decisión eficaz, nos dice que el estado de alarma será declarado por el Gobierno mediante decreto acordado en Consejo de Ministros, dando cuenta al Congreso de los Diputados, con posterioridad, aquí se pretende introducir un mecanismo dilatorio y extraconstitucional, con todo lo que ello puede implicar de retrasar la respuesta debida a las circunstancias singulares de calamidad, etcétera, que se hayan podido plantear.

Pero es que imaginemos la situación negativa que se crea en caso de discrepancia entre la opinión del Gobierno de la Nación y la del Gobierno de la Comunidad Autónoma. El país puede asistir a un debate, evidentemente inoportuno e ineficaz, sobre si se debe o no declarar el estado de alarma; en definitiva, retrasando una decisión que, según la Constitución, corresponde a la responsabilidad del Gobierno el adoptarla. Porque en última instancia, señorías, el mecanismo de nuestra Constitución en este terreno es muy sencillo: adjudica la plena responsabilidad de decretar el estado de alarma al Gobierno, y nos dice en el artículo 116, último párrafo, que la declaración entre otros, del estado de alarma no modifica el principio de responsabilidad del Gobierno, y se exigirá a ese Gobierno que toma libremente la decisión la responsabilidad que proceda por el error político en que haya podido incurrir ante la inoportunidad o inadecuación de la toma de esta medida dadas las circunstancias del caso.

Ese es el mecanismo constitucional de concentración de responsabilidad en el Gobierno y de permanencia del principio parlamentario por excelencia que es el de exigencia de la responsabilidad política. A eso, señorías, se atiene el texto del proyecto dictaminado por la Comisión, que gozará de nuestro voto favorable. Nada más y muchas gracias.

* * *

Tras la réplica del señor Vizcaya Retana.

El señor PRESIDENTE: Tiene la palabra el señor Alzaga.

El señor ALZAGA VILLAAMIL: Señor presidente, señoras y señores diputados, voy a discrepar cordialísimamente de nuestro buen amigo el señor Vizcaya, no diciéndole eso de que no nos ha convencido, porque ya lo sabe, sino expresando algo que yo creo que es obvio. Es obvio que el requisito de audiencia que se quiera introducir en este artículo 6 es por vía escrita, porque cuando se está haciendo alusión, a través de una serie de circunloquios verbales de su señoría a los modernos medios de comunicación, lo que no pueden su señoría decir para que conste en el *Diario de Sesiones* es que se está pidiendo una comunicación telefónica.

En el terreno de las relaciones internacionales funcionan teléfonos adjetivados de rojos o de otros colores, y existen las protestas verbales; en los procedimientos judiciales existen los trámites orales; pero en los procedimientos administrativos y de relación de los poderes públicos de las distintas administraciones prima el principio de escritura, que, como dice el gran teórico de la burocracia (que como todos sabemos es Max Weber), es la gran aportación de los Estados modernos, de las burocracias modernas.

Luego si el artículo queda redactado como pretenden sus señorías, hace falta, para que quede constancia de que se ha cumplido el trámite, un requerimiento escrito y una respuesta escrita; y evidentemente eso afecta por vía de dilación. Pero es que, aunque fuera verbal, lo que asumo exclusivamente por hipótesis, no podría su señoría (en explicación de voto, por ejemplo) citar un solo caso del Derecho comparado en que exista ese mecanismo de audiencia oral al órgano de una Comunidad Autónoma, por poner un ejemplo. Ergo, en situaciones como la que nos ocupa sobre la declaración del estado de alarma, hay que reconocer que la legitimación activa, por así decirlo, que reconoce la Constitución al Gobierno es la única que se puede recabar por nuestro Derecho público.

* * *

Tras la defensa de la enmienda del Grupo Parlamentario Comunista, por el señor Solé Tura.

El señor PRESIDENTE: Para consumir el turno en defensa del dictamen de la Comisión, tiene la palabra el señor Alzaga.

El señor ALZAGA VILLAAMIL: Con la venia de la Presidencia, para contestar conjuntamente las intervenciones de los señores Vizcaya y Solé. Empezaré por esta última, que la acumulación del debate me obliga a replicar, aunque no tengo inconveniente en informar a la Cámara, que según nuestra división de trabajo, pertenecía a otro negociado, en concreto al de los señores Olarte y Tomé; pero el tema se pone fácil porque me dicen que ambas enmiendas se juzgan aceptables, toda vez que lo que contienen son aclaraciones que se encontraban ya implícitas en el texto del articulado según venía de la Comisión, y lo único que se solicita por mi Grupo Parlamentario, al objeto de poder votar la enmienda que lleva el número 128, es evitar una cierta incorrección expositiva que se contiene al decir «relación de las medidas a adoptar, relacionadas con los derechos». Seguro que en el Grupo Parlamentario Comunista habrá algún seguidor de Azorín que podrá pulir en estos últimos minutos la redacción de esta enmienda, que puede contar con nuestro voto favorable.

Y como corresponde, voy a intentar contestar con la mayor brevedad posible al señor Vizcaya. El señor Vizcaya profetizaba con acierto cuando decía «el señor Alzaga me contestará», porque él suponía que íbamos a seguir mano a mano el debate sobre el trámite de audiencia del Gobierno de la Comunidad Autónoma que habíamos empezado algunas enmiendas atrás con motivo del estado de alarma. Sin embargo, creo que la profecía no es correcta o no queremos muchos que sea correcta, y seguro que él tampoco, cuando dice que este estado de excepción, si se aplica, se aplicará en el País Vasco.

Yo pienso que las leyes, y máxime una Ley Orgánica de este calibre, se redactan con vocación de generalidad. Evidentemente, se basan en el principio de igualdad de trato de todos los ciudadanos, de todos los españoles y no pueden nunca suponer, ni por vía explícita ni por vía tácita, la menor desigualdad de trato.

No sabemos cuál va a ser la suerte de esa ley. En Estados Unidos, en lo que va de siglo, hay aproximadamente cuarenta intervenciones federales excepcionales en muy diversos Estados, y hay otros Estados en los que en lo que va de siglo es difícil encontrar un ejemplo de traer a colación. La voluntad de convivencia de todos será la que determine el futuro de la ley.

Yo quiero decir que no es posible, ni siquiera con la voluntad excepcional de aproximación que preside nuestro Grupo Parlamentario en todos los trabajos legislativos y en este en concreto, el acceder a aprobar la enmienda en cuestión.

La enmienda número 65, la que se relacionaba con la posibilidad de que fuera oído el Gobierno de la Comunidad Autónoma cuando se trate de decretar un estado de alarma, era algo más atendible en lo que cabe, y el señor Vizcaya, con su tesón de parlamentario logró, yo diría que por influjo de esta enmienda, cambiarla, dando entrada al Gobierno de la Comunidad Autónoma y al presidente de la misma en ciertos aspectos del estado de alarma en los artículos 7 y 9, como él sabe mejor que yo.

Pero en el estado de excepción nos encontramos con la célebre afirmación que todos conocemos de un clásico del Derecho político que dijo en frase celebérrima: «Soberano es quien puede declarar el estado de excepción». Y normalmente se admite que es una reasunción de poderes que, de alguna manera, dimanan de la Nación soberana, y que vuelven a emerger a través del Gobierno y del Parlamento de la Nación en circunstancias en que el orden jurídico habitual puede verse desbordado por los hechos.

De forma que si el señor Vizcaya quiere encontrar algún tipo de apoyatura en el Derecho comparado —y tengo la impresión de que o no lo ha querido buscar, o no lo ha encontrado—, tiene que ir a buscar Estados federales muy singulares; de aquellos que en algún momento de la historia de la política se constituyeron sobre la idea de la unión de Estados soberanos.

Hay muy pocas constituciones federales que admiten que venga a intervenir, a la hora de declararse un estado de excepción, un Estado miembro. Yo me he puesto a buscar y no he encontrado más que la Constitución argentina de 1853; ni más ni menos. ¿Por qué? Pues porque en la Constitución norteamericana, que es el arquetipo de los regímenes federales que han venido a imitar la mayor parte de las constituciones federales, esto no existe, como no existe tampoco en la República Federal Alemana, que es el modelo que de la Segunda Posguerra Mundial para acá han seguido la mayor parte de las naciones que han querido organizarse con una forma de Estado de carácter federal.

Consiguientemente, por razones funcionales, estos Estados federales, incluso han partido de la existencia de un residuo de soberanía en los Estados miembros, entienden que el principio de concentración de la decisión de declarar el estado de excepción debe presidir en esta materia.

No voy a entrar en la cuestión de la celeridad que decía el señor Vizcaya; esto dependerá de las circunstancias; puede haber casos en que la celeridad sea un motivo, entre otros.

Le diría, por tanto, para terminar, al señor Vizcaya, que aquí no cabe la excepción. Que su actitud batalladora a mí me recordaba, oyendo hace un momento, esa célebre anécdota que muchos conocerán de una negociación complicada entre los sindicalistas y los representantes de una patronal de los Estados Unidos. No había manera de llegar a un acuerdo, y lo presidió, con afán de conciliar, el gobernador del Estado. El hombre llegó a la mesa, se sentó y dijo: «Bueno, vamos a ver qué quieren los sindicatos», y un viejo sindicalista le contestó: «Es muy sencillo, señor gobernador, los sindicatos quieren más».

Pues bien, oyendo al señor Vizcaya le entiendo. El señor Vizcaya quiere más, pero en esta materia no es posible. Estamos en un punto límite de la concepción del Estado. Quizá en algún otro artículo sea más fácil. Muchas gracias.

* * *

Tras los turnos de rectificación de los señores Vizcaya y Solé Tura.

El señor PRESIDENTE: Para un turno de rectificación, tiene la palabra el señor Alzaga.

El señor ALZAGA VILLAAMIL: Señoras y señores diputados, el reloj manda y creo que es obligación de todos ser breves.

Yo estoy seguro de que el señor Vizcaya no se ha enfadado conmigo, primero, porque él sabe que yo no he dado ninguna clase en esta aula (en otras he dado muchas), y segundo, porque estamos en el artículo 13, y tiene 36 artículos la ley y algunas disposiciones complementarias, y si nos enfadamos en este artículo, aunque sea un número maléfico, vamos a enturbiar innecesariamente el resto del debate que puede ser cordial, con todas las discrepancias a que haya lugar.

Yo no estoy de acuerdo, evidentemente, con los argumentos que vienen a ser puestos de nuevo sobre la mesa. No se puede decir que lo que se ha oído es indiferente, entre otras cosas porque, si ese trámite fuera un trámite vacío de contenido político, el señor Vizcaya no lo defendería en la tarde de hoy con el tesón y con el esfuerzo con que lo está haciendo.

En esta Cámara hay letrados del Consejo de Estado; pero, sin necesidad de serlo, todos sabemos que los dictámenes del Consejo de Estado pueden ser preceptivos, pero, siendo preceptivos, pueden no ser vinculantes; son significaciones distintas.

Lo que está pidiendo a través de su enmienda el señor Vizcaya es que sea oído el Gobierno de la Comunidad Autónoma con carácter preceptivo, aunque su opinión no sea vinculante. Pero es que una opinión que se exige por vía de trámite preceptivo, aunque no sea vinculante, tiene un peso: el peso que le da la firma que está al pie de esa opinión, y provoca una dinámica política.

Y esa es la realidad del proceso que consideramos negativo para tomar en un determinado momento una decisión. Decisión que yo sigo opinando que no tenemos por qué aceptar —y yo no acepto— que vaya a tener por sujeto pasivo al pueblo vasco. A mí, cierta resignación, en esta materia, del señor Vizcaya me deja no digo que apesadumbrado, pero sí preocupado. Yo creo que el señor Vizcaya viene trabajando para que la fuerza del Derecho se imponga al derecho de la fuerza, y tiene que tener fe en su trabajo, y si él y todos conseguimos un éxito político en ese terreno, no tendrán que decretarse medidas excepcionales de uno o de otro carácter.

Pero sea como sea, lo que es evidente es que hay paralelismos importantes entre nuestro Estado autonómico y el Estado de las Autonomías italiano o Estado regional italiano, y hay paralelismos con los Estados federales. Y lo que yo estaba sosteniendo es que incluso en los Estados federales que aceptan el principio, al menos en el terreno de la filosofía política, de la pluralidad de soberanías convergentes en una unidad de Estado, ni siquiera en esos se puede encontrar aquello a lo que se aspira hoy a través de la enmienda de la Minoría Vasca. Pero es que, en cambio, en esos Estados federales lo que el señor Vizcaya sí habrá encontrado es que, en situaciones excepcionales, al decretarse un estado de excepción se pueden suspender, en ocasiones, los órganos autonómicos, y lo que sí habrá encontrado es la asunción por el Parlamento nacional de competencias legislativas de los Estados miembros.

Es decir, que lo que el señor Vizcaya tiene que encontrar es que en el marco del Derecho comparado la concepción que recoge esta Ley del estado de excepción es una concepción enormemente respetuosa con el derecho a la autonomía, no solo del País Vasco, sino de todas las Comunidades.

Por todo ello, señor Vizcaya, creo que discrepamos, pero no creo que la situación sea tan grave, y menos para quien usted representa.

VII.8. CONTINUACIÓN DEL DEBATE DE LA LEY ORGÁNICA REGULADORA DE LOS ESTADOS DE ALARMA, EXCEPCIÓN Y SITIO *

Tras la enmienda al apartado 1 del artículo 21 del Grupo Parlamentario Comunista, defendida por el señor Solé Tura.

El señor PRESIDENTE: Turno en defensa del dictamen de la Comisión. Tiene la palabra el señor Alzaga.

El señor ALZAGA VILLAAMIL: Señor presidente, señoras y señores diputados, muy brevemente porque el caso no requiere mayor debate, a nuestro juicio.

Evidentemente caben dos interpretaciones de la literalidad de la enmienda que por vía *in voce* fue introducida por el Grupo Parlamentario Comunista al artículo 21 que nos ocupa y su homóloga al artículo 23, cuya defensa, según se nos acaba de decir, ha quedado acumulada.

Una interpretación es la de que ella es simplemente albarda sobre albarda; es decir, que el grado de referencia a los términos y supuestos específicamente contemplados en la autorización del Congreso no es sino la referencia al contenido de la autorización por el Congreso de los Diputados que hace el artículo 14, a los efectos del estado de excepción a que hace mención el número 3 del artículo 116, o a la alusión que hace el artículo 13, sobre todo en su apartado 3, también de esta ley, a la definición de los derechos suspendidos o a la relación de medidas a adoptar.

Pero cabe otra interpretación, que es, a juzgar por las manifestaciones del diputado que me acaba de preceder en el uso de la palabra, la que se puede extraer del tenor literal del texto de la enmienda, y a eso nos teme-

---

* En Sesión Plenaria núm. 161, de 22 de abril de 1981, *Diario de Sesiones del Congreso de los Diputados*, núm. 161, pp. 9927-9963.

mos que nos hemos de oponer, y nos hemos de oponer fundamentalmente por unas palabras, las que dicen «supuestos específicamente contemplados». Es decir, que la suspensión de los derechos y libertades contempladas en el artículo 20 de la Constitución a que ha lugar de conformidad con lo previsto en el artículo 116 de la misma, no se puede constreñir a supuestos específicamente precisados o contemplados a la hora de dictarse el estado de excepción, porque esto supondría modificar radicalmente la técnica jurídica a emplear a la hora de decretar ese estado de excepción, que no puede ser una técnica casuística, que no puede ser una técnica de tipificación de los casos concretos, «específicos» según la terminología de la enmienda; porque el debate del Congreso de los Diputados sobre la procedencia de declarar un estado de excepción es necesariamente una especie de debate de totalidad; es un debate de valoración de circunstancias fácticas y políticas y de la necesidad de una determinada respuesta política excepcional. No puede ser un debate con una técnica legislativa de confección articulada de los supuestos concretos en que se pueden suspender unos u otros derechos. Esta técnica no tiene parangón, ni tiene precedente en el mundo jurídico contemporáneo a estos efectos.

Si precisamente es algo un estado de excepción, es la necesidad de desprenderse del corsé del Derecho en ciertos aspectos a la hora de posibilitar una respuesta flexible de la colectividad, de los poderes públicos, en situaciones realmente anormales. Por tanto, según está redactado el artículo 13 de esta ley, la Cámara, en la medida en que lo juzgue pertinente, limitando la autorización que le pide el Congreso, podrá establecer algunos supuestos específicos, pero sin obligar, como la enmienda pretende, a que en todo caso no cabrá la suspensión del artículo 20 si esa suspensión no tiene posibilidad de ser colgada de una escarpia prevista por la Cámara, porque ello sería tanto como que el debate de declaración del estado de excepción por imperativo de este artículo tuviera que ser un debate lento, prolijo, un debate imaginativo en grado superlativo.

Si en este momento pidiera el Gobierno en la declaración de un estado de excepción, ¿podrían decirnos hoy los representantes del Grupo Parlamentario Comunista cuáles serían los supuestos de suspensión del artículo 20 de la Constitución que les parecerían oportunos? Probablemente no nos lo podrían decir en este momento ni cuando llegara la circunstancia. La consecuencia política de esa imposibilidad es que la enmienda vacilaría la prudente y lógica previsión constitucional de que en un estado de excepción se suspende el artículo 20, porque al no poderse contener tales previsiones específicas en la autorización de declaración del estado de excepción, se habría imposibilitado la suspensión del artículo 20 de la Constitución. Y contra ese vacío es contra el que nos oponemos.

Nosotros pensamos que la voluntad constituyente era, en esa situación —que nadie queremos que se produzca— de suspensión del artículo 20 con las limitaciones que recoge la Constitución, que son la prohibición de la censura previa, que está correctamente recogida en el número 2 del artículo 21 y el control parlamentario; control parlamentario previo en la medida en que, al condicionar la autorización, la Cámara Baja puede establecer que en determinados supuestos no se pueda suspender el artículo 20 y control *a posteriori,* porque por vía del número 6 del artículo 116 de la Constitución, siempre cabrá la exigencia de responsabilidades y mecanismos de control parlamentario. Lo demás, si no contra la letra, al menos va contra el espíritu del artículo 116 de la Constitución, en nuestra interpretación. Muchas gracias.

* * *

Tras la intervención, en turno de rectificación, del señor Solé Tura.

El señor PRESIDENTE: Tiene la palabra el señor Alzaga.

El señor ALZAGA VILLAAMIL: Brevísimamente, señor presidente, porque yo creo que hay una contradicción radical en la tesis que defiende, con su habitual brillantez, el señor Solé.

De una parte, se nos habla de la necesidad de que, cuando el Congreso se pronuncie al autorizar un estado de excepción, vengan a determinarse los supuestos específicos, es decir, los tipos, los casos apriorísticamente previstos, se nos dice que es una cosa lógica, una cosa natural, una cosa a la que parece mentira que nos opongamos, y yo diría que es una cosa incluso fácil, a juzgar por el tono de las palabras del señor Solé. Vamos a ver si en el murmullo del retorno de sus señorías al hormiguero consigo hacerme oír.

Pero escuchada la introducción de la intervención de su señoría, yo esperaba que, al menos, se me pusieran algunos ejemplos, no ya una construcción articulada del tipo de supuestos de que se está haciendo mención, sino, cuando menos, como digo, algunos ejemplos. El señor Solé, dándome por la tácita la razón, no ha podido poner ningún ejemplo de esos supuestos, y entonces se conduce la interpretación, la argumentación, por la vía de la reducción al absurdo, diciendo que la autorización del artículo 116 de la Constitución, de la mano del artículo 20, tal como se recoge en el artículo 21.1 de este proyecto de Ley Orgánica (con pleno respeto a la Constitución, como lo ha reconocido en sus dos intervenciones), puede conducir a la suspensión de todas las publicaciones, de todas las emisiones de radio o de televisión y las proyecciones cinematográficas.

Bueno, evidentemente, en una democracia occidental hay límites que son inherentes al mismo sistema político, que están en la naturaleza de las cosas; es decir, un Gobierno apoyado en una mayoría parlamentaria nunca puede conducirse de forma que venga suprimir o a suspender indiscriminadamente periódicos, emisoras de radio, emisiones de televisión, etcétera. O sea, que ese peligro no está en la lógica de una democracia occidental en situación de estado de excepción.

Nos encontramos con que la filosofía del estado de excepción, por imperativo de los constituyentes, por imperativo de la voluntad que contiene la Constitución, es que, en situaciones límites, la paz social, la paz cívica, es un bien protegido superior, incluso ante los excesos que se puedan producir en la suspensión de la libertad de expresión que constitucionaliza el artículo 20 con límite temporal, con límite de control parlamentario, y con los restantes límites que hay, pero que no pueden ser tipificados, porque es realmente difícil y complejo hacerlo más allá de la vía que hemos dejado abierta, como hemos visto antes, en el número 3 del artículo 13, que es perfectamente viable en este terreno.

Por todo ello planteamos a la Cámara que, realmente, la aceptación de la enmienda del Partido Comunista supondría, en la práctica, la imposibilidad de venir a suspender el artículo 20, en los apartados de que se hace mención, en contra de la voluntad de la Constitución. Nada más y muchas gracias.

* * *

A continuación de la defensa de la enmienda de supresión del artículo 28, del Grupo Parlamentario Vasco (PNV) a cargo del señor Vizcaya.

El señor ALZAGA VILLAAMIL: Con la venia de la Presidencia, para contestar al alimón al voto particular del Partido Comunista y a la enmienda que acaba de ser sostenida por el señor Vizcaya.

Yo no sé en qué sentido emplea el señor Solé la expresión «extensión analógica» cuando se refiere a la redacción del artículo 28 del dictamen de la Comisión. Supongo que es en un sentido analógico de la expresión analógica, porque no hay extensión por analogía sino el hecho de que el legislador debe contemplar expresamente el que determinadas crisis de orden público pueden producir circunstancias de las previstas en el artículo 4 de la ley, es decir, las que motivan el estado de alarma.

No hay violación alguna del principio de seguridad jurídica, como vamos a ver, ni hay más superposición que la que meramente se desprende de la realidad fáctica de la acumulación de circunstancias anómalas. Seamos realistas, si se ha declarado el estado de excepción, con todo lo que ello implica, no tiene lógica que una situación sobrevenida como dice el artículo 28 de la ley —por ejemplo, de desabastecimiento, que es una de las que observa, como sabemos, el artículo 4 de la norma que nos ocupa— no pueda ser resuelta por el Poder Ejecutivo sin declarar el estado de alarma, porque a lo que conduce la enmienda del Grupo Parlamentario Comunista es a que cuando esas circunstancias se produzcan, se tengan que sumar a la declaración del estado de excepción la declaración del estado de alarma.

Se pensará que la suma de las dos declaraciones supone una mayor seguridad jurídica. No hay tal, porque obviamente la declaración del estado de alarma, por imperativo del número 2 del artículo 116 de la Constitución corresponde meramente al Ejecutivo, al Gobierno, que pueda llevarla a cabo sin autorización previa del Congreso. Pero cuando la autoridad gubernativa está operando en función de que sea decretado un estado de excepción con autorización positiva del Congreso de los Diputados, el nivel de seguridad jurídica, por así decirlo, en que se está desenvolviendo la acción de la autoridad gubernativa es superior.

Pedirle al Ejecutivo que efectúe una declaración unilateral del estado de alarma no aporta seguridad jurídica; lo único que aporta es una situación rara, porque es una situación verdaderamente singular. Yo no conozco en el Derecho comparado que en un determinado momento, en un país, se sumen dos estados excepcionales; el estado de excepción más el estado de alarma. Yo creo, señor Solé, que eso es un estado de caos jurídico que no viene a resolver absolutamente nada, solamente serviría para solventar un prurito formal en su forma de enfocar la cuestión.

El problema básico en las medidas de excepción es que se siga respetando el principio de proporcionalidad de las medidas adecuadas con relación al fin perseguido, y si el fin que se persigue es un fin de los inherentes al estado de alarma, pero que ha sido desencadenado sobre la marcha como consecuencia de una alteración de orden público, sin pérdida de tiempo de nuevas declaraciones, el Ejecutivo, con autorización *ex lege*, autorización que se concede en el artículo 28 de esta Ley, puede actuar. El único prurito formal que se puede plantear en la redacción del precepto, con un criterio que yo estimo personalmente que es pragmático, es que la autoridad gubernativa idónea para afrontar la situación, ya que se está en un estado de excepción, debe y puede serlo el ministro del Interior o, en su defecto, el director de la Seguridad del Estado, y nos dice el señor Vizcaya que, si es un estatus del tipo de alarma, debe serlo el Gobierno.

El Gobierno, al final, podrá tomar las medidas en ciertas circunstancias vía el Ministerio del Interior (creo sinceramente que en la práctica estamos discutiendo un aspecto más formal que de fondo), pero nuestro Grupo Parlamentario no tiene inconveniente en acoger la sustitución que propone el señor Vizcaya de la expresión «el Ministerio del Interior o, en su defecto, el director de la Seguridad del Estado» por «el Gobierno» para guardar una homogeneidad de expresión con las empleadas en los preceptos de esta ley que se dedican al estado de alarma. Pero fuera de ello, ni hay violación de la seguridad jurídica ni otra superposición de situaciones que la que provocaría la enmienda del señor Solé con su supresión. Por ello votaremos en contra de la referida enmienda del Grupo Parlamentario Comunista.

* * *

Tras concederse sobre la misma materia la palabra al señor Solé Tura.

El señor PRESIDENTE: El señor Alzaga tiene la palabra.

El señor ALZAGA VILLAAMIL: Señor presidente, señorías, yo creo sinceramente que la redacción del artículo 28, según se recoge en el dictamen de la Comisión es de remisión expresa y no analógica. Es una remisión expresa de una situación a otra y solo el señor Solé, llevado por un *animus enmendandi*, seguramente elogiable en quien se sienta en bancos de la oposición, puede llegar a poner la pasión que con el mejor derecho ha puesto su señoría en la defensa de una enmienda que es meramente formalista. Meramente formalista porque el señor Solé no ha podido hacer referencia a la problemática de fondo. ¿Cuál es la problemática de fondo? En primer lugar, los límites que considera la Constitución exigibles para la declaración de un estado de alarma se refieren solo y exclusivamente a una declaración unilateral del Gobierno que se comunica a la Cámara Baja. Cuando el país vive en un estado de excepción, en una situación de anomalía que ha sido objeto de un debate en la misma Cámara, no tiene el menor de los sentidos decir que el Gobierno tenga que efectuar esa declaración, salvo que lo que se busque, señor Solé (que es la única consecuencia encontrable en su última instancia en el interlineado de su enmienda), sea que se puede dar la hipótesis de que cuando unas circunstancias singulares de las previstas en el artículo 4, como pueden ser una catástrofe, determinadas calamidades, situaciones de desabastecimiento, etcétera, que traigan causa o —como dice su señoría— sean conexas con la situación de orden público, sea una situación en que tengan que converger autoridades diversas en resolver situaciones que están vinculadas o por relación causa-efecto o por relación de conexión del tipo que sea.

Evidentemente, el principio de concentración de poder, que es el principio de concentración de decisión, que es el principio de concentración en la respuesta, en la aplicación de las fórmulas ejecutivas, en el control de la eficacia de esas fórmulas, es inherente a la eficacia, es inherente a toda situación anómala y, por tanto, a los estados de alarma y de excepción. Y si lo que quiere su señoría decir es que en el estado meramente de alarma es posible un mecanismo de delegación en otras autoridades, y que cuando las circunstancias que puedan dar lugar a la alarma vienen a estar conexas con situaciones de excepción, en virtud de este artículo, no hay el funcionamiento de dos autoridades distintas, sino el principio de concentración en una sola autoridad competente, su señoría tiene razón, eso es lo que buscamos. Eso no va contra la seguridad, eso va precisamente en aras de la eficacia, que es la gran razón del porqué de estos mecanismos en situaciones evidentemente límites.

Por todo ello, sostenemos el sentido, la lógica y la oportunidad que inspira este artículo y con la aceptación de la enmienda del señor Vizcaya que antes hemos mencionado, lo votaremos según el dictamen de la Comisión.

Nada más y muchas gracias.

* * *

Tras intervención del señor Vizcaya Retana, en representación del Grupo Parlamentario Vasco (PNV), sustituyendo su enmienda número 79 al artículo 31, por una nueva enmienda que entrega a la Presidencia y acaba de leer en el Pleno.

El señor PRESIDENTE: Para defender el dictamen de la 1.ª Comisión, tiene la palabra el señor Alzaga.

El señor ALZAGA VILLAAMIL: Señorías, yo tengo que empezar con un cordial lamento, que no es otro que la lamentación que acabamos todos de escuchar de que el voto de totalidad se vincula a la aceptación de una enmienda que se acaba de presentar ante la Cámara, de la que me acaba de dar traslado el presidente de la misma y de la cual mi Grupo Parlamentario no tenía ninguna noticia. Quiero creer que hay intención de votar afirmativamente la ley, pero si se está vinculando a la aceptación de esta enmienda transaccional, el mejor camino hubiera sido, evidentemente, el haber conversado sobre la enmienda y habérnosla, en todo caso, facilitado con antelación.

Bien, el caso es que la contesto de oído, aunque creo que básicamente tiene la misma filosofía y el mismo contenido dispositivo que aquella que, con el número 79, presentó el Grupo Parlamentario Vasco en su día. Me parece que tiene una redacción más presentable en sociedad, pero que afecta en poco a las consecuencias jurídicas que se desean extraer de su literalidad.

Lamentándolo mucho, nos parece inaceptable la enmienda y, por varias causas que, con la premura a que obligan las manecillas del reloj, que están muy avanzadas, voy a intentar expresar.

En primer lugar, en un estado de excepción estamos en presencia de una situación verdaderamente límite, verdaderamente extraordinaria, en que están amenazados bienes sustanciales de la comunidad y, en consecuencia, el mismo imperio del Derecho. Dicho, en otros términos, puede estar en juego la permanencia misma del sistema democrático.

Esa es una situación, ese es un bien jurídico —si se quiere emplear esta expresión— que incumbe, por su propia naturaleza, a toda la comunidad nacional.

Aunque el conflicto tenga su origen y su desarrollo sustancialmente en una determinada área geográfica que coincida total o parcialmente con las fronteras de una Comunidad Autónoma, un caso límite de ciertas características es de la incumbencia, de la responsabilidad, se mire como se mire, de la Nación en su conjunto.

En segundo lugar, la superación de situaciones de este género ha de efectuarse de conformidad con lo que es la filosofía de todos los estados excepcionales, en función de una concentración de poder.

Decía el viejo Cicerón que en situaciones límites era preferible que no hubiera más de dos manos. Bien, nosotros, en los Estados modernos, no llegamos a tanto, porque él de aquello extraía las conclusiones de la dictadura romana, obviamente. Pero el principio de concentración de poder, señor Vizcaya, difícilmente es compatible con el mantenimiento de la Junta de Seguridad, por ejemplo, a que se hace referencia en su enmienda como órgano clave de coordinación de las fuerzas de la policía autónoma con los Cuerpos y Fuerzas de Seguridad del Estado, durante un estado de excepción.

En tercer lugar, señorías, un estado de excepción, por mucho que esté inmerso en las fronteras o linderos de una Comunidad Autónoma, supone una situación de orden público que *per natura*, tiene vasos comunicantes con situaciones, con hechos, con personas, que están al margen de las fronteras de esa Comunidad Autónoma. ¿O es que el señor Vizcaya cree concebible que las Fuerzas de Seguridad de su Comunidad Autónoma o de otra Comunidad Autónoma, en una situación límite, no tengan que seguir la pista, no tengan que enfrentarse a hechos o personas dotados de movilidad? Esa es una situación impensable, irreal, que no concuerda con lo que es el funcionamiento de grupos terroristas o análogos que ya conocemos todos.

En cuarto lugar, señor Vizcaya, no se puede decir, como ha afirmado al defender su enmienda, que hay un desconocimiento de las Comunidades Autónomas, porque su señoría está enmendando el texto del artículo 31, elaborado por la Comisión. Y este texto dice que en estos supuestos la autoridad gubernativa podrá coordinar el ejercicio de sus competencias con el gobierno de dicha Comunidad.

Lo que ocurre es que una cosa es partir de que en esa situación límite la responsabilidad de restablecer la paz pública corresponde ante todo y principalmente al Gobierno de la Nación, y otra cosa es aceptar el principio de colaboración, que se acepta parcialmente aquí, del gobierno de la Comunidad Autónoma en cuestión.

Pues bien, respecto del artículo 31, tal y como viene redactado, yo le digo sinceramente, señor Vizcaya, que no hay quien dé más. Y en materia de Derecho comparado, yo no puedo aceptar sus argumentaciones. Es evidente que si uno se pone a buscar en el Derecho comparado, por aquello de que siempre hay de todo en buena botica, puede encontrar el ejemplo, que diría nuestro amigo Gregorio Peces-Barba, de un Ruanda-Burundi de turno, pero las líneas maestras del Derecho comparado en esta materia son clarísimas, absolutamente claras *[Rumores acerca del énfasis puesto en la pronunciación de la «ese» por el señor Alzaga]*.

Procuraré no emplear la «ese» en lo que me queda de intervención, para satisfacción de los diputados de la izquierda.

Por ejemplo, la Constitución norteamericana, artículo 4, Sección IV, garantiza que corresponde la competencia de estas situaciones límites al ejecutivo federal, por supuesto. Toda la legislación de desarrollo de este artículo 4 de la Sección IV está en la misma línea, incluso la más antigua, la legislación de la época en que eran más defensores de sus peculiaridades, de su autonomía, de su «cuasi» independencia los Estados miembros. La Ley de 2 de marzo de 1792, la de 28 de febrero de 1795, la Ley norteamericana de 29 de julio de 1871, etcétera, suponen paulatinamente un reforzamiento de que en esas situaciones límites interviene directamente y por su cuenta el poder federal.

Es verdad que la situación alemana es singular, pero el estado de necesidad interna, como dice la Ley de 24 de junio de 1968, que reforma la Ley Fundamental de Bonn, supone incluso que un *Land* puede intervenir en el *Land* de al lado. Desde Burgos, señor Vizcaya, por aplicación analógica que diría el señor Solé.

En un librito que tengo en el escaño y que acababa de ojear cuando hablaba el señor Vizcaya —quizá el único sobre el estado de excepción que hay en la bibliografía española actual—, en la página 34 leí hace breves minutos que el autor definía como tercera de las características que él describe del estado de excepción, la que el titula «el derecho de intervención del ejecutivo de los Estados federales, en los Estados miembros», y añade (no voy a ser prolijo de la cita): «Una de las características más destacadas de los estados de excepción es el derecho a intervenir en los Estados miembros o en las provincias —con terminología sudamericana— de que están investidos los Gobiernos federales».

Es decir, que estamos ante una exigencia de un determinado estado de cosas, una exigencia de la lógica, por así decirlo; que estamos ante una redacción de un artículo 31 de esta Ley Orgánica que es plenamente constitucional, que no conculca —como ha insinuado su señoría— ningún Estatuto de Autonomía de los aprobados o por aprobar. Porque cuando hay una remisión estatutaria a lo que diga una ley sobre la autoridad civil o militar de la que dependan esas Fuerzas de Seguridad pertenecientes a la Comunidad Autónoma, en una situación de excepción, la remisión se está haciendo porque se prevé una situación singular; porque para mantener la situación ordinaria, el reenvío a la Ley de Estados de Excepción está de más, evidentemente, señorías, y, por supuesto, lo que aquí se dice es plenamente coherente, como en general ocurre con todo lo que dispone esta Ley, con las prácticas occidentales.

Por todo ello, y sintiendo que su señoría pueda de alguna manera vincular su voto de totalidad a la enmienda transaccional de última hora que ha sometido a la consideración de la Cámara, nuestro Grupo Parlamentario está en el deber de anunciar su voto en contra de la misma.

Nada más y muchas gracias.

* * *

En respuesta al portavoz del PNV, señor Vizcaya Retana.

El señor ALZAGA VILLAAMIL: Muchas gracias, señor presidente. Procuraré ser muy breve. Creo que el señor Vizcaya, en su brillante apasionamiento, descentra la cuestión hacia ribetes marginales de mi intervención. Yo le planteaba como primera y central cuestión, que si en definitiva se llega a una situación —a la que se puede llegar, porque no estamos hablando de hipótesis, desdichadamente para nosotros—, si se llega a esta situación que pone en tela de juicio la supervivencia del régimen político del imperio de la ley, la supervivencia del Estado de Derecho, si realmente la comunidad nacional puede cruzarse de brazos para ver el grado de eficacia con que dirige —que en definitiva es lo que se está discutiendo— en la práctica el gobierno de una Comunidad Autónoma una batalla que físicamente se desenvuelve en su ámbito territorial, pero que implica consecuencias que afectan por debajo de la línea de flotación al sistema democrático bajo el cual conviven todos los españoles.

En segundo lugar, el tema de la coordinación tiene sus límites. El tema de las Comisiones en general tiene sus límites y no digamos ya el de las Comisiones mixtas o paritarias. Todos sabemos que en la Cámara de los Comunes, cuando a un asunto se le quiere dar largas, o no se quiere resolver de momento, según una vieja expresión del siglo pasado, se sugiere que se cree una Comisión para que entienda del caso.

Seamos serios, me dice el señor Vizcaya. Eso es lo que estamos intentando ser; ser absolutamente consecuentes con el espíritu del artículo 116 de la Constitución; que se le impute la responsabilidad de afrontar las situaciones límites exclusivamente al Gobierno de la Nación y se le exijan cuentas de cómo se enfrenta, acertada o desacertadamente, con la situación al mismo Gobierno de la Nación.

Una última consideración, señor Vizcaya. Un estado de excepción ineficaz, un estado de excepción en el que el desempeño de las medidas que se tengan que adoptar pueda o tenga que estar bajo la única incumbencia de una Comunidad Autónoma, o en el que se tenga que poner y/o —que dirían los anglosajones—, en el que se tengan que montar mecanismos de coordinación más o menos complejos, es un estado de excepción regresivo en un sentido; en el sentido de que —no se olvide el señor Vizcaya— donde se termina el estado de excepción empieza el estado de sitio, y en la medida en que el estado de excepción sea un estado de excepción de vía estrecha, desdichadamente, se puede plantear demasiado pronto la necesidad del estado de sitio.

Tenga la seguridad su señoría de que la filosofía progresiva en esta materia es la que en este momento tengo el honor de defender.

Nada más y muchas gracias.

* * *

Tras la presentación y defensa por el señor Solé Tura, en representación del Grupo Parlamentario Comunista, de una enmienda transaccional.

El señor PRESIDENTE: ¿Hay objeción por parte de algún Grupo Parlamentario para la admisión a trámite de la enmienda? *[El señor Alzaga Villaamil pide la palabra]*. Tiene la palabra el señor Alzaga.

El señor ALZAGA VILLAAMIL: Por principio, no nos oponemos al trámite, pero querríamos decir dos palabras sobre su contenido cuando la Presidencia lo estime más pertinente.

El señor PRESIDENTE: Adelante, señor Alzaga.

El señor ALZAGA VILLAAMIL: A nosotros nos parece que, en ocasiones, las enmiendas transaccionales son tan malas o peores que las enmiendas que se tratan de transaccionar, y a veces son peores incluso porque son más precipitadas, son fruto del comentario improvisado en el banco a lo largo del debate.

Tengo que agradecer, en primer lugar, al señor Solé el habérnosla consultado hace unos minutos, y hemos deducido, por los términos de la consulta, que es una enmienda fruto del minuto. Sea como sea, él «coordinará», el convertir en imperativo la posibilidad que contiene el artículo 31, según se aprobó en Comisión, de que la autoridad gubernativa puede coordinar las competencias con el gobierno de la Comunidad Autónoma. Esa conversión en imperativo —reitero— o no significa nada o significa algo muy grave, que es que, en tanto en cuanto no se logre fruto de la coordinación —es decir, no se haya conseguido acuerdo, no se haya logrado coordinar, no se haya conseguido encajar las actitudes, los diagnósticos, las medidas a adoptar—, mientras tanto, la colectividad nacional tiene que estar expectante, digámoslo así, en puertas de allí donde se celebran los infructuosos intentos de alcanzar la coordinación, mientras la situación límite se está pudriendo.

Decía el señor Vizcaya antes, que hay Estados federales —que no es nuestro caso— en que puede intervenir, como él no negaba, el Estado central en las situaciones límites, pero queda la policía del Estado miembro bajo la autoridad del Estado miembro. Pero el imperativo de una coordinación del Estado central con una Comunidad Autónoma, o Estado miembro, hasta donde yo sé, no tiene precedentes.

Esto son... No quiero decir ganas; esto es un camino que puede conducir a algo muy grave, que es que en la situación límite no hemos montado un mecanismo flexible de respuesta política capaz de superar una situación de este tipo, sino que hemos generado una situación que puede permitir invocar, señor Solé, la doctrina que su señoría conoce muy bien y que en Derecho público se llama «del estado de necesidad». Y la doctrina del estado de necesidad se ha acuñado, en el Derecho público, no precisamente por los autores demócratas, para decir que en ocasiones un Estado democrático está imposibilitado, por los mecanismos internos de interrelación de los poderes, para dar réplica adecuada a los peligros de orden público.

Yo no querría que se pudiera invocar en España la doctrina del estado de necesidad. Montemos un estado de excepción serio, *ad cautelam*.

Muchas gracias.

* * *

Tras nueva intervención del señor Solé Tura para argumentar más extensamente su enmienda transaccional y dar el presidente nuevamente la palabra al señor Alzaga.

El señor ALZAGA VILLAAMIL: Me temo que contribuyo a que sus señorías salgan del hemiciclo más tarde de lo que desearían, pero el tema es importante y se plantea en un tono tal que parece que o se accede a la demanda o se está cometiendo un disparate. Y es todo lo contrario.

Señor Solé, me dice usted que los argumentos de Derecho comparado no tienen, en este caso, especial peso y que quizá haya que andar por nuevos caminos o inventarlos. Bien; nunca son categóricos los argumentos de Derecho comparado ni los de ningún género en materia de ciencia política, que es cualquier cosa menos una ciencia exacta, obviamente. Pero en técnica de gobierno democrático está inventado ya casi todo. Y me temo que hay puntos en que no queda casi nada por inventar, porque, aparte de haber sido inventados, se ha experimentado, se ha confrontado con la realidad y se ha podido calibrar el grado de calidad de unas soluciones y de otras; y la solución que nosotros presentamos está avalada por experiencias y la de su señoría es un invento en una materia en que me temo que no estamos para inventos, señor Solé.

Me dice su señoría que yo parto —en una presunción que, por supuesto, he de rebatir porque no es correcta— de que en los estados de excepción siempre va a haber una situación conflictiva entre el Estado central, entre el Gobierno central y los gobiernos de las Comunidades Autónomas de allí donde se están produciendo las alteraciones de orden público. Esto no es así. Lo que ocurre es que el legislador está en el deber, estamos todos en el deber de contemplar las hipótesis que nos son más gratas y las que son menos gratas, porque de la imprevisión legislativa no nacen sino lagunas, con lo que ello implica luego en el terreno de la inseguridad jurídica. Hay que prever las dos hipótesis: que haya un mínimo entendimiento, en cuanto al tipo de medicamento o tratamiento a dar a la situación creada, o que no se produzca. Por eso la redacción del artículo 31, tal y como ha aprobado la Comisión, es flexible y dice que la autoridad gubernativa podrá coordinar el ejercicio de sus competencias con el gobierno de la Comunidad, en función de circunstancias, entre las cuales estarán el tipo de posibilidad de entendimiento que exista, evidentemente.

Ahora bien, la asunción de facultades extraordinarias en materia de solución del problema de orden público por parte de lo que podríamos llamar el Gobierno de la Nación o Gobierno central es, evidentemente, necesario.

Señor Solé, usted, como constitucionalista, sabe perfectamente que la Constitución alemana vigente prevé, para situaciones de este tipo, que incluso en materias —dice la Constitución alemana— en que no hay legislación concurrente entre los *Länder* y el Estado central, durante la declaración de los estados de excepción el Estado central puede legislar en esa materia. Es decir, en materias que son de la competencia exclusiva, en el terreno legislativo, de una Comunidad Autónoma, siguiendo este ejemplo, podría legislar durante un estado de excepción esta Cámara; y no se ha planteado eso. No se ha planteado por razones que no hacen al caso y que, desde luego, exceden de mi opinión o de mi criterio.

Pero lo que no es posible, conociendo cuál es la voluntad política que preside la confección de toda esta Ley con relación a la realidad política de las Comunidades Autónomas, es presentar esta Ley como una Ley antiautonomista, porque eso no es cierto, porque eso no es verdad. Lo único que es cierto es que lo que se está pidiendo es un estado de excepción, en que si se llegan a tener que declarar realmente las medidas excepcionales, no sean meramente literarias, sino que puedan ser reales al minuto siguiente de decretarse el estado de excepción. Y con la llamada enmienda transaccional *in voce* que su señoría ha presentado y que vamos a votar en contra, al día siguiente de declararse el estado de excepción no se podrían dar las soluciones al problema de orden público que hubiese que dar. Nada más.

VIII
INTERVENCIONES PARLAMENTARIAS EN LA SEGUNDA LEGISLATURA, DESDE LA OPOSICIÓN

VIII.1. DEBATE SOBRE EL PROYECTO DE LEY ORGÁNICA DEL DERECHO A LA EDUCACIÓN, EN EL PLENO DEL CONGRESO DE LOS DIPUTADOS, SOBRE ENMIENDAS A LA TOTALIDAD *

En el debate de totalidad, tras la intervención del ministro de Educación y Ciencia, señor Maravall Herrero y tras iniciarse el debate de las enmiendas a la totalidad, con una enmienda de devolución defendida por el señor Aguirre Kerexeta y otra, también de devolución, defendida por el señor Sancho Rof.

El señor VICEPRESIDENTE (*TORRES BOURSAULT*): Gracias, señor Sancho Rof.

Enmienda del Grupo Parlamentario Popular, igualmente de devolución al Gobierno. Para su defensa tiene la palabra el señor Alzaga.

El señor ALZAGA VILLAAMIL: Con la venia de la Presidencia, señoras y señores diputados, el Grupo Parlamentario Popular me ha hecho el honor, que, por supuesto agradezco muy de veras, de encomendarme que le represente en este debate de totalidad sobre la Ley Orgánica del Derecho a la Educación.

Pienso que quizá la práctica de la mayoría absoluta, tal y como se viene realizando a lo largo de la presente legislatura, podría hacer extraer la idea de la inutilidad de ofrecer, en este trance, razones, llevarnos quizá a caer en la tentación de remover emociones o, incluso, pasiones, pero no nos dejaremos llevar por la pasión que ha puesto el señor ministro en su intervención de cabecera.

Nuestro Grupo Parlamentario, que intenta hacer siempre una oposición responsable, que sabe muy bien que la consolidación de la democracia se debe, en gran medida, a que se practique una oposición responsable, cree

* Sesión Plenaria núm. 64, de 11 de octubre de 1983, *Diario de Sesiones del Congreso de los Diputados,* núm. 64, pp. 2989-2993.

que esta hora es importante para argumentar sin calor, pero, por supuesto, con la claridad y con la firmeza que nos exigen nuestras convicciones, que nos exige la lealtad al pueblo español al que representamos. Intentaremos embridar emociones, disipar recelos, superar prejuicios y olvidar agravios. Querríamos, honestamente, poner las bases de una discusión parlamentaria seria y serena sobre un proyecto de ley capital en su tema y en el terreno de la libre convivencia de los españoles.

Como es sabido, nuestro Grupo Parlamentario ha presentado dos enmiendas a la totalidad: una de devolución, que es aquella en cuya defensa me inicio, otra proponiendo un texto alternativo y, por consiguiente, alguna de nuestras consideraciones habremos de reservarlas para este segundo momento, el de la exposición y defensa de nuestro texto alternativo. Procuraremos, en aras de la brevedad y del confort de sus señorías, no reiterar lo dicho por la representación del Grupo Parlamentario Vasco y del Grupo Parlamentario Centrista, con cuyas tesis creo que podemos afirmar, sin reservas, que nuestro Grupo Parlamentario coincide al 99 por 100, por no hablar de su totalidad. Pero quizá en algún punto sus señorías me disculpen si he de insistir en algo de lo que ya se lleva dicho.

Desearía empezar por llamar la atención de la Cámara acerca de que, estando pendientes, como están, parcelas importantes del desarrollo de la Constitución por vía legislativa —sus señorías recordarán, por ejemplo, que aún no se ha presentado el Proyecto de Ley Orgánica del Poder Judicial—, se trae, sin embargo, hoy a este viejo caserón de la Carrera de San Jerónimo, el desarrollo de buena parte del artículo 27 de la Constitución que ya se había llevado a cabo a través de la Ley Orgánica del Estatuto de Centros y que había sido objeto de un recurso parlamentario del Grupo Parlamentario Socialista ante el Tribunal Constitucional, esta fue objeto de la célebre sentencia de dicho tribunal, de 13 de febrero de 1981 que, aunque no lo quiera reconocer hoy el Gobierno socialista, fue sustancialmente un importante varapalo para las tesis educativas del Partido Socialista.

No hay, por tanto, un vacío legislativo que colmar. No hay una demanda de nueva regulación en este terreno por parte de nuestra sociedad. La abolición de la Ley de Centros es solo una promesa que hizo el señor Guerra en esta misma tribuna hace ya algún tiempo; es el cumplimiento de una promesa a su propio partido.

Yo me temo que no se pretende tan solo alterar, lo que, por supuesto es legítimo, el articulado de la Ley Orgánica de Estatutos de Centros Docentes, sino que se aspira, *de facto*, aunque inconfesadamente, a modificar la Constitución. Modificar la Constitución es lícito, pero tan solo y, por supuesto, por las vías de reforma constitucional que contempla y regula el Título X de la misma. No se puede hacer por vía de Ley Orgánica, como pretende el Gobierno. Y el Gobierno lo debería saber ya porque tiene alguna experiencia suficientemente concreta y reciente al respecto.

Sé que esta afirmación es grave, pero, por supuesto, pretendo razonarla ante la Cámara. Antes me veo en la necesidad de enmarcar la cuestión en ciertos precedentes históricos. Quizá este aspecto del debate lo podríamos haber soslayado, pero el señor ministro, en su presentación del proyecto de ley ante la Cámara hace aún muy poco tiempo, nos ha expuesto una visión de la historia contemporánea de la enseñanza, en España, girando en torno a dos polos: el de la ilustración y modernidad, de una parte; el del oscurantismo e integrismo, por otra.

No es este el momento de profundizar en demasía sobre lo tópico y elemental de este enfoque, el maniqueísmo subyacente; no es tampoco algo plausible el dedicarse, con la de problemas de futuro que tiene nuestra sociedad, a ahondar en las fisuras en vez de buscar terrenos de encuentro.

Se han hecho numerosas referencias a la situación de la enseñanza en el siglo XIX. Se ha hecho un planteamiento, en consecuencia, para el futuro, que es anticuado porque es sustancialmente decimonónico, y se han olvidado cosas tan fundamentales como que, desde 1979, afortunadamente, España ha conseguido la escolarización plena de quienes se encuentran en edad escolar.

Y se ha hecho más, si mis oídos no me han fallado. Se ha llevado a cabo lo que podríamos llamar una apropiación dominical del pensamiento liberal en materia de enseñanza. El pensamiento de los liberales españoles durante la primera parte del siglo XX y durante el siglo XIX, en materia de enseñanza, dista mucho de coincidir con el pensamiento de los socialistas. Yo preferiría hablar del futuro, pero me temo que he de dedicar algunos minutos a esta cuestión.

El señor ministro reivindica una tradición. También lo hizo, por cierto, su partido en el XXIX Congreso, en octubre de 1981, cuando, refiriéndose a la educación dice: «Nos sentimos partidarios del mismo mensaje que un día dieron a los ciudadanos Pablo Iglesias, Fernando de los Ríos, Jaime Vera y otros tantos», supongo socialistas, no liberales.

Si analizamos ese mensaje en los clásicos socialistas y en textos no tan clásicos como el Congreso de la FETE de marzo de 1976 y los del XXVII Congreso del Partido Socialista Obrero Español de diciembre de 1976, se deduce, a nuestro juicio, que el proyecto educativo del Partido Socialista Obrero Español encierra sustancialmente tres tesis.

En primer término, una que podríamos calificar, en corto, de una idea desapareciente acerca de la enseñanza privada: las escuelas libres han de ser sumergidas en un eclipse progresivo del que no amanezcan. En segundo término, una reconducción de toda escuela a la condición de escuela pública. Y, en tercer término (y esto no es precisamente baladí), una utilización de la escuela para cambiar la forma de pensar de un pueblo.

El propio XXIX Congreso del Partido Socialista Obrero Español dice que «la educación, más allá de la perspectiva economicista, es un elemento clave de reproducción y difusión ideológica y, por ello, una visión cualitativamente alternativa de su papel debe enmarcarse en la lógica de la transformación social y del orden moral y axiológico que debemos confrontar con el presente». Esta es una redacción un tanto academicista y oscura, pero si la ponemos en conexión con esa tradición histórica que nos invoca el ministro, se entiende más a las claras.

Don Rodolfo Llopis, que fue director general de Enseñanza Primaria con dos ministros socialistas en la Segunda República (uno de ellos, por cierto, don Fernando de los Ríos), afirmó: «Para mí, el ciclo revolucionario no termina hasta que la revolución no se haga en las conciencias. Y esa es la labor que tiene que hacer la escuela, porque yo no concibo un revolucionario que no sea algo educador y un educador que no sea algo revolucionario. La escuela tiene que ser el alma ideológica de la revolución» *[Muy bien]*.

Les voy a dar una segunda cita del señor Llopis, y veremos si la corean también. Cito literalmente, y dice así: «Para nosotros no hay duda: esa revolución ha de ser obra de los educadores de la escuela. Hay que apoderarse del alma de los niños. Ese es el grito, el lenguaje pedagógico de la revolución rusa» *[Rumores]*.

Dirán ustedes, quizá, que he buscado una cita muy atrás en el tiempo, pero esa idea subsiste en el pensamiento socialista europeo *[Varios señores diputados: No, no]*. Pónganse ustedes de acuerdo en si reivindican o no su tradición *[Rumores]* y nos será quizá entonces más fácil mantener el debate. No me negarán que, en fecha más reciente, el presidente Mitterrand ha dicho que: «Hoy, para hacer la revolución, ya no hay que apoderarse del palacio de invierno, basta con apoderarse de la escuela» *[Muy bien]*.

Yo no sé, señoras y señores diputados, si el actual ministro de Educación y Ciencia, señor Maravall, pensaba en estas tesis cuando en su libro *La política de la transición*, página 216, defiende la idea de origen gramsciano, según él mismo afirma, de la penetración de la sociedad civil por el partido. Y añade que ello implica una estrategia de presencia en todas las áreas de la sociedad que incrementaría el apoyo social para el partido y que permitiría a este permear ideológicamente una amplia mayoría de la sociedad española *[Muy bien]*.

Esta es, señorías, la auténtica trayectoria histórica y de presente que el Partido Socialista puede recabar; no la tradición liberal, que realmente es muy otra en este terreno.

Y volvamos, tras este inciso a que me han obligado las palabras del señor ministro, al problema constitucional que empezaba a plantear.

A lo largo de la historia del constitucionalismo español, la libertad de enseñanza y el derecho a la educación rara vez han sido reivindicados juntos; antes, al contrario, se presentaban enfrentados como postulados excluyentes que reflejaban la polémica entre enseñanza pública y escuela libre.

El artículo 27 de nuestra Constitución rompe, afortunadamente, esta trayectoria, y con gran acierto dice, en su primer apartado, que sirve de rótulo a todos los demás: «Todos tienen el derecho a la educación», punto y seguido, «Se reconoce la libertad de enseñanza». España coge en este importante tema el tren de la modernidad en el momento en que las constituyentes aprueban esta reconciliación de la libertad de enseñanza y del derecho a la educación que son absolutamente compatibles. Pero el proyecto de ley que ha sometido a la consideración de la Cámara este Gobierno se titula solamente «del derecho a la educación», porque, desde luego, piensa, no busca garantizar la libertad de enseñanza. Dejo al buen criterio de sus señorías pensar si en ello existe un lapsus o simplemente una sinceridad, que hemos de agradecer al propio Gobierno. En cualquier caso, estamos ante un grave alejamiento de la Constitución, para la cual la libertad de enseñanza, como dice ya unánimemente toda nuestra doctrina jurídico-política, es un principio estructural del sistema educativo.

El artículo 27, integrando dialécticamente la libertad pública, que es la libertad de enseñanza, y el derecho social, que es el derecho a la educación, establece que este, como instrumento de igualdad y justicia, ha de realizarse en un sistema educativo presidido por los principios de libertad y pluralismo, sistema muy diferente al que establece la LODE, que es una ley que parece sufrir de alergia a la constitucionalizada libertad de enseñanza *[Rumores]*.

¿En qué contraviene el proyecto de LODE a la Constitución? Aunque quizá se pudiera decir, en puridad, que hay una inconstitucionalidad de enfoque, vamos por supuesto a mencionar preceptos concretos, aun sin pretensión de exhaustividad por limitaciones obvias de tiempo. Podemos traer a colación, en primer lugar, el nombramiento del director que prevé el artículo 60. Esta debe ser una facultad de quien crea un centro libre. En el proceso constituyente esto quedó meridianamente claro cuando se incluyó en el informe de la Ponencia del Congreso junto a la libertad de creación de centros el derecho a dirigirlos; entonces el ponente socialista, señor Peces-Barba (que hoy preside esta Cámara), abandonó, como ustedes recuerdan, la Ponencia. En el dictamen de la Comisión se busca una fórmula para salir del *impasse* que consiste en quitar la palabra «dirigir» a la vez que se incorpora al reconocimiento de la libertad de enseñanza, que hasta ese momento no figuraba en el artículo 27. Y es sabido que la libertad de enseñanza, según la doctrina, incluye entre otros extremos la facultad de dirigir los centros que libremente se crean, crear un ideario, elegir los profesores, etcétera.

Ahora bien, como desde la izquierda se alimentaron, en artículos y diversas intervenciones públicas, dudas al respecto, intervino en la Comisión el señor Roca Junyent, quien habló expresamente en nombre de la Ponencia, según consta en el *Diario de Sesiones*, para aclarar que la Ponencia entendía que la facultad de dirigir Centros docentes estaba en la Constitución y se daba a través del reconocimiento de la libertad de enseñanza. Vuelven a chirriar las resistencias de algunos sectores del Partido Socialista, se vuelven a intentar construir interpretaciones que van más allá de la libertad del artículo 27, tal y como en aquel momento se encontraba redactado, y el Senado, aunque existía ya, como todos sabemos, el artículo 96.1 en el proyecto de la Constitución sobre la eficacia de los tratados internacionales en el ordenamiento jurídico interno, introduce el artículo 10.2 según el cual, como es sabido, los derechos y libertades del Título I de nuestra Constitución se interpretan a la luz de los tratados internacionales sobre la materia. Y el 23 de agosto de 1978, en el debate de Comisión del Senado, los senadores socialistas protestan en unas larguísimas intervenciones, que ruego a sus señorías repasen en el *Diario de Sesiones* de la Alta Cámara, aduciendo que ello rompe la supuesta ambigüedad sobre el derecho a dirigir centros docentes, porque dicen los propios senadores socialistas que el artículo 13.4 del Pacto Internacional de Derechos Económicos, Sociales y Culturales proclama la libertad de los particulares y entidades para establecer y dirigir instituciones de enseñanza. Incluso los senadores socialistas votaron en contra en la Comisión del Senado frente a esa introducción del artículo 10.2 y se abstuvieron en el Pleno del Senado. Pero el hecho es que el artículo 10.2 figura en nuestra Ley de leyes y tiene esa interpretación de origen innegable.

El hecho es que en el proyecto de ley que nos ocupa, aunque se dice por los portavoces socialistas que hay libertad de nombrar, el mecanismo de terna no afecta a la libertad de nombrar, la realidad es que por un mecanismo de terna se nombrará un director por el plazo de tres años, quizá se consiga nombrar a un director de la confianza del titular, en los tres años el director del centro está a tiro de terna, sabe que el Consejo escolar, si él no ha estado supeditado al mismo, no lo va a reelegir. Con ello se vulnera la libertad de enseñanza en cuanto a designación del director, pero no solo en materia de dirección hay esta vulneración constitucional, tampoco hay libertad de dirección porque el director que prevé el proyecto de ley no dirige. La ley llega al extremo de no reconocer al director una sola facultad. Si nos vamos al artículo 55.2 del proyecto de ley, que es el que regula la materia, observamos que mientras que las facultades del Consejo escolar son más de una docena, y otro tanto ocurre con las largas enumeraciones de facultades de otros órganos colegiados, del director lo único que dice a este respecto la ley es: «Un reglamento de régimen interior determinará las funciones del director».

De manera que si el titular del centro no puede establecer ni directamente ni a través del director las líneas pedagógicas del mismo, no puede seleccionar el profesorado, no puede despedir al profesorado, no puede normar el régimen interior del centro, no puede aprobar el presupuesto del centro, ¿en qué queda el Derecho constitucional a la dirección del centro, es decir, en qué queda la titularidad de dirigir el propio centro incorporada a la Constitución? Creemos que prácticamente en nada.

Pero es que ese mecanismo de remisión al reglamento de régimen interior supone un mecanismo fundamental de sustraer al Parlamento el legislar sobre este punto. Confía al reglamento algo que afecta al meollo de la libertad de crear y dirigir centros docentes, sobre lo que hay reserva de ley por el artículo 53.1 de la Constitución, que en este punto es objeto de vulneración.

Quería llamar la atención de sus señorías sobre un tercer motivo de inconstitucionalidad. Me refiero al fraude de ley en que se incurre al desorbitar el artículo 27.5 de la Constitución, sobre participación de profesores, padres y alumnos. Por supuesto, estamos plenamente a favor de que esa participación, que prevé la Constitución en el referido precepto, se lleve a cabo en cuanto al control y gestión de los centros concertados; pero queremos decir con la misma claridad que son inconstitucionales los artículos 58, 61 y 62 del proyecto de ley que es objeto de nuestra consideración.

No vamos a entrar ahora en la composición del Consejo escolar, no vamos a entrar en que en el mismo el titular del centro solo tiene una quinta parte de los miembros, y vamos a referirnos, de momento tan solo, a sus competencias, que no tienen parangón en el Derecho comparado. Cuando hablemos de nuestro texto alternativo dedicaremos algunas palabras al cheque escolar, pero si se invoca el Derecho comparado para hablar del cheque escolar creemos, señor ministro, que no estaría de más que nos explicase su señoría qué modelo educativo ha encontrado en un país occidental en que un Consejo escolar tenga el abanico de competencias que le da el artículo 58 y concordantes del proyecto de ley que se presenta. Quizá exista este precedente de Derecho comparado. No tengo inconveniente en reconocer que no lo he encontrado.

Estamos en un supuesto en el que, aunque no nos incumbe hacer juicio de intenciones, parece objetivamente emerger la intención política de expropiar la dirección de los centros de enseñanza.

El Tribunal Constitucional ha constatado la amplia discrecionalidad que la Constitución concede al legislador para determinar el contenido, el alcance de la participación de profesores, padres y alumnos en el control y gestión del centro. Pero el Tribunal Constitucional dice también que hay dos límites en esa materia: la necesidad de respetar el contenido esencial del derecho, de una parte, y la reserva de ley de otra. En este caso no se respeta dicho contenido esencial y se invade el de creación y dirección; se viola el principio estructural de libertad de enseñanza; se da la real dirección del centro al Consejo escolar, puesto que se le otorgan, entre otras, estas facultades: intervenir en la designación y cese del director del centro, de acuerdo con lo dispuesto en el artículo 60; intervenir en la selección y despido del profesorado del centro, conforme al artículo 61; aprobar el presupuesto del centro; aprobar y evaluar la programación general del centro; determinar la línea pedagógica global del centro; aprobar el reglamento de régimen interior del centro. Y no quiero cansar más la atención de sus señorías, pero podría, por supuesto seguir la lectura.

Quiero decir algo que es que a tan ampliatoria interpretación del correspondiente apartado del artículo 27 no habían llegado nunca las enmiendas que el señor Gómez Llorente presentó en el proyecto de ley de financiación de 1978. El actual equipo del Ministerio de Educación y Ciencia ha pasado por la izquierda al señor Gómez Llorente, lo cual es algo que hace, sin duda, en uso de su legítima libertad, pero que no podemos dejar de constatar.

De esas competencias se deduce que el Consejo escolar puede modificar el tipo de proyecto educativo del centro. Al no haber tenido tipo de educación definido, se esfuma el derecho de los padres a elegir el tipo de enseñanza que quieren para sus hijos. Y esta posibilidad de que el Consejo escolar pueda modificar, día a día o de golpe, el tipo de proyecto educativo del centro no es viable a la luz de la letra y del espíritu de la sentencia del Tribunal Constitucional tantas veces citada, de 13 de febrero de 1981. Por tanto, también en esta materia se incurre en inconstitucionalidad.

El artículo 22 versa sobre el carácter propio o ideario, para entendernos, del centro. Como sabemos el carácter propio o ideario es el punto de convergencia, un nexo que hace posible el ejercicio de los derechos fundamentales en la materia: el derecho de creación de centros y el derecho de los padres a elegir el tipo de educación que desean para sus hijos. Pues bien, nuestro Alto Tribunal, que vela por el mantenimiento de nuestra norma fundamental, ha dejado sentado que la libertad del profesor es libertad en el centro docente que ocupa; es decir, en un determinado centro del que forma parte el ideario, y construye acto seguido la teoría de lo que da en llamar la virtualidad limitante del ideario como marco donde se ejercita la libertad de cátedra.

Muy al contrario, el artículo 22.1 del proyecto de ley da la vuelta al término para decir «en el marco de los principios constitucionales y de los derechos garantizados por esta ley muchos profesores, padres y alumnos titulares de los centros privados podrán establecer el carácter propio del mismo». Pues bien, el orden de factores sí altera, en este caso como en otros tantos, el producto. También aquí se aspira a pasar del pluralismo educativo que consagra la Constitución en base al pluralismo social y al pluralismo ideológico que también consagra nuestra Norma política fundamental, a pasar, digo, al pluralismo individual o interno en un modelo de escuela pública autogestionaria, de un modelo de escuela pública que tiende a escuelas indiferenciadas.

Vemos, entre otras, una quinta inconstitucionalidad que nos preocupa. El artículo 54 con relación al 20. El artículo 54 dice: «La admisión de alumnos en los centros concertados se ajustará al régimen establecido para los centros públicos en el artículo 20 de esta ley». El artículo 20 dice que la admisión de los alumnos en los centros públicos se ajustará en todo caso a los siguientes criterios prioritarios, en cuanto a otros que son aceptables se incluye el de la proximidad del domicilio. Esto es especialmente grave, señoras y señores diputados, porque posibilita la zonificación en la distribución de los alumnos entre centros públicos y también en los centros privados. Con ello se vulnera una vez más la libre elección del centro por los padres y se pasa del pluralismo ideológico en los centros al pluralismo geográfico. El padre judío que quiera enviar a un niño a una escuela judía, a una escuela hebraica, se puede encontrar con que por proximidad de domicilio le tiene que enviar a una escuela que está alejada de su domicilio. Esto es exactamente lo que supone zonificar la distribución de los escolares por proximidad del domicilio. Pero ello no solo viola la libertad de enseñanza, sino también la libertad de circulación del artículo 19 de la Constitución *[Rumores]*. Si el señor presidente consigue restablecer un tono silencioso en el que nos podamos hacer oír...

El señor PRESIDENTE: Sí, y le ruego que vaya terminando señor Alzaga *[Rumores. Risas].*

El señor ALZAGA VILLAAMIL: Así lo haré, señor presidente.

Abreviando, podemos también aducir que el mecanismo de pago al personal de los centros concertados por la Administración que está en el artículo 50.3 del proyecto no permite que se ejercite el derecho a la negociación colectiva laboral que reconoce el artículo 37.1 de la Constitución.

Todo ello por no hablar, ya que no hay tiempo, de que la extensión de la programación de la enseñanza puede, según los casos, vulnerar la propia libertad de enseñanza, y de que no se respetan en algunos puntos ciertas competencias de las Comunidades Autónomas, pero de ello ya ha hablado el representante del Grupo Parlamentario Vasco.

Señorías, el Grupo Parlamentario Popular no se opone a este proyecto por cuestiones jurídico-formales. Cuando expongamos nuestro texto alternativo tendremos la oportunidad de hablar de nuestro modelo educativo. Pero estamos defendiendo no solo nuestro modelo educativo, sino, sobre todo, el modelo educativo que recoge la Constitución con la misma convicción, con la misma energía con que defenderíamos cualquier otra pared maestra del edificio de nuestro Estado de Derecho; como defenderíamos la libertad sindical, como defenderemos la libertad de prensa *[Rumores].* Sí, señores, con la misma convicción con que defenderíamos esas libertades, todas las que consagra nuestro Título I y tantos y tantos, todos los ingredientes de nuestra democracia constitucional.

Nosotros pensamos honestamente que el modelo educativo socialista histórico y el presente, que se recoge en sus últimos congresos y el que, en definitiva, emerge en este proyecto de ley, no es el de la Constitución española de 1978. Creemos que esto se deduce de la lectura atenta de los debates constituyentes y se deduce de los términos del recurso socialista contra la LOECE ante el Tribunal Constitucional y, sobre todo, por supuesto, del fallo que dictó este Alto Tribunal.

Creemos que también, como es lógico, en el pensamiento socialista había otros importantes ingredientes que no casaban con nuestra Constitución política, y el Partido Socialista hizo el enorme esfuerzo que, por supuesto, le será siempre agradecido por el pueblo español, de apartar esos ingredientes como, sin ir más lejos, el de la forma de Gobierno.

Yo creo, señoras y señores, que el Partido Socialista hoy en el Gobierno se encuentra en el trance de hacer un sereno análisis de si su modelo educativo casa realmente, sin forzar, en los términos de la Constitución española y, en otro caso, tiene que hacer el esfuerzo de archivar aquellos aspectos que no entren en nuestro texto político por el que se rige la convivencia nacional.

He dedicado el tiempo disponible a subrayar algunas, no todas, de las inconstitucionalidades que a juicio de mi Grupo Parlamentario pueden existir. Por supuesto, nosotros no somos los llamados a sentenciar sobre que las mismas se den, tal y como nosotros las vemos, eso corresponde obviamente al Tribunal Constitucional, pero, como oposición política, como leal oposición, estamos en el deber de dar un aviso claro, un aviso que también puede ser adjetivado de leal. Aún se está a tiempo de devolver este proyecto al Gobierno y se está a tiempo de dialogar de verdad y de poner las bases de este pacto escolar al que espero referirme en mi próxima intervención. Ahora bien, si se mantiene el proyecto, si se mantiene a lo largo de los debates en Ponencia, Comisión, Pleno y luego en el Senado, en torno a los parámetros básicos que estamos denunciando como inconstitucionales, habremos de interponer el recurso pertinente ante el Tribunal Constitucional. No vea el Gobierno en ello, por supuesto, una amenaza, que nada hay más ajeno a nuestra intención *[Rumores]*, sino, simplemente, que desde ahora, nuestro Grupo Parlamentario quiere dejar claro su punto de vista y contraer el compromiso de interponer en su día este recurso si previamente no se produce el pacto escolar en defensa de la Constitución y en defensa de la democracia.

Para terminar, permítanme los señores de la mayoría que les recuerde que, como ellos saben muy bien, la democracia es un sistema en que las reglas del juego impiden a quien está en el poder llevar sus convicciones hasta las últimas consecuencias y es un sistema que faculta a quienes están en la oposición para que defiendan sus propias convicciones. Señorías, la Constitución es un límite al poder. Desde el poder no se puede rechazar ese límite. Piénsese que el mismo es el soporte de los derechos y libertades de nuestro pueblo y piénsese también que no se puede vulnerar una libertad, ni siquiera esa libertad quizá poco grata para algunos que es la libertad de enseñanza, sin introducir una fisura en toda la filosofía de la libertad, una fisura en todo el edificio, que entre todos queremos fortalecer día a día, de la democracia institucional y parlamentaria.

Muchas gracias *[Aplausos en los bancos de la derecha]*.

* * *

Tras hacer uso de la palabra los señores Martín Toval, que había defendido el texto del Gobierno, y escuchar al señor Aguirre Kerexeta, del PNV.

EL señor PRESIDENTE: Para réplica, por un tiempo máximo de cinco minutos, tiene la palabra el señor Alzaga.

El señor ALZAGA VILLAAMIL: Señor presidente, al escuchar la intervención, brillante sin duda en la forma, del señor Martín Toval, me preguntaba si viene practicando el método Ollendorff, porque la capacidad de contestar aquello que no se ha suscitado ha alcanzado cotas realmente insuperables y por las que yo le felicito.

Sabe muy bien el señor Martín Toval que en mi intervención anterior (que, obviamente, no voy a reproducir ahora) me he centrado en plantear de forma enormemente completa las inconstitucionalidades básicas —he dicho que no exclusivas— que detecta nuestro Grupo Parlamentario en el proyecto de ley que nos ocupa.

Hemos hablado del artículo 60 de la Ley, sobre nombramiento del director; hemos hablado del artículo 55.2, sobre competencias del director; hemos hablado, asimismo, de los artículos 58, 61 y 62 como presuntamente inconstitucionales; nos hemos referido también al artículo 22, al 50 en relación con el 20 y al artículo 50.3 del proyecto. Sobre ni una sola de estas acusaciones de inconstitucionalidad el señor Martín Toval ha hecho una defensa o formulado una réplica.

Yo no lo tomo a descortesía, porque la verdad es que el señor Martín Toval no ha podido estar más cortés con mi humilde persona, ya que con frecuencia se ha dirigido a mí al hacer uso de la palabra, bien es verdad que para exponerme un largo alegato sobre consideraciones en torno a la financiación de los centros privados que nada tenía que ver con la intervención que yo había desarrollado ante la Cámara.

Yo entiendo, señor Martín Toval, como abogado que soy, que cuando no se contesta a una demanda con precisión es porque uno no tiene argumentos para ello, y es simplemente porque el cliente, en ese pleito, no lleva razón. Y aquí lo que ocurre es que la ausencia de razón está por debajo de la línea de flotación del proyecto; está, ni más ni menos, en que el proyecto contraviene la Constitución. El intentar acudir a una descalificación de conjunto de nuestros argumentos de inconstitucionalidad aduciendo las diferencias, que evidentemente se registran, entre el artículo 27 de nuestra norma política fundamental y otras Constituciones no es suficiente, porque se contraviene la Constitución cuando se contradice por el Poder legislativo (a la hora de emanar la legislación ordinaria), lo que previene nuestro artículo 27, ya que por singular que el mismo sea es el que está vigente en España para establecer el modelo educativo.

Lo cierto es, por otra parte, que el artículo 27.9 de nuestra Constitución tiene algunos parangones en el terreno del Derecho constitucional comparado —no en cuanto a la redacción, pero sí en cuanto al contenido—, sin ir más lejos, en la Constitución holandesa. Pero si hay una Constitución en Europa Occidental que sea el contrapunto y que se inspire en una filosofía educativa distinta a la nuestra, esta es sin duda la Constitución italiana; y ahí quería yo llegar. Cuando en mi intervención yo invitaba al Grupo Parlamentario Socialista a que nos dijese cuál era el modelo en que se había inspirado en el ancho campo del Derecho comparado, quería que se nos contestara como se ha hecho: que en la Ley italiana. La Ley italiana está montada sobre un precepto constitucional absolutamente contrario, contradictorio y diverso del artículo 27 de la Constitución española. Pero es que hay más; la Ley italiana que se ha citado ha tenido unos muy pobres —por decirlo de alguna forma— frutos en la práctica, ha supuesto una crisis importante en la escuela pública italiana, de la que se puede hablar —y se habla ya con razón— como de una escuela «a la italiana», y sus señorías me entienden perfectamente.

Nosotros, señorías, no podemos aceptar que se mire a los bancos del Grupo Parlamentario Popular para adjudicarnos, de forma enormemente ligera, el epíteto de privilegiados. Si se habla en una Cámara de privilegiados, refiriéndose a españoles, hay que decir quiénes son esos privilegiados y por qué se les considera así. Lo otro, señor Martín Toval, es simplemente —y permítame que se lo diga con toda sinceridad— hacer demagogia. Desde luego, calificar de privilegiados a aquellos ciudadanos que aspiran al ejercicio ordinario de los derechos y libertades que les reconoce la Constitución; calificar de privilegiados a quienes quieren vivir en su plena dimensión su condición de ciudadanos en la vida pública, creo que es algo —y el señor Martín Toval estará de acuerdo conmigo— que no se puede llevar a cabo.

Por último, afirmaré que la LODE, si no es la alternativa socialista, ¡qué diablos es! Porque, evidentemente, en esta Cámara hay una rara unanimidad en el rechazo de esta singularísima obra legal que es la LODE. La LODE es obra de un partido, el Partido Socialista, y el Partido Socialista y el Gobierno se tienen que responsabilizar de sus términos y, por supuesto, se responsabilizarán en su día, caso de la inconstitucionalidad de la misma, ante el Tribunal Constitucional. Pero, sobre todo, se asume la responsabilidad de venir a desarrollar la Constitución en un punto capital, sin pacto alguno, por la vía de una Ley de un solo partido, de una Ley que proyecta el pensamiento, la ideología y las ambiciones de un solo partido y, desde luego, no hay concierto de una voluntad política más amplia.

Lo digo, señorías, no para polemizar, sino con la pretensión de invitarles, de invitar al Gobierno, porque aún se está a tiempo de retornar al cauce del diálogo, de retornar al cauce del pacto, a que la propuesta que en su día formuló ante esta Cámara el presidente del Gobierno para que en temas capitales de desarrollo de la Constitución se busque un consenso, sean palabras a las cuales el Partido Socialista haga honor. Otra cosa nos tememos que es muy grave, como es muy grave sustituir como se ha hecho, el diálogo por la aplicación del método Ollendorff. Nada más *[Algunos señores diputados: ¡Muy bien!].*

El señor PRESIDENTE: Se reanuda la sesión. Enmienda 385, del texto alternativo del Grupo Parlamentario Popular. Para su defensa, tiene la palabra el señor Alzaga.

El señor *ALZAGA VILLAAMIL*: Quería decir con toda claridad, con toda contundencia, que nosotros los diputados del Grupo Parlamentario Popular no queremos esta guerra escolar que se nos está declarando *[Rumores].* Creemos que hemos demostrado ya con nuestro comportamiento absolutamente responsable la cuestión, que no voy a calificar, de la intervención ministerial en el texto de los catecismos.

Nosotros sabemos que una guerra escolar es siempre nefasta. Es siempre algo que afecta negativamente al nivel deseable de convivencia de los españoles. Y lo sabemos, por supuesto, por la experiencia histórica en España; y lo sabemos, cómo no, por la experiencia de otros países con realidades educativas más o menos análogas a la nuestra.

En Holanda, la historia de enfrentamientos, sobre todo tras el año 1900, es realmente impresionante. Y se alcanzó un acuerdo histórico en el año 1917, que consistió sustancialmente en suprimir una palabra de un precepto constitucional. Allí donde se decía: «La enseñanza pública es objeto de las atenciones continuas del Gobierno», se suprime el adjetivo «pública» para establecer la igualdad financiera que se instrumentaliza en sus detalles en la Ley 1920, y, en consecuencia, el Gobierno pasa a facilitar sus atenciones económicas y de todo tipo por igual a la enseñanza pública y privada. Desde el año 1920 en Holanda hay una paz octaviana y envidiable.

En Bélgica la guerra fue, asimismo, muy violenta. Se logra la paz más tarde. Se alcanza en 1958. Todo el mundo ha elogiado aquel compromiso desde entonces y ninguno de los grandes partidos políticos belgas ha querido reabrir viejas heridas. En Bélgica la igualdad financiera nunca ha supuesto merma en libertades de organización del centro, en la libertad de nombrar al director y al profesorado.

Nosotros querríamos que los ojos de sus señorías tornasen su mirada hacia estas y otras experiencias que podríamos citar de pacto y de compromiso, de tolerancia y de concordia. Pediríamos, en consecuencia, que no se aplique esta carga de profundidad por debajo de la línea de flotación de nuestra convivencia nacional, que está, quiérase o no, objetivamente rellenada de actitudes de partido, de actitudes, en última instancia, que no dejan de ser sectarias.

Querríamos, señorías, que no se nos ponga en el brete de tener que denunciar que hemos de asumir el compromiso de modificar lo que queda en pie de esta ley tras la sentencia del Tribunal Constitucional, como habríamos de comprometernos, si la ley que saliera fuese una ley absolutamente ajena a nuestro modelo educativo.

Creemos y confiamos que, en esto, al menos, pueda haber acuerdo con los representantes del partido en el Gobierno; creemos que no es posible dar una buena educación sin estabilidad mínima en el sistema escolar, y difícilmente vamos a conseguir una estabilidad mínima en el sistema escolar a base de vaivenes, a base de movimientos pendulares en las normas que rigen la vida de la docencia.

Yo querría que mis palabras fueran entendidas como lo que son, como un llamamiento a un pacto escolar, que es posible.

Decía esta mañana el señor Martín Toval que ellos han recorrido la mitad del trecho, la mitad del trayecto y que se han situado en el lindero de la Constitución. Esta mañana veíamos que desdichadamente el texto del proyecto de ley que tiene que considerar esta Cámara es inconstitucional y que las acusaciones de inconstitucionalidad no eran contestadas, aduciendo la muy discutible tesis de que en un debate de totalidad no se está en el trance adecuado para ello. Evidentemente, ningún trance mejor que aquel en el que cabe valorar la oportunidad, el sentido y el carácter de adecuación de la norma en su conjunto a la Ley de Leyes.

Pero nosotros sí estamos dispuestos —y queremos creer que también los parlamentarios del Partido Socialista— a hacer los esfuerzos que sean necesarios, a recorrer el itinerario que nos separa de un pacto que esté,

¡cómo no!, dentro del respeto íntegro a la Constitución, a los Estatutos de Autonomía en aquello en que les incumbe, de las declaraciones y tratados internacionales de derechos humanos firmados y ratificados por España y de la interpretación del Tribunal Constitucional. Y porque estamos dispuestos a hacer ese esfuerzo, a aproximarnos a la mitad del puente, nuestro Grupo Parlamentario ha redactado un texto alternativo que sometemos a la consideración de la Cámara.

No nos hemos parapetado en la Ley de Estatutos de Centros, no hemos elevado a la categoría de dogma la Ley Orgánica, aún vigente, del Estatuto de Centros, aunque no tenemos inconveniente en reconocer paladinamente que estamos infinitamente más próximos a su filosofía, a su contenido, a su articulado que al proyecto de Ley Orgánica de la LODE *[Rumores]*.

Señor presidente, yo puedo elevar más la voz o puede reducirse el nivel sonoro de la Cámara, a su elección... *[Rumores]*.

EL señor *PRESIDENTE*: Silencio, por favor.

El señor ALZAGA VILLAAMIL: Por lo visto, habrá que esperar a que esté vigente la Ley para alcanzar sus frutos *[Rumores]*.

Bien, señorías, nuestro Grupo Parlamentario querría sin solemnidades, pero con toda claridad, requerir al gobierno para hacer un gran esfuerzo no solo camino del pacto escolar, sino en la línea de modernizar el sistema educativo que tenemos en España. Es evidente que el sistema educativo es la gran palanca para lograr el desarrollo integral de las personalidades ciudadanas, consolidar y profundizar en la democracia, expandir la filosofía de la libertad, que es incompatible por cierto con el recorte de las libertades en el terreno educativo.

En consecuencia, nuestra propuesta es concordar, buscar el punto de equilibrio y encaje entre el proyecto de ley que presenta el Gobierno y el texto alternativo que suscribe el Grupo Parlamentario Popular.

Anteriormente, hemos dejado sentado que el proyecto del Gobierno es, en nuestra opinión, inconstitucional por los cuatro costados, que es el proyecto de un partido, que es una ley estrictamente socialista, pero hemos presentado este texto alternativo porque no queremos, señorías, limitarnos a descalificar la LODE; queremos hacer un esfuerzo de entendimiento humano con voluntad de diálogo, y ofrecer una salida constructiva. Por tanto, nuestro texto alternativo, redactado a la vista del proyecto de ley de la LODE, se ha aproximado en cuanto ha estado en nuestras manos a dicho proyecto de ley.

Las bases de las que arranca nuestro texto alternativo —bases flexibles y que entendemos flexibles si hay voluntad por el Partido Socialista para alcanzar un acuerdo nacional sobre enseñanza— son, en primer lugar, el que nuestros valores son la libertad y la igualdad de la enseñanza para todos los niños; en segundo término, el centro de nuestra preocupación es el niño y, por ello, proclamamos, conforme al artículo 26 de la Declaración Universal sobre Derechos Humanos, el derecho de los padres, el derecho de las familias, a decidir la educación que quieran para sus hijos. Por lo mismo, creemos que es objetivo básico garantizar la calidad de la enseñanza, una buena enseñanza. En tercer término, pensamos que la libertad de enseñanza que defendemos lleva consigo como valor central (y subrayo esta afirmación, «como valor central») la participación de los padres, de los profesores y de los alumnos en la vida de los centros.

En nosotros no se encontrará obstáculo para superar lo que podríamos dar en llamar la escuela cerrada, en que el titular lo decide todo sin contar con nadie. Es más, en nuestro texto alternativo hemos llegado incluso, en un afán de aproximación, a no objetar la composición de los consejos escolares —que ya es decir, porque tan solo se reserva una quinta parte de sus asientos a los titulares del centro—, pero creemos honestamente que la intervención en el control y gestión de los centros debe ser la que la Constitución prevé y, por tanto, sin perjuicio de salvaguardar el carácter propio del centro, el papel que corresponde al titular y al director para velar por el proyecto educativo, no se desvirtúe, de forma que nuestras competencias, aquellas que en el artículo 61 y, en relación con el mismo, en el 62 del texto alternativo, adjudicamos al Consejo escolar se sitúan en lo que podríamos dar en llamar la banda máxima de competencias constitucionales, salvando siempre lo dispuesto en la Constitución.

Señorías, empeñarse en dar facultades de dirección al Consejo escolar no solo sería inconstitucional, como veíamos esta mañana por las razones que entonces expusimos y respecto de las cuales no quiero volver, sería poner las bases de un caos escolar.

Las experiencias autogestionarias en escuelas públicas han fracasado una tras otra. Esta mañana se traía a colación el ejemplo de Italia y, cuando se empezaba a centrar la polémica en ese ejemplo, era apresuradamente retirado del hemiciclo. La verdad es que la autogestión para regir una escuela conduce a que la calidad de enseñanza de la misma quede, en términos aeronáuticos, bajo mínimos. Pero lo grave (y una de las cosas que más nos duele) es que, en el proyecto de la LODE, por introducir esa apropiación de competencias desde la dirección al Consejo escolar, se introduce la analogía de esos consejos escolares omnipotentes, no solo, como es natural, en los centros privados concertados, sino también, para encontrar apoyatura de cara a los centros privados concertados, en los centros públicos.

Y hoy una de las primeras preocupaciones de nuestro Grupo Parlamentario es, señoras y señores, cómo va a producirse una situación de desgobierno, de indisciplina en una escuela pública en la que estamos tan interesados y con la que realmente nos consideramos tan comprometidos como el que más, y no solo los que tenemos la honra personal de haber estudiado toda nuestra primera enseñanza en una escuela pública, sino, por supuesto, todos los parlamentarios del Grupo Parlamentario Popular.

Este mecanismo de participación desencajada haría inviables proyectos educativos importantes y ambiciosos. Don Francisco Giner de los Ríos, que dijo en frase célebre que quería conseguir para España una generación más sabia, más sana, más severa, más digna, más honrada, por ello querría que su Institución Libre de Enseñanza tuviese unos profesores nombrados y removidos por una diputación de patronos, elegida por los socios fundadores. Además, estos nombrarían al presidente de la asociación promotora.

Si hoy existiese, si hubiese sobrevivido hasta hoy la Institución Libre de Enseñanza, se encontraría entre la absurda opción de concertar una financiación y hacerse a un tipo de autogestión desdibujadora del perfil propio de la institución o renunciar a toda financiación pública y convertirse en centro para ricos. Traigo a colación este ejemplo, que está en la mejor tradición docente liberal de España, esa que era invocada, creo que por extensión esta mañana, señor ministro, pero, evidentemente, el supuesto es extensible a cualquier otro proyecto educativo importante y ambicioso (y en España nunca afortunadamente han de faltar). En suma, a este respecto, nuestra confianza en la participación es compatible con el modelo educativo constitucional, que es pluralista, y quiere preservar el carácter propio de cada centro.

Querría decir ahora algunas palabras sobre el complejo tema de la financiación. Se está vendiendo con cierta habilidad, como caracteriza al Partido Socialista, la idea de que el Gobierno socialista no ha retirado la financiación a los centros privados y les ha perdonado la vida de momento.

Bien, algunos creemos que no se podía haber hecho tal retirada. En primer lugar, por la propia realidad social de que esos centros resuelven, con calidad probablemente superior a la media, la escolarización de cientos de miles de niños a un coste inferior al de la escuela pública. En segundo término, porque nuestra Constitución, en su artículo 27.9, establece que «los poderes públicos ayudarán a los centros docentes que reúnan los requisitos que la ley establezca». Este precepto que no es igual al italiano, como recordaba creo que con algún dolor el señor ministro en su brillante intervención de esta mañana, es importante, porque no se dice «los poderes públicos podrán ayudar», sino que se emplea en imperativo, «ayudarán», por parte del poder constituyente.

El otro punto de referencia constitucional en esta materia, como saben mejor que yo, señoras y señores diputados, es el apartado 4 del mismo artículo 27, donde se dispone que la enseñanza básica es obligatoria y gratuita. Por tanto, los centros privados que impartan enseñanza básica y cumplan, claro es, los requisitos mínimos que tiene derecho a establecer el Estado en garantía del bien común, han de ser apoyados por el Estado, hasta el punto de que la enseñanza pueda ser gratuita. Pero, por supuesto, sin incurrir en ánimo de lucro, como dejamos paladinamente claro en nuestro texto alternativo.

Ahora bien, la actual línea descendente de los presupuestos del ministro de Educación que tiene un nuevo peldaño en su bajada para 1984, hasta donde yo sé, supone que nuestro sistema educativo funciona de forma increíble, casi, casi de milagro y, por supuesto, mediante un deterioro progresivo de las instalaciones.

Si realmente se quiere desde el Gobierno afirmar ante esta Cámara que se busca la extensión del derecho a la educación, que se busca el fortalecimiento del sistema educativo, nosotros coincidiremos con él en que ese es un objetivo nacional suscribible, y esperamos que el Gobierno coincida con nosotros en que hace falta en este terreno un esfuerzo financiero.

Muchos millones que hoy van a parar al agujero de Renfe, a los agujeros de las empresas del INI, a los Ayuntamientos de Madrid o Barcelona, o a arreglar, no se sabe cómo, el desbarajuste de RUMASA, una parte de ese dinero, una parte pequeña de ese dinero, hay que canalizarla al sistema educativo.

El señor ministro, en su intervención esta mañana, el único punto que ha contradicho en esta ocasión del texto alternativo que presentamos es el del cheque escolar.

El cheque escolar es una fórmula de financiación; evidentemente es una fórmula que puede ser sustituida por otra. Es una fórmula que se ha practicado, como sabe mejor que yo el señor Maravall, en algún momento en California, en el condado de Kent, en Navarra y en la formación profesional de primer y segundo grado en alguna medida, en la medida en que se paga por alumno y no por centro.

Yo diría que esta fórmula estamos dispuestos a analizarla, a discutir sus ventajas e inconvenientes en Ponencia y en Comisión, siempre y cuando los representantes del Grupo Parlamentario Socialista estén dispuestos a dialogar sin dogmatismos, sin la práctica de la mayoría mecánica sobre este y sobre otros temas.

A nosotros, en definitiva, lo que nos preocupa no es salirnos con la nuestra en lo del cheque escolar, no somos tan dogmáticos, lo que nos preocupa es que se busque un mecanismo financiero que tienda a la igualdad financiera como se ha atendido en Holanda y en Bélgica, y que cuando se nos invoca para constituir con ese exceso de competencias el artículo 27.7 de la Constitución, no se olvide que este artículo dice: «Los profesores, los padres y, en su caso, los alumnos, intervendrán en el control y gestión de todos los centros sostenidos por la Administración con fondos públicos, en los términos que la ley establezca». Sostener un centro privado con fondos públicos en castellano es lo contrario a dejarlo caer por escasos fondos públicos. Por tanto, lo que queremos es que se respete el espíritu constitucional y se dé el apoyo imprescindible mínimo para que estas instituciones sin afán de lucro puedan subsistir, puedan desempeñar el papel que nuestro sistema pluralista y la Constitución les preserva.

Queremos también que se busque un sistema, señorías, más preocupado por financiar la demanda que la oferta, más preocupado por crear las plazas escolares que la gente quiere para sus hijos que por crear unas plazas escolares y obligar a los padres a que allí sea donde tienen que enviar a sus hijos, incluso en contra de su voluntad, por falta de otras alternativas.

Nosotros defendemos la competencia de las ideas y los esquemas educativos para el bien general y, sobre todo, para beneficio de los sectores sociales más necesitados. Si la unidad de financiación es el niño y el coste del puesto escolar público alcanza la gratuidad, se abre una competencia enriquecedora en las ideas y promotora de calidad. Por eso, nosotros negamos en el artículo 54 de nuestro texto alternativo, como llevo dicho, el carácter lucrativo de los centros de enseñanza financiados con los fondos públicos.

Proponemos medidas de estímulo a la libertad de creación de centros, dando prioridad a aquellas zonas de insuficiente o inadecuada escolarización o cuando los promotores sean cooperativas de padres o profesores. Esta es la fórmula del artículo 34 de nuestro texto alternativo y es difícil imaginar una forma más intensa de participación.

Nosotros elevamos a criterio prioritario en la admisión de alumnos la situación socioeconómica de la familia en aquellos niveles en que no se haya implantado la gratuidad, artículo 24 del texto alternativo. Proponemos un sistema de financiación de la enseñanza calculada por alumno según el coste del puesto escolar público, artículo 9.

En lo que no tenemos inconveniente es en reconocer que ello puede requerir un proceso de adaptación, un periodo puente y estamos abiertos, ¡cómo no!, a hablar de ello. Proponemos becas de transporte y comedor para quienes tengan necesidad y no, como sucede con frecuencia, para que quienes puedan pagarlo disfruten de un transporte y comedor gratuito. Proponemos ayudas económicas para los que reúnan las condiciones de acceso a niveles de enseñanza posobligatoria que no sean gratuitas, si carecen de los medios necesarios. Proponemos, en fin, un impuesto durante cinco años para financiar la gratuidad de la enseñanza, en beneficio de los sectores menos favorecidos, a pagar por los sectores de mayor poder económico.

Yo querría aclarar que esta financiación justifica, por supuesto, como dice el artículo 27.7 de la Constitución, que los alumnos, los padres y los profesores participen en el control y gestión de los centros sostenidos con estos fondos, pero no la intervención en la organización y dirección de una empresa ideológica.

Señorías, si aceptamos lo contrario, que vayan poniendo sus «barbas a remojar» los periódicos o la prensa subvencionada, las fundaciones subvencionadas y, si se me apura, hasta los partidos públicos que reciben, como todos sabemos, fondos del Estado. Nosotros defendemos todas las formas de participación y asociación que hay en la LODE, asociaciones de padres, profesores, de alumnos, consejos de educación del Estado, consejos autónomos, territoriales y consejos de centros. Defendemos el Consejo escolar aun para los centros privados sin financiación pública; defendemos la participación de padres y profesores en la decisión de nombrar director del centro, así como de contratar y despedir profesores, pero, evidentemente, en tanto en cuanto se respete la Constitución. Por tanto, la última palabra de este tipo de decisiones ha de recaer en el titular del centro por las razones que exponíamos esta mañana. Y, en aras de estos mismos principios, defendemos la libertad de cátedra del profesor, pero dentro del carácter propio o ideario de cada centro y de los límites que impone la función docente, porque esta es, y no otra, la tesis del Tribunal Constitucional. Defendemos, por último, señorías, la homologación del profesorado de los centros privados con el de los públicos en cuanto a retribuciones y demás condiciones de trabajo, y el pago delegado de sueldos por la Administración no es suficiente garantía.

Creemos, para terminar, que la LODE no es una buena ley porque, aparte de no ser una ley de todos, la enseñanza saldrá más cara, los niños saliendo menos y, para hablar claro, nos tememos que peor educados. La enseñanza se encarecerá, muchos colegios de clases medias y sectores populares, ante la imposibilidad de subsistir con recursos públicos, tendrán que cerrar o elevar las cuotas de los padres; quienes no puedan pagar llevarán a sus hijos a colegios públicos, que cada vez costará más sostener al contribuyente. Y la calidad de la enseñanza, que es lo importante y que nos debe preocupar prioritariamente, puede fácilmente empeorar no solo como consecuencia de la falta de competencia por una mayor expansión de la escuela pública, sino por la mayor politización de los colegios y la indisciplina a la que dará paso el haber quitado al titular y al director alguna de sus responsabilidades fundamentales para el buen funcionamiento del colegio.

En esta materia educativa, señorías, me parece que deberíamos todos seguir el consejo que nos dejó Ortega en uno de sus escritos no publicados inicialmente (no figuran en sus obras completas), en un manuscrito que publicó hace no mucho Paulino Garagorri, donde, hablando de la cuestión educativa, dice lo siguiente: «Hacer obra política es cosa muy distinta a proclamar a voz en cuello nuestras personales preferencias. Esto es faena lírica en la que dejamos emanar nuestra intimidad, pero la política empieza cuando comenzamos a anudar e integrar nuestras opiniones con las ajenas. El lirismo es creerse solo en el mundo; política es contar con los demás, con todos los demás que en la *poli* conviven con nosotros; por eso no se es político si no se pone una peculiar imaginación, la capacidad de imaginarnos a los demás, a los otros, precisamente a los que no son nuestros próximos o afines».

Desde el pensamiento de Ortega, yo me permito encarecer al Gobierno que intente chapuzarse en la libertad de enseñanza que impregna nuestro texto alternativo, que es una libertad de libertades, de reunión, de pensamiento, de expresión, de creencias, de cátedra; y que es hoy el gran test de la voluntad de tolerancia y de concordia del Gobierno. A la oposición le gustaría que el Gobierno estuviera a la altura de las circunstancias para el bien de los españoles.

Nada más y muchas gracias.

VIII.2. DEBATE SOBRE EL PROYECTO DE LEY ORGÁNICA REGULADORA DEL DERECHO A LA EDUCACIÓN EN LA COMISIÓN DE EDUCACIÓN Y CULTURA DEL CONGRESO

Inicio del debate el 6 de diciembre de 1983 *

Tras la intervención de diversos diputados enmendantes.

El señor PRESIDENTE: Tiene la palabra el señor Alzaga.

El señor ALZAGA VILLAAMIL: No para defender la enmienda, porque entiendo que ya se defendió esta enmienda 307, sino para, si su señoría me lo permite, hacer un uso de la palabra brevísimo, de conformidad con el artículo 114.1 en mi condición de miembro de la Comisión.

El señor PRESIDENTE: Lo tiene usted, señor Alzaga.

El señor ALZAGA VILLAAMIL: Muchas gracias, señor presidente.

Querría, en primer lugar, expresar mi discrepancia con el texto de la enmienda alternativa, que ha tenido la bondad de formular el Grupo Parlamentario Socialista. Aunque reconozco que prima la buena voluntad, el interés de ensanchar el ámbito de lo que podríamos calificar el objeto social de las asociaciones de alumnos, sobre las que versa el artículo 7 de ese proyecto de Ley, no es menos cierto que viene redactado en unos términos imperativos, que me parecen difícilmente compatibles con lo que significa el derecho de asociación y con lo que al respecto dice sobre el mismo el artículo 22 de la Constitución.

La enmienda transaccional del Grupo Parlamentario Socialista, que afortunadamente tenemos ante nosotros por vía de fotocopia, en punto y

* Comisión de Educación y Cultura, Sesión celebrada el 6 de diciembre de 1983, *Diario de Sesiones del Congreso de los Diputados,* núm. 98, pp. 3285-3287.

seguido dice: «Para ello, las asociaciones de alumnos asumirán, entre otras, las siguientes finalidades». Y hay cinco apartados, los tres que inicialmente conocíamos y los dos de nueva redacción que nos ofrecen. «Entre otras» quiere decir que puede haber además unas diferentes finalidades que se sumen a las anteriores, pero la redacción implica que esas asociaciones de alumnos han de asumir, en todo caso, estas finalidades cuando menos.

En materia de fines de asociaciones rige, como saben todos los señores comisionados, el número 2 del artículo 22 de nuestra Constitución, conforme al cual, «las asociaciones que persigan fines o utilicen medios tipificados como delitos son ilegales». La doctrina del Derecho público español entiende, consecuentemente, que todos aquellos fines que no están tipificados como delitos son legales, y que forma parte del derecho de asociación el poderse dedicar las mismas a la persecución de unos u otros de los casi infinitos fines que en sí mismos son legales. Obligar a una asociación a que tenga en su objeto social necesariamente cinco fines es discutiblemente compatible con lo que se debe entender por el derecho de asociación. De forma que sería mejor una fórmula transaccional —si el Partido Socialista lo tuviera a bien— que dijera que, para ello, las asociaciones de alumnos «podrán asumir, entre otras, las siguientes finalidades». Los fines no deben ser mínimos ni exhaustivos desde esta óptica. Y tenemos que confiar en el principio de autonormación por vía estatutaria, por el que básicamente se rigen las asociaciones en nuestro Derecho.

Querría también insistir en un aspecto que me parece que está quedando soslayado en el presente debate, y es que, sin perjuicio de que los alumnos se puedan acoger a las asociaciones a que se refieren los párrafos ya redactados en la enmienda transaccional respecto del artículo 7, aquellos que no quieran pertenecer a ninguna asociación deben tener garantizado el pleno ejercicio individual o colectivo de los derechos que todos tienen reconocidos en la presente Ley.

Para mí, señorías, este es un tema importante. La Ley no puede imponer expresamente a los alumnos el deber de asociarse. No digo que se imponga en este precepto expresamente el deber de asociarse, pero digo que cabe la duda, tal y como están redactados artículos ulteriores de esta Ley, de si para acceder a instancias representativas —pongo, por ejemplo, el Consejo escolar de centro—, los alumnos tienen que utilizar necesariamente como cauce las asociaciones que son mencionadas en el artículo 7. De ser esta la interpretación que quiere, si no definirse por entero, al menos apuntarse en este artículo de la LODE, me atrevo a afirmar que es inconstitucional. Lo es porque ya tiene declarado el Tribunal Constitucional español, conforme a la doctrina y a la jurisprudencia de los Tribunales Constitucionales extranjeros más eminentes, entre otros el alemán, que el derecho a asociarse, ese derecho que yo antes decía que está reconocido para todos los españoles en el artículo 22 de la Constitución, incluye también su faceta negativa: el derecho de no asociarse.

Por tanto, al redactar esta Ley, los legisladores estamos en la obligación de preservar que los alumnos puedan, en su caso, acceder a los cauces participativos y a algunas de las funciones que se enumeran en la primera parte de este artículo 7, por la vía de elecciones directas que, en su caso, se lleven a cabo en los centros escolares a los fines de representación a que antes aludía.

Rogaría al Grupo Parlamentario Socialista que meditara sobre esto. No es una observación ni de derechas, ni de centro, ni de izquierdas, sino que intenta tan solo que esta norma sea más coherente con el ordenamiento jurídico español y yo creo que también con la Constitución que lo preside. Nada más y gracias.

* * *

Tras la intervención del representante del Grupo Parlamentario Vasco, señor Aguirre Kerexeta, para defender su enmienda al artículo 11.

El señor PRESIDENTE: Pregunto al Grupo Parlamentario Popular si es posible agrupar la defensa de las enmiendas números 314, 448 y 514. Tiene la palabra el señor Alzaga.

El señor ALZAGA VILLAAMIL: No es factible; lo que proponemos a su señoría es defender la enmienda número 314 en menos de tres minutos, pero no es fácil acumularlas.

El señor PRESIDENTE: Muy bien. El señor Alzaga tiene la palabra.

El señor ALZAGA VILLAAMIL: Queremos decir que nosotros básicamente podemos hacer nuestra la argumentación que acabamos de escuchar en boca del digno representante del Grupo Parlamentario Vasco, y que el tercer apartado de nuestra enmienda, que lleva el ordinal 314, cuando, a diferencia del apartado correlativo del artículo 11 del proyecto de Ley, en vez de decir que la adaptación de lo preceptuado en esta Ley a los centros integrados, etcétera, se determinará reglamentariamente, dice que por el Gobierno se dictarán las bases reglamentarias de su régimen jurídico, estamos intentando ser coherentes con la circunstancia de que la competencia exclusiva del Estado, de conformidad con lo previsto en el número 30 del apartado 1, del artículo 149 de nuestra Constitución, se limita en este orden de cosas a las bases del ordenamiento jurídico en esta materia.

No hacemos cuestión de gabinete de la redacción literal de estos párrafos. Entendemos que de la pluralidad de enmiendas presentadas al respecto se pueden escoger diversas fórmulas, y todas ellas pueden ser adecuadas, pero creemos que es sencillamente más respetuoso con la concepción del Estado autonómico en que nos encontramos inmersos el espíritu de nuestra enmienda número 314, especialmente en el apartado 3. Y esto es lo que, en este momento, sin hacer mayor dilación en el uso de la palabra, queremos subrayar ante los señores comisionados.

Nada más y muchas gracias.

* * *

El señor VICEPRESIDENTE *(*LAZO DÍAZ*)*: Enmienda 408, del señor Fraile; la defiende el señor Alzaga, que tiene la palabra.

El señor ALZAGA VILLAAMIL: En efecto, la enmienda 408 está suscrita por el parlamentario de nuestro Grupo don Modesto Fraile, y la defendemos haciéndola nuestra en nombre de nuestro Grupo Parlamentario, porque estamos convencidos de que constituye una enmienda importante. Intentaremos resumir los argumentos a favor de su sentido en ese corto tiempo de llamada telefónica interurbana a que nos vemos sometidos.

Yo querría empezar por decir que queremos completar tal enmienda con una enmienda *in voce* muy breve —y que quizá sea incluso necesario el recogerla por escrito, aunque lo podemos hacer y fotocopiar por si la Mesa así lo considera imprescindible—, que es la de introducir un inciso después de la palabra «se entenderá». De manera que la redacción de la enmienda corregida con la enmienda *in voce* que paso a explicar, quedaría de la siguiente forma: «Los centros que actualmente estén en funcionamiento se entenderá —aquí viene el inciso de la enmienda *in voce*— salvo prueba en contrario», y seguiría el texto de la enmienda conforme a la redacción del señor Fraile, diciendo «que ya cumplen estos requisitos mínimos siendo válida la autorización administrativa que poseen».

En consecuencia, intentamos construir una presunción no *iuris et de iure,* sino *iuris tantum;* es decir, una presunción salvo prueba en contrario, de que aquellos centros escolares que actualmente están en funcionamiento cumplen, como de ordinario hay que suponer que cumplen, los requisitos mínimos, por otra parte, no novedosos que se vienen a introducir por la vía del artículo 14.

Se nos podrá quizá contraargumentar, e intento salir al paso de ello, que esta sería en puridad materia de una Disposición Transitoria más que de un nuevo apartado, en este caso apartado 3, de un precepto de la Ley, en este supuesto del artículo 14.

Es verdad, que nos referimos a lo que podríamos, quizá, calificar como una situación jurídica puente, pero no en tanto en cuanto esa situación se genera en función de que se dicte en el futuro una nueva normativa jurídica aplicable al caso, sino que, básicamente, se trata de centros que están regidos por una normativa que, en lo sustancial, entendemos que va a ser compatible y concorde con lo que prevé el artículo 14. Y el hacer esta previsión, en nuestra modesta opinión, tiene él enorme valor político de que se cerraría el paso a pensamientos, a presunciones, a temores de que esta Ley, en esta materia, va a constituir un arma arrojadiza contra los centros privados.

Estos temores, señorías, son una realidad. Se basan, sin duda, en numerosos indicadores: se basan en el conocimiento por ciertos sectores de nuestra sociedad de una determinada alergia del partido hoy en el Gobierno a los centros libres. Y el hecho de que se garantice una precisión, repito, salvo prueba en contrario, de que no se va a aplicar este artículo de inmediato contra los centros hoy existentes, contribuiría a tranquilizar a los titulares de esos centros, a sus profesores, a sus alumnos, a los padres de los alumnos y, en consecuencia, significaría un factor de paz social, para lo cual terminamos pidiendo el voto favorable de la enmienda del señor Fraile.

Nada más y muchas gracias.

* * *

El señor PRESIDENTE: El señor Alzaga tiene la palabra para un turno de réplica.

El señor ALZAGA VILLAAMIL: Muchas gracias, señor presidente.

Yo creo que es de justicia reconocer, antes de nada, la buena disposición que he creído percibir en las palabras del señor Beviá ante nuestra argumentación en favor de la enmienda 408, del señor Fraile.

He percibido ya, a lo largo de los debates de Ponencia y de Comisión, que el señor Beviá es parlamentario de buena voluntad, me atrevería a decir, si él me lo permite, de buena «pasta». Estoy seguro que cuando expresa esa buena disposición a estudiar con calma el contenido de esta enmienda dice verdad, sin perjuicio de que no intente yo tomarle la palabra más allá de donde él la compromete.

También sé, claro está, que, como decía don José Ortega, «el hombre es él y su circunstancia», y me imagino que puede haber circunstancias que dificulten la aceptación de esta enmienda, como sin duda la de otras que quizá el señor Beviá hubiera querido admitir.

Yendo al tema, aparte de que estoy de acuerdo con varios de los diputados que me han precedido en el uso de la palabra en que es harto discutible que se pueda otorgar con carácter general al Gobierno la fijación de los requisitos mínimos que nos ocupan —y no voy a entrar en lo discutible de esa competencia exclusiva al Gobierno en esta materia—, yo lo que querría decirle al Grupo Parlamentario Socialista es que comprendo su argumentación de que ellos aspiren, como aspiramos nosotros, a garantizar en esta Ley unos mínimos niveles de calidad en estos centros, y que, evidentemente, es preciso fijar unos requisitos por vía normativa que deben cumplir los centros para los fines a los cuales se redacta este precepto; no vengo a discutir tan obvia afirmación. Pero sí me parece fundamental que los requisitos en cuestión se fijen a tal fin. Es decir que la *ratio legis* de los mismos sea la anunciada y no sea otra. Existe el peligro de que se venga, en acto posterior, a establecer unos requisitos distintos, más estrechos de los que un día se fijaron a un centro escolar para abrir sus puertas, para alcanzar la autorización administrativa que en este momento posee, y en función de la cual ha hecho el titular una serie de inversiones, se ha constituido una comunidad de profesores. Esto es algo que el legislador tiene que tener en cuenta y tiene que respetar; hay toda una comunidad de alumnos que dependen de la buena marcha del centro y es evidente (no ya por aplicación de la doctrina jurídica de los derechos adquiridos ante la realidad de unos centros —repito— que gozan de una autorización administrativa, sino por el buen sentido que debe presidir toda tarea legislativa) que hay que tener cuidado en que al fijar estos requisitos se busque realmente —como dice el Grupo Parlamentario Socialista— garantizar unos niveles de calidad y no venir a provocar el cierre, por mecanismo inconfesado, por mecanismo indirecto, de toda una pluralidad más o menos amplia de centros libres.

El señor Beviá decía que esta materia quizá la puedan regular por vía de Disposición Transitoria. Yo tomo buena nota de esa disposición e incluso me permito apuntarle que esto sería un planteamiento de pretensiones mínimas, ya que la palabra «mínima» en este momento está siendo tan redundantemente traída a colación; se podría estudiar una redacción en función de la cual, como mínimo, se establecieran unos plazos de adaptación de los centros en funcionamiento, para el cumplimiento de aquellos requisitos mínimos de nuevo cuño que se estableciesen y que no hubieran sido exigidos en su día y caso cuando se otorgó la autorización administrativa pertinente.

Pero como nosotros entendemos que el problema es de derecho objetivo, y no solo un problema, como decíamos antes, que puede ser tratado por vía de Disposición Transitoria, sin perjuicio de mantener nuestra esperanza en cuanto a la reconsideración que es posible lleve a cabo el Partido Socialista a la hora de tratar de debatir y de aprobar las Disposiciones Transitorias, vamos a sostener en este momento la enmienda 408, con el inciso que por vía de enmienda *in voce* expuse a la Comisión en su momento.

Nada más, señor presidente; muchas gracias.

* * *

El señor PRESIDENTE: Queda la defensa de la enmienda número 321 del Grupo Parlamentario Popular. El señor Alzaga tiene la palabra.

El señor ALZAGA VILLAAMIL: Muchas gracias, señor presidente. Intentaré ser tan breve como sea posible. Evidentemente, señor presidente, estamos en un tema, que es el de «la creación y supresión de centros públicos», que es capital y que alude a decisiones básicas en el orden de la vida de los centros públicos a que se refiere el Capítulo de la Ley que nos ocupa.

Nuestra enmienda viene, en primer lugar, a intentar introducir un inciso, inciso que tiene, evidentemente, un alcance, que podríamos quizá calificar de mediano, que es, a la par de hablar de «la creación y supresión» de los centros públicos, el de referirse igualmente a los supuestos de transformación. Estos supuestos de transformación de dichos centros pueden ser plurales; algunos, como el del cambio de nivel de un centro, en cuanto que afecta a profesores y alumnos, afecta a la enseñanza que se imparte, puede suponer en la práctica una recreación del centro, puede equivaler a un acto de supresión y de ulterior, o si se quiere coincidente en unidad de acto, creación de un centro público.

Por tanto, nos parece que también debe hacerse alusión a «la transformación» de los centros públicos.

En todo caso, se incluya o no la alusión que acabo de mencionar, creemos que «la creación y supresión de centros públicos» son decisiones básicas, decisiones que están en la médula de la programación general de la enseñanza; que, consiguientemente, suponen la necesidad de valorar aspectos que, de alguna forma, son plurales, y nos parece que algunos de tales aspectos, por definición, pueden escapar del ámbito propio del Ministerio de Educación. Por tanto, nosotros postulamos que en casos de «creación, transformación y supresión de centros públicos, las mismas se efectúen mediante Real Decreto, aprobado en Consejo de Ministros, o por Decreto de órgano ejecutivo superior de la Comunidad Autónoma correspondiente».

Creemos que el órgano adecuado debe ser, como acabo de indicar, o bien el Consejo de Ministros, o bien el órgano ejecutivo superior de la Comunidad Autónoma de que se trate, y no creemos que se deba ir a una redacción como la que recoge el informe de la Ponencia, que, evidentemente, da pie a que estas materias se deleguen en el nivel de mera Orden Ministerial, o incluso, quizá, de disposiciones administrativas de rango inferior.

Nuestra imputación de la responsabilidad de «la creación y la supresión de los centros públicos», bien en el Consejo de Ministros, bien en el órgano ejecutivo superior de la Comunidad Autónoma, está también justificada en atención a los recursos que deben, en su caso, poderse interponer, sin necesidad de agotar una vía administrativa más amplia, por emanar el acto administrativo correspondiente de un nivel jerárquico inferior.

Por último, querría añadir que no tenemos inconveniente en que el remate *in fine* de nuestra enmienda 321 no sea, como lo es ahora, al decir «de la Comunidad Autónoma correspondiente con competencia en la materia», y que pueda serlo, según ha quedado redactado el artículo 17 en la Ponencia, hablando de «la Comunidad Autónoma correspondiente, en el ámbito de sus respectivas competencias».

Esta pequeña modificación, que se introdujo en Ponencia, la podríamos también trasladar a la literalidad de nuestra enmienda 321, en favor de la cual solicitamos el voto de los señores comisionados.

Nada más y muchas gracias, señor presidente.

* * *

Tras una intervención en contra de dicha enmienda 321, por parte del señor Teijeiro Fraga, del Grupo Parlamentario Socialista.

El señor PRESIDENTE: Para un turno de réplica, tiene la palabra el señor Alzaga.

El señor ALZAGA VILLAAMIL: Muchas gracias, señor presidente.

Yo tengo que empezar por alabar el buen gusto del Grupo Parlamentario Socialista, de dar entrada a parlamentarios de refresco, tal y como va este debate, y sin duda, el señor Teijeiro toma el testigo en mejores condiciones físicas de las que estamos otros, que yo creo que podemos expirar de un momento a otro, y no quiero pensar cuál será el epitafio en torno a la LODE que se nos dedique, si estos debates continúan a este ritmo.

El señor Teijeiro formula una argumentación, si le he entendido bien, en la que creo que incurre en contradicción; por supuesto se lo digo con el ánimo más constructivo. Él entiende que no es preciso aludir a la transformación, porque la transformación, dice, y en eso coincide con la argumentación que yo antes apuntaba, es un acto de supresión y de posterior o simultánea creación, y la creación y la supresión ya están contempladas en la cabecera de este artículo 17. Pero precisamente porque es un supuesto, es una variante de supresión y de simultánea o posterior refundación, creemos que se debe citar. ¿Por qué? Pues, sencillamente, porque en otro caso cabría hacer supresiones de centros públicos y creaciones ulteriores al margen de estos órganos administrativos a los que el artículo 17 del proyecto de Ley Orgánica que nos ocupa viene a reservar tal facultad. En última instancia, este precepto lo que intenta es establecer una reserva, en beneficio de los máximos órganos ejecutivos, bien del Estado central, bien de las Comunidades Autónomas correspondientes, y lo que ocurre en este supuesto, y desdichadamente ocurre con demasiada frecuencia y creo que con todo tipo de Gobiernos, es que los Ministerios, en este caso por supuesto el Ministerio de Educación, tienen cierta vocación de eludir el trámite de acudir a Consejo de Ministros e intentan reservarse el portillo para actuar por Orden Ministerial o por disposiciones administrativas de rango inferior. Yo creo, señores parlamentarios socialistas que, aunque el Ministerio —en este momento en las manos de su partido— tenga esa inclinación, que entiendo que es connatural, que es inherente casi a todo Ministerio, en estos supuestos, como legisladores, debemos reservar estos actos, que afectan a la base de la programación general de la enseñanza, mediante creación, supresión y, en su caso, transformación de los centros públicos, al Consejo de Ministros, o al Consejo de Gobierno de las Comunidades Autónomas, porque solo así se podrán contemplar vertientes, se podrán oír argumentos, que no son de la estricta incumbencia, no son de la directa competencia del Ministerio de Educación. Y por ello —no voy a insistir más, porque el señor Teijeiro no ha profundizado en la materia y no hay por qué dedicar más tiempo a la cuestión— creemos que se debe especificar el rango normativo a través del cual se deben abordar administrativamente estas cuestiones.

Nada más, y muchas gracias.

Continuación del debate sobre la Ley Orgánica del Derecho a la Educación y el equilibrio natural entre la libertad de cátedra y carácter propio del centro, el 7 de diciembre de 1983 *

Respecto del artículo 22, con relación al ideario de los centros privados de enseñanza, se defendieron enmiendas por los diputados señores Soler Valero y

---

* Comisión de Educación y Cultura celebrada el 7 de diciembre de 1983, *Diario de Sesiones del Congreso de los Diputados,* núm. 99, pp. 3356-3391.

Aguirre Kerexeta, antes de la defensa de la presentada por el Grupo Parlamentario Popular.

El señor PRESIDENTE: Enmienda número 327 del Grupo Parlamentario Popular. Tiene la palabra el señor Alzaga.

El señor ALZAGA VILLAAMIL: Con su venia, señor presidente. A estas alturas del debate a nadie puede extrañar que nuestro Grupo Parlamentario considere que el artículo 22 del proyecto de Ley que recaba nuestra atención es un artículo capital, y lo es, como muy bien apuntaba el parlamentario que me acaba de preceder en el uso de la palabra, en conexión con el artículo 3, que regula la libertad de cátedra. Nosotros pedimos en su momento el aparcamiento de aquel precepto porque entendíamos que toda reelaboración del artículo 22 para dar lugar a una solución coherente tenía que implicar también una modificación del precepto anterior que ya he mencionado.

Nuestra posición sobre la problemática que plantea el ideario en los niveles de enseñanza que nos ocupan es bien conocida. Nosotros pensamos que el ideario, y lo hemos sostenido siempre, es un sistema coherente de ideas o principios generales, destinados a engendrar o dirigir un proyecto de enseñanza. Es, dicho en otros términos, la declaración expresa del tipo humano, de la personalidad humana integral que se va a formar y de los grandes fines educativos que la institución destinada a esta formación integral se propone alcanzar. El ideario supone, por tanto, desde la perspectiva de nuestro Grupo Parlamentario, unos valores procedentes de la visión más o menos completa que se tenga sobre el mundo y el hombre, y comprende además unos principios y objetivos educativos derivados de estos valores.

Nosotros aceptamos, por supuesto, y creemos que los centros públicos, en cuanto escuelas neutras, pueden no tener un ideario, pero a nivel de centros privados sostenemos que sin ideario (o, si se quiere emplear la terminología que al parecer resulta más grata al Grupo Parlamentario Socialista, sin definición del carácter propio) carece de sentido la libertad de crear centros docentes, o al menos, se capitidisminuye en gran medida el alcance de esa libertad de crear centros docentes, puesto que un centro que renuncia a todo carácter propio, a todo proyecto educativo que le caracterice como tal realmente puede merecer el nombre de empresa educativa, nombre que no es peyorativo, pero nosotros sabemos que la inmensa mayoría de los centros docentes libres que hay en nuestro país no se rigen por ánimo de lucro; se rigen por la preocupación de transmitir unos valores, por la preocupación de intentar formar un tipo de persona íntegra de acuerdo con dichos valores.

Nuestra concepción de lo que es el ideario está, y no podemos ocultarlo, en estrecha relación no solo con el artículo 27 de la Constitución, que como bien sabemos proclama la libertad de enseñanza, sino también en conexión directa con el artículo 16, que consagra la libertad de conciencia; es decir, la libertad ideológica y la religiosa no solo para los individuos, sino para las Comunidades, según dice el precepto, sin más limitación en sus manifestaciones que las necesarias para el mantenimiento del orden público protegido por la ley.

En consecuencia, desde nuestro punto de vista, el artículo 16 de nuestra Ley de leyes protege la manifestación coherente de la conciencia colectiva de una Comunidad, que puede expresarse, entre otras formas, mediante el ideario educativo de centros de enseñanza.

Yo diría también, en estas palabras de ubicación del problema, que la libertad, como sus señorías saben, no es solo libertad de individuos; es, en una sociedad democrática, moderna y pluralista, también, y quizá en ocasiones ante todo, la libertad de los individuos agrupados en instituciones y articulados en instituciones en virtud de aquellos principios, de aquellas ideas-fuerza que explican y justifican esas instituciones, porque es la idea, como decía Maurice Hauriou, la que da vida, la que da sentido a una institución.

Nuestra posición, es decir, la existencia de un ideario que impregne y dé sentido a la libertad de creación de centros y que permita, a su vez, conectar esa libertad de creación de centros por parte de los titulares que la ejercen con la libertad que se reconoce a los padres a elegir para sus hijos un tipo de educación, porque solo en tanto en cuanto se defina cada centro privado en torno a un ideario es posible para los padres saber desde fuera qué tipo de educación pueden esperar previsiblemente para sus hijos en ese centro; la existencia de ese ideario, repito, está aceptada, como bien sabemos, por el Tribunal Constitucional español en su célebre Sentencia de 13 de febrero de 1981.

Nos referimos en su momento, al estudiar el artículo de la libertad de cátedra, de forma casi exhaustiva, a la glosa de dicha sentencia, ya celebérrima, de nuestro Tribunal Constitucional. Yo solo querría ahora recordar a sus señorías el párrafo que entiendo de más directa incidencia sobre el tema que nos ocupa. Dice en el tercer párrafo del número 10 del motivo primero el Tribunal Constitucional que «la existencia de un ideario conocida por el profesor al incorporarse libremente al centro o libremente aceptada cuando se dota al centro de tal ideario después de esa incorporación, no le obliga, como es evidente, ni a convertirse en apologista del mismo ni a transformar su enseñanza en propaganda o adoctrinamiento, ni a subordinar a ese ideario las exigencias que el rigor científico impone a su labor. El profesor es libre como profesor en el ejercicio de su actividad específica».

Y a continuación el tribunal añade: «Su libertad es, sin embargo, libertad en el puesto docente que ocupa, es decir, en un determinado centro, y ha de ser compatible, por tanto, con la libertad del centro, del que forma parte el ideario. La libertad del profesor no le faculta, por tanto, para dirigir ataques abiertos o solapados contra ese ideario, sino solo para desarrollar su actividad en los términos que juzgue más adecuados y que, con arreglo a un criterio serio y objetivo, no resulten contrarios a aquel. La virtualidad limitante del ideario será sin duda mayor en lo que se refiere a los aspectos propiamente educativos o fórmulas activas de la enseñanza y menor en lo que toca a la simple transmisión de conocimientos, terreno en el que las propias exigencias de la enseñanza dejan muy estrecho margen de las diferencias de idearios».

Creo, señorías, que en este párrafo de la larga Sentencia del 13 de febrero de 1981 viene nuestro Alto Tribunal a establecer cómo se debe concebir el ideario como un marco dentro del cual se puede ejercer la libertad de profesores, la libertad en su caso de alumnos en el seno del centro dotado de ideario.

Realmente esa concepción del ideario como marco es aquella que presidió en su día la confección del artículo correspondiente de la LOECE, y puedo traer a colación la intervención de don Miguel Herrero y Rodríguez de Miñón en el Pleno del Congreso de los Diputados, que culminaba una importante intervención en defensa del sentido que tiene el ideario para inspirar los centros privados diciendo: «Y esto, señoras y señores, es lo que nosotros pretendemos al afirmar el ideario y no otra cosa; que sea un marco de respeto, un marco de respeto —insisto— adecuado al nivel de compromiso de la enseñanza que se está impartiendo o a la actividad que se está haciendo».

Por tanto, esa ha sido y es nuestra posición, y nos encontramos con que en este momento la redacción que el Informe de la Ponencia da al artículo 22 del Proyecto de Ley Orgánica que nos ocupa invierte absolutamente los términos lógicos de la cuestión y se dice: «En el marco de los principios constitucionales y de los derechos garantizados en el Título preliminar de esta ley a profesores, padres y alumnos, los titulares de los centros privados podrán establecer el carácter propio de los mismos». Es decir, se invierte el deber de respeto; se invierte de tal forma aquello que es frontera o marco que se desnaturaliza por entero.

La posición del Grupo Parlamentario Socialista en torno a lo que ya es casi un aspecto del debate nacional (la problemática del ideario en los centros educativos privados) ha cambiado, al menos tácitamente, al menos aparentemente. Una primera etapa, en que la estrategia seguida fue el ataque frontal; yo me permito simplemente remitir a sus señorías al debate que tuvo lugar en el Pleno de esta Cámara el 31 de marzo de 1980 y a la intervención que el portavoz del Grupo Parlamentario Socialista tuvo entonces contra el artículo que en aquella fase de tramitación del proyecto de LOECE llevaba el número 34. Fue un ataque verdaderamente en toda regla contra el ideario, defendiendo la conveniencia y la necesidad de que el ideario no existiera.

Fuera de la Cámara, los más dignos representantes del Partido Socialista en cuanto a política educativa han venido manteniendo posiciones análogas. Yo tengo en estos momentos en mis manos un folleto de la Secretaría Federal de Política Sectorial del Partido Socialista Obrero Español, denominado *Los socialistas ante la educación,* que incluye un cuarto trabajo titulado «La gestión democrática del sistema educativo», del que es autor el hoy ponente de este proyecto de Ley por el mismo partido, don Victorino

Mayoral Cortés, donde (voy a hacer tan solo la propaganda imprescindible, claro está, a su obra, pero creo que alguna cita, muy breve, puede ser ilustrativa para comprender, repito, la posición del Partido Socialista en esta materia), en su apartado del mismo titulado «Neoconfesionalismo», el autor dice que los argumentos neoconfesionales para la promoción de su alternativa de escuela con ideario (entre comillas) frente a la escuela pública se asientan en una serie de consideraciones extraídas de proposiciones centradas en la idea de libertad.

Más adelante, cuando se refiere a los derechos del profesorado y a lo que él entiende por tarea de tecnificación del profesorado, proclama la necesidad de tomar, entre otras, la siguiente medida: «Garantizar el ejercicio de la libertad docente, sin discriminaciones ideológicas o confesionales, tanto los centros públicos como los privados».

Y esta idea la volvemos a encontrar ya más desarrollada en las páginas 117 y 118 de su mismo trabajo, cuando postula que hay que proteger la libertad de cátedra para establecer condiciones para preservar la independencia y la libertad de espíritu que permitan a los profesores avanzar sin miedo o represiones en la innovación y perfeccionamiento pedagógico, aspectos más expuestos a verse sometidos al control de las minorías o grupos de presión que poseen los medios económicos, personales y legales que les permiten eliminar o limitar las líneas de investigación o avance que no se ajustan a sus ideas o prejuicios.

Y termina diciendo que una actitud limitadora o reductora de la libertad de cátedra significaría un peligro para el progreso del hombre y de la manera democrática de vivir, por cuanto supondría dejar parcelas importantísimas para el desarrollo cultural, social, político y económico de la sociedad civil en manos de instituciones cuyos intereses no son civiles, es decir, laicos.

Lo que con esta claridad se define en un cuaderno de política sectorial del Partido Socialista para sus militantes y dirigentes, no siempre se define evidentemente con la misma claridad cuando se trata de hablar al común de los españoles, a la generalidad de los electores. Ello explica que el Partido Socialista haya adoptado una estrategia que nosotros queremos ver, salvo que él mismo nos diga otra cosa, que es idéntica a la estrategia de ataque frontal que ya se sostuvo en esta Cámara en 1980, y que tradicionalmente, repito, ha mantenido el Partido Socialista, no quiero decir con un cierto disfraz, pero sí con un ropaje diverso.

El señor PRESIDENTE: Vaya terminando, señor Alzaga, por favor.

El señor ALZAGA VILLAAMIL: Lo voy a intentar, señor presidente, pero no se le oculta a la mesa la importancia del tema.

Realmente, en el artículo 22 nos encontramos con que se acepta que los titulares de los centros privados puedan establecer el carácter propio de los mismos (terminología por cierto de origen francés y que plantea problemas de hermenéutica legal al aplicar en España un galicismo conceptual que hasta ahora no ha estado en la legislación y que es distinto del contemplado por el Tribunal Constitucional, aunque en ese tema no quiero adentrarme, dado el escaso tiempo de que disponemos), pero no se dice, ni en este precepto y lo más grave es que en ningún otro, a qué efectos, con qué eficacia normativa se establece este carácter propio de los centros.

Otro tanto ocurre cuando en el apartado 3, también de este artículo 22, se dice que «el carácter propio del centro deberá ser puesto en conocimiento de los distintos miembros de la comunidad educativa por el titular», ya que cabe preguntarse a qué efecto. Porque la redacción dice que el ideario que da sentido al centro ha de ser respetuoso con los derechos de profesores, padres y alumnos, cuando lo que dice el Tribunal Constitucional es que hay un nivel de respeto de los profesores especialmente, en menor medida de padres y alumnos, pero sobre todo de los profesores al centro; lo cual supone, repito, vaciar de todo contenido el ideario.

Por tanto, termino haciendo, una vez más, caso al requerimiento de la Presidencia planteando dos preguntas que yo rogaría encarecidamente, a los portavoces del Grupo Parlamentario Socialista que, si es posible, me fueran contestadas. Son las siguientes: ¿En qué ha cambiado la posición del Grupo Parlamentario Socialista sobre el ideario desde los debates de la LOECE de 1980 hasta hoy, en qué ha variado sobre el fondo, no sobre los aspectos formales puramente retóricos en la presentación de artículos o de enmiendas, o si realmente la posición de fondo es la misma?; y ¿qué efectos ellos atribuyen al ideario, tal y como se encuentra redactado el artículo 22 de este proyecto de Ley y aquellos que resultan concordantes con el mismo?

Nada más, señor presidente y muchas gracias.

* * *

Posteriormente el señor Mayoral Cortés sostuvo que el artículo 22 dice simplemente que los titulares de centros privados podrán establecer el carácter propio de los mismos. Este derecho tiene unos límites que están en la misma sentencia del Tribunal Constitucional, y en la propia Constitución. La sentencia del Tribunal Constitucional es bien clara: el ideario o carácter propio tiene los límites derivados del respeto a los principios constitucionales, respeto a los derechos fundamentales, servicio a la verdad y servicio a las exigencias de la ciencia, así como de los fines de la educación. Añadió que *dichos límites hacen indispensable que el establecimiento de un ideario propio del centro haya de entenderse sometido al sistema de autorización reglada a que la ley sujeta la apertura y funcionamiento de los centros privados. Y concluyó que el ideario no puede tener un contenido contrario a la Constitución y las leyes. Puede abarcar aspectos ideológicos, religiosos, filosóficos, pedagógicos y organizativos, pero hay que tener en cuenta una cuestión fundamental: el margen de actuación de la determinación de ese carácter propio se irá estrechando a medida que se trate de incidir sobre cuestiones más sometidas a reglamentación.*

* * *

El señor VICEPRESIDENTE: Tiene la palabra el señor Alzaga.

El señor ALZAGA VILLAAMIL: Muchas gracias, señor presidente. Para consumir mi turno de réplica al señor Mayoral.

Yo tengo, en primer lugar, por cortesía y porque lo hago con mucho gusto, que devolverle sin ningún recorte los elogios que ha tenido la bondad de tributarme. Y dicho esto, en lo que no me extiendo, para que no me corte también el presidente antes de terminar, puedo decir que lo que yo afirmé en Ponencia creo que no es exactamente lo mismo que ha dicho el señor Mayoral. Como en Ponencia no hay *Diario de Sesiones*, no querría que se utilizase un mecanismo indirecto para dejar constancia, en el *Diario de Sesiones* de la Comisión, de términos inexactos de mis intervenciones en Ponencia.

Pero yo querría ir al meollo de la cuestión. Ya que andamos, no con prisas, sino literalmente a paso de caballo, creo que es muy sencillo. Aquí estamos discutiendo, desde el principio, pero en los grandes preceptos que sirven de hitos al itinerario de esta Ley muy especialmente, como es en este caso, sobre dos grandes modelos educativos: el modelo educativo del Partido Socialista, el de escuela única y pública, con pluralismo interno, y el modelo educativo de pluralismo de centros públicos y privados en el cual esos centros privados puedan tener personalidad propia.

Si al final a lo que vamos es a que en todos los centros privados los profesores puedan enseñar lo mismo, prescindiendo de en qué centro estén, o de si estuviesen en un centro público, hemos alcanzado por vía indirecta lo que nos tememos (y no es un juicio de intención, sino una consecuencia lógica de cómo queda el articulado de esa ley) y es un mecanismo de escuela única, con pluralismo interno, que es lo que ambiciona el Partido Socialista.

Yo tengo que decir que la enmienda de la Minoría Catalana, en la parte en que es aceptada por el Partido Socialista, a nuestro Grupo le deja absolutamente indiferente, porque esa enmienda pertenece, dicho sea con todos los respetos, en ese punto, al género epiceno. En buena técnica jurídica, lo mismo es que una Ley Orgánica le reconozca (en este caso a un titular del centro) que puede hacer una cosa (en este caso dictar el carácter propio del centro), que se le diga que tiene derecho a dictar el carácter propio del centro. Porque la terminología de que «puede dictar» aporta ese carácter propio y genera ya un derecho subjetivo, y lo que estamos discutiendo aquí, y lo que hemos intentado exponer, creo que con bastante claridad, aunque el representante del Grupo Socialista se haya ido, no quiero decir por los cerros de Úbeda, pero sí por puntos marginales, es qué alcance tiene el que el titular del centro pueda proclamar el carácter propio del mismo. En caso contrario, nos tememos que se reconoce el derecho a establecer un carácter propio, pero no a poder mantenerlo sin que se reconozcan efectos jurídicos al establecimiento de un carácter propio. Dicho en términos muy castizos, usted, titular del centro, tiene derecho a establecer el carácter propio, y lo puede usted escribir en negro sobre blanco y colgarlo de una pared. Es decir, lo que los romanos llamaban *ad pompam vel ostentationem*, pero no a otros efectos.

¿A qué efectos queremos nosotros? Evidentemente, a que sirva de marco al tipo de enseñanza que se imparte. Se debe impartir en un centro privado, dotado de ideario, una enseñanza coherente con las premisas que dan sentido a ese centro de enseñanza.

Por tanto, nosotros presentamos una enmienda *in voce* al artículo 3 de esta ley, cuando se hablaba de la libertad de cátedra, que había que poner en conexión con el ideario, intentando que, al menos, se respetase y se citase simplemente el acatamiento a la doctrina del Tribunal Constitucional, a la ya dictada y a la que se pudiera dictar en el futuro; esto no fue posible, porque realmente el Grupo Parlamentario Socialista creemos que lo que quiere es poner en vigor una ley en la que se diga que está el ideario, que, para más señas, está en el artículo 22, pero sabe muy bien que ese ideario no convierte al centro educativo que goza de él en lo que en Derecho comparado se llama una empresa ideológica.

Y una empresa ideológica, señores parlamentarios del Grupo Parlamentario Socialista, es aquella en la que quienes trabajan en la misma tienen que mantener un cierto respeto a los principios inspiradores de ella.

En Francia, por ejemplo, se reconoció que el carácter propio de los centros privados, incluso de los financiados con fondos públicos, ha de ser estrictamente respetado por el personal que en ellos trabajan; esto es lo que afirma el Consejo Constitucional francés en la Sentencia de 23 de noviembre de 1977, y el carácter propio (y esta es la terminología, en efecto, que se emplea en Francia) dice el Tribunal de Casación, es decir, el Tribunal Supremo Francés, en sentencia de 19 de mayo de 1978, ha de ser protegido incluso frente a la conducta extradocente del personal que allí trabaja.

En Estados Unidos, el Tribunal Supremo, en Sentencia de 21 de marzo de 1979, reconoció la autonomía laboral de los centros religiosos respecto de las autoridades laborales y de la legislación laboral en general, porque consideraba el Alto Tribunal que el carácter propio de estos centros exige un tratamiento y una relación especial y peculiar del personal que en ellos presta sus servicios.

En la República Federal de Alemania, otro modelo de democracia occidental, existe, como saben sus señorías, una abundante doctrina y jurisprudencia al respecto; por ejemplo, la Sentencia del Tribunal Constitucional de 11 de octubre de 1977, favorable al carácter propio de establecimientos docentes, hospitalarios, benéficos, etcétera, de fundaciones privadas y a la autonomía que, para su régimen interno y laboral, ello suponga.

En Italia, que es de todos los países que yo conozco el único en el cual hay una legislación que recuerda de lejos está norma tan atípica y tan ajena a lo que es el derecho educativo de los países civilizados de Occidente, los convenios nacionales de trabajo para el personal docente y no docente, respectivamente, en las instituciones regidas por entes eclesiásticos, celebrados por los correspondientes sindicatos en 1977 y prorrogados posteriormente hasta la fecha, reconocen literalmente, en sus artículos 2, 4 y 25, la obligación del personal de aceptar formalmente el carácter educativo católico de la institución y comportarse de manera coherente con el citado carácter, estimando motivo de justo despido el comportamiento contrario a este carácter.

Podría seguir trayendo a colación el Derecho comparado y las sentencias de los tribunales constitucionales de otros países, pero correría el riesgo de ser cortado por la Presidencia.

Quiero decir, para terminar, que lo que ocurre no es que el Partido Socialista y el señor Mayoral, en el texto que antes yo le citaba, venga a defender unos intereses laicos, como él decía al releer su propio texto. Lo que él hace en este escrito tan interesante (y que a quienes no lo hayan leído yo le recomiendo que no se pierdan su jugosa lectura) es establecer una posición polémica, una posición contraria a que parcelas importantísimas, dice él, del desarrollo cultural y social de la sociedad civil, queden en manos de instituciones cuyos intereses no sean civiles, es decir, laicos. Consiguientemente, lo que quiere el Partido Socialista, y supongo que el señor Mayoral, si no ha cambiado de opinión, es que el ideario de estas instituciones pueda ser modificado en la práctica por la comunidad escolar a través de la libertad de cátedra, que no se respete el ideario a través de los consejos escolares del centro, a través de otros mecanismos. Esto nos llevaría muy lejos, y no es el momento de profundizar en ello.

Y, para terminar, quiero decir que yo he centrado mi intervención anterior, que no ha sido tan reiterativa de otras como el señor Mayoral ha querido afirmar, en dos preguntas a las cuales no ha habido respuesta, no sé si por falta de tiempo del señor Mayoral o por otra causa, pero lo cierto es que no ha habido respuesta. Y son dos preguntas importantes para saber a qué atenernos, y para, creo yo, que la opinión pública sepa a qué atenerse. ¿El Partido Socialista Obrero Español, hoy, en materia de ideario sigue haciendo suyas las tesis que mantuvo en esta Cámara en 1980, sí o no? Y en caso de que no, ¿en qué han cambiado? Y, en segundo lugar, ¿qué efectos concretos, que no sean el de poder tener un ideario de adorno, atribuye el Partido Socialista, que tiene la responsabilidad del Gobierno, al ideario que se recoge en el artículo 22, donde se dice que se tiene el derecho a establecerlo, pero que no sabemos para qué? ¿Para qué, señores socialistas, va a servir el ideario en esta ley?

Su señoría me puede contestar en el turno que aún le queda, yo le estaré profundamente agradecido.

Oposición a la limitación por la Presidencia de la Comisión del uso de la palabra para defender sus enmiendas en la forma ordinaria *

Al comenzar la sesión de la tarde del 7 de diciembre de 1983.

El señor PRESIDENTE: Señorías, se reanuda la sesión. Unas breves palabras para indicar que esta Presidencia ha hecho cálculos, naturalmente

* Comisión de Educación y Cultura de 7 de diciembre de 1983, *Diario de Sesiones del Congreso de los Diputados,* núm. 99, pp. 3388-3391.

aproximados y, teniendo en cuenta necesariamente el plazo último que nos ha dado la Mesa para la formulación de nuestro dictamen, ha llegado a la conclusión de que, según la dinámica que se ha llevado en la discusión de estas enmiendas hasta este momento, sería prácticamente imposible, con toda seguridad, llevar a buen término el cumplimiento de la formulación expresa, por parte de la Mesa del Congreso, de terminar el día 14.

Por tanto, esta Presidencia ha reunido a la Mesa y a los portavoces y les ha indicado un nuevo procedimiento, que paso a precisar.

Las discusiones se harán a partir de este momento por títulos; es decir, el Título II sería el que pasaríamos a debatir a partir de este momento, que ocupa desde el artículo 27 hasta el 36 inclusive, dando a cada Grupo Parlamentario treinta minutos para la defensa de todas las enmiendas; esos treinta minutos se amplían con relación al Grupo Parlamentario Popular, que tendría cuarenta y cinco minutos, dado que el citado Grupo no solo tiene más número de enmiendas que otros, sino que las firman como Grupo Parlamentario Popular, y también señores comisionados del mismo Grupo. El turno en contra ocuparía igualmente esos treinta minutos, por parte del Grupo Parlamentario Socialista.

Las réplicas naturalmente se mantendrían; lo que ocurre es que cada Grupo tendría diez minutos de réplica, con la excepción del Grupo Parlamentario Popular que tendría quince minutos y del Grupo Parlamentario Socialista que, en este caso, por la necesidad de replicar a todas las intervenciones de los Grupos Parlamentarios y también de los señores comisionados de otros grupos que defienden enmiendas precisas, tendría igualmente otros quince minutos.

Esta es la posición de la Presidencia. ¿Alguna petición de palabra? *[Pausa]*. Tiene la palabra el señor Alzaga.

El señor ALZAGA VILLAAMIL: Señor presidente, señoras y señores diputados, yo querría en mi intervención disentir, no solo con el respeto que me merece la Presidencia, por el hecho de ocupar la posición institucional correspondiente, sino además con el debido respeto a la persona que me merece, sin lugar a dudas, el señor Ballesteros.

Pero yo tengo que expresar con toda rotundidad, sin lugar alguno a la ambigüedad, el punto de vista que los miembros de nuestro Grupo Parlamentario, que pertenecemos a esta Comisión de Educación del Congreso de los Diputados, hemos fijado por unanimidad hace breves minutos, sabiendo como sabíamos, porque la Mesa había consultado con los portavoces de los Grupos Parlamentarios y entre otros, por supuesto, con el nuestro, la propuesta que se nos iba a hacer y que hace breves segundos se ha formulado a la Comisión.

Nosotros creemos, señor presidente, que esta decisión no la podemos valorar en sí misma. Esta decisión viene a culminar un proceso de decisiones y es, en ese contexto, como debemos ponderarla.

Yo he vivido como ponente, junto con mi compañero de Grupo Parlamentario, don Francisco Soler, toda una tentación de convertir la Ponencia en un trámite cordial, eso sí, pero, al fin y a la postre, en un trámite en el cual se procuraba superar un trance parlamentario, creo que en ningún momento aproximar posiciones, en ningún momento llevar a cabo un trabajo parlamentario en el sentido más pleno del término. Basta, señorías, con asomarse a las páginas del dictamen de la Ponencia, que es huérfano de argumentos en cuanto al por qué se rechazan las innumerables enmiendas de nuestro Grupo Parlamentario, y por cierto también de otros, así mismo rechazadas.

Posteriormente se entró en una dinámica de fijar una fecha tope, como si esa fecha tope, señoras y señores diputados, fuera una fecha sagrada y constituyese un término sacrosanto. Y es lo cierto que el Gobierno de la nación no se ha dirigido a esta Cámara para declarar el proyecto de Ley Orgánica que nos ocupa como proyecto de urgencia. Por tanto, yo no he visto nunca urgencia tan sobresaliente en un proyecto tan huérfano de declaración formal de urgencia.

Posteriormente hemos asistido todos a sucesivas decisiones en las cuales se ha ido progresivamente acortando el tiempo, primero *de facto* y luego con acuerdos, restringiendo el tiempo de defensa de las enmiendas y el tiempo, en su caso, de réplica.

Hemos asistido de forma sufrida a sesiones nocturnas, que no son, desde luego, la mejor manera de llevar a cabo con reflexión, con descanso de mente, una actividad que implica tanta responsabilidad como la de elaborar las normas por las cuales se tiene que regir nuestra comunidad. Hemos asistido también, lo digo con todo respeto, o al menos en algún caso hemos tenido la impresión de que así era, a una dialéctica de oídos sordos, a una dialéctica de respuestas prefabricadas, un poco al estilo del método Ollendorff por parte de los representantes de la mayoría.

Ahora se nos propone por parte de su señoría un nuevo paso para construir un tipo de debate, que es el de cuarenta y cinco minutos —nuestro Grupo Parlamentario, como Grupo privilegiado, porque otros dispondrían de treinta minutos— para defender nuestras posiciones respecto de cada uno de los títulos de la Ley que están pendientes de debate.

Nosotros hemos estudiado, y hemos estudiado con el mejor afán constructivo, las posibilidades reales que esto encierra. Nos hemos encontrado con que a los Títulos II y III nuestro Grupo Parlamentario tiene presentadas poco más de ochenta enmiendas, que deberíamos defender en noventa minutos; es decir, aproximadamente a minuto por enmienda.

Hemos calculado que la sola lectura de la enmienda, para que sepan los otros Grupos Parlamentarios de qué estamos hablando, consume en muchos casos el minuto entero y, por tanto, no vemos posibilidad física, ni siquiera metafísica, si sus señorías me lo permiten, para ser capaces de llevar a cabo una defensa mínima, una defensa coherente de nuestras posiciones, de las posiciones de un gran sector del pueblo español al cual nosotros representamos.

Yo creo, señor presidente, que eso es proponer a esta Comisión un debate atropellado, porque en buen castellano se suele decir que hay quien habla atropelladamente, e intuyo que incluso nosotros estamos en el derecho en este momento de decir que un debate tan atropellado puede constituir, nos tememos que constituye —y su señoría me perdonará, porque yo le salvo de esta decisión—, un cierto atropello de los derechos de la minoría. Nosotros hemos empezado la discusión de este proyecto de Ley pidiendo con toda solemnidad, pidiendo con los brazos abiertos a la mayoría un pacto escolar, una transacción, una solución a la europea de este problema. Y nos estamos encontrando no solo con que se nos ha dicho muy claramente que no hay ninguna disposición por parte de la mayoría de acudir a tal pacto escolar, sino con que se nos aplica el rodillo, hasta el punto de no darnos oportunidad mínima para expresar nuestras posiciones, a disentir *[Fuertes rumores]*.

Señor presidente, las Cortes Generales...

El señor PRESIDENTE: ¡Silencio, por favor!

El señor ALZAGA VILLAAMIL: Las Cortes Generales, según el artículo 66 de la Constitución representan al pueblo español; las Cortes Generales, dice el número 3 de ese artículo son inviolables; las Cortes Generales es la gran institución en la cual deben coincidir mayoría y minoría para ejercitar civilizadamente la palabra, para hablar, dialogar y poder como corresponde en una democracia, sopesar los puntos de vista de todos, sin perjuicio del derecho que corresponde a la mayoría de, por vía de votación, imponer sus decisiones.

A nosotros nos parece casi una humorada que esta situación, que no tiene precedente alguno en esta Cámara, al menos desde 1977, se imponga por el Partido Socialista en una Ley que se intenta presentar ante la opinión pública como un avance en la profundización de la democracia, como un intento de alcanzar logros democratizadores en el seno del sistema educativo, como una Ley que se dice que aspira a crear pautas participativas.

Para nosotros, señor presidente, esto es una cuestión de principio; nosotros, a estas alturas de la tarde de hoy, no estamos solo ya defendiendo, con el calor con que lo hemos hecho en este debate, la libertad de enseñanza y las libertades que son inherentes a la libertad de enseñanza, como la libertad de expresión, la libertad de asociación, la libertad de fundación, de reunión, etcétera. Nosotros nos tememos que en este momento estamos defendiendo la libertad última de expresión que debe tener cobijo en esta casa, en este viejo caserón de la Carrera de San Jerónimo.

Por estas vías, señor presidente, esta no puede ser la casa de todos; esta será la casa de la mayoría, como lo son, sin duda, los edificios de los diversos Ministerios, como lo son, sin duda, los edificios del Gobierno *[Fuertes rumores y protestas. El orador pronuncia palabras que no se perciben claramente]*.

El señor PRESIDENTE: ¡Silencio, por favor!

El señor ALZAGA VILLAAMIL: No estoy ejercitando ningún derecho de pataleo y me parece verdaderamente singular que lo ejercite la mayoría, encima de que impone decisiones del tipo de las que impone.

Por tanto, señor presidente, señoras y señores diputados, en especial hablo para los de la mayoría, nosotros creemos que imponer una técnica de debate que impide el debate es exactamente lo mismo que prohibirlo.

Se ha escrito mucho, por autores eminentes en ciencia política, sobre lo que se da en llamar los pseudoparlamentos, sobre lo que se da en llamar las asambleas pseudorepresentativas; estos autores coinciden, entre otras cosas, en subrayar que en esas asambleas se impide en la práctica un debate profundo.

Es verdad que en los Parlamentos occidentales hay situaciones límites. La Ley de préstamo y arriendo en la Cámara de representantes norteamericana, en plena Segunda Guerra Mundial, se debatió en una noche, pero en los manuales de Derecho constitucional norteamericano esto se explica en función de una guerra, como una situación de excepción, y desde luego como el contrapunto, como la excepción que confirma la regla general.

El celebérrimo plazo que invoca la Presidencia, en toda la legislatura anterior, y en la legislatura anterior a la anterior, nunca se ha planteado en la forma en que en esta ocasión lo invoca la Mesa del Congreso y la Mesa de esta Comisión. No hay un solo caso, ni siquiera en Leyes declaradas de urgencia, en que la aplicación del célebre plazo de los dos meses de Comisión, o del plazo que el Reglamento anterior fijaba para que la Ponencia evacuase la emisión de su informe, se haya exigido en estos términos. Si hay alguna excepción, yo querría conocerla.

En esas dos legislaturas, señor presidente, ustedes estaban en la oposición; en esas dos legislaturas ustedes tuvieron la oportunidad de expresar su derecho, que más que el del voto, como es normal cuando se está en minoría, es el de la voz, y la opinión pública tuvo la posibilidad de ejercer plenamente el derecho a conocer en todas sus partes cuál era la opinión de la oposición.

Yo les digo que cuando ustedes, antes o después, porque no me corresponde hacer profecías, estén en la oposición y nosotros tengamos la mayoría de esta Cámara, ustedes tendrán voz y volverán a ejercer los derechos de la oposición sin limitaciones, que no son de recibo y que no tienen precedentes.

Por tanto, señor presidente, si la Mesa se mantiene en su propuesta, nosotros solamente decimos, de forma muy respetuosa, a la misma y a su Presidencia que acatamos la decisión, que rogamos encarecidamente que su señoría tenga a bien someter a votación nuestras enmiendas en la misma forma que lo ha hecho respecto a las del Grupo Parlamentario Mixto y que nos reservamos su defensa para trámite ulterior, en la confianza de que ello resulte posible.

Nada más, señor presidente, y muchas gracias por su atención.

VIII.3. DEBATE DEL PROYECTO DE LEY ORGÁNICA DE DERECHO A LA EDUCACIÓN, EN EL PLENO DEL CONGRESO DE LOS DIPUTADOS*

El señor PRESIDENTE: Pasamos de nuevo al debate sobre la Ley Orgánica del Derecho a la Educación. Dentro del Título Preliminar, habíamos separado el artículo 3. Al artículo 3 hay varias enmiendas, la número 13 y otras del Grupo Parlamentario Popular. Para su defensa, tiene la palabra el señor Alzaga por un tiempo máximo de treinta minutos.

El señor ALZAGA VILLAAMIL: Señor presidente, señoras y señores diputados, tengo la satisfacción de defender en estos momentos ante la Cámara la enmienda número 303, de nuestro Grupo Parlamentario, conforme a la cual se aspira a que el artículo 3 de la Ley Orgánica que nos ocupa quede redactado según lo siguiente: «Los profesores, dentro del respeto a la Constitución y a las leyes y, en su caso, al ideario educativo o carácter propio del centro, tienen garantizada la libertad de cátedra», etcétera. Y tengo asimismo la satisfacción de defender las restantes enmiendas de mi Grupo Parlamentario, que son concordantes y correlativas con la que acabo de mencionar. Todas ellas, como saben sus señorías, aspiran a establecer una relación adecuada entre la libertad de cátedra, sobre la que versa hallar la redacción del artículo que nos ocupa, y el ideario o carácter propio del centro.

Antes que nada, querría, con el permiso de la Cámara, salir al paso a una acusación simple, casi me atrevería calificarla de simplista, que con frecuencia se vierte sobre la actitud de la oposición en este tema al decir que los hombres de la oposición lo que en realidad quieren es reprimir la libertad de los docentes. Señoras y señores diputados, eso es, absolutamente incierto, eso es algo que en ninguna medida es verdad.

---

* En Sesión Plenaria núm. 83, de 14 de diciembre de 1983, *Diario de Sesiones del Congreso de los Diputados,* núm. 83, pp. 3968-3971.

La libertad de cátedra está consagrada, como sabemos, en el artículo 20, apartado 1, letra *c)*, de nuestra Constitución, y nuestro Grupo Parlamentario no solo quiere que esté garantizada, sino que se encuentra respaldada y practicada en la vida cotidiana del profesorado. Porque creemos que en sí misma esta libertad tiene el valor de haber encarnado históricamente la defensa del profesor funcionario, su defensa frente al Estado, su defensa también frente a los gobernantes que, en ocasiones, han incurrido en la tentación de despreciar a los docentes. Yo citaría aquí el caso, que me parece ilustrativo y que no puede molestar a nadie, porque está lejos en el tiempo y en el espacio del rey de Hannover, que en 1833 pronunció ante Von Humboldt estas tremendas palabras: «Profesores, prostitutas y bailarinas son cosas que siempre pueden comprarse con dinero».

Nosotros, señorías, sabemos muy bien que los profesores, en su inmensa mayoría, se mueven por la vocación, se mueven por el amor a la docencia. Como sabemos muy bien cuáles son las bajas retribuciones que de ordinario sufren o padecen. Conocemos también, y creemos que es igualmente justo reconocer, que los promotores, las instituciones titulares de la inmensa mayoría de los Centros de enseñanza se dedican a la enseñanza sin ánimo de lucro. Por tanto, nos duele, tenemos el derecho, señorías, a decir que nos duele, porque es injusto que se llegue a pronunciar la frase de que solo se oponen a la LODE quienes consideran la enseñanza como negocio.

Nosotros creemos, señorías, que nuestra actitud de respeto a la libertad de cátedra, nuestra actitud de respeto a la dignidad que tienen y que debe ser reconocida por la sociedad de los profesores, debe ir pareja con la actitud de respeto de quienes dedican igualmente su actividad a promover la actividad docente en el régimen de libertad de enseñanza que nuestra Constitución contempla. Y sabemos muy bien que el desprecio al profesor y las cortapisas a la libertad de enseñanza, o el desprecio a las instituciones que se dedican a hacer viable la enseñanza, son factores peligrosos, son plantas que pueden crecer allí donde el poder sucumba a tentaciones autoritarias.

Conste, por tanto, señor presidente, nuestro compromiso, el compromiso del Grupo Parlamentario Popular, sin reservas, a favor de la libertad de cátedra, tal y como en el Derecho público, tal y como en la Constitución española está concebida, que es plenamente compatible con la libertad de enseñanza.

Yo querría brevemente hacer una exposición que sirva de marco sobre como se produce la compatibilidad natural en el Derecho público entre la libertad de cátedra y la libertad de enseñanza, en su vertiente de libertad de creación y dirección de centros docentes.

Como sabe muy bien esta Cámara, la libertad de cátedra se emancipa en el siglo XIX de la libertad de expresión ante el hecho de que el funcionario sujeto a una relación de dependencia específica por la Administración tenía generalmente limitada su libertad de expresión y, en consecuencia, los funcionarios docentes, el profesorado, en definitiva del Estado, se encontraba con una limitación a su libertad de expresión en tanto en cuanto era funcionario. Es precisamente esta limitación la que se solventa en Alemania a la altura de 1849 a nivel universitario, acuñando el concepto de libertad de ciencia, que posteriormente pasaría a llamarse más usualmente libertad de cátedra. Y en España vamos a importar, afortunadamente, la libertad de cátedra con el Real Decreto de Albareda en 1881, también para la Universidad, y la vamos a elevar a rango constitucional por primera vez, y también afortunadamente, con la Constitución de 1931, que en el artículo 46, párrafo 3, la establece para los profesores de Centros públicos a todos los niveles, aunque los comentaristas de esta ley política aclararían que no se daba en igual intensidad a todos los niveles de la enseñanza pública.

En efecto, la libertad de cátedra tiene toda una teoría de sus límites propios y muy brevemente podemos decir que la doctrina *iuspublicista* universal ha dejado sentado que al descender a un nivel de enseñanza inferior al de la Universidad, y progresivamente hacia niveles de alumnado de menor edad, nos encontramos con una libertad docente reducida, con una libertad docente de menor alcance. Pero también es cierto, y nosotros lo sostenemos sin la menor reserva, que en esos niveles, como aquellos a los que se refiere la presente Ley Orgánica, hay también una libertad docente que debe ser respetada, aunque con esta limitación a la que aludo, y que se encuentra recogida en nuestra Constitución en el artículo 20, que, tras consagrar, entre otros derechos y libertades, la libertad de cátedra, viene a decir que todas las anteriores tienen su límite en la protección de la juventud y de la infancia. Pues bien, lo mismo que existe tal primer límite a la libertad de cátedra, hay un segundo límite que encontramos en cualquier manual de Derecho público que aborde estas materias, que es el que se genera cuando la misma se extiende de su terreno originario y más propio, como decimos el de la enseñanza pública, a los centros privados de enseñanza.

El mismo apartado 4 del artículo 20 de nuestra Constitución dice que estas libertades, incluida, repito, la libertad de cátedra, tienen su límite en el respeto de los derechos reconocidos en este Título y, por tanto, en la libertad de enseñanza, que es, como sabemos, una libertad estructural del sistema educativo. La libertad de enseñanza comprende, dentro de la libertad de creación de centros docentes, el derecho de su titular a dotarles de ideario de carácter propio, según la terminología que sus señorías prefieran. De forma que el ideario es un principio de pluralidad, es un principio de libertad y es lo que da sentido al centro privado, máxime si el mismo, como ocurre mayoritariamente en nuestra patria, ha sido promovido sin ánimo de lucro.

Precisamente porque existe un espíritu educativo propio, se crean la mayor parte de los centros docentes libres. Es posible, qué duda cabe, un centro privado sin carácter propio. Ese centro sería, a nuestros ojos, honorable, pero de alguna manera podríamos afirmar que no pasaría de ser una simple empresa educativa. Pero un centro libre, dotado de ideario, es una institución, y como diría el padre de la doctrina institucionalista, quien fue decano de la Facultad de Derecho de Toulouse, Maurice Hauriou, toda institución se construye siempre en torno a una idea que le sirve de médula.

Pero es que, señorías, hay más. Un centro libre con ideario está ejerciendo el derecho que la Constitución reconoce en su artículo 16 a la expresión de la conciencia colectiva de la Comunidad. Por tanto, hemos de llegar a la conclusión de que la libertad docente del profesor, que no negamos, que no queremos capitidisminuir, sino que aspiramos a que se realice en la práctica en sus justos términos, ha de ejercerse con respecto a los límites que universalmente tiene la libertad de cátedra; es decir, en lo que al artículo 30 de la ley afecta, con respecto a la institución donde trabaje, sin servilismo (el profesor no tiene por qué hacer panegirismo alguno del ideario), pero con respeto. Porque el que el profesor respete el ideario de un centro es lo que hace, en definitiva, posible el que el carácter propio de un centro, el sentido y la razón de ser de un centro no se desvirtúe, que el centro no pierda su sentido. Y a su vez, este respeto por el profesorado al ideario es lo que hace que la diversidad de tipos de educación, característica del sistema educativo, tal y como está concebida en el artículo 27 de nuestra Constitución, haga realidad el derecho de los padres a elegir el tipo de educación que quieran para sus hijos; tipos que están expresados precisamente en los respectivos idearios.

En nuestra opinión, señorías, el respeto por un profesor al carácter propio de su centro se encuentra en la misma línea del respeto que deben prestar todos los que trabajan, incluso con relación laboral, en una de las empresas que se suelen dar en llamar ideológicas, por poner algunos ejemplos, un partido, un sindicato, una revista o un periódico.

Así, el entonces director del célebre diario *Le Monde*, en unas declaraciones, que fueron, por cierto, muy comentadas en su día, a *El País*, el 4 de diciembre de 1981, decía literalmente: «Un periodista no puede ser independiente en el sentido profundo del término, porque pertenece a un medio de comunicación. La independencia no se concibe más que en un marco determinado. No es igual un periódico que otro».

Señores de la oposición, esta doctrina no nos la acabamos de inventar nosotros ahora *[rumores]* para sostener una enmienda. Es, si sus señorías con sus murmullos permiten que mi modesta voz llegue...

El señor PRESIDENTE: Ruego silencio a la Cámara. Continúe, señor Alzaga.

El señor ALZAGA VILLAAMIL: Es la que expresamos para defender en su día la relación de libertad de cátedra-libertad de creación de centros, expresada a través de la libertad de exponer un ideario, por supuesto, respetuoso con la Constitución y con el ordenamiento jurídico. Esta doctrina, señorías, la misma doctrina fue atacada frontalmente por el Partido Socialista en marzo de 1980 en esta misma Cámara. Me remito al *Diario de Sesiones* para encontrar intervenciones de negación total de que tenga que ser respetado por los profesores, en medida alguna, el ideario establecido por un centro libre, porque, en definitiva, en una sola frase, la doctrina que el Grupo Parlamentario Socialista sostuvo en este viejo caserón del Congreso de los Diputados en 1980 era la de que no se podía imponer al profesor el respeto al ideario del centro.

Y esta misma tesis, radicalmente hostil al respeto por el profesorado del carácter propio del centro, es la que el Partido Socialista ha defendido durante mucho tiempo fuera también de las salas del Congreso y del Senado. Sin ir más lejos, don Victorino Mayoral, ponente de esta ley, en un trabajo titulado *La gestión democrática del sistema educativo*, inserto en el cuaderno de *Política social* número 6, editado por el PSOE y que lleva por título «Los socialistas ante la educación», afirma en la página 90: «Los argumentos neoconfesionales para la promoción de su alternativa de escuela con ideario frente a la escuela pública se asientan en una serie de consideraciones extraídas de la idea de libertad».

En la página 101, el autor propugna garantizar el ejercicio de la libertad docente sin discriminaciones ideológicas o confesionales, tanto en los centros públicos como los privados, y se explaya a continuación en una serie de consideraciones que, en definitiva, se resumen en la idea de que el señor Mayoral allí no acepta límite alguno a la libertad de cátedra.

Y el porqué lo encontramos en la página 117 del mismo opúsculo, donde leemos lo siguiente. Cito literalmente: «Una actividad limitadora o reductora de la libertad de cátedra significaría un peligro para el progreso del hombre y de la manera democrática de vivir, por cuanto supondría dejar parcelas importantísimas para el desarrollo cultural, social, político y económico de la sociedad civil en manos de instituciones cuyos intereses no son civiles; es decir, laicos».

Si entiendo bien, la tesis del señor Mayoral es la de «neguémonos a admitir los límites —que yo entiendo naturales a la libertad de cátedra—, porque a través del desbordamiento de la libertad de cátedra, vamos a quitar de las manos a las instituciones no laicas —supongo que son instituciones religiosas— la enseñanza».

De forma que de lo que va esta batalla está claro. Y está claro no precisamente porque yo me permita hacer ningún juicio de intenciones (nada más ajeno a mi actitud), sino porque existe paladinamente lo que podríamos calificar en términos procesalistas «una prueba de confesión», que ya saben sus señorías que, según la Ley de Enjuiciamiento Civil, surte efectos de prueba plena.

Ahora bien, ocurre que el Tribunal Constitucional, en su sentencia de 13 de febrero de 1981, dedica a desentrañar la relación entre la libertad de cátedra con libertad de enseñanza ni más ni menos que los apartados 7, 8, 9, 10, 11 y 12, y sienta en definitiva una de las doctrinas más elaboradas que haya emanado nunca de tan Alto Tribunal.

En el apartado 7, entre otras cosas, empieza afirmando el tribunal que «la libertad de enseñanza puede ser entendida como una proyección de la libertad ideológica y religiosa del derecho a expresar y difundir libremente los pensamientos, ideas u opiniones que también garantizan y protegen otros preceptos constitucionales».

El apartado 8 comienza por afirmar que «el derecho que se reconoce en la LOECE a los titulares de los centros privados para establecer un ideario educativo propio, dentro del respeto a los principios y declaraciones de la Constitución, forma parte de la libertad de creación de centros, en cuanto equivale a la posibilidad de dotar a estos de un carácter u orientación propios». Esta especificidad, añade el tribunal, explica «la garantía constitucional de creación de centros docentes que, en otro caso, no sería más que una expresión concreta del principio de libertad de empresa que también la Constitución consagra en el artículo 38».

En el apartado 9, entre otras afirmaciones, que no es posible exponer con detalles a sus señorías por la extensión del tratamiento que la sentencia dedica al tema, se afirma que «se trata, sin embargo, como en principio ocurre respecto de los demás derechos y libertades garantizados por la Constitución, de una libertad —se refiere a la libertad de cátedra— frente al Estado, o, más generalmente, frente a los poderes públicos y cuyo contenido se ve necesariamente modulado por las características propias del puesto docente o cátedra cuya ocupación titula para el ejercicio de esa libertad. Tales características vienen determinadas, fundamentalmente, por la acción combinada de dos factores: la naturaleza pública o privada del centro docente en primer término y el nivel o grado educativo al que tal puesto docente corresponde, en segundo lugar».

En el apartado 10, entre otras afirmaciones, encontramos lo siguiente: «En los centros privados la definición del puesto docente viene dada, además de por las características propias del nivel educativo, y en cuanto aquí interesa, por el ideario que, en uso de la libertad de enseñanza y dentro de los límites antes señalados, haya dado a aquel su titular».

Más adelante el tribunal asienta que «la existencia de un ideario, conocida por el profesor al incorporarse libremente al centro o libremente aceptada cuando el centro está dotado de tal ideario, después de esa incorporación no le obliga, como es evidente, ni a convertirse en apologista del mismo, ni a transformar su enseñanza en propaganda o adoctrinamiento, ni a subordinar a ese ideario las exigencias que el rigor científico impone a su labor. El profesor es libre, como profesor, en el ejercicio de su actividad específica. Su libertad es, sin embargo, libertad en el puesto docente que ocupa, es decir, en un determinado centro, y ha de ser compatible, por tanto, con la libertad del centro, del que forma parte el ideario».

Continúo leyendo literalmente la sentencia del Tribunal Constitucional: «La libertad del profesor no le faculta, por tanto, para dirigir ataques abiertos o solapados contra ese ideario, sino solo para desarrollar su actividad en los términos que juzgue más adecuados y que, con arreglo a un criterio serio y objetivo, no resulten contrarios a aquel. La virtualidad limitante del ideario será sin duda mayor en lo que se refiere a los aspectos propiamente educativos o formativos de la enseñanza, y menor en lo que toca a la simple transmisión de conocimientos, terreno en el que las propias exigencias de la enseñanza dejan muy estrecho margen de las diferencias de idearios».

Por último, señalaría que en el apartado 12, y refiriéndose a los padres de alumnos, el tribunal dice que es claro, sin embargo, que «al haber elegido libremente para sus hijos un centro con un ideario determinado, están obligados a no pretender que el mismo siga orientaciones o lleve a cabo actividades contradictorias con tal ideario, aunque sí pueden pretender legítimamente que se adopten decisiones que, como antes indicaba respecto de la libertad de enseñanza que la ley otorga a los profesores de este género de centros, no pueden juzgarse, con arreglo a un criterio serio y objetivo, contrarias al ideario».

Señorías, con esta sentencia del Tribunal Constitucional nos parecería lo más lógico del mundo que fueran escuchadas nuestras enmiendas en el sentido de que el profesorado, junto al respeto que el precepto dice que se debe, y dice bien, a la Constitución y a las leyes, se respete en su caso el ideario y se admitan las enmiendas alternativas que en su momento presentamos pidiendo el respeto a las características del puesto docente que ocupa el profesor, que es también terminología que dimana de la doctrina del Tribunal Constitucional. Es más, en Comisión llegamos a presentar una enmienda transaccional en el sentido de que se respetasen las características propias del centro en los términos que resulten conformes a la doctrina del Tribunal Constitucional, porque nosotros, señorías, no pretendemos ir ni un milímetro más allá de donde ha sentado la relación entre ambas libertades el Tribunal Constitucional.

Sin embargo, enmiendas tan razonables (y pocas veces esta Cámara conocerá de enmiendas que tengan una apoyatura tan concreta y tan sólida en la doctrina del Tribunal Constitucional) no han sido objeto de consideración, no han sido aceptadas.

Creemos que esto solo puede responder a dos razones: que el Grupo Parlamentario Socialista, en primer lugar, no esté conforme con la doctrina del Tribunal Constitucional y aspire a modificarla, o a soslayarla en la práctica. Y, en segundo lugar, el que permanezca vigente la aspiración a sostener las tesis que el Partido Socialista Obrero Español sobre esta materia mantuvo en su día en esta Cámara y fuera de ella, aunque ahora pueda intentar disfrazarlas de alguna forma con ropajes «modelo sentencia del Tribunal Constitucional». En consecuencia, nos creemos en la obligación de formular al Grupo Parlamentario Socialista dos preguntas: primera, ¿en qué ha cambiado en concreto el criterio del Partido Socialista respecto del que los recurrentes del Partido Socialista sostenían en su recurso al exponerlo al Tribunal Constitucional, cuando decían cómo el profesorado debía respetar el ideario? Y, en segundo lugar, querríamos saber: ¿qué efectos surte con relación al profesorado el ideario que tiene derecho a darse un centro privado de conformidad con lo previsto en el artículo 22 de esta misma ley? Porque el ideario, si es algo, en nuestra opinión, es un marco de respeto; en consecuencia, no debe ser venerado, pero sí respetado.

Si lo que viene esta ley es a establecer en el artículo 22 que los centros privados tienen derecho a formular un ideario, pero no se indica que ese ideario tenga efectos jurídicos, frente a la comunidad docente, estaremos ante un artículo 22, que parafraseando la terminología de Lowenstein, cabría calificar de semántico. Y ya saben los parlamentarios que me escuchan cuán peyorativa es la expresión «semántico», en su utilización por el profesor a que acabo de referirme.

El señor ministro dedicó en su intervención en la tarde de ayer a este tema poco más que lo que quizá se pueda adjetivar como un capotazo; vino a decir que la libertad de cátedra y la libertad de enseñanza son concurrentes y que los conflictos ya se resolverán en su día por el tribunal competente.

Yo tengo que decirle al señor ministro que eso, en principio, es verdad, que no puede extrañar a nadie, porque en los tratados sobre derechos y libertades la mayor parte de las páginas están precisamente dedicadas al difícil amojonamiento para practicar el deslinde entre unas y otras libertades.

Sin embargo, nuestro Grupo Parlamentario piensa honestamente que la consecuencia que su señoría parece sacar, según la redacción de los artículos de esta ley y de este en concreto, es totalmente errónea.

La tesis del Tribunal Constitucional es la de que la libertad de enseñanza es una libertad estructural del sistema educativo. La libertad de cátedra en el ámbito privado tiene el límite del ideario o carácter propio del centro. Y según dice el propio Tribunal Constitucional, si surgen conflictos evidentemente se debe acudir a la vía jurisdiccional. Ahora bien, el conflicto será aquí, en todo caso, entre una libertad y otra que le sirve de marco o límite.

El juzgador podrá sentenciar de una forma o de otra, según se haya producido el caso que se le somete a su consideración; o bien una extensión y lógica del ideario que constriñe el terreno propio de la libertad de cátedra, en cuyo caso dará la razón al profesor, o bien si es el profesor el que ha faltado el respeto al ideario, tendrá que darle la razón al centro. Pero como legisladores estamos en el deber de establecer en la ley la pauta general que debe el juzgador aplicar al caso controvertido.

Por cierto, que los recursos de amparo en cascada que nos anunció en esta Cámara el Partido Socialista en 1980, en materia de profesores que no vieren respetada en la práctica su libertad de cátedra, que yo sepa, o no se han producido o no ha habido ninguna sentencia favorable a tal tesis hasta el presente.

Querría terminar, señoras y señores diputados, diciendo que la relación de respeto y de marco es consustancial a estas libertades. No es posible vaciar de contenido el ideario por vía de omisión, en este artículo 3, sin infringir realmente el sentido último de la libertad de enseñanza. No es posible invertir la relación libertad cuadro *versus* libertad marco como hace el artículo 22, para que sea la libertad de establecer un ideario la que se desenvuelve en el marco de la libertad de expresión, porque eso es, permítaseme decirlo, un absurdo jurídico evidente.

Señorías, desde la creencia firme en la dignidad que corresponde a los profesores, que no solo está obviamente sustentada en el hecho de serlo personalmente, aunque de forma modesta, desde la fe profunda en el sentido que tiene en una sociedad moderna la libertad de cátedra, nosotros pedimos a esta Cámara que se proclame la coherencia natural entre libertad de cátedra y libertad de enseñanza, en los términos que proponemos en nuestras enmiendas, por respeto a la Constitución, a las libertades, a los derechos que la misma consagra, y, en definitiva, por respeto a lo que debe ser una sociedad pluralista con instituciones con sentido propio, que no deben ser sometidas al asalto ni siquiera por el partido que coyunturalmente pueda disponer de una mayoría absoluta en esta Cámara.

Nada más y muchas gracias.

Continuación del debate sobre el Proyecto de Ley Orgánica del Derecho a la Educación en el Pleno del Congreso el día 15 de diciembre de 1983 *

En la desembocadura del debate en la colisión o convivencia entre la libertad de cátedra de los profesores y el derecho de los centros docentes privados a desplegar su docencia en el marco de su ideario.

El señor PRESIDENTE: Ruego a sus señorías que se ajusten al tiempo indicado. En todo caso, la Presidencia, que ha sido flexible en la primera intervención, no lo va a ser en la réplica. Por consiguiente, tendrán cinco minutos cada uno para la réplica.

Tiene la palabra el señor Alzaga.

El señor ALZAGA VILLAAMIL: Señor presidente, para una cuestión de orden.

A los oídos de nuestro Grupo Parlamentario no les ha quedado totalmente claro si se ha presentado o no una enmienda transaccional. En caso afirmativo, ¿cuál es su tenor literal? No sé si la Presidencia nos lo puede aclarar.

El señor PRESIDENTE: El presidente, que tiene buen oído como el señor Alzaga, tampoco ha oído nada. Tiene la palabra el señor Mayoral.

El señor MAYORAL CORTÉS: Sí, señor presidente. Yo he hecho en mi intervención una referencia a la presentación de esta enmienda transaccional. Si el señor presidente lo permite estaría dispuesto a leerla, como lo solicita el señor Alzaga.

El señor PRESIDENTE: Puede hacerlo.

El señor MAYORAL CORTÉS: La enmienda transaccional al artículo 3 tendría la siguiente redacción: «Los profesores, en el marco de la Constitución...». Y el resto sería similar al contenido del dictamen de la Comisión.

El señor PRESIDENTE: Les ruego traigan la enmienda transaccional a la Mesa, por favor.

En todo caso, las enmiendas transaccionales no tienen estado parlamentario hasta que no se leen o no se presentan.

---

* Sesión Plenaria núm. 84, de 15 de diciembre de 1983, *Diario de Sesiones del Congreso de los Diputados,* núm. 84, pp. 3985-3998.

La enmienda transaccional presentada dice: «Los profesores, en el marco de la Constitución...». El resto, similar al dictamen de la Comisión.

El señor ALZAGA VILLAAMIL: ¿Dónde empalma exactamente?

El señor PRESIDENTE: El dictamen dice: «Los profesores, dentro del respeto a la Constitución...». Y ahora dice: «Los profesores, en el marco de la Constitución...». Se sustituye, por consiguiente, «dentro del respeto a la Constitución» por «en el marco de la Constitución».

El señor MAYORAL CORTÉS: Se suprime la referencia a las Leyes, quedaría simplemente: «en el marco de la Constitución...», y a continuación «tienen garantizada la libertad de cátedra...». Se suprimen las Leyes.

El señor PRESIDENTE: Se suprime también: «dentro del respeto a la Constitución...» y se pone: «en el marco de la Constitución...».

La enmienda transaccional entiendo que dice lo siguiente: «Los profesores, en el marco de la Constitución, tienen garantizada la libertad de cátedra. Su ejercicio se orientará a la realización de los fines educativos, de conformidad con los principios establecidos en esta Ley».

¿Respecto a qué enmienda es la transaccional, señor Mayoral?

El señor MAYORAL CORTÉS: Respecto a la enmienda número 237; me parece que se menciona en el documento que les he pasado.

El señor PRESIDENTE: Sí, efectivamente, respecto a la enmienda número 237, de Minoría Catalana. Señor Durán, presentada esta enmienda transaccional, ¿retira su Grupo Parlamentario la enmienda número 237?

El señor DURÁN LLEIDA: Sí, aceptamos esta enmienda transaccional, y quisiera hacer una consideración...

El señor PRESIDENTE: En este momento solamente tiene que contestar a la pregunta; luego tiene usted, en la réplica, posibilidad de hacer las manifestaciones de todo tipo que considere oportunas.

¿Algún Grupo Parlamentario se opone a la tramitación de esta enmienda transaccional?

El señor ALZAGA VILLAAMIL: Sí, señor presidente, porque entendemos que no se transa nada y que empeora...

El señor PRESIDENTE: En este momento simplemente tiene que contestar a la pregunta.

El señor ALZAGA VILLAAMIL: Ratificamos nuestra oposición, por las razones que esperamos poder exponer en su momento.

El señor PRESIDENTE: Ahora le daré la palabra para ello, señor Alzaga *[El señor Martín Toval pide la palabra].* Tiene la palabra el señor Martín Toval.

El señor MARTÍN TOVAL: Para una cuestión de orden, señor presidente.

Nosotros entendemos que en este trámite lo que correspondía a cada Grupo era aceptar o no a trámite esta enmienda. Toda vez que la transacción no era con el Grupo Popular, sino con la Minoría Catalana, y como parece que el Grupo Popular se niega a su tramitación, mi Grupo quiere dejar constancia de que en otro trámite legislativo de esta Ley se intentará que ese texto se fije en ella.

El señor PRESIDENTE: No es el momento.

El señor MARTÍN TOVAL: Hace referencia a la cuestión, y, en todo caso, ya lo he dicho.

El señor PRESIDENTE: Siéntese, por favor. La próxima vez no daré la palabra más que para cuestiones de orden auténticas, señor Martín Toval.

Al oponerse el Grupo Parlamentario Popular a la discusión y tramitación de esta enmienda transaccional, no se admite a trámite la misma, de acuerdo con el Reglamento.

Para réplica tiene la palabra el señor Alzaga.

El señor ALZAGA VILLAAMIL: Yo me atrevería, señor presidente, a rogar de su acreditada benevolencia... *[Murmullos].*

El señor PRESIDENTE: Un momento, señor Alzaga. Ruego silencio a sus señorías.

El señor ALZAGA VILLAAMIL: Decía, señor presidente, que apelaba a su acreditada benevolencia y buen sentido, porque la importancia de la cuestión, la extensión de la exposición del señor Mayoral y el hecho de aparecer una enmienda transaccional cuya oposición a su tramitación tenemos de alguna forma que explicar, es algo que, aun haciendo alardes de síntesis, nos parece difícilmente resumible en cinco minutos. Pero voy a intentar ser muy breve.

Señor Mayoral, a nosotros no nos parece buen camino venir a traer a colación ciertas vulneraciones de la libertad de cátedra, que realmente lamentamos tanto o más que cualquiera de los diputados del grupo mayoritario, porque realmente esas situaciones están, afortunadamente, superadas en nuestra patria *[Un señor diputado pronuncia palabras que no se perciben].*

El señor PRESIDENTE: ¡Señor diputado!

El señor ALZAGA VILLAAMIL: Y puestos a referirnos a esas situaciones históricas podía muy bien haber empezado su señoría por la Universidad de Cervera, que dejó sentado aquello de «lejos de nosotros la funesta manía de pensar». Podría haber visto que, cuando se discutió en esta Cámara la LOECE, este diputado, que tiene el honor de dirigirse en este momento a sus señorías, lamentó públicamente las limitaciones que en su día sufrieron en nuestra patria los profesores de la Institución Libre de Enseñanza, y yo no querría seguir adentrándome en análisis históricos, porque ese es mal camino. Ese es un camino que nos llevaría de nuevo a traer a colación citas como la que, por ejemplo, traje en el debate de totalidad, de don Rodolfo Llopis, y que no estaba tomada de mi intervención, sino de la obra *La revo-*

lución en la escuela. Dos años en la Dirección General de Primera Enseñanza, Madrid, Ediciones Aguilar, 1933 (página 233), para la debida ilustración del señor ministro. Pero espero que ni la mayoría que sustenta al Gobierno ni esta oposición quieran hoy acantonarse en posiciones periclitadas.

Actualmente hay ya una realidad docente a todos los niveles en España infinitamente más libre que la del siglo pasado o principios de este, infinitamente mejor desde cualquier óptica, incluida la de la calidad, y es desde ella desde la que, sin demagogias, debemos intentar dar un paso adelante y no hablar de resolver problemas superados, como el de la escolarización, que se está trayendo a colación y que está resuelto en la práctica desde 1979, o este que también está resuelto en la práctica en España: me refiero a la libertad de la docencia, respetado en la enseñanza universitaria desde 1886, como mínimo, según todos los autores.

Señor Mayoral, no me parece que exista el riesgo, ni inmediato ni real, que su señoría ha mencionado cuando traía a colación una referencia de *El País* respecto a una carta de una profesora el año 1980, o una información del diario *Ya*, en 1982, sobre un despido nulo, y otra información de 1983 referente a una profesora que no nos ha dicho si acabó siendo despedida o no, o qué dijo en su caso la Magistratura. En todo caso, es mal mecanismo de raciocinio la elevación de la anécdota a la categoría.

Lo que yo puedo decir es que no hay problemática generalizada de extensión del ideario, más allá de sus justos términos, contra la libertad docente. Esto es así porque, entre otras cosas, no hay una realidad de recursos de amparo interpuestos sobre esta materia ante el Tribunal Constitucional para proteger, como podría ser el caso, los derechos vulnerados por estos excesos en la aplicación del ideario respecto de la libertad docente de que son titulares los profesores. Cítense, si no, cuáles son tales recursos de amparo.

Pero en todos los países, señor Mayoral, ahí, entre las libertades que son colindantes, los problemas de este tipo, son problemas marginales que, como es natural, deben ir a los tribunales, según señalaba yo ayer, y deben ser resueltos allí. Es lo cierto que tanto la jurisprudencia francesa como la italiana, que he tenido ocasión de repasar estos días atrás y que ahora no puedo citar con detalle, vienen resolviendo en la mayor parte de los casos estos, porque, al parecer, al menos en esos países, hay más excesos de una parte que de otra.

En cualquier caso, el argumento simplista (permítame, señor Mayoral, que se lo diga) de que lo importante en la docencia es el profesor, olvida, cuando menos, que en la docencia hay un factor no menos importante, que es el alumno, y yo, como profesor, he tenido siempre la convicción, que no creo errónea, de que yo estaba al servicio de la educación de los escolares, no que los escolares estaban al servicio de mi libertad de cátedra. Me parece, señor Mayoral, que hay algo de doctrinarismo en su exposición. Me parece preocupante el desprecio al Derecho, en nombre de la realidad, que he creído ver en sus palabras; Derecho y realidad no son excluyentes y menos en un Estado de Derecho como lo es el nuestro, por imperativo del artículo 1 de la Constitución.

Yo diría que no se puede hablar de que aquí se está intentando defender, pura y llanamente, una libertad de empresa dura y una libertad de despido. La flexibilización de plantillas la han defendido, señor Mayoral, otras personas, no yo, y la han defendido personas que se sientan en el banco azul, incluso en la cabecera del banco azul, hablando con empresarios alemanes.

Vayamos a la cuestión. La cuestión es la libertad de cátedra. No vamos a entrar en el debate doctrinal, que es muy complejo y sobre el cual no han recaído conclusiones indiscutidas de si es una libertad personal o institucional, porque, además, nada cambia, en cuanto a su conexión, con el resto de la libertad de enseñanza. El hecho es que lo que intentan nuestras enmiendas es introducir el respeto pleno a las fórmulas declaradas por el Tribunal Constitucional. No se puede decir a estas alturas, señor Mayoral, que el artículo 16.2 de la Constitución afirma que nadie puede ser obligado a declarar sobre su ideología, religión o creencias y que la presencia del ideario vulnera esto, porque eso mismo afirmaron los senadores socialistas que recurrieron la LOECE, y se encargó el Tribunal Constitucional de dejar sentado que no había tal contravención del artículo 16. El Tribunal Constitucional habla de virtualidad limitante, y cuando su señoría aludía a quienes hablan de la condición limitante del ideario, esos son los jueces del Tribunal Constitucional.

Sus citas a la sentencia del Tribunal Constitucional, breves, cortas, extraídas de contexto, si no me falla la memoria, son todas ellas de párrafos, de expresiones que yo recogí en el resumen que hice, con la mayor objetividad posible, de la tesis sostenida en su célebre sentencia por el Tribunal Constitucional, pero, evidentemente, sus citas olvidan aspectos capitales del fallo y de la doctrina sentada por el Tribunal Constitucional.

Nosotros no queremos asfixiar (lo decíamos ayer y lo repetimos hoy sin ambages) la libertad de cátedra con la libertad de enseñanza, y afirmar lo contrario es practicar el maniqueísmo, es inventarse el maniqueo para facilitar el vapuleo.

Nosotros, señor Mayoral, no estamos asumiendo posiciones radicales y posiciones que vayan contra la libertad de cátedra que hay que reconocer a los docentes. Nosotros tan solo decimos que se aplique por entero, que se recoja en esta ley la tesis del Tribunal Constitucional en cuanto que esa libertad se practica en un centro, se practica dentro de un puesto docente y, por tanto, con los límites inherentes a las características de ese centro docente.

Yo terminaría por decir, porque estoy excediéndome en el tiempo, que, para nosotros, señor presidente, esta es una cuestión de libertad, esta es una cuestión de pluralismo. Para nosotros, el ideario es el sentido del centro. Decía doña Jimena Menéndez Pidal (que bien se merece que se le tribute, aunque sea modesto, un homenaje) que, así como a una familia se acercan en amistad los que sienten con ella concordancia, el espíritu de una institución es el que atrae a las personas por un deseo de compartirlo.

Luego será, en el laborar de cada hora, cuando el arte de hacer se les irá comunicando; ahí radica la transmisión del espíritu educativo.

Una institución de enseñanza debe tener un espíritu educativo con el que se compenetran los profesores y que se debe respetar sin entrar en el panegirismo, y así tendremos pluralismo educativo, según quiere la Constitución.

También quiero decir unas palabras sobre por qué no nos oponemos arbitrariamente a esa enmienda que se ha presentado como transaccional. Yo diría que, por principio, no nos vamos a oponer a las enmiendas transaccionales que tenga a bien presentarnos la mayoría en el debate del Pleno de esta Cámara. Esperamos, incluso, algunas más sustanciosas, y, a este respecto, nos llegan noticias de alguna enmienda, por ejemplo, una vertida al artículo 50, que creemos que, si bien en los términos la podremos...

El señor PRESIDENTE: Aténgase a la cuestión, señor Alzaga.

El señor ALZAGA VILLAAMIL: Gracias, señor presidente; lo voy a hacer como su señoría me ordena.

Por lo que se refiere a la enmienda que ha sido presentada, nosotros entendemos que es una enmienda que ni siquiera cumple ciertos mínimos, sino que, en términos aeronáuticos, está bajo mínimos, y lo está porque no incluye ninguna referencia al respeto del carácter propio del centro y lo que se hace es limitar lo que ya se dice, de que el profesor debe respetar la Constitución y las leyes, limitarlo a lo primero, a que respete tan solo la Constitución; y el artículo 9.1 de nuestra Constitución afirma que los ciudadanos y los poderes públicos están sujetos a la Constitución y al resto del ordenamiento jurídico.

Pero es que el artículo 20.4 de la Constitución, en el que se habla de la libertad de enseñanza y que ha leído su señoría, olvidándose un inciso, dice: «Estas libertades tienen su límite en el respeto a los derechos reconocidos en este Título». Hasta ahí leía su señoría, pero es que hay una coma, y, a continuación, dice: «En los preceptos de las leyes que lo desarrollan». Consiguientemente, el profesor debe respetar la Constitución, debe respetar los derechos reconocidos en ese Título, que están en la Constitución, y los preceptos de las leyes que lo desarrollan y, en consecuencia, la referencia a las leyes, que venían en el informe de la Ponencia, en el dictamen de la Comisión y en la totalidad de las enmiendas presentadas por todos los grupos, es correcta y es constitucional. Lo que se trata es de que, además de respetar la Constitución, hay que respetar el desarrollo normativo lógico de esa Constitución, y en ese terreno del desarrollo constitucional es en el que, como ha declarado el Tribunal Constitucional, tiene sentido el respeto al carácter propio del centro.

Señor presidente, muchas gracias por su bondad; le sugiero, incluso, que me descuente el tiempo de algunas de mis próximas intervenciones.

El señor PRESIDENTE: No será necesario, señor Alzaga. Muchas gracias.

* * *

Resumen de la intervención del ministro de Educación:

El artículo 3 de la ley garantiza la libertad de cátedra y esta es expresión de la libertad de enseñanza. Es de carácter concurrente, y por eso la expresión «en el marco de la Constitución», lo cual no significa que se puede recortar para salvaguardar otra libertad.

Esta libertad y el ideario exigen una mutua tolerancia, y en ese sentido es también concurrente. En los centros públicos su marco de actuación se sujeta a los principios constitucionales; dichos centros deberán ser ideológicamente neutrales por respeto a la libertad de conciencia.

En los centros privados la libertad de conciencia no es el único factor que deba tenerse en cuenta; también se deberá considerar el derecho del titular a definir un carácter propio.

El profesor es libre como profesor, pero la libertad de cátedra no se podrá extender exorbitantemente hasta el abuso de otros derechos, a desvirtuar el carácter propio.

Hay además que respetar la libertad de conciencia del alumno de forma que ninguna de estas libertades limite virtualmente a las otras. Cabría decir: «No cabe la censura previa del profesor y no cabe la deslealtad del profesor respecto al centro».

Muchas gracias [Aplausos].

* * *

El señor Alzaga pide la palabra.

El señor PRESIDENTE: Gracias, señor ministro.

El señor Alzaga entiende que ha sido replicado. Parece correcta la interpretación. Brevemente, tiene la palabra.

El señor ALZAGA VILLAAMIL: Querría, señor presidente, empezar por hacer un ruego al señor ministro, ya que, al parecer va a tener la deferencia hacia esta Cámara de intervenir a lo largo de los debates, que si no le importa, lo haga antes, lo haga en la cabecera del debate, lo cual primero nos ilustraría, ya no digo que nos dé clases ni lecciones más o menos magistrales, pero nos ilustraría sobre cuál, en su opinión es la voluntad del Gobierno al respaldar este Proyecto de Ley. Y, para decirlo todo, nos permitiría también discutir con tiempo sus tesis, lo cual, parlamentariamente, es muy de agradecer, porque el presidente me acaba de decir, con amabilidad y en frase baja, «cinco minutos, señor Alzaga».

Nosotros le pediríamos también, puestos a hacerlo, un ruego: que, cuando defienda sus posiciones, no piense tanto en esa pequeña cámara que se sitúa a la derecha y que le suele sacar en los telediarios siempre que hace una intervención, y por tanto, no refleje en sus intervenciones, en gran medida, los aspectos de la defensa de la libertad tal y como nosotros la entendemos, y se centre en aquellos puntos, en aquellos aspectos en que su señoría, el Gobierno y el Grupo Parlamentario Socialista discrepan realmente de nuestras posiciones.

Tengo que hacer, además, una aclaración previa. Tengo que decir, con mucho dolor, que el Partido Socialista en esta ley no ha tenido disposición al diálogo. Y tengo que decirlo porque en la Ponencia, sin ir más lejos, los tres ponentes socialistas, que han trabajado de forma meritoria en la ley, con frecuencia, cuando se planteaba un artículo decían: «Este artículo ahora no se puede cambiar».

El señor PRESIDENTE: Aténgase a la cuestión, señor Alzaga, por favor.

El señor ALZAGA VILLAAMIL: Insinuaban la posibilidad de una transaccional, bien en Comisión, bien en el Pleno. Y a la pregunta del contenido, para ir dialogando sobre esa materia transaccional, se nos decía que en su momento lo veríamos.

Eso, señor ministro, eso, señores de la mayoría socialista, no es disposición al diálogo. Eso es elaborar las leyes por un mecanismo que se acuñó ya respecto de otra ley a principios del siglo XIX, que en la práctica jurídica española se traduce por la expresión «trágala».

Nosotros estamos de acuerdo en que aquí hay dos libertades, y estamos de acuerdo con usted, señor ministro, sin reservas de género alguno, en que hay que respetar la libertad de cátedra en sus naturales dimensiones y en que hay que respetar la libertad que corresponde a quien es titular de un centro, y que el mismo centro venga a impartir un tipo de enseñanza concreta, a que el centro no se desvirtúe. Usted nos dice que en el artículo 3 se garantiza la libertad de cátedra. Cuente usted con nuestro apoyo para garantizarla y para que se respete la libertad de cátedra. Lo que estamos discutiendo es que en el artículo 3, o en algunos de sus correlativos, como en el 22, se garantice también la libertad a mantener la entidad propia de un centro, porque en el artículo 22 se subordina (usted dice que son dos libertades al mismo nivel, pero allí se subordina) el derecho de establecer un ideario al derecho a la libertad de cátedra.

Yo no tengo tiempo para discutirle a usted su construcción sobre la libertad de cátedra, pero sí le digo que es fácilmente discutible. Su señoría parte de la tesis de que la libertad de cátedra es manifestación de la libertad de enseñanza.

Está en lo cierto. También me aceptará que es manifestación de la libertad de expresión y de ahí que aquella libertad sistemáticamente esté consagrada en nuestro texto político fundamental no en el artículo 27, sino en el artículo 20, que es donde se cobija el amparo constitucional a la libertad de expresión; lo que ocurre es que, en última instancia, la libertad de enseñanza (que es una libertad grande, una libertad de libertades) es, entre otras cosas, una rama de la libertad de expresión, porque la libertad de enseñanza es, aparte de una libertad de creación, aparte de tener familiaridad con la libertad de fundación, con la libertad de reunión, etcétera, es una rama de la libertad de expresión cuando la misma se vierte a la actividad educativa. Y desde luego no me parece que tenga sentido venir a pregonar, venir a predicar la libertad de conciencia frente a la libertad de los titulares de los centros de enseñanza desde el momento en que el artículo 16 de la Constitución, que es el que garantiza la libertad de conciencia, la garantiza para los individuos y para las Comunidades.

En nuestro Derecho, como en el Derecho público más moderno, existe una libertad de conciencia, señor ministro, referida a las Comunidades, y esa es la que no está suficientemente garantizada en esta ley. Por tanto, lo que hay que intentar es no desvirtuar nuestras posiciones, y se desvirtúan si se dice que nosotros tenemos una tendencia expansiva en la libertad de enseñanza o en unas facetas de la libertad de enseñanza frente a la libertad de cátedra. No es verdad. Queremos que se respete la libertad de cátedra y que se respeten las otras facetas de la libertad de enseñanza en los términos que dice el Tribunal Constitucional. Nosotros no queremos ningún tipo de censura previa y esperamos que el señor ministro no la vuelva a querer, se trate de catecismos o se trate de otros aspectos de la enseñanza. Nosotros, señor ministro, queremos respeto para la idea medular de las instituciones plurales que se dedican a la educación en nuestro país, y queremos ese respeto en los términos de una Sentencia que el Tribunal Constitucional dictó contra la posición socialista, es decir, inadmitiendo la tesis de un recurso del partido socialista.

Aquí se está buscando decirnos que eso se acepta por la vía de una remisión en el marco de la Constitución. Señor ministro, por definición, nuestro ordenamiento jurídico está claro que está en el marco de la Constitución. Esa es simplemente una cláusula de estilo. Eso no añade, por definición, nada. Eso es mantener, como mínimo, una ambigüedad que como legisladores tenemos que colmar dando contenido, dando respeto a las libertades que están en juego. Lo que ocurre aquí es que en el fondo el Partido Socialista perdió un recurso ante el Tribunal Constitucional, pero sigue afincado en las tesis de la escuela única y pública e intenta, por la vía de los conciertos, llevar a centros privados a que en la práctica se conviertan en públicos, como el señor Mayoral ha declarado en Badajoz, según recogía un periódico de esa ciudad, el 30 de noviembre último.

Señor ministro, los temas de libertades están todos conectados como usted dice. La filosofía de la libertad es una, y en esta materia ustedes están intentando llevar progresivamente un sistema de escuela plural hacia un sistema cada vez más próximo al de escuela única, igual que ustedes son partidarios, no de la televisión plural y libre, sino de la televisión única. Nosotros, sin embargo, creemos que este mecanismo del artículo 3, que va a ir diluyendo y que va a ir constriñendo la libertad de los centros libres es grave.

Y termino poniéndole un ejemplo. Imagínese su señoría por un momento (aunque le resulte difícil, quizá, ponerse en esa hipótesis) que cualquiera de los altos directivos de la Fundación Pablo Iglesias abandona el Partido Socialista, abandona los planteamientos políticos del Partido Socialista y acepta cualesquiera otros que sean contrarios o contradictorios. En esa tesitura, entre la libertad individual y la libertad de la Comunidad,

¿cuál debe prevalecer? ¿Es preciso amparar a ese directivo de la Fundación Pablo Iglesias hasta el punto de que, realmente, pueda desvirtuar el sentido de la Fundación Pablo Iglesias, o es más importante, como nosotros creemos, para la democracia española, para construir un sistema pluralista, genuinamente democrático en España, que la Fundación Pablo Iglesias siga siendo socialista?

El señor PRESIDENTE: Vaya terminando, señor Alzaga.

El señor ALZAGA VILLAAMIL: Termino ya, señor presidente. Si de nosotros depende, amparemos sin perjuicio de los derechos inherentes a ese directivo, que, si el mismo viene a atacar las ideas medulares de la Fundación Pablo Iglesias, la misma busque una fórmula para superar ese encontronazo. Nosotros ampararíamos los derechos de la Fundación. Simplemente le pedimos, señor ministro, que usted ampare los derechos de otras Comunidades, aunque por las mismas no sienta simpatía, porque, como ministro de Educación, tengo que reconocer que tiene derecho también a tener sus propias simpatías.

Nada más. Muchas gracias.

* * *

El señor PRESIDENTE: El señor Alzaga tiene la palabra por un minuto.

El señor ALZAGA VILLAAMIL: Brevísimamente, señor presidente, para decir básicamente dos cosas al señor ministro.

En primer lugar, que en Ponencia estuvimos muchas horas y nos fuimos precisamente ante actitudes como las que nos reflejaron los ponentes socialistas de no querer darnos conocimiento del juego de enmiendas transaccionales, que fue tema discutido en Ponencia, y hay otros ponentes que pueden atestiguar la verdad de lo que digo.

Nosotros queremos diálogo. Ayer por la tarde, a última hora, crucé los escaños pidiendo diálogo sobre la enmienda transaccional al artículo 3. La respuesta fue: no hay diálogo.

Yo reconozco haber nacido en Madrid. No soy catalán. Creo, hablando con seriedad, que lo que ocurre es que el diálogo se ha limitado a quienes no votaron las enmiendas a la totalidad y quienes votamos las enmiendas a la totalidad hemos sido objeto por el Partido Socialista de excomunión o de excomunión laica, no lo sé.

La segunda afirmación que quería traer a colación es la siguiente: cuando nosotros decimos que los centros concertados parecen ser un sistema de transición de centros libres a centros públicos no estamos queriendo adjetivar la voluntad del Grupo Parlamentario Socialista. Esto es lo que el señor Mayoral ha dicho en Badajoz y, que yo sepa, no ha desmentido lo que ha aparecido en un periódico de Badajoz. Y eso es lo que el señor Torreblanca, perteneciente al equipo del señor ministro, ha dicho en Madrid en una reunión del Colegio de Licenciados y Doctores, afirmando que los colegios privados sigan transformándose en colegios públicos.

Yo no tengo en este momento las obras del señor Llopis, pero procuraré venir con ellas encima para la continuación de los debates y con mucho gusto sacaremos a relucir algunos párrafos de dichas obras, pero, repito, debemos superar los problemas actuales, no nos encerremos en la vieja dialéctica de las dos Españas en las cuales me temo... sí, señores de la mayoría, en las cuales me temo que en su momento el tema de la escuela fue un tema que abrió brechas difícilmente superables.

Nosotros no queremos abrir heridas y no tenemos excesivo interés en seguir hablando de cómo se planteó la cuestión en la Segunda República, porque la cuestión, como dijo muy bien don José Ortega y Gasset, se suscitó con la excusa de superar problemas del pasado, y solo contribuyó a incrementar los problemas del pasado. No queremos que vuelva a ocurrir lo mismo.

Nada más y muchas gracias.

Continuación del debate sobre el Título IV del Proyecto de Ley Orgánica del Derecho a la Educación, en el Pleno del Congreso el 16 de diciembre de 1983 *

El señor PRESIDENTE: Para defender las enmiendas del Grupo Parlamentario Popular tiene la palabra el señor Alzaga, con exclusión de las referentes a los artículos 50 y 58 que su Grupo Parlamentario ha pedido defender separadamente.

El señor ALZAGA VILLAAMIL: Señor presidente, señoras y señores diputados, entramos en horas tardías en el que quizá es el Título más importante en la práctica de este Proyecto de Ley, el Título que con su gracejo habitual ha calificado Íñigo Aguirre «de los centros a extinguir», que versa sobre toda una serie de temas respecto de parte de los cuales necesariamente en media hora he de limitarme a un tratamiento general. Me es grato decir que mi Grupo Parlamentario coincide en el enfoque básico de sus enmiendas de la Minoría Vasca y que, por tanto, buena parte de los argumentos vertidos hace breves minutos por el señor Aguirre son por nosotros asumibles y no voy a incurrir en reiteraciones.

Para imponer este Título de los llamados por el Gobierno centros concertados se ha hecho quizá esta Ley. Quizá la *ratio* del Gobierno para poner en marcha esta ley se encuentra aquí y se encuentra en una idea eje que preside todo el Título, que es la que, a cambio de que el centro privado que se acoge al régimen de conciertos obtenga una subvención, haya de entrar en un régimen de autogestión.

Se nos dice, y se nos decía hace un rato por el señor Beviá debatiendo el Título anterior, que no utilicemos el epíteto de la autogestión. Que no usemos lo que, al parecer, suena a término grueso. Pero es un término que

* Sesión Plenaria núm. 85, de 16 de diciembre de 1983, *Diario de Sesiones del Congreso de los Diputados,* núm. 85, pp. 4076-4094.

ya ha emergido en estos debates y que no lo hemos inventado nosotros; está en importantes documentos del Partido Socialista, está perfectamente expuesto, defendido y articulado en un trabajo del señor Mayoral que ha sido ya insistentemente citado y al que yo creo que le podemos anunciar una cierta condición de *best-seller* en las ventas de Navidad, en las librerías, en las próximas fechas. Pero además ocurre que don José Torreblanca, a la sazón, si no estoy mal informado, subsecretario del ministerio de Educación, en una Ponencia, que también hemos tenido ocasión de traer a colación en estos debates, de junio de 1977, en unas Jornadas del Colegio de Doctores y Licenciados, dice textualmente: «La aceptación por los centros de estos condicionantes de las subvenciones, los transformaría, de hecho, en públicos, lo cual evitaría dar el siguiente paso a la transición que a continuación se expone». El siguiente paso se titula, en un apartado subrayado: «La nacionalización de los centros». Ahí se explaya el señor Torreblanca en cómo se debe hacer frente a las nacionalizaciones mediante la creación de un fondo de reserva, etcétera.

Hay otro apartado de la Ponencia, el cuarto, titulado: «La transición de los centros privados subvencionados», en donde, con una terminología, quizá, no excesivamente clara, el señor Torreblanca nos dice: «A estos centros, cuya existencia se debe admitir siempre que exista una población que los demande y esté dispuesta a pagar los precios que se les pida, se les debe dar una oportunidad para su reconversión en públicos si voluntariamente aceptan las consecuencias de la percepción de subvenciones». Es decir, que la percepción de subvenciones es, en la filosofía del subsecretario de Educación (que imagino algo ha tenido que ver con la elaboración de esta Ley), el modo blando de convertir un centro privado en público, y hay una última instancia, un último modo, que es el de la nacionalización. Reconversión Centros Privados en Públicos. Bueno pues este Título se dedica a la forma blanda de convertir un centro privado en público.

No tiene parangón el Título de esta Ley con ningún otro capítulo de ninguna ley de las que figura en el ordenamiento jurídico español y que pueden ser consultadas en el Aranzadi o en cualquier otra colección legislativa.

Decía el señor ministro en su intervención con relación al Título preliminar, saliendo al paso de esta posible reflexión, que eso puede ser verdad, pero que también es verdad (decía él) que no hay, respecto de otras materias, no existe, respecto de otras empresas, un artículo 27.7 de la Constitución que, como sus señorías saben, dice: «Los profesores, los padres y, en su caso, los alumnos intervendrán en el control y gestión de todos los centros sostenidos por la Administración con fondos públicos, en los términos que la Ley establezca». Como existe este precepto, afirma, es posible montar un mecanismo autogestionario por vía de conciertos de este tipo.

Señor ministro, con el máximo respeto, hemos de decir que nuestro Grupo Parlamentario no está de acuerdo con esa reflexión. Y no estamos de acuerdo por la sencilla razón de que el término «participación» es un término que aparece, y en varias ocasiones, en la Constitución española. No siempre, quizá, a los mismos efectos, pero aparece en varias ocasiones.

En el artículo 9.2 de nuestra Constitución política se dice que corresponde a los poderes públicos facilitar la participación de todos los ciudadanos en la vida política, económica, cultural y social. Es un precepto, evidentemente, de cabecera que forma parte del Título preliminar de nuestra Ley de Leyes. Si nos asomamos al artículo 23 vemos que en el número 1 del mismo se dice que los ciudadanos tienen el derecho a participar en los asuntos públicos. Se trata de un precepto de alcance general. En el artículo 48, con una mayor concreción, se dice: «Los poderes públicos promoverán las condiciones para la participación —aquí se adjetiva— libre y eficaz de la juventud en el desarrollo político, social, económico y cultural». Si vamos al artículo 129, que se encuentra ya en la zona que los especialistas vienen a llamar «Constitución económica», nos encontramos, señor ministro, que el número 1 del artículo 129 dice: «La Ley establecerá formas de participación de los interesados en la Seguridad Social», lo cual es enormemente concreto. En el número 2 se dice, y aún tiene más relación con la materia que nos ocupa: «Los poderes públicos promoverán eficazmente las diversas formas de participación en la empresa». Luego, la participación de los sectores afectados en la Seguridad Social y en las empresas es un mandato constitucional. Lo que figura en el artículo 27.7 es algo parangonable, algo que va en paralelo con otros supuestos y que en su día podrá ser, nos tememos, citado por precedente aplicable y, desde luego, tendrá valor interpretativo, porque la relación de la libertad de empresa consagrada en el artículo 38 de la Constitución con el mecanismo de participación del artículo 129.2 es muy paralela a la relación existente entre la consagración de la libertad de enseñanza del número 1 del artículo 27 y el mecanismo de participación de alumnos, padres y profesores del número 7 de ese mismo artículo. Lo que yo sí puedo aceptar (porque, sinceramente, nuestro Grupo Parlamentario cree que es así) es que cuando el artículo 27.7 de nuestra Constitución remite a lo que la ley establezca, hay por parte de la Constitución un campo bastante amplio de discrecionalidad del legislador para medir hasta dónde puede llegar esa participación. Lo que ocurre es que por grande que sea la discrecionalidad del legislador a la hora de normar esta materia, se encuentra siempre con un límite, cuando menos, el que prevé el artículo 53, número 1 de nuestra Constitución, que dice que solo por ley puede regularse el ejercicio de tales derechos y libertades, pero dice: «Solo por ley, que en todo caso deberá respetar su contenido esencial, podrá regularse el ejercicio de tales derechos y libertades». Por tanto, el mecanismo de participación por vía de conciertos que aquí se establece tiene que respetar el contenido esencial de la libertad de enseñanza, libertad que incluye facetas de libertad de fundación, de libertad de empresa, de libertad de conciencia de las Comunidades y de libertad de expresión.

¿Cuál es, por tanto, el concepto de participación con el que opera nuestra Constitución? El criterio constitucional solo se puede deducir de una interpretación armónica del artículo 27.7 con el resto del Título I de la Constitución. Y supone que los profesores, los alumnos y sus padres participan en la función directiva del titular, toman parte en la gestión y en la dirección que corresponden al titular, pero no es posible que tomen el todo por la parte.

El señor Roca i Junyent, que hace breves momentos se encontraba en el hemiciclo, hizo una aclaración como portavoz de la Ponencia y, por tanto, en nombre de todos los ponentes de la Constitución, acerca de cómo los ponentes entendían que la facultad de dirección de centros docentes era una faceta inmersa en la libertad de enseñanza. Ahí están los Diarios de Sesiones de la Comisión de Asuntos Constitucionales del Congreso para una interpretación auténtica del artículo 27 de la Constitución.

Como en su día se suscitaron dudas sobre el alcance último de este punto, por la vía de la inclusión, como tan bien sabe esta Cámara, del apartado 2 del artículo 10 de la misma Constitución, en el Senado se vino a dar entrada, yo diría que con especial empaque, dentro del ordenamiento jurídico patrio, al artículo 13, apartado 4 del Pacto Internacional de Derechos Económicos, Sociales y Culturales, que, como es sabido, proclama la libertad de los particulares y entidades para establecer y dirigir instituciones de enseñanza.

Por tanto, aquí el artículo 27.7 de la Constitución llama a unos mecanismos de participación en tanto en cuanto no se desvirtúe la libertad de enseñanza y la auténtica libertad de enseñanza tiene en su médula la libertad de dirección del centro que se ha creado en ejercicio de esa libertad de enseñanza. A estas alturas del debate y antes de proseguir yo querría hacer un inciso que para nosotros es muy importante. Nosotros, como se desprende del texto alternativo articulado que presentamos en su día, como enmienda de totalidad frente a este Proyecto de Ley, respaldamos el principio de participación en la escuela.

Nosotros creemos en la escuela abierta y creemos firmemente en la superioridad de la escuela abierta y participativa sobre la escuela cerrada y autoritaria.

Nosotros creemos que la comunidad escolar tiene que estar basada en el diálogo y no en decisiones unilateralmente impuestas. Nosotros sabemos de la superioridad de la gestión participada sobre la gestión autoritaria.

Probablemente no es el momento, máxime a esta hora en que los estómagos claman por que el orador que se encuentra en la tribuna no se exceda en el uso del tiempo, no es el momento, creo, de disquisiciones pedagógicas, pero evidentemente la participación bien llevada en un centro docente hace más eficaz la educación que se imparte en el mismo.

Yo me atrevería a decir, sintetizando, que la participación es educativa en sí misma, porque solo participando desde joven se aprende a participar, se adquieren ciertos usos, ciertas pautas de comportamiento sobre las cuales se debe asentar una sociedad democrática, una sociedad moderna. Por tanto, desde aquellas edades en que ya es posible empezar a cultivar prácticas participativas las mismas son, sin duda alguna, positivas.

Ahora bien, con la misma franqueza con que digo esto y con la claridad con que afirmo que nos consta que la inmensa mayoría de los educadores españoles, de los titulares de centros de enseñanza y de los profesores suscriben (matiz arriba o abajo) estas palabras que acabo de emitir, al igual quiero sostener con toda claridad ante esta Cámara que los mecanismos de participación que se acuñan en el Título IV de este Proyecto de Ley están a todas luces desorbitados, están desbordados de su cauce natural. Lo están porque se ha buscado no la participación, no la cogestión, sino la autogestión, y rogaría al señor Beviá que no lo tome como una palabra que extraigo, una vez más, de documentos socialistas, del pensamiento socialista que, creo, inspira este Proyecto de Ley.

¿Cómo se produce el desbordamiento? El desbordamiento se produce, evidentemente, en primer lugar, desbordando la figura del director. Decía antes que, constitucionalmente, desde el momento en que se consagra la libertad de enseñanza, con todas sus consecuencias, corresponde al titular nombrar al director.

En el artículo correspondiente de este Proyecto de Ley, aparentemente, hay una cierta libertad de nombramiento, o, al menos, el titular tiene una participación subrayable en ese nombramiento. Pero, a poco que paremos mientes en cómo está diseñado el mecanismo de la terna, de una terna para elegir un director cuyo periodo de vigencia, cuyo mandato se constriñe al corto plazo de tres años, fácilmente comprenderemos que ese director, si no es sumiso a las directrices, a los planteamientos del consejo escolar del centro, si no es un director que se allana a las consignas de dicho consejo, no tiene posibilidades de ser reelegido. En términos más llanos: está a tiro de terna.

En el terreno de las facultades que se reconocen al director, se ha dicho (y con cierta verdad formal, que yo no soy quién para negar) que se hizo un avance en Ponencia y que este consistió en recoger cinco apartados en el artículo 55 del Proyecto de Ley, en que se dan facultades al director. Y eso, señorías, es verdad; porque cuando el Proyecto de Ley que remitió el Gobierno a esta Cámara llega a nuestras manos lo que dice es que el director no tiene concedidas por la ley ni una sola facultad en concreto y tan solo será titular de las facultades que le delegue, si lo hace, el consejo escolar del centro. Nosotros sostuvimos en el debate de totalidad que eso era abiertamente inconstitucional. Es evidente que los juristas del Ministerio de Educación, habiendo profundizado en el caso, han llegado a la conclusión de que nos asistía la razón y, entonces, han dicho: vamos a diseñar un abanico de facultades para el director del centro. Veamos cuáles son esas facultades.

El artículo 55, en el apartado 2, que es el que se dedica las facultades del director, dice que son las siguientes: «*a)* Dirigir y coordinar todas las actividades educativas del centro, de acuerdo con las disposiciones vigentes, sin perjuicio de las funciones del consejo escolar del centro».

Si ustedes se asoman al artículo 58 del Proyecto de Ley, donde están diseñadas las facultades del consejo escolar del centro, observarán que son trece las más importantes, y que, en consecuencia, ese «sin perjuicio» es mucho «sin perjuicio».

El apartado *b)* dice: «Ejercer la jefatura del personal docente». Si ustedes leen (y digo lean porque últimamente se ha puesto de moda por parte del Gobierno decir que la oposición no se ha leído este Proyecto de Ley, lo cual, realmente, nos tiene a algunos repletos de asombro) los artículos 61 y 62 del Proyecto de Ley se encuentran, con que las facultades de nombrar, de cesar a un profesor no está incluidas entre las del titular de la teórica jefatura del personal docente.

Tercera facultad: «Convocar y presidir los actos académicos y las reuniones de todos los órganos colegiados del centro». Supongo que los señores parlamentarios de la mayoría coincidirán conmigo en que esta es una facultad de protocolo, y las facultades, cuando son de protocolo, no son facultades.

El apartado *d)* dice: «Visar las certificaciones y documentos académicos del centro». Esta es una actividad formal sin contenido decisorio de ningún género.

El apartado *e)* dice: «Ejecutar los acuerdos de los órganos colegiados en el ámbito de sus facultades». Tampoco aquí hay contenido decisorio. Se concibe al director como un brazo ejecutor del consejo escolar del centro, que es, en definitiva, donde radica la soberanía.

El apartado *f)* dice: «Cuantas otras facultades le atribuya el reglamento de régimen interior en el ámbito escolar». Es decir, una vez más, emerge la «soberanía» en el consejo escolar del centro, soberanía entre comillas, ya sé que no soberanía total, que puede delegar, si lo tiene a bien (y si no, no delega) alguna facultad al director.

Señorías, yo pienso que si, objetivamente, cualquier jurista dedicado a analizar órganos de gobierno de empresas, de entes públicos, de entes mixtos, estudiara este punto, no llegaría a otra conclusión más que a la de que, en el mejor de los casos, ese director está asumiendo una subdirección. Y digo una subdirección porque es que, incluso con el Proyecto de Ley en la mano, le pueden colar otro subdirector más importante, porque el número tres del artículo 55 dice: «Los demás órganos de gobierno, tanto unipersonales como colegiados se determinarán, en su caso, en el citado reglamento de régimen interior». Por tanto, nada impide que el consejo escolar del centro genere una figura que se puede titular de cualquier forma: coordinador general, etcétera, a la cual se den facultades mayores a las de director, que, en la práctica, sea un subdirector.

Entonces, señores diputados, ¿qué juicios puede merecer a nuestro Grupo Parlamentario la facultad de dirección? Pues uno muy sencillo y que resumo a continuación. Se dibuja una figura a la que verbalísticamente se le llama director, que está a tiro de terna, que no tiene facultades decisorias y que en cualquier momento puede ser «puenteado» no solo creándole órganos colegiados superiores, sino incluso órganos unipersonales superiores a él. Sus señorías pensarán si esto es un director de centro, es un mequetrefe o qué es lo que este Proyecto de Ley va a dibujar como director del centro. Y no nos quejamos en defensa de ningún director de centro: nos quejamos, amarga y preocupadamente, en defensa de la calidad de la enseñanza, porque evidentemente ese mecanismo, en la práctica, va a ser un desastre para la vida de los centros escolares. Por todo ello, pedimos el voto para nuestras enmiendas en todo lo que concierne a la dirección del centro y por ello avisamos muy cordialmente de la grave responsabilidad en la que el Gobierno y el Partido Socialista van a incurrir al poner en marcha una mecánica de gestión de centros de este género.

No voy a ocuparme del consejo escolar del centro, que está en estrecha relación con este tema, porque en la ordenación de los debates ese punto será objeto de tratamiento por separado. Tampoco me voy a ocupar del régimen de subvenciones, ya que va a haber un debate aparte sobre el artículo 50, que es el punto medular del régimen de subvenciones. Sí quería decir algunas palabras sobre el profesorado.

Sabemos todos que, al final, el verbo enseñar lo conjuga alguien y lo conjugan los enseñantes. No es posible impartir enseñanzas, no es posible transmitir conocimientos si no es a través del profesor. Por tanto, la selección de los profesores es en todo centro de enseñanza, yo diría que el tema fundamental, el más delicado, el tema más trascendente, el tema del que, en última instancia, dependen todas las enseñanzas que puedan recibir los alumnos, los escolares.

Pues bien, el artículo 61 del Proyecto de Ley, a que venimos oponiéndonos, establece un mecanismo verdaderamente singular de cobertura o de vacantes del personal docente, que intuyo (reconozco no dominar todo el Derecho comparado ni muchísimo menos) que no debe tener parangón en el ámbito del Derecho comparado, ni siquiera en los países en que hay mecanismos de centros concertados porque me parece algo dotado de tal originalidad que, probablemente, solo se le ha ocurrido al Gobierno socialista.

El sistema consiste en que se fijan unos criterios de selección entre el titular del centro y el consejo escolar, pero ya la ley se encarga de decir que los criterios de selección básicos son los de mérito y capacidad; los de mérito y capacidad, como sabe muy bien esta Cámara, son los que, con carácter general, pregona la Constitución española en su artículo 103, número 3, para la selección de funcionarios. Evidentemente, en un centro que tiene su propio espíritu educativo, que tiene su propio sentido, que tiene su propio carácter, el grado de proximidad, de identidad o de afinidad, según ustedes prefieran, del profesor con el proyecto educativo del centro debe ser un criterio básico, un criterio sustancial a la hora de formar un equipo docente coherente, a la hora de construir algo que merezca el calificativo de comunidad escolar. Pero no; los criterios básicos son solo, como si se tratase de selección neutra por la Administración de funcionarios, los criterios de mérito y capacidad. Pero esto no es lo más grave, quizá.

La comisión de selección que se forma es una comisión en la que no está el titular. Por tanto, el titular permanece fuera de la comisión de selección sin ni siquiera ser oído, a la espera de ver lo que puede salir de ese cónclave. Y lo que salga de ese cónclave se le plantea al titular, que tiene la posibilidad de confrontarse con la comisión de selección, con la gravedad que ello comporta, o bien de allanarse a la propuesta de esa comisión de selección, sin más. Si se opone y no se llega a un acuerdo, entonces, arbitra.

¿Quién arbitra? Arbitra la representación de la Administración educativa competente. Evidentemente, los casos de disconformidad que se pueden producir en algunos momentos serán de debate sobre el nivel de preparación, de mérito y capacidad del candidato a profesor; y ahí puede tener algo importante que decir la Administración educativa competente; pero en otros casos se planteará el problema del grado de identidad de ese profesor con el proyecto educativo del centro. Y en ese supuesto, los que hemos tenido ya oportunidad en este debate de conocer, hasta la saciedad, las tesis del Partido Socialista sobre el alcance o el no alcance, mejor dicho, que debe tener el ideario del centro, etcétera, nos tememos que ese arbitraje se va a llevar a cabo con unos criterios de base que son harto preocupantes; harto preocupantes porque a las administraciones educativas competentes que estén en manos del Gobierno socialista no les va a preocupar la ruptura de comunidades escolares coherentes con la introducción de profesores que partan de supuestos abiertamente contrarios a los del propio centro, porque ya sabemos que su modelo no es del pluralismo externo, el de una pluralidad de centros privados claramente definidos, entre los cuales se puede optar, sino, más bien, el de la escuela de pluralismo interno.

Hay un último tema al que quiero hacer referencia con cierta brevedad, incluso por razones de autodefensa, porque ya me hago cargo de lo avanzado de la hora. Me refiero al sistema de sanciones.

Para empezar, señoras y señores diputados, el consejo escolar del centro tiene la enorme fortuna en este Proyecto de Ley de que no es sujeto pasivo de ningún tipo de sanciones. No creo que tenga patente de corso, porque imagino que puede estar sometido a otras leyes sancionadoras. Pero en este Proyecto de Ley, yo al menos no he encontrado sanciones para el consejo escolar del centro. Sin embargo, para un titular absolutamente capitidisminuido en sus capacidades en el seno de su centro sí he encontrado, y con gran facilidad las sanciones. Las he encontrado con un muy completo artículo 63 del Proyecto de Ley, que me voy a permitir leer muy rápidamente.

El artículo 63 dice: «Número 1. El incumplimiento grave por el titular del centro de las obligaciones establecidas en el presente Título, así como las derivadas del correspondiente concierto, dará lugar a la rescisión del mismo». No hay otro tipo de sanciones. Simplemente se habla de la rescisión.

2. A efectos de lo dispuesto en el apartado anterior, se considera incumplimiento grave: *a)* Percibir cualquier cantidad por la impartición de la enseñanza o por actividades complementarias o de servicios no autorizadas». Entiendo que, en buen castellano, cinco pesetas es cualquier cantidad. Por tanto, estamos en un supuesto de incumplimiento grave, que automáticamente supone la rescisión del concierto, porque no hay otra escala de sanciones.

b) Prescindir de forma manifiesta del régimen de participación previsto en el Título IV de la presente ley. Es bastante ambiguo, lo que es la forma manifiesta o semimanifiesta.

c) Infringir de manera reiterada las normas sobre admisión de alumnos. Es decir, si se da un supuesto de infracción con un alumno no es infracción grave. Con el segundo alumno con el que ocurra eso, aunque ocurra tres años después, ya estamos en una infracción grave y la rescisión del concierto *[El señor presidente ocupa la Presidencia].* Realmente creo que el señor Aguirre estaba muy bien inspirado cuando proponía otro rótulo para el Título de los centros que nos ocupan

d) Separarse de las propuestas que formule la comisión de selección del profesorado.

e) Proceder a despidos de profesores cuando el consejo escolar del centro se haya pronunciado previamente contra los mismos, estos hayan sido declarados improcedentes por la jurisdicción competente y el titular no hubiera optado por la readmisión.

Hay un último apartado 3 de este artículo, que dice: «El incumplimiento por el titular del centro de cualquiera otra obligación establecida en el presente Título o en el correspondiente concierto —habrá que ver, por cierto, las obligaciones que el ministerio, en esa especie de contrato de adhesión que van a ser los conciertos, obliga a suscribir a los centros—, así como de las señaladas en el apartado anterior en términos no graves, dará lugar a apercibimiento por parte de la administración educativa competente». Pero fíjense ustedes en lo que viene a continuación.

El señor PRESIDENTE: Le ruego que vaya terminando, señor Alzaga.

El señor ALZAGA VILLAAMIL: «Si el titular no subsanare el incumplimiento de las citadas obligaciones, la Administración no procederá a la renovación del concierto. La reincidencia dará lugar a la rescisión del mismo».

No hay más cuadro de sanciones que el apercibimiento y la rescisión. A mí me recuerda aquel antiguo dicho militar que rezaba que en el Código de Justicia Militar todo estaba castigado con pena de muerte menos no asistir al rancho.

Por tanto, uno, a la vista de este precepto, se plantea la cuestión de si el fin deseado no es sino crear unas condiciones que permitan luego dar los pasos para rescindir los conciertos, para cerrar los centros libres. Porque el hecho de que la Administración sea parte del concierto y sea, además, la que juzgue unilateralmente y sin garantías compensatorias, el incumplimiento por el particular del concierto, a mí me parece, como modesto jurista, que casa mal con el principio de seguridad jurídica y con la garantía de la interdicción de la arbitrariedad de los poderes públicos, ambas previstas en el apartado 3 del artículo 9 de nuestra Constitución.

Señor presidente, quiero terminar.

Este Título IV parece hecho a la medida para que unos centros educativos libres se desvirtúen y otros sean cerrados, otros pidan ser nacionalizados (y espero que el señor Torreblanca complete su labor legislativa y cree ese fondo de reservas para las nacionalizaciones que anunciaba en la célebre Ponencia a que antes me refería), pero, en todo caso, este es un Título muy grave. Es un Título que, llevado a este extremo, no tiene precedente ni siquiera en Italia, donde se han cometido disparates de gran calibre en este terreno y, sobre todo, nos preocupa porque va a poner en peligro una enseñanza de calidad, una enseñanza libre, y la enseñanza libre es requisito imprescindible para que nuestra sociedad no vaya progresivamente cayendo por un plano inclinado hacia una sociedad pseudounánime y realmente sea una sociedad pluralista, una sociedad democrática en libertad.

En nombre de esos valores, pedimos el voto favorable para nuestras enmiendas sobre el Título IV de la ley.

Nada más y muchas gracias.

* * *

El señor PRESIDENTE: Muchas gracias, señor Mayoral *[El señor Alzaga Villaamil pide la palabra].* ¿Para qué solicita la palabra, señor Alzaga?

El señor ALZAGA VILLAAMIL: Ha terminado el ponente del Partido Socialista haciendo mención a unas enmiendas transaccionales. Querría saber si, aparte de la que este Grupo conoce del artículo 50, hay alguna otra.

El señor PRESIDENTE: Iba a dar cuenta de ellas la Presidencia en este momento, señor Alzaga.

El señor ALZAGA VILLAAMIL: Somos todo oídos, señor presidente.

El señor PRESIDENTE: Hay una enmienda transaccional al artículo 61, con la enmienda 287, de la Minoría Catalana, que produce, por coherencia, enmiendas transaccionales a los artículos 62 y 63. Se va a proceder a su lectura por parte de la señora secretaria.

* * *

El señor PRESIDENTE: Muchas gracias, señor Aguirre. Tiene la palabra el señor Alzaga.

El señor ALZAGA VILLAAMIL: Señorías, en este debate del Proyecto de Ley Orgánica sobre el Derecho a la Educación, realmente se ha generado un nuevo tipo de enmiendas que no estaba previsto, pienso yo, en el Reglamento, y que quizá podamos calificar de enmiendas homeopáticas por su dimensión con relación a la problemática del Proyecto de Ley.

Yo creo, señores socialistas, que no deben pasarse en la práctica enmiendas tan diminutas, máxime cuando las mismas no tienen más que una razón de ser, que es la de servir de hoja de parra a las vergüenzas jurídico-políticas de esta ley.

Pienso, señores de la mayoría, que no es posible ni siquiera oponerse a la tramitación de unas enmiendas que carecen de contenido diferencial y ha hecho bien el señor Mayoral en prescindir de hacer la defensa de las mismas, porque hubiera sido tarea casi imposible.

En lo que corresponde a la intervención del señor Mayoral, yo me temo que le han preparado, no sé quién, probablemente los servicios competentes del Ministerio de Educación, una respuesta para una intervención que en la mañana de hoy no se ha producido.

Consiguientemente estamos ante un caso de falta de correspondencia entre la crítica que hemos formulado al Título IV y el abanico de argumentos que los servicios competentes del Ministerio habían tenido a bien redactar, pensando lo que nosotros íbamos a decir, y así hemos escuchado una lección divulgativa sobre servicios públicos, que es tema que esta mañana nadie ha tenido a bien traer a colación.

El señor Mayoral yo creo que se ha perdido un tanto (permítame que se lo diga con todo respeto) en los meandros de la doctrina jurídico-administrativa sobre servicios públicos. En primer lugar, porque ha traído a la palestra, a falta de otra doctrina más próxima, las opiniones del profesor y también letrado de esta Cámara don Fernando Garrido Falla. Y don Fernando Garrido Falla, aunque sostiene que el derecho a la educación es un derecho de prestación que está en el marco de los servicios públicos en la acepción más amplia de esta categoría jurídico-administrativa, es un autor que, tanto en una conferencia que yo leí en su día, que pronunció en 1980, que fue de las primeras aportaciones al derecho a la educación que se hicieron por la doctrina iuspublicista española, como posteriormente en su glosa al artículo 27 en los comentarios de Civitas que él dirigió, viene a sostener que hay que entender este derecho de prestación en el marco de la libertad de enseñanza. Precisamente es uno de los administrativistas con una visión menos estatalizante de cómo hay que interpretar el artículo 27. Espero que los servicios jurídicos del Ministerio de Educación busquen en el futuro otros autores. Hay algún administrativista socialista que en esta materia ha escrito algunas páginas, con las que yo no estoy de acuerdo, pero que me parecen más citables por su señoría que las mencionadas.

En cualquier caso, este no es el tema, señor Mayoral, y no querría que nos perdiéramos en esa polémica, porque estaríamos en el supuesto al que usted se refería en ese trabajo suyo, que ha batido todos los récords de cita en este hemiciclo en lo que va de legislatura, en el que usted en la página 114 habla, ni más ni menos, que del *revival* del liberalismo manchesteriano que la Iglesia, la Confederación Española de Centros de Enseñanza y otras fuerzas políticas de signos conservadores han montado en estos últimos tiempos en el sector de la enseñanza, y donde quedaron sumergidos, en la confusión de la polémica, conceptos tan elementales como el del servicio público de la enseñanza.

Al objeto de que su señoría no adjudique ningún liberalismo manchesteriano con tan poca justificación, intuyo, como se lo adjudica más o menos gratuitamente, a las colectividades que acabo de mencionar, que no seré yo el que se pierda en un tema que no hace al caso.

Me temo, señor Mayoral, que sus referencias al Derecho comparado podían haber sido más precisas, podían haber estado dotadas de mayor rigor. Y se lo digo, por supuesto, con el máximo respeto que es debido entre parlamentarios en esta Cámara.

Le he citado el tema del Derecho comparado en el mecanismo de selección de profesores. Usted me dice que hay un ejemplo que nosotros traemos frecuentemente a colación, el de Holanda, y que en Holanda hay un órgano colegiado. Ya lo sabemos, pero las facultades que en la legislación holandesa tiene ese órgano son de intervención en la gestión de fondos de centros; de fondos que provienen del erario público del reino, y no precisamente en materia de profesorado.

Hace su señoría un paralelismo con la Ley de Debray y como no dispongo de tiempo, le invito a usted y al ministerio a que se atrevan a publicar la Ley de Debray a dos columnas con la LODE y veremos, realmente, dónde están las analogías, que no pueden ser menores de lo que son.

Nos aduce su señoría, por los pelos, unas citas de Austria y Dinamarca, países en cuyas constituciones no está recogida la libertad de enseñanza, dicho sea entre paréntesis. Yo le diría a usted aquello que decía un autor español del siglo XIX y es que en esto del Derecho comparado hay que tener cuidado, porque los ejemplos traídos de muy lejos merman mucho en el transporte, señor Mayoral.

Vamos al meollo de la cuestión. El meollo de la cuestión, tal y como yo entiendo su intervención es el de que el artículo 27.7 plantea un dispositivo de participación que no es análogo, que no es comparable con los otros supuestos de participación a los que se refiere el resto del articulado de la Constitución española.

La verdad es que su señoría ha sido muy parco en la explicación del porqué de esta afirmación. Pero ha habido un momento en que ha dicho que en el artículo 27 se habla de intervención y en los demás casos en la Constitución se habla de participación. De acuerdo. Pero ocurre que son sinónimos. Y son sinónimos porque, sin ir más lejos, el señor ministro, que tiene la bondad de estar escuchándome, al responder a una interpelación en el Senado, en junio de 1983, utiliza el término como sinónimo en cuatro ocasiones, que figuran en las páginas 904 y 905 del *Diario de Sesiones del Senado*. Y el Tribunal Constitucional, en su tan reiteradamente citada sentencia de febrero de 1981, en el apartado 18, utiliza en dos ocasiones diferentes ambos términos como sinónimos.

El señor PRESIDENTE: Vaya terminando, Señor Alzaga.

El señor ALZAGA VILLAAMIL: Sí, señor presidente.

En consecuencia, señor Mayoral, olvidémonos de quien habla de intervención y participación. Usted me dice que es una participación cualificada. ¿Por qué? ¿Porque la Constitución dice que la misma corresponde a profesores, alumnos y padres de alumnos? No, eso será solo que el sujeto pasivo estará más especificado. Y en otros supuestos nuestra norma política fundamental hablará de los interesados, y dejará al legislador la definición de los mismos.

La cuestión evidente es que lo que entiende por participación la Constitución, lo que entienden los constituyentes por la palabra «participación» será tomar parte en la gestión.

Consiguientemente, si ustedes consideran que tomar parte es tomar parte mayoritaria, tomar prácticamente el todo, están ustedes construyendo un precedente que vincula para la interpretación de la participación, entendida en el artículo respecto de la Seguridad Social y en el 129.2 respecto de las empresas, o por lo menos tendrá usted que darme explicación coherente de por qué esto no es así. Señor Mayoral, no tengo tiempo para contestar a todos sus puntos, pero sí quiero decirle que la *ratio legis* en este Título no es «constitucionalizar» los centros. Esto es, digamos, un pequeño barbarismo. Vamos a intentar exclusivamente constitucionalizar el Proyecto de Ley.

Nosotros, señor Mayoral, hemos planteado una seria duda de que las facultades y la figura del director no pueden, en la práctica, asumir competencias suficientes como para tener la función que en el Derecho público italiano se llama *indirizzo,* es decir, marcar el rumbo de la nave de una empresa, de una institución. Seguimos afirmando que no hay atribuciones suficientes al respecto. Se está vulnerando el contenido normal de la función de dirección. Nos hemos referido a un mecanismo de selección de profesores que va en contra del carácter propio del centro, y los ejemplos del Derecho comparado que nos cita no son válidos. Nos hemos referido a las sanciones, y en materia de sanciones lo que hace el señor Mayoral es aportar una enmienda puramente retórica, en virtud de la cual seguimos con los mismos supuestos laxos de aplicación de la máxima pena, que es en materia de centros de enseñanza evidentemente su cierre.

Nosotros nos tememos que este capítulo de las sanciones que su señoría, en términos taurinos, ha despachado con un capotazo, es un tema absolutamente central, porque es donde se visualiza la noción desapareciente de la enseñanza privada que ustedes tienen.

Quiero hacer una última consideración (con esto termino, y le doy las gracias, señor presidente) a los señores socialistas por si aún hay alguna posibilidad de que se reconsidere el enfoque del Título.

Quiero hacerles la consideración de que, si vamos a la concepción de que esto es participación en la gestión, participación justificada en que haya unas subvenciones públicas, señores socialistas, no debemos olvidar que la prensa española goza de subvenciones públicas. La prensa española, en consecuencia, se encontraría con que tiene un ánimo de lucro, que estas empresas docentes no tienen. Hay periódicos que están repartiendo dividendos y a la vez percibiendo subvenciones; por tanto, se encontrarían con que se les podría decir, con mayor razón por esta Cámara, que se rijan por un órgano colegiado directivo en el que haya periodistas, linotipistas, lectores, etcétera, y una quinta parte de representantes de los accionistas; se les podría decir que el periódico tenga por director alguien con facultades de protocolo, alguien con facultades de firmar certificaciones y de ser jefe de personal; se les podría decir que las vacantes que se produzcan en esas empresas que tienen subvenciones públicas, se cubran con un concurso semifuncionarial en el cual la última palabra la tenga el ministro del ramo; se les podría decir que, en supuestos tales como el de cobrar una peseta más de publicidad de lo que marcan las tarifas, se les puede cerrar el periódico.

Señor Mayoral, yo no estoy defendiendo, ni como viejo ni como nuevo demócrata, libertades formales; estoy defendiendo en este momento la democracia.

Prolongación del debate sobre el proyecto de Ley Orgánica del Derecho a la Educación (sobre el consejo escolar del centro), en el Pleno del Congreso el 19 de diciembre de 1983 *

El señor VICEPRESIDENTE (*TORRES BOURSAULT*): Enmienda del Grupo Parlamentario Popular al artículo 58. Para su defensa, tiene la palabra el señor Alzaga.

El señor ALZAGA VILLAAMIL: Señor presidente, señoras y señores diputados, observando el aspecto del hemiciclo hace breves momentos, no sé por qué me ha venido a la memoria un cuadro de un buen pintor academicista del siglo XIX que se encuentra en el despacho de la Presidencia de esta Cámara, justo detrás de donde acostumbra sentarse el presidente, que creo que se titula *La lectura de un Proyecto de Ley*, y que a mí siempre me ha maravillado, aparte de por una serie de detalles y por su rico colorido, porque en él se retrata a un número importante de parlamentarios, y alguna vez que he observado el cuadro con detalle no he encontrado ni uno solo que pareciera estar atendiendo a la lectura del Proyecto de Ley.

Bien, quizá hemos alcanzado el nivel de disipación de los mejores momentos de nuestra historia decimonónica, y uno, que por supuesto es humano, comprende que toda Cámara, y esta no es una excepción, acaba saturándose del debate de un Proyecto de Ley, aunque ese Proyecto de Ley encierre la trascendencia para la sociedad que este tiene. Sin embargo, estoy seguro de que, pese a las apariencias, la Cámara ni duda de la importancia del debate de este Proyecto de Ley, ni pone en tela de juicio la trascendencia del análisis del precepto que nos ocupa y de las enmiendas presentadas por los diversos grupos parlamentarios al artículo 58.

El artículo 58, señorías, está en conexión obvia con el 57, que versa sobre la composición de esos consejos escolares, cuyas competencias nos

* Sesión Plenaria núm. 86, de 19 de diciembre de 1983, *Diario de Sesiones del Congreso de los Diputados,* núm. 86, pp. 4114-4119.

narra el artículo 58, y también en conexión con otros preceptos que tendré ocasión de ir citando en mi exposición.

Yo creo que no es preciso que reitere ante la Cámara, con la contundencia además con que lo hice, cómo el Grupo Parlamentario Popular cree en las ventajas, en la superioridad de una dirección participativa con relación a una dirección meramente autoritaria en las escuelas.

También creo que no es necesario decir que hace falta un marco legal para los centros subvencionados, pero si alguien lo pone en duda por la vía tácita, dando un gran empaque a la noticia de que el Centro de Investigaciones Sociológicas, por cierto, de la Presidencia del Gobierno, ha hecho una encuesta en la que ha introducido una pregunta singular, la de si piensan los españoles que los centros subvencionados deben estar sometidos a alguna regulación, puedo decir a quienes dedican los fondos públicos a hacer encuestas de este tipo (aunque ya sabemos que un profesor de sociología afirmó en una ocasión que, en definitiva, un sociólogo es aquel que para saber lo que todos conocen necesita hacer una encuesta) que la posición de nuestro Grupo Parlamentario en ningún momento ha sido la de negar que los centros subvencionados, que los centros concertados, necesitan de un marco legal, y el texto alternativo que en su momento presentamos a la consideración de este Pleno suponía, ni que decir tiene, un marco legal para los centros concertados.

No está en ese terreno el debate, señores de la Cámara. Nuestras objeciones a la concepción del consejo escolar del centro y a las competencias que este artículo 58 atribuye al mismo están, por supuesto, en primer lugar, en su enfoque, en el doctrinarismo que nos parece descubrir por debajo de las palabras que integran el artículo en cuestión.

Esté tranquilo en esta ocasión el señor Mayoral, que no voy a acudir a su ya célebre Ponencia sobre la autogestión en las escuelas. Citaré en esta ocasión una autoridad importante para el Grupo Parlamentario Socialista en materia educativa, que es don Luis Gómez Llorente, quien, en su trabajo publicado en *Cuadernos de Pedagogía*, número 87, marzo de 1982, decía: «Nuestro criterio es que la vía más expedita para desarrollar hoy una acción más eficaz por el laicismo en la escuela se halla en la dirección de democratizar el sistema escolar, entregando la gestión de los centros al protagonismo de la comunidad escolar». Y, a continuación, viene a desarrollar sus ideas sobre los consejos escolares.

Nosotros, señores de la oposición y del Gobierno... *[Rumores]*. No saben lo que disfruto contribuyendo a su solaz.

El señor VICEPRESIDENTE (*TORRES BOURSAULT*): Salvamos su *lapsus*, señor Alzaga. Siga.

El señor ALZAGA VILLAAMIL: Señor presidente, señorías, nosotros no creemos, como el señor Gómez Llorente, que la razón de ser de la existencia de órganos colegiados para la participación de los diversos estamentos de la comunidad escolar deba ser perseguir la profundización en el laicismo en nuestra sociedad. Nosotros coincidimos en la oportunidad de una participación en la gestión de la escuela, pero en tanto en cuanto pensamos que ello es positivo para una educación integral que permita el pleno desarrollo personal de los escolares.

En segundo término, me temo que hay también una discrepancia de enfoque, desde el punto y hora en que se concibe la participación sin buscar una comunidad escolar coherente. En la participación de unos alumnos sobre cuyo método de selección tenemos las reservas que ya conoce la Cámara, porque las hemos expuesto anteriormente; es la participación de unos profesores seleccionados, soslayando prácticamente al titular del centro y dejando la última palabra al ministro de Educación; es la participación de una comunidad en la que nos tememos que hay demasiados paracaidistas.

En tercer término, nosotros podemos estar de acuerdo con la composición de los consejos escolares del centro que se dibuja en el artículo 57 de este Proyecto de Ley en función de cuáles sean las competencias que realmente se atribuyan a este órgano en el artículo siguiente. Porque, como gustan de decir los administrativistas, la función hace al órgano, y si la función que vamos a atribuir en este precepto es una función de participación en la gestión, no tenemos grandes objeciones que hacer a la composición de los consejos que se establece en el artículo 57. Pero si de lo que se trata es de una asunción de decisiones claves, si de lo que se trata es de acuñar un órgano colegiado con auténticas facultades de decisión, nos tememos que se está, una vez más, sacando de quicio el concepto de participación del número 7 del artículo 27; se está saliendo del terreno de la participación, de la cogestión para entrar en la autogestión.

Me parece que se puede citar, porque creo que es ilustrativa a este respecto, la sentencia del Tribunal Constitucional federal alemán del 1 de marzo de 1979, que muchos de ustedes sin duda conocen porque es la célebre sentencia sobre la Ley de Cogestión alemana. Y en este fallo el Alto Tribunal de la República Federal Alemana dice que no ve autogestión en esa ley, pues en los órganos directivos los titulares de las empresas disfrutan de una mayoría, ligera (subraya el tribunal), pero mayoría. Y el mismo tribunal dice: «Otra cosa sería si a los titulares de las empresas se les hubiera privado de tal mayoría».

Pues bien, en nuestro caso estamos en un consejo en el que el titular tiene tres miembros de diecisiete y el consejo tiene auténticas facultades claves de dirección, de tomar decisiones verdaderamente determinantes para la vida escolar.

Yo querría entretenerme tan solo en algunas competencias de las que se atribuyen en el artículo 58 al consejo escolar del centro, evidentemente aquellas respecto de las cuales mi Grupo Parlamentario tiene una mayor discrepancia. Hay otras competencias respecto de las que nosotros no tenemos reparos mayores y están asumidas en nuestro texto alternativo, en nuestra enmienda 365 y en las que son correlativas a la misma, y hay otras enmiendas que tienen un alcance secundario sobre otras competencias, en cuya glosa creo que no voy a tener tiempo de entretenerme.

Empezaré por el apartado 1 del artículo 58 que, como saben muy bien sus señorías, dice que corresponde al consejo escolar aprobar el reglamento de régimen interior del centro. Por supuesto, en buena técnica jurídica, si no hay disposición en contrario, aquel órgano al que se atribuye la competencia de aprobar tiene implícita la de modificar lo que aprueba o incluso la de derogar lo que aprueba. De modo y manera que el consejo escolar del centro se nos presente en el seno de la vida de este como una especie de asamblea legislativa, porque no solo tiene, que sería lo lógico, una facultad de autonormación, de dictar el estatuto de conformidad con el cual el consejo escolar del centro va a reunirse, va a trabajar, sino que tiene algo más: tiene la facultad de normar toda la vida del centro, excepto en puntos verdaderamente excepcionales, en los cuales este Proyecto de Ley atribuye competencias expresas a órganos diferentes.

De manera que, por la vía del reglamento de régimen interior del centro, el consejo escolar, aunque no lo dice el artículo 58, puede crear todo tipo de órganos personales y colegiados, con las facultades que tenga a bien conferirles. Esto es lo que se desprende del artículo 55, párrafo 3, y del artículo 56 del mismo Proyecto de Ley que nos ocupa.

Además, señorías, el consejo escolar del centro puede o no dar facultades a ese escuálido director, que aparece en el artículo 55 del Proyecto de Ley, con unas competencias simbólicas; le puede o no dar facultades reales en función de lo que dice el número 2.*f)* de dicho artículo; es más, yo me temo que el consejo escolar del centro puede, por la vía del reglamento de régimen interior, ampliar sus propias facultades, de forma que las trece que describe el artículo 58 no serían exhaustivas, ya que, repito, a través del reglamento de régimen interior del centro, quizá puede autoatribuirse nuevas competencias.

En uno de los debates anteriores, el señor Mayoral, en un turno respecto del cual mi Grupo Parlamentario ya no disponía de posibilidad de réplica, apuntó que, en su opinión, el titular, aparte de las escasísimas facultades escritas que le reconoce este Proyecto de Ley, tiene lo que él daba en llamar (si recuerdo bien, ya que hablo de memoria) facultades residuales, aquellas que no confían a otros órganos en este Proyecto de Ley.

Señor Mayoral, me apunto, sin reserva ninguna, a esa interpretación. Estoy deseando que su señoría esté en lo cierto. Pero si esa es la voluntad de su Grupo Parlamentario, si esa es la intención que anima al Gobierno, le rogaría que, por vía de una de esas enmiendas de última hora, a las que nos vamos acostumbrando, o por vía de confección de una enmienda *ad hoc* en la Alta Cámara, se aclare el tema, porque realmente creo que las facultades residuales las tiene siempre el consejo escolar del centro, en tanto en cuanto aprueba y modifica el reglamento de régimen interior de dicho centro.

Yo creo que esta especie de «residuo de soberanía» del consejo escolar afecta seriamente a lo que debe ser el meollo de la titularidad del centro y, por tanto, entiendo que es de dudosa constitucionalidad, tal y como está confiado al consejo escolar del centro el reglamento. Como mínimo se debería estudiar alguna fórmula coparticipativa al respecto.

Pasando a otro apartado de este mismo artículo, el apartado *e)*, leemos que el mismo confía al consejo escolar del centro «aprobar el presupuesto del centro en lo que se refiere tanto a los fondos provenientes de la Administración, como a las cantidades autorizadas, así como la rendición anual de cuentas». Permítame la Cámara que subraye el verbo que preside la expresión, el verbo «aprobar».

Nosotros, en nuestra enmienda, sugerimos que se utilicen los verbos «conocer» y «controlar», y una minoría de esta Cámara sugiere a su vez, el empleo del verbo «verificar». Evidentemente, un presupuesto es un plan general de ingresos y de gastos; todo presupuesto, en última instancia, es un plan general de ingresos y gastos.

Es difícil hacer un presupuesto sobre unos ingresos, que contemple los gastos, en este caso, de un centro, sin contemplar, por la vía tácita al menos, los restantes ingresos, porque el presupuesto tiene que estar dotado de unidad y tiene que cuadrar, por un principio elemental de contabilidad.

Es evidente que un presupuesto encierra decisiones claves, porque, a la postre, es el momento en el cual se elige entre varias prioridades. Es evidente, también, o al menos a nosotros se nos antoja así, que del realismo con que se confeccione un presupuesto dependen cosas tan importantes como que se amorticen bien o no unas instalaciones, que se atiendan bien o no las obligaciones con los acreedores, proveedores de todo tipo; se puede estar generando un pasivo y llegar a un momento en que no se pueda atender, con el natural perjuicio de los acreedores. Yo diría que de que esté bien o mal confeccionado un presupuesto depende lo que las amas de casa tradicionalmente llaman «llegar a fin de mes».

No cree nuestro Grupo Parlamentario que sea posible expropiar tan por completo al titular de su derecho a la gestión, marginándole de una faceta del presupuesto, y no me parece realista confiar la confección de una parte clave del presupuesto a un órgano de diecisiete personas cuya composición y distribución sus señorías conocen, y que incluye, incluso, alumnos de las edades que los señores diputados que me escuchan conocen igual que yo.

Pónganse ustedes en el lugar del titular del centro que se encuentra con que la faceta del presupuesto al que se refiere el apartado *e)* le viene mal confeccionada por el consejo escolar del centro y que ve, en consecuencia, que está abocado a un déficit. Tiene dos caminos, hasta donde yo llego a adivinar: intentar cobrar algunas cantidades a los alumnos para satisfacer ese déficit, e incurrir, automáticamente, en el supuesto *a)* del número 2 del artículo 63, de rescisión del contrato con la Administración Pública; o que tenga él que endeudarse o de alguna manera inventar las medidas para arreglar el desaguisado económico que le vaya organizando el consejo escolar del centro. Varios presupuestos erróneos durante varios ejercicios económicos sucesivos, evidentemente no hay centro escolar que lo resista ni es comprensible que el titular esté dispuesto a mantenerse en una actitud ajena, inerme ante presupuestos mal confeccionados. No creemos, y no quiero insistir más, que sea posible comprometer directamente la responsabilidad económica del titular con mecanismos como el que nos ocupa.

Desde la posición constructiva que ha inspirado en estos debates siempre a nuestro Grupo Parlamentario, nuestra enmienda número 365, que es una enmienda de mínimos, como tantas otras, sostenía que se dejara al consejo escolar del centro conocer y controlar el presupuesto, pero que el mismo se elaborase por una comisión económica integrada, a su vez, en dicho consejo escolar, de composición más reducida, que en nuestra enmienda se explicita, en la que esté el titular.

Yo creo, señores del Grupo Parlamentario Socialista, que en esta línea o en otra análoga deben estudiar una modificación realista del apartado *e)* al que acabo de referirme.

La letra *d)* del mismo artículo 58 reza así: «Resolver los asuntos de carácter grave planteados en el centro en materia de disciplina de alumnos». La mala técnica jurídica de que, con excesiva frecuencia, hace gala este Proyecto de Ley emerge aquí de nuevo. Creo que no descubrimos nada si afirmamos que el Derecho sancionador debe tipificar las conductas punibles en aras de la más elemental seguridad jurídica. La discrecionalidad en el Derecho penal no se acepta desde la Revolución francesa en ningún país de Europa occidental. Por tanto, alguien tiene que fijar los supuestos de indisciplina escolar que requieran ser sancionados.

La ley que van a derogar con el voto del Grupo Parlamentario Socialista, la LOECE, tenía un Título IV dedicado expresamente a los derechos y deberes de los alumnos, que estaba dotado de cierto detalle. La LODE solo tiene, sobre los deberes de los alumnos, dos renglones y medio en el número 2 del artículo 6.

Pues bien, tal y como está estructurado este Proyecto de Ley, la solución única, de cara a la tipificación de las conductas que deban ser sancionadas en los centros docentes a los que se refiere esta ley, la solución única, repito, consiste en que el consejo escolar del centro, por vía del reglamento de régimen interior, tipifique esas conductas.

Ahora bien, eso encierra algunos riesgos, porque como este consejo escolar del centro solo tiene reservadas las indisciplinas graves, puede o incurrir en el viejo vicio, que suele ser grato a todo órgano colegiado, de intentar acumular más competencias y, por tanto, tipificar como graves conductas que objetivamente no lo son para mantenerlas en el área de su competencia, o, incluso más, es posible que el consejo escolar del centro piense que por vía del reglamento de régimen interior puede atribuirse también juzgar las faltas de disciplina menos graves. Evidentemente, la disciplina cotidiana en un centro escolar, en un colegio, es algo que requiere tacto, que requiere diálogo, que difícilmente se puede llevar, por lo menos la cotidiana, repito, por un órgano de diecisiete personas, pero, además, nos preocupa el que la ley ni prevé recursos (como sí preveía, por ejemplo, la LOECE), ni prevé garantías de procedimiento. La falta de sensibilidad hacia la seguridad jurídica de un alumno, que puede llegar a ser expulsado de un centro, es preocupante, y en aras de la misma yo rogaría al Grupo Parlamentario Socialista que nos «dictara» algunas de sus enmiendas transaccionales para atender a esta realidad.

Con la premura que el tiempo impone quiero hacer alguna referencia a dos supuestos que no son precisamente los menos graves de este artículo 58. Me refiero al supuesto *a)*, «intervenir en la designación y cese del director del centro de acuerdo con lo dispuesto en el artículo 60», y el *b)*, «intervenir en la selección y despido del profesorado del centro, conforme con el artículo 61».

De ellos hemos hablado ya algo en el Pleno del viernes, al abordar el debate de conjunto del Título IV de este Proyecto de Ley. Ahora solo puedo, en el tiempo disponible, que es prácticamente nulo, abordar un ángulo. Me refiero a que el control de selección de profesores no solo afecta al tipo de enseñanza que se va a impartir por un centro, no solo afecta a la definición del centro y al meollo de la libertad de enseñanza, como decíamos en la sesión anterior, sino también a otra faceta que quiero subrayar, la del propio control del centro, la posibilidad de llegar a alcanzar el control, el dominio, si quieren ustedes, el poder, en el seno del centro a través de hacerse con una mayoría en el consejo escolar del centro.

Por tanto, el mecanismo de selección de profesores, un mecanismo de singular cooptación, soslayando de la decisión última al titular y dando una posibilidad dirimente absolutamente clave al ministro, desde esta óptica, es harto preocupante, porque creemos entender con realismo que este mecanismo, esta posibilidad de acceso al control de centros que tienen un ideario distinto al que en aquel momento de verdad asume con satisfacción un profesor, está en las obsesiones más íntimas de la FETE y de la UGT de la enseñanza, como todos sabemos. Ello unido a los dispositivos de elección de alumnos y del personal de Administración, de servicios y, sobre todo, unido al hecho de que este órgano no es un órgano de participación, como debiera, en la dirección según el espíritu del número 7 del artículo 27 de nuestra Constitución, sino que es un órgano con posibilidad de asumir la dirección real del centro; todo ello, repito, nos hace temer que en España podemos vivir unas elecciones escolares progresivamente politizadas, podemos vivir sesiones de trabajo de los consejos escolares menos dedicadas de lo que debieran a los temas docentes de ese centro y más preocupadas por hacerse con el control del mismo.

Yo creo que este es un tema delicado, señores socialistas, que el clima docente no se politice es algo a lo que debemos contribuir todos y, por tanto, debemos evitar mecanismos que sabemos que tienen ese riesgo y basta mirar de reojo la experiencia italiana para saber que no hablamos de riesgos teóricos, sino de riesgos que se han materializado en realidad en aquel país que tiene un sistema de consejos escolares más próximo a este que se dibuja en el artículo 58 de esta ley. Porque nosotros creemos que ello es negativo, hemos dicho en varias ocasiones, como en algún momento de este debate nos ha recordado el señor ministro de Educación, «no politicemos la escuela». Evidentemente, el debate parlamentario, el debate nacional, es un debate político, es un debate de política educativa. No es posible despolitizar el debate nacional, pero lo que hay que despolitizar es la escuela.

Yo terminaría diciendo a la Cámara que este experimento que se va a hacer, en función de los dispositivos del artículo 58 de este Proyecto de Ley Orgánica y de los artículos siguientes y correlativos a este, aparte de ser de muy dudosa constitucionalidad, es un experimento arriesgado. Estoy seguro de que el ministro de Educación tiene en la más alta estima a los muchachos españoles. Estoy convencido de que el ministro de Educación y todo su equipo no pensarían nunca en utilizar a los escolares, no ya como cobayas, sino ni siquiera como sujetos pasivos de un determinado experimento que no tiene un aval suficiente de experiencia positiva en Europa.

Yo, por tanto, abogaría por una política gradualista en este terreno. Si se quieren dar pasos, yo reconozco que el Partido Socialista Obrero Español, dentro de la discrecionalidad que el artículo 27.7 la Constitución otorga a esta Cámara, en uso de su mayoría legislativa, puede hacer del mismo una cierta lectura, no la que hace, sin contravenir la libertad de enseñanza, pero debe hacerla con prudencia, debe hacerla garantizando a los padres de los alumnos de este país que no hay el menor riesgo de caer en situaciones como aquellas en las que se ha caído en Italia, en experiencias análogas, y lo lógico sería, gradualmente, dar unos pasos, analizar seriamente los resultados de los mismos y, si procede, tiempo habrá de dar nuevos pasos. Si no es así, señores del Partido Socialista, sus señorías asumen su responsabilidad ante el pueblo español, de la misma forma que nosotros, como es lógico, asumimos la nuestra por la actitud que adoptamos. Nada más, y muchas gracias.

* * *

El señor B*EVIÁ* P*ASTOR*: *Esta ley no busca la confrontación en la escuela, sino una escuela participativa desde la cooperación, la convergencia de intereses donde la educación no sea un patrimonio de padres, ni de educadores, ni de titulares, ni siquiera del Estado.*

Quiere hacer viva la participación escolar.

El término «intervención» está utilizado en la Constitución en el sentido general de una técnica jurídica por la cual se produce cierto recorte en las facultades de gestión, administración o disposición sobre una empresa de titularidad privada, sin que cambie el carácter privado de dicha titularidad.

Todos los centros sostenidos con fondos públicos deberán tener una intervención análoga o similar, sean públicos o concertados.

Las funciones del consejo escolar en unos y otros deben ser semejantes, pero hay discrepancias en las siguientes: nombramiento y cese del director, selección de profesorado y despido, aprobación del presupuesto del centro.

El señor PRESIDENTE: Tiene la palabra el señor Alzaga por un tiempo de cinco minutos.

El señor ALZAGA VILLAAMIL: Señor presidente, brevemente. En alguna ocasión me he quejado, sin mucho éxito, de réplicas prefabricadas. En esta ocasión la réplica ha sido más bien a mi intervención del viernes que a la de hoy, señor Beviá, aunque estamos a tiempo siempre de entablar el diálogo.

Imagino que su señoría se ha tomado la molestia de estudiarse el tema que yo le apuntaba, porque le preocupa; le preocupa el alcance que como precedente en la interpretación del término constitucional «participación» pueda tener el contenido de esta ley orgánica.

Yo querría hablar sin ningún aire de profesor de Derecho constitucional, del que se quejaba el otro día el señor Mayoral, y del que procuro desprenderme siempre que subo a esta tribuna, ni por supuesto en mi condición de autor de un libro que, por otra parte, muchas gracias por su buena intención, señor Beviá, está agotado *[Rumores]*.

Querría ser muy breve, pero ir al meollo de la cuestión. Lo que me viene a decir su señoría es que en el artículo 27, en el apartado 5, se habla de participación y en el apartado 7 se habla de intervención: Me dice: Usted, señor Alzaga, sostiene que son términos sinónimos. Eso no es correcto, la intervención es algo más que la participación. No son sinónimos.

Le contestaría lo siguiente, porque no tengo mucho tiempo: primero, toda la doctrina *iuspublicista* española que se ha ocupado del tema no ha concebido los dos términos como sinónimos. Segundo, el señor ministro de Educación, según yo decía el otro día y me parece que el señor Beviá no estaba o no me escuchó, en una interpelación al Senado, de la cual cité fecha y páginas exactas del *Diario de sesiones* de dicha Cámara, por cuatro veces consecutivas utilizó el término «participación» como «intervención». No le tengo que citar al señor Beviá la doctrina jurídica sobre los actos propios; pero es que hay algo más. Me he quedado absolutamente perplejo de que se nos diga que el Tribunal Constitucional en su sentencia de febrero de 1981 habla siempre de «intervención» y no de «participación». Habla unas veces de intervención y otras de participación. Por ejemplo, en el motivo tercero, apartado 18, se dice en el primer párrafo: «Según el texto del recurso, en su folio 32, la violación del artículo 22.1 se produce por ser necesaria la pertenencia de los padres a una asociación para poder ejercer el derecho de participación previsto en los artículos 27.5 y 27.7 de la Constitución». Y juega como sinónimo tanto con el 27.5 como con el 27.7 de la Constitución. En el mismo motivo tercero, en el mismo número 18, más adelante se dice: «El derecho a intervenir en el control y gestión de los centros sostenidos con fondos públicos habrá de realizarse, como indica el artículo 27.7 de la Constitución, en los términos que la ley establezca, remisión que se concreta correctamente en el artículo 18.1 de la LOECE al puntualizar específicamente que tal participación se realizará en los órganos colegiados del centro». Absoluto uso de ambos términos en la terminología del Tribunal Constitucional como sinónimos.

Quizá se podía haber ahorrado la réplica su señoría, pero ya que la ha tenido, yo me quedo muy preocupado, porque si realmente la apoyatura jurídica de todo el Título IV de esta ley, de los centros concertados, es que el Gobierno de la nación piensa que en la Constitución hay una escarpia en la palabra «intervención» en el número 7 del artículo 27 de distinto alcance que la que implica la palabra «participación» que se emplea en otros artículos de la Constitución, el Gobierno está en el más craso de los errores.

Por tanto, como aún está a tiempo de retirar este Proyecto de Ley conforme a las previsiones del Reglamento de la Cámara, me permito sugerirle que, mientras estudian el problema jurídico-constitucional apuntado, pueden retirarlo.

Había otro argumento singular que el señor Beviá nos daba. El señor Beviá nos dice que está concebida la participación como una contraprestación. No. Lo que está previsto en el número 7 es que cuando se da un supuesto, a saber, que ciertos centros estén sostenidos por la Administración con fondos públicos, se produzca esa participación o esa intervención, según su señoría prefiera. Es un supuesto, no es una contraprestación, porque la contraprestación, en la doctrina jurídica, es aquella cosa que se da por una parte a otra a cambio de la que se recibe; se da en las obligaciones bilaterales y en los negocios sinalagmáticos. Aquí no hay contraprestación. La Administración aporta unos fondos que no aportan los padres, los profesores y los alumnos. No hay contraprestación entre partes. Por tanto, la doctrina de la contraprestación tampoco ha lugar.

Lo que hay en el artículo 27.7 es un supuesto para que sea preceptiva la participación de los profesores, de los padres y en muchos casos los alumnos en el control y gestión de estos centros. Pero si su señoría se va al artículo 129.1 donde el constituyente dejó sentado que la ley establecerá las formas de participación de los interesados en la Seguridad Social y en la actividad de los organismos públicos, cuya función afecte directamente a la calidad de la vida o al bienestar general, hay siempre un supuesto, que es el de aquellos organismos públicos en los que se da esta circunstancia, en los cuales ha lugar a la participación de los interesados. No son casos de contraprestación. Lo que le ha preocupado a su señoría desde el viernes, y ha estado dándole vueltas a lo que planteamos el viernes hasta sacarlo a relucir en la tarde de hoy, es que sabe que el artículo 129.2 de la Constitución habla de que los poderes públicos promoverán eficazmente las diversas formas de participación en la empresa. Y nosotros lo que decimos es que, si se entiende así la participación en una empresa ideológica, que es la más sensible a estos mecanismos, se puede alterar su razón de ser, y, por ejemplo, nos podemos encontrar con que los periódicos, que reciben subvenciones a fondo perdido, aunque tengan ánimo de lucro, se pueden tropezar, como empresas ideológicas, con que quieren ser sometidas por la actual mayoría parlamentaria a leyes de participación de quienes trabajan, sus lectores, etcétera, de alcance similar a la LODE.

Podría hablarse de otros casos, como las empresas en reconversión, aquellas en que hay subvenciones a fondo perdido a cuenta de préstamos del BCI, etcétera. No tengo tiempo para profundizar, evidentemente, pero lo que se entiende por participación en el artículo 27.7 es lo mismo que se entiende en el artículo 129 de la Constitución; señorías, ténganlo ustedes presente a todos los efectos. En cuanto al resto de su intervención, que creo significa una respuesta muy colateral, yo le diría algunas cosas concretas. Primera, en el tema del presupuesto, el verbo «aprobar» a que se refiere su señoría, es el verbo que se emplea, como sabe muy bien su señoría, cuando un órgano colegiado decide. Si el consejo escolar aprueba, le estamos dando la decisión sobre el presupuesto. El quién prepara los trabajos previos no es trascendente ni de nuestra incumbencia. Darnos la solución de la comisión de conciliación es tanto como aceptar que ese mecanismo no va a funcionar, y sabe muy bien su señoría que la comisión de conciliación, que está prevista en otro artículo de esta ley, el 62, con presencia de un representante de las administraciones educativas competentes, etcétera, vendría a emitir un laudo cuando se hubiera terminado probablemente el ejercicio económico...

El señor PRESIDENTE: Vaya terminando, señor Alzaga.

El señor ALZAGA VILLAAMIL: Así lo haré, señor presidente.

En el tema del reglamento es evidente, señor Beviá, que el reglamento se dicta, como su señoría dice, en el marco de la Constitución, como todo el ordenamiento jurídico. Es más, esté su señoría tranquilo y dentro de las fronteras de la geografía española. Pero no es ese el problema que nos ocupa; es que, por la vía de aprobar el reglamento de régimen interior y al margen del que puedan dictar ciertas administraciones educativas competentes, se produce un proceso de normación de la comunidad educativa del centro que no tiene limitaciones en el apartado 1 del artículo 68. Si usted cree que hay unas limitaciones en disposiciones administrativas de las autoridades autonómicas competentes, dígase ahí, porque no está dicho.

En cuanto a la politización (y, evidentemente, sin tiempo no podemos profundizar en el tema), yo estoy seguro de que esa no es la intención que alberga el Grupo Parlamentario Socialista, que tiene que ser consciente de la gravedad que esa politización puede encerrar, que tiene que conocer lo que ocurrió en Italia, entre otros en el Instituto Augusto, en el Instituto Juan XXIII, etcétera, cuando se puso en vigor esta ley; que tiene que saber que un miembro del Partido Comunista italiano, Lombardo Redice, ya dos años después de ponerse en vigor los consejos escolares en Italia, decía que la institución había hecho crisis, y así lo publicaba en *Cuadernos de Pedagogía*, números 55-56, en agosto de 1979. No crea, señor Beviá, y con esto termino, que nosotros estamos guardando de forma más o menos vergonzante ningún recelo a la participación. Estamos, sinceramente, preocupados con que no se pueda dar en los centros docentes el clima adecuado, con que no se pueda conseguir la calidad de enseñanza en la función docente. Estamos, incluso, preocupados, señor Beviá, con que en la próxima campaña electoral ustedes acudan con el eslogan «Para que todo funcione, con la excepción de los centros escolares».

Nada más. Muchas gracias.

Cierre del debate de la Ley Orgánica del Derecho a la Educación *

Tras la intervención del señor Roca Junyent, representante del Grupo Parlamentario de la Minoría Catalana, exponiendo que desde la disconformidad y la discrepancia han dado su apoyo al Proyecto de Ley.

El señor VICEPRESIDENTE *(*TORRES BOURSAULT*)*: Muchas gracias señor Roca.

Por el Grupo Parlamentario Popular tiene la palabra don Óscar Alzaga.

El señor ALZAGA VILLAAMIL: Señor presidente, señoras y señores diputados: sin ningún rubor nosotros podemos explicar nuestro voto. Nosotros hemos votado, evidentemente, con absoluta convicción, en contra de este Proyecto de Ley Orgánica. Y hemos votado en contra, señorías, porque creemos que constituye —por qué no decirlo— un error mayúsculo en el campo de la ordenación de la política educativa, en el campo incluso de la libre convivencia.

Aquí se ha hablado ya mucho esta tarde, por quienes me han precedido en el uso de la palabra, del gran pacto constitucional que supuso la elaboración y aprobación del artículo 27 de la Constitución, y han dicho bien sus señorías. Fue el pacto más difícil, más complejo, más laborioso, más meritorio y del que, por tanto, estamos más orgullosos quienes intervinimos en su confección, quienes fuimos miembros de la Comisión Constitucional de esta Cámara en su día. Y era un pacto de equilibrio, de búsqueda de protección de ese derecho a la educación de la que hacía un gran elogio esta mañana, en esta Cámara, el ministro de Educación, en el ámbito de la libertad de enseñanza.

Desde ese pacto se intentó por esta Cámara acertar, confeccionando una ley orgánica de este ámbito, la llamada Ley Orgánica de Estatutos de Centros Escolares, que en su día tuvo el voto favorable de UCD, de AP, de la Minoría Vasca y de la Minoría Catalana, y explicando el voto de totalidad (en trance paralelo al que en este momento nos encontramos inmersos), el 13 de marzo de 1980 decía (y decía bien, en mi opinión) el señor Roca Junyent que «hay dos grandes concepciones o modelos educativos que ideológicamente se ofrecen y que están expresando dos diferentes concepciones de la sociedad y, en última instancia, del hombre». Por ello, añadía el señor Roca, «la forma de resolver la cuestión, la forma de entender la libertad de enseñanza y, en cierto modo, como he tenido ocasión de apuntar en otro momento —decía—, un tema testigo sobre el modo de concebir en términos generales la libertad individual y los derechos de la persona humana. Y aunque no siempre se quiera decir abiertamente —decía don Miguel Roca—, la opción está planteada entre libertad de enseñanza o escuela pública auto gestionada; la alternativa es pluralismo escolar, reflejo de una sociedad plural, o escuela única, aunque pluralista en su seno, como consecuencia de

---

* Sesión Plenaria núm. 87, de 20 de diciembre de 1983, *Diario de Sesiones del Congreso de los Diputados,* núm. 87.

una determinada forma de entender la libertad de expresión docente. El proyecto —se refería a la LOECE— claramente opta por el modelo educativo que es propio del mundo occidental europeo, como consecuencia de los principios que hemos dicho presiden nuestra Constitución de 1978».

Señor Roca, yo estoy absolutamente de acuerdo con su posición del 13 de marzo de 1980. Yo dudo que su señoría, que la Minoría Catalana, haya llevado a este Grupo Parlamentario, de más de doscientos diputados, a su terreno, a su alternativa, a su modelo educativo; me parece que el Gobierno, con su Grupo Parlamentario, le ha llevado a usted y a su Grupo Parlamentario a su campo.

Decía también don Miguel Roca en esa misma explicación de voto... Aseguro a su señoría que, pese a los rumores, yo no me he afiliado a la operación del señor Roca y le cito exclusivamente para esclarecer la posición de unos y de otros en este debate. La cita va a ser muy breve, si sus señorías me permiten llevarla a cabo.

«A veces —decía don Miguel Roca, en la misma ocasión—, pasa que se coincide o no se coincide con unos o con otros, pero si un programa político se deja de cumplir porque coincides o no coincides, esto, entonces, no es un programa político, es una especie de agenda o de dietario que se hace en función de los intereses de cada día».

No se puede decir mejor, señor Roca: un programa así llevado es una agenda, es un dietario. Yo no creo, sinceramente, que su Minoría haya cambiado de actitud porque haya conseguido introducir en el texto aprobado por el Pleno de esta Cámara unas enmiendas, porque todos recordamos que, cuando se tuvo el debate de totalidad, su Grupo Parlamentario no votó ninguna de las enmiendas de totalidad, ni presentó ninguna.

El señor VICEPRESIDENTE *(*TORRES BOURSAULT*)*: Señor Alzaga, el turno que está consumiendo no es un turno de contradicción con el señor Roca, sino un turno de explicación del voto a la totalidad de su Grupo *[Rumores]*.

Prosiga, señor Alzaga.

El señor ALZAGA VILLAAMIL: Lo voy a intentar hacer, pero yo creo, señor presidente, que el debate es esclarecedor.

Creo que hay razones para determinadas votaciones que, a veces, son las que no se dicen, que pueden estar en enfoques ideológicos, no sé si liberal-radicales o en otros enfoques, pero no las razones que se han puesto sobre la mesa.

Decíamos que el pacto constitucional en materia de enseñanza, que tuvo su desarrollo en la LOECE, tuvo una confrontación por parte del Partido Socialista, que anunció en su día inconstitucionalidades de bulto, que anunció que la ley iba a ser enormemente conflictiva; pero ocurrió que ni para el Tribunal Constitucional había tales inconstitucionalidades de bulto, ni se produjeron los recursos de amparo en cadena que se anunciaron ni los conflictos que se habían presagiado.

Hay que reconocer con objetividad que el Gobierno ha remitido este Proyecto de Ley a esta Cámara, lo ha impulsado, no para resolver problemas de fondo, sino en función de una autosatisfacción con el propio programa electoral, con la propia filosofía educativa, con las tesis en política de enseñanza que mantiene la militancia del Partido Socialista, con las tesis programáticas de FETE y de UGT de la enseñanza que todos sabemos que, entre otras cosas, significan que, por la vía de la autogestión, se pueden ir convirtiendo progresivamente centros libres en centros públicos.

Después de haber escuchado en este debate justificaciones diversas para el sentido de este Proyecto de Ley (algunas empalmando con determinadas trayectorias históricas españolas, con trayectorias que suponen evidentemente respuestas a problemas de otra época hoy superados y, por tanto, enfoques, en la casi totalidad de las ocasiones, anacrónicos), en la mañana de hoy, el señor ministro, en discurso brillante, formalmente brillante como todos los suyos, ha acudido a una nueva línea de argumentación, al menos en ciertos aspectos, en alguna forma (permítame que se lo diga) creo que paradójica, porque se ha hecho un gran elogio, una gran loa de la libertad de enseñanza en una ley, señor ministro, que el Gobierno ni siquiera ha querido que se titule como el primer apartado del artículo 27, que habla del derecho a la educación y de la libertad de enseñanza, cuando ustedes saben que este Proyecto de Ley que intenta desarrollar, según dice el derecho a la educación, lo que hace es mutilar la libertad de enseñanza.

Se ha planteado una segunda línea argumental de fondo que es la de decir que hacía falta un marco legal, que nuestro pueblo, nuestra sociedad demandaba a los legisladores un marco legal. Evidentemente, no el 70 o el 80 por 100 de los encuestados, la totalidad del pueblo español, y creo que nos incluimos cuantos estamos en esta Cámara, creemos que hace falta un marco legal que, de alguna forma, regule las subvenciones que, de alguna forma, regule los requisitos de calidad de los centros públicos y privados, los requisitos de todo tipo que deben reunir los centros de enseñanza a este nivel.

Pero ocurre que existía un marco legal, ocurre que esta ley tiene una disposición derogatoria que viene a anular la vigencia de ese marco legal. Y si era preciso complementar ese marco legal, se podía haber hecho sin modificar esa ley, salvo que lo que se quisiera modificar fuera la filosofía educativa de fondo, no solo unos cauces, poco menos que reglamentarios, para canalizar una subvención, como el señor ministro nos decía en la mañana de hoy.

Nos tememos que existe una cierta incoherencia y una incoherencia grave entre lo que el Gobierno dice defender, ha dicho defender, y lo que este Proyecto de Ley, cuando entre en vigor realmente, va a disponer, va a mandar.

No entiendo esta incoherencia, que casi me atrevería a calificar de insinceridad, pero no quiero molestar a nadie. Porque nos parecería enormemente lógico que el Gobierno adoptase la posición, ante la opinión pública, de decir: ustedes saben lo que opina el Partido Socialista en materia de enseñanza; ustedes, cuando nos han votado, tenían que comprender que nosotros fuéramos coherentes y lleváramos ese programa, en materia de enseñanza, al *Boletín Oficial del Estado* hasta sus últimas consecuencias.

Pero el hecho es que, por razones que a mí se me ocultan, a la opinión se le está envolviendo este Proyecto de Ley con palabras tranquilizantes, con palabras que no acaban de corresponder a las del articulado. Es una opinión pública a la que no se le facilita un gran debate de televisión sobre este Proyecto de Ley.

Yo supongo que el Gobierno no pensará que la opinión pública española no está preparada para escuchar los resúmenes que nos facilita Televisión Española en los Telediarios. Nosotros desearíamos tener la oportunidad de poder decir en televisión al pueblo español, con calma, lo que pensamos, no lo que ustedes dicen que nosotros decimos, que son cosas distintas, señor Guerra.

Hablando de televisión, el señor Maravall me permitirá que me dirija a esta parte del banco. No lo tome el señor Maravall como descortesía...

Nosotros, como sabe muy bien el Grupo Parlamentario que se sienta a mi izquierda, ni estamos contra la escuela pública, ni estamos contra el derecho a la educación, ni estamos contra la participación en ningún tipo de centros escolares.

Señorías, no se puede confundir a la opinión. No se puede construir el maniqueo para facilitar la polémica. Esta ley, evidentemente, plantea, entre otros fines, en los que no puedo extenderme en un debate final...

El señor VICEPRESIDENTE *(*TORRES BOURSAULT*)*: Es una explicación de voto, señor Alzaga.

El señor ALZAGA VILLAAMIL: Cierto, señor presidente, a eso me refería.

...O que los centros privados concertados pierdan su carácter propio, o que incluso si no están dispuestos a poner en peligro su carácter propio, se planteen, como se están planteando, si deben o no cerrar.

Esta, señorías, no es una ley liberal, esta es una ley que refleja la doctrina socialista en materia de escuela pública autogestionaria.

Esta es una ley que nos trae a la memoria aquellas palabras de Tocqueville cuando decía: «Si algún día se pierde la libertad en América, será por consecuencia de la omnipotencia de las mayorías».

Esta es una ley que nos obliga a proclamar con total serenidad, pero en voz alta, aquello que decía Castelar en este mismo hemiciclo el 16 de octubre de 1871: «Yo quiero la libertad para todos mis mayores enemigos, porque sé que en el terreno de la libertad, la razón y la justicia prevalecerán siempre».

Yo le diría al Gobierno que no se engañe a sí mismo sobre este Proyecto de Ley. Esta mañana, el ministro de Educación decía: «Se trata de una oferta de superación de un enfrentamiento secular entre enseñanza pública y enseñanza privada en lo que tenía de confrontación ideológica». Si me permite el señor ministro le diré, con toda cordialidad, que cuando en el futuro busquen en otras ocasiones superar enfrentamientos, al menos, dialoguen más con la oposición. Al menos permita a su Grupo Parlamentario que dialogue con la oposición. Es casi un sarcasmo levantar la bandera de la participación en las escuelas, intentar que los niños se eduquen en libertad y dictar una ley sin diálogo, sin participación de la oposición, sin clima de tolerancia y de convivencia.

Yo me temo, y lo lamento profundamente, que esta ley no viene a encauzar un conflicto que no existía, no viene a resolver problemas que no estaban ahí. Viene, me temo, a crear nuevos conflictos. No voy a dramatizar. Los resolveremos. La sociedad española, evidentemente, será capaz de resolver esos conflictos, pero la LODE entra con mal pie en la enseñanza libre española. En términos de un viejo dicho popular parece un caballo de la Guardia Civil en una cacharrería.

Yo creo que el Gobierno lo sabe. Supongo que no se habrá enterado ahora, por muy despistado que esté el Gobierno y los diputados que lo apoyan *[Rumores]*. Si me dejan terminar, termino con toda brevedad.

El Gobierno lo sabe, primero, porque es público y notorio. Segundo, porque medidas de este corte han dado lugar en otros países a que un sector de la ciudadanía cívicamente, dentro de la ley, dentro de las pautas de comportamiento que, por supuesto, hay que mantener en una democracia occidental moderna, haya defendido el importante derecho de dar a sus hijos el tipo de educación que consideran más conforme a sus convicciones, a sus creencias. Es una reivindicación demasiado importante. Es una reivindicación demasiado justa como para que no se convierta en permanente y, por tanto, antes o después, el Partido Socialista deberá dialogar. Si lo quiere hacer en el Senado, bienvenido sea, porque el diálogo es absolutamente imprescindible. Es la única forma a través de la cual podemos crear el pacto escolar que necesitamos.

El señor VICEPRESIDENTE (*TORRES BOURSAULT*): Le ruego que concluya.

El señor ALZAGA VILLAAMIL: Para concluir, atendiendo el ruego del señor presidente, decir que don Francisco Giner de los Ríos gustaba de decir que la enseñanza nacional seguía sufriendo la dictadura ininteligible del Estado. Yo me temo que si levantase la cabeza tendría que estar de acuerdo en que hay demasiado autoritarismo en esta ley.

Nuestro compromiso, el compromiso político de nuestro Grupo Parlamentario, es transformar esa situación con inteligencia y con libertad, sin guerra escolar, pero demandando el pacto escolar que dé a todos los españoles el derecho que tienen en materia de educación para sus hijos. Muchas gracias.

VIII.4. CONCLUSIÓN DEL DEBATE PARLAMENTARIO SOBRE EL PROYECTO DE LEY ORGÁNICA DEL DERECHO A LA EDUCACIÓN, TRAS SU TRÁNSITO POR EL SENADO, DE RETORNO AL PLENO DEL CONGRESO *

Debate final sobre la posible responsabilidad por no haberse alcanzado, ni por el Gobierno ni en las Cortes, un pacto escolar.

El señor PRESIDENTE: Para fijar la posición ante las enmiendas, por parte del Grupo Parlamentario Popular, tiene la palabra el señor Alzaga.

El señor ALZAGA VILLAAMIL: Señor presidente, señoras y señores diputados, con la brevedad a que obliga la escasez del tiempo disponible y teniendo, por tanto, quizá, que remitir otras consideraciones al trámite de explicación del voto final de totalidad, yo querría, de forma sintética, exponer la posición, que creo, por otra parte, tan coherente como conocida, del Grupo Parlamentario Popular, al que tengo la satisfacción de representar, sobre las enmiendas de la Cámara Alta.

Nosotros creemos que hay que distinguir básicamente dos núcleos en este conjunto, muy numeroso, por cierto, de enmiendas. Hay dos casos en los cuales entendemos que se produce una aproximación, aunque insuficiente, respecto de las tesis que nuestro Grupo Parlamentario ha venido sosteniendo de forma reiterada e insistente. Este es el caso del artículo 22. La enmienda introducida en el Senado al artículo 22 sobre el ideario de los centros privados es la modificación que se incluye con relación al artículo 57 del Proyecto de Ley cuando, al hablar de las competencias del consejo escolar del centro, se dice que le corresponde aprobar, a propuesta del

* Sesión Plenaria núm. 105, de 15 de marzo de 1984, *Diario de Sesiones del Congreso de los Diputados,* núm. 105, pp. 4871-4873.

titular (se nos incluye ahora por vía de inciso), el presupuesto del centro. Algo más adelante se dice aprobar, también a propuesta del titular (según la nueva redacción), el reglamento de régimen interior del centro.

La tercera de las enmiendas que supone, repito, una aproximación, aunque insuficiente, respecto de nuestras tesis, la encontramos con relación al artículo 62 del Proyecto de Ley que implica, y no tenemos inconvenientes en reconocerlo, una regulación algo más detallada de los supuestos de incumplimiento grave y ciertas precisiones del procedimiento a seguir ante tales hipótesis de incumplimiento grave por parte de un centro privado concertado.

En los tres casos, ese reconocimiento por parte de la mayoría socialista de que nuestras tesis de fondo en esta materia incluyen importantes dosis de razón (que lamentablemente no ha llevado a un reconocimiento pleno de lo que debería haberse incluido en estos preceptos), nos conducirá a una abstención respecto de esas enmiendas para las cuales, desde ahora, señor presidente, pido votación separada.

Las restantes y numerosísimas enmiendas que nos vienen del Senado o son inocuas, como explicaba con el gracejo que le caracteriza el representante de la Minoría Vasca, señor Aguirre, o suponen un retroceso importante respecto del texto que aprobó esta Cámara, como ocurre con las enmiendas relativas a los artículos 20, 31 y 63, por citar tres casos concretos. Señores diputados, en la discusión de las enmiendas a la totalidad, en aquel momento que sirvió de pórtico para este extenso debate parlamentario de esta trascendente ley que afecta a uno de los temas medulares de la convivencia entre los españoles, en nombre del Grupo Parlamentario Popular tuve la satisfacción de hacer un solemne llamamiento al pacto. En la explicación del voto que se produjo tras la votación final en el Congreso, hice también en nombre de mi Grupo Parlamentario un llamamiento a un compromiso básico en esta importante materia.

Hoy mismo la prensa nacional recoge una noticia fechada en París, según la cual el ministro francés, Alain Savary, ha alcanzado un acuerdo básico con el comité permanente de la enseñanza católica que preside el obispo de Tours en esta materia. Es en la columna de al lado de muchos periódicos donde se recoge la nota de la Comisión Episcopal de Enseñanza española explicando que le ha sido de todo punto imposible alcanzar un pacto análogo. La diferencia de situación ha radicado en la actitud para el diálogo o, por mejor decir, en la escasa actitud por parte del Gobierno.

El célebre jurista Hans Kelsen, en su conocidísima obra *El Gobierno representativo*, afirmaba que todo el procedimiento parlamentario debe tender a lograr compromisos sobre todo en cuestiones básicas que afectan a la convivencia de un pueblo. Y el ministro de Educación, el señor Maravall, que ha tenido la bondad de regalarnos hoy de nuevo con una importante disertación unilateral, probablemente batiendo todos los récords que existían en el Parlamento español, al menos hasta 1977, respecto de discursos unilaterales de un ministro con relación a un Proyecto de Ley, intervención en que de nuevo se ha acudido a ese estilo singular un tanto de sordos de reclamar para el Gobierno, para el Proyecto de Ley, una actitud a favor de una escuela participativa, cuando sabe el señor ministro hasta la saciedad que nosotros no estamos a favor de una escuela cerrada, de una escuela no democrática o de una escuela no participativa, reivindicando para sí la defensa del derecho a la educación gratuita para todos los españoles en ciertos niveles, cuando sabe muy bien el señor ministro que por parte de la oposición se defiende con tanto o mayor coraje ese derecho, y su salvaguardia en términos precisos, a la educación gratuita de los españoles en régimen de enseñanza de calidad, en los términos que debe prevenir la ley.

Pero se nos ha dicho también por parte del señor ministro que él ha estado abierto al diálogo, y si le he entendido bien, que va a seguir dispuesto al diálogo y al debate. Sin duda la concepción que algunos tenemos de lo que es el diálogo y lo que es el debate encierra algunas diferencias.

Y aprovecho esta oportunidad para decir de nuevo al señor ministro que, dado que él expresa de forma tan solemne, y entiendo que sincera, ante la Cámara que esa es su actitud, acceda a que, de una vez por todas, se pueda celebrar en Televisión Española un debate durante una o dos horas sobre sus tesis con respecto a la LODE, sobre el mismo discurso que hoy ha pronunciado aquí y al que no estamos en condiciones, con el reglamento en la mano, de contestar punto por punto.

Nada me agradaría más que, hoy mismo, ante esta Cámara, el señor ministro dijera que accede a ese debate televisado.

Decía, por otra parte, el señor ministro (y, brevemente, quiero hacer mención de ello) que ha sido un privilegio de esta ley el provocar un amplio debate ciudadano.

Más bien parece que ha sido un privilegio, o una consecuencia, de los errores de esta ley el provocar una singularísima y extensísima contestación ciudadana.

No entiendo desde qué bases puede el señor ministro recabar para sí un respaldo popular respecto de los contenidos de esta norma.

Se nos habla vagamente de unos sondeos que, o ha hecho el Gobierno y mantiene en secreto, o, en cualquier caso, no pueden guardar relación con los sondeos hechos por entidades de encuesta libres, que no arrojan ese respaldo a favor de la política educativa del Gobierno.

El señor ministro sabe muy bien que, ni en una sola provincia de España, el Partido Socialista Obrero Español ha conseguido organizar un acto a puerta cerrada, o al aire libre, que reuniese ni la mitad de las personas que han asistido a los que se han organizado por la oposición.

Y el Partido Socialista Obrero Español sabe, aunque le duela, porque es público y notorio, que no se ha podido organizar una sola manifestación ciudadana de respaldo a las tesis del Gobierno en materia de la LODE.

E incluso cuando sube a esta tribuna el digno representante de la Minoría Catalana, para acabar anunciando su voto positivo (ya conocemos la actitud de la Minoría Catalana en la materia, con la cual yo no voy a entrar ahora en polémica), lo hace en tales términos que consume dos tercios de su intervención en explicar los errores e insuficiencias de una ley que no está basada en la transacción y en el diálogo, en el debate libre, sino que más bien es un arquetipo de «trágala».

Y, señor ministro, yo le hago estas consideraciones sin el intento de responsabilizarle al 100 por 100 de este caso. El error no es solo suyo. Yo entiendo que un error de esta magnitud es un error de Gobierno, porque existe una responsabilidad colegiada, sobre todo en los temas que afectan a la dirección política, sobre todo en los temas que afectan a las grandes cuestiones.

Yo entiendo que el error es también (y permítame que se lo diga con el máximo respeto que me merece su posición institucional y su persona), en este caso, un error del presidente del Gobierno, que es, entre otras cosas, a quien corresponde, desde la cabecera del banco azul, decidir en qué temas es preciso llegar a un pacto con la oposición, en qué temas se puede aplicar lo que la prensa ha dado en llamar «el rodillo de la mayoría parlamentaria».

Este era, señor presidente del Gobierno, un tema que afectaba y afecta al punto más delicado del pacto más complejo que se hizo en las Constituyentes: el del artículo 27 de la Constitución. Y es un punto que afecta a la buena convivencia de nuestro pueblo.

Nosotros quisimos creer hasta el final que un presidente del Gobierno, que había ofrecido no solo en su discurso de investidura, sino desde esta tribuna en algún que otro debate general, una actitud de diálogo y de compromiso en los grandes temas de Estado, iba a propiciar un auténtico esfuerzo por alcanzar el pacto escolar que este país realmente necesita.

Creímos que el señor presidente del Gobierno pensaba que una mayoría parlamentaria coyuntural da, por supuesto, derecho a gobernar; da, por supuesto, derecho (nadie lo niega) a aplicar en esta Cámara una mayoría y a aplicarla en la Cámara Alta, pero no legitima a llevar la mayoría de la potencia ordinaria al terreno de la omnipotencia.

Se encuentra en la esencia de la democracia la idea capital de que el poder político, aunque esté respaldado en el Parlamento por una mayoría, es un poder limitado; se encuentra en la esencia misma de la democracia el respeto a las minorías; yo diría que se encuentra en el meollo de la democracia una cosa tan elemental como el sentido común que al Gobierno le ha faltado a la hora de rechazar la posibilidad de un pacto escolar.

El Gobierno ha desaprovechado una oportunidad única de conseguir un compromiso escolar importante. Nosotros nos comprometemos y sabremos, en su día, crear esa oportunidad y propiciar en este país el pacto escolar que hace falta; lo haremos en su momento con inteligencia, con sensatez de estadista, soslayando entonces y ahora una guerra escolar que sabemos por experiencias ajenas y propias que no conduce a ninguna parte, y garantizaremos el derecho de todos los españoles, de ustedes y de nosotros, a elegir para nuestros hijos el tipo de educación que creamos más adecuado a nuestras convicciones.

Lamentamos, eso sí, que no se haya podido hacer todo esto en la tramitación de esta ley, pero tengan la seguridad de que se hará en su día. Nada más, señorías, y muchas gracias.

* * *

El señor PRESIDENTE: Señor Alzaga, entiendo que es para réplica *[Asentimiento]*. Tiene la palabra por cinco minutos.

El señor ALZAGA VILLAAMIL: Señor presidente, señorías, cinco minutos es un lapso de tiempo exiguo *[Rumores]*. Por tanto, voy a ir directamente a los aspectos que entiendo son más medulares.

No voy a entrar en el comportamiento que ha tenido el Senado, Cámara absolutamente autónoma respecto de esta, porque entiendo que es principio de cortesía parlamentaria, por parte de una Asamblea para con la otra, respetar su plena autonomía en la aprobación de sus propias normas de funcionamiento, de su propia aplicación *[Rumores]*. La otra Cámara cumple con esas normas de cortesía hacia nosotros y otro tanto nos corresponde a nosotros hacer respecto de ella *[Rumores]*.

En cuanto a traer a colación —sin duda a falta de mejor argumento, señor Martín Toval— el abandono que algunos tuvimos que llevar a cabo ante la política de oídos sordos que practicaba el Grupo Socialista en las sesiones de trabajo de la Ponencia, yo le tengo que recordar, y lamento tener que hacerlo, que no hice sino seguir una pauta, un principio de acción parlamentaria que quien hoy preside esta Cámara aplicó respecto del mismo tema educativo a la hora de debatir, ni más ni menos, el artículo 27 de la norma política fundamental en la Ponencia constitucional. Pero nosotros nunca le hemos echado en cara al señor Peces-Barba tal cosa *[Rumores]*.

Señor Martín Toval, la LOECE tendría, sin duda, como toda norma humana sus defectos, pero la LOECE es una Ley que en su día se aprobó en esta Cámara y en el Senado por cuatro Grupos Parlamentarios, se buscó el consenso del máximo número posible de Grupos Parlamentarios y, desde luego, esa no ha sido la política que se ha seguido en este caso.

Yo he empezado a entender hoy el porqué de tanta enmienda aceptada en el Congreso y en el Senado, enmiendas que en alguna ocasión hemos calificado de inocuas aunque quizá pudieran adjetivarse de homeopáticas porque, en definitiva, lo que al parecer se quería era suplir la realidad de un auténtico compromiso en materia escolar con la simple alegación del argumento aritmético.

Don Íñigo Aguirre, en esta última intervención con que ha venido a hacernos honor a todos los miembros de esta Cámara, ha leído muchas enmiendas de ese tipo. Yo puedo decir que cinco de las enmiendas del Senado a que usted se refiere consisten simplemente en que en vez de decir «Consejo escolar de centro» se diga «Consejo escolar del centro». Esas son cinco de las enmiendas a que usted se refiere introducidas por el Senado. Aquí se trataba de saber si había voluntad de pacto, y tal significa no aceptación de enmiendas sin contenido normativo real, sino aproximación de posiciones en los diversos modelos educativos.

Hace unos minutos me contaba en el escaño don Manuel Fraga Iribarne *[Rumores]* que se entregó al presidente del Gobierno, don Felipe González, una carta el día 5 de enero resumiendo los puntos mínimos que, a juicio de la oposición, podrían permitir un pacto escolar. Esa carta, evidentemente, se hizo llegar al máximo representante del Ejecutivo y máximo responsable del Partido Socialista Obrero Español porque por parte de la oposición había excepcional interés en conseguir un pacto escolar, había voluntad de pacto. En la tarde del 6 de enero se produjo una conversación, y de forma muy lógica el presidente del Gobierno pidió tiempo para hacer consultas sobre este tema. No hubo respuesta. Hubo después otra carta pidiendo una respuesta concreta, y en todo ese periodo lo único que hay es una propuesta de hablar en los momentos finales de la campaña electoral que se celebró en el País Vasco, contestando don Manuel Fraga que en el momento en que se terminase la campaña él estaba dispuesto a sentarse a hablar del tema. Esa última carta no tiene respuesta, esa última aclaración, por vía telefónica, tampoco ha tenido respuesta. Yo creo que en esta Cámara la oposición tenemos el derecho de decir que aquí no ha sido posible ni siquiera intentar de verdad un pacto escolar.

Entiendo, y con esto termino, que el señor Martín Toval ha hecho una propuesta en firme, la propuesta de que nosotros aceptemos el pacto francés. El pacto francés no está cerrado aún y no conocemos sus detalles *[Rumores]*, pero como nosotros queremos un pacto escolar, yo le digo al señor Martín Toval, en nombre del Grupo Parlamentario Popular: ustedes retiran la Ley *[Rumores. Risas]* y nosotros aceptamos el pacto escolar francés incluso sin conocerlo *[Fuertes rumores. Risas]*. Señor Martín Toval, haga usted honor a su palabra.

Nada más y muchas gracias *[Aplausos]*.

* * *

El señor PRESIDENTE: ¿Qué Grupos Parlamentarios desean utilizar el turno de explicación de voto? *[Pausa]*. Grupo Parlamentario Popular y Grupo Parlamentario Socialista.

Por el Grupo Parlamentario Popular, tiene la palabra el señor Alzaga Villaamil para explicación de voto.

El señor ALZAGA VILLAAMIL: Muchas gracias, señor presidente.

Me ruega la Presidencia que intervenga por tiempo inferior a cinco minutos, y prometo hacerlo.

Evidentemente, en esta votación final, nuestro Grupo Parlamentario ha votado en contra del Proyecto de Ley Orgánica del Derecho a la Educación, y lo ha hecho por entender que es una Ley regresiva, que va contra esa libertad de enseñanza de la que nos decía el señor ministro de Educación, ahora ausente, que se había registrado de forma excesivamente escasa en la Historia de España y que, realmente, va a seguir sufriendo escaseces y cortapisas durante la vigencia de esta nueva Ley.

Hemos votado contra una Ley que tiene excesivos resabios del peor autoritarismo. Una Ley que creemos que ni siquiera puede ser adjetivada de laica, porque el laicismo moderno acepta, propugna, yo diría que exige, un moderno pluralismo contra el cual la Ley que nos ocupa tiene todo tipo de cautelas. Una Ley que a mí no me gustaría calificar de sectaria, pero que, como hemos contemplado en el debate celebrado hace escasos minutos, se ha redactado con escasísima voluntad de pacto, y esto lo digo por concederle a la mayoría que haya podido existir algo de dicha voluntad de pacto, que nosotros en ningún momento hemos visto, ni por asomo.

Hemos votado, además, contra una Ley respecto de la cual albergamos serias dudas acerca de su constitucionalidad en ciertos puntos. En distintos momentos de la tramitación de este Proyecto de Ley en las Cámaras, nosotros formulamos advertencias sobre que se pudiera incurrir en inconstitucionalidad. Lo hicimos con todo tipo de detalle en nuestros discursos sobre las enmiendas de totalidad —enmiendas de devolución y enmiendas de oferta de texto alternativo— y en otros muchos momentos, en los cuales hemos dado lo que podríamos llamar voces de alarma. Y hay que reconocer que, prácticamente, todos los puntos en los cuales la Ley ha sido tocada por la mayoría socialista, introduciendo esas escasas modificaciones que merecen el apelativo de sustantivas —más casos en el Congreso y menos, es verdad, en el Senado—, ha sido porque el Grupo Socialista, en diversos momentos, ha llegado también él a tener dudas sobre la plena constitucionalidad del Proyecto.

Muchas de esas modificaciones han representado introducir pequeñas redacciones que pudieran suponer un paraguas bien de ambigüedad o bien para posponer, quizá, un hipotético paso de inconstitucionalidad que se pudiera dar en un momento ulterior al de la aprobación de la Ley, es decir, en el desarrollo legislativo por vía de disposiciones administrativas.

Sin embargo, nosotros hoy, reconociendo como reconocemos que algunas de las modificaciones introducidas en el Congreso y en el Senado han supuesto una aproximación del articulado a los límites de la Constitución en diversos puntos, y eso no lo discutimos, seguimos concibiendo dudas muy serias sobre la constitucionalidad de la Ley en determinados aspectos. Como no nos corresponde a nosotros pronunciarnos sobre si la Ley en esos puntos incurre o no en supuesto de contravención de la norma política que preside el ordenamiento jurídico español, creemos que estamos en el deber de interponer recurso previo de inconstitucionalidad. Y no como una técnica dilatoria, no para ganar tiempo en cuanto al momento en que efectivamente entre en vigor la Ley, sino para salvaguardar el ordenamiento jurídico.

Yo no voy ahora, porque ni tengo tiempo ni es el momento, a exponer esas dudas, pero, por ejemplo, el derecho a la dirección de centros docentes, que está implícitamente recogido en la Constitución, en tanto en cuanto está consagrado en textos internacionales suscritos por España, está, a nuestro juicio, vulnerado por los preceptos dedicados a la elección del director en los centros privados concertados y a las facultades dadas al director de esos centros, y no digamos ya al mecanismo de hipotética reelección, quedando el director a tiro de terna.

Sabe muy bien la mayoría socialista que, en determinados supuestos en que no sea posible que el Consejo escolar de centros formule una mayoría absoluta a favor de uno de los nombres que integran la terna propuesta por el titular del centro para la designación de director, el tema pasa a una comisión de conciliación en la que está la Administración Pública y en la que puede la Administración Pública impedir un acuerdo por unanimidad, quedando, en definitiva, la designación del director, en última instancia, absolutamente al margen del titular del centro.

Cito este caso simplemente a unos efectos: que no se diga luego que realmente no hay materia seria para interponer un recurso riguroso de inconstitucionalidad en el que, en definitiva, corresponde al Tribunal Constitucional, en el seno de nuestro sistema de jurisdicción constitucional concentrada, emitir una última palabra, que mi Grupo Parlamentario, como siempre, acogerá con respeto.

Nada más, señor presidente, y muchas gracias.

VIII.5. TOMA EN CONSIDERACIÓN DE PROPOSICIÓN DE LEY ORGÁNICA SOBRE TIPIFICACIÓN PENAL DE LA COLOCACIÓN INDISCRIMINADA Y ARBITRARIA DE ESCUCHAS TELEFÓNICAS. DEBATE EN EL PLENO DEL CONGRESO DE LOS DIPUTADOS *

Esta proposición de Ley, redactada personalmente por Óscar Alzaga, fue la única proposición de Ley de un Grupo Parlamentario de la oposición admitida a trámite en toda esta II Legislatura.

El señor VICEPRESIDENTE (*TORRES BOURSAULT*): Toma en consideración de proposiciones de Ley del Grupo Parlamentario Popular sobre tipificación penal de la colocación indiscriminada y arbitraria de escuchas telefónicas.

Para consumir un turno a favor, y por tiempo de quince minutos, tiene la palabra el señor Alzaga.

El señor ALZAGA VILLAAMIL: Muchas gracias señor presidente. Yo creo que el más elemental realismo me permite colegir que a estas alturas, la Cámara debe estar suficientemente saturada de mi timbre de voz y que, por tanto, agradecerá la brevedad máxima con que pueda explicar a sus señorías el sentido, que por otra parte se nos antoja obvio, del porqué de la proposición de Ley para penalizar determinadas conductas de escuchas telefónicas que atenten contra el derecho a la intimidad que reconoce nuestra Constitución.

Como recordarán sus señorías, o por lo menos algunos de los diputados que me escuchan, nuestro Grupo Parlamentario planteó en su día esta proposición de Ley a la vez que planteamos una proposición no de Ley por la

---

* Sesión Plenaria núm. 87, de 20 de diciembre de 1983, *Diario de Sesiones del Congreso de los Diputados,* núm. 87, pp. 4176-4178.

cual solicitábamos de la Cámara la constitución de una Comisión de investigación sobre escuchas telefónicas ilegales. Nuestro Grupo Parlamentario hubiera deseado que se hubieran abordado conjuntamente en una misma sesión ambas proposiciones. No ha sido posible y, por tanto, viene descolgada esta proposición, repito, que tiende a punir comportamientos, que nosotros consideramos antijurídicos, de escuchas telefónicas.

Saben perfectamente sus señorías que la intimidad personal es un bien jurídico y que las sociedades modernas están, cada día que pasa, más sensibilizadas sobre el valor intrínseco de este bien jurídicamente a proteger. La intimidad personal está en la base del respeto a la dignidad de la persona humana o, si quieren sus señorías, en la encrucijada entre el mismo y la seguridad jurídica.

No descubro nada ante esta Cámara si subrayo hasta qué punto las escuchas telefónicas se pueden utilizar y se utilizan como instrumento para hacer juego sucio en política, para espionaje industrial, para obtener ilícitamente informaciones que pueden en su día y caso ser utilizadas para chantajes o para cualesquiera otros fines más o menos inconfesables.

No querría en este momento ponerle ningún par de banderillas al Gobierno, pero es incuestionable que cuando el Gobierno remitió a esta Cámara un proyecto de Ley de Reforma del Código Penal vigente olvidó incluir la tipificación de estas conductas que en lenguaje periodístico se suelen denominar escuchas telefónicas ilícitas.

Es evidente que en un Estado de Derecho hay que atacar las conductas que atentan contra aquellos bienes, aquellos valores que forman parte del patrimonio social y, en consecuencia, desde la óptica de nuestro Grupo Parlamentario, esta es una cuestión de justicia.

Nosotros planteamos la inclusión de unos preceptos en el Código Penal —de los que no les voy a dar lectura para no cansar la atención de la Cámara—, como verán sus señorías con unas penas graduales en atención a los autores, a la condición de funcionarios o autoridad que pueda darse coyunturalmente en los autores, y en función, también, de la forma de participación graduamos la pena. Sabemos muy bien que toda tipificación de conductas en un código punitivo, toda aplicación de una escala de penas a esas conductas es siempre una materia discutible, es una materia en la cual no hay dogmas, pero la actitud de nuestro Grupo Parlamentario es, por supuesto, que en la tramitación de esta proposición de Ley se analice por todos los Grupos Parlamentarios cómo deben perfilarse los linderos de estos nuevos tipos penales y cuáles deben ser las sanciones más adecuadas a estos casos.

Lo que no es posible, señorías, es que se puedan seguir practicando en España escuchas telefónicas con patente de corso. Lo que no es posible es que cuando uno acude, como algunos hemos acudido, a una Comisaría de Policía o a un Juzgado de Guardia a presentar una denuncia, a la pregunta de a qué artículo del Código Penal quiere hacer referencia usted no se puede dar respuesta en este país. Del buen sentido de la mayoría parlamentaria esperamos un voto que permita la tramitación de esta proposición de Ley.

Nada más y muchas gracias, señor presidente.

El señor Sotillo Martí aceptó la propuesta de modificación del artículo 192 del Código Penal, añadiendo literalmente: «Quédese tranquilo el Grupo proponente, que no hay mayoría mecánica en este caso y sí univocidad de criterio en cuanto a la defensa de la libertad individual y de los derechos de las personas».

* * *

El señor VICEPRESIDENTE (TORRES BOURSAULT): Muchas gracias, señor Sotillo *[El señor Alzaga pide la palabra]*. Señor Alzaga, su señoría ha consumido el turno de defensa de la proposición; no le corresponde, por tanto, el de fijación de posiciones, y el de explicación de voto es obvio.

El señor ALZAGA VILLAAMIL: Era para un turno de agradecimiento, señor presidente, y, por tanto, renunciamos al mismo.

VIII.6. DEBATE A LA TOTALIDAD SOBRE EL PROYECTO DE LEY ORGÁNICA DEL PODER JUDICIAL, EN EL PLENO DEL CONGRESO *

En defensa de la enmienda de totalidad por la que el Grupo Parlamentario Popular solicita la devolución al Gobierno del Proyecto de Ley Orgánica del Poder Judicial.

El señor PRESIDENTE: Enmienda de devolución del Grupo Parlamentario Popular. Para su defensa, en el tiempo de veinte minutos, tiene la palabra el señor Alzaga *[Rumores]*.

El señor ALZAGA VILLAAMIL: Señor presidente, señoras y señores diputados. Los que nos conocemos desde la primera legislatura, como el señor Sotillo, y los que nos vamos conociendo *[Risas]*.

Voy a defender la enmienda de totalidad por la que mi Grupo Parlamentario solicita de esta Cámara la devolución al Gobierno de este Proyecto de Ley, uno de los más extensos de los que han tenido entrada en la Secretaría de la Cámara, y haré el esfuerzo, incluso acudiendo parcialmente a la lectura, contra mi costumbre, para intentar constreñirme al tiempo disponible, aun haciendo un ruego, *a priori,* a la magnanimidad de la Presidencia de la Cámara por la importancia y extensión del Proyecto de esta Ley Orgánica.

El señor PRESIDENTE: Ya se ha ampliado el tiempo, como sabe el señor Alzaga, de quince minutos a veinte.

El señor ALZAGA VILLAAMIL: Empecemos por el primer criterio de nuestra solicitud de devolución al Gobierno: la falta de respeto al autogobierno del Poder Judicial. Sus señorías saben bien que la historia de la democracia es también la historia de la independencia del Poder Judicial. Decid un pue-

---

* Sesión Plenaria núm. 164, de 13 de noviembre de 1984, *Diario de Sesiones del Congreso de los Diputados,* núm. 164, pp. 7382-7390.

blo que tenga jueces independientes y responderemos sin vacilar que ese es un pueblo regido por un sistema democrático.

En la Europa occidental hubo que sustituir el modelo de juez gubernamentalizado y medroso en el ejercicio de sus funciones por un juez valiente, decidido, capaz de meter en cintura al propio Gobierno y a la Administración Pública si se originaban actuaciones arbitrarias y la imparcialidad en la aplicación concreta de la Ley así lo requería. La venerable Ley española de 1870... *[El señor Castellano Cardalliaguet pronuncia palabras que no se perciben]*.

El señor PRESIDENTE: Señor Castellano, ¡por favor!

El señor ALZAGA VILLAAMIL: Decía que la Ley de 1870 no pudo ser excepción dentro de las corrientes de la época, representó un avance de ordenación, e, incluso, mejoró las garantías del ejercicio de la función judicial. Pero no debemos incurrir en mitificaciones que falsean la realidad: no evitó las injerencias ni las mediatizaciones gubernamentales en la Justicia. En este clima se llega al Título VI de nuestra Constitución que establece el modelo de autogobierno o de gobierno autónomo —según la terminología que prefieran sus señorías— más progresivo de Europa e instituye numerosas garantías complementadas con la exigencia de una ley orgánica que determine la constitución, funcionamiento y gobierno de los juzgados y tribunales, así como el estatuto jurídico de los jueces y magistrados y del personal al servicio de la Administración de Justicia, y todo ello en pro de una plena independencia judicial.

Somos conscientes de que cuando hablamos de independencia no nos referimos a ningún valor absoluto o a algo que sea un fin en sí mismo. La independencia se establece —junto con su secuela, la inamovilidad, y con el ineludible correlato de la responsabilidad— para garantizar a los ciudadanos la imparcialidad del juez, sometido solo al imperio de la Ley.

En una palabra, la independencia del juez no es su privilegio, sino el requisito básico para que sea real el derecho de los ciudadanos a una justicia recta. Pero la lectura de este proyecto nos recuerda que la historia de la independencia de los jueces no ha sido ni es un camino fácil, porque esta es la hora de vencer la resistencia del Gobierno y del Partido que gobierna a que se establezcan los mecanismos que aseguren la independencia del Poder Judicial y de los jueces.

No basta, señor Ledesma, con decir, según el símil hamletiano: «Independencia, independencia, independencia»; es preciso que a estas palabras siga un Proyecto de Ley Orgánica del Poder Judicial coherente, serio, responsable y, sobre todo, fiel a la Constitución.

Sin embargo, en el articulado del proyecto encontramos un conjunto de cautelas y desconfianzas del ejecutivo hacia el máximo órgano de gobierno del Poder Judicial, el Consejo General del Poder Judicial, que vicia de raíz la concepción constitucional de la justicia, y esa desconfianza a la que aludimos del actual Gobierno hacia el Consejo se manifiesta principalmente en una viciada y, posiblemente inconstitucional, regulación de la potestad reglamentaria, ya comentada con acierto por el señor Roca hace unos minutos. El proyecto reserva al Gobierno facultades para promulgar los reglamentos de la carrera judicial, del Cuerpo de secretarios judiciales y demás Cuerpos al servicio de la administración de justicia, y para promulgar también el reglamento del Centro de Estudios Judiciales, todo ello en términos que probablemente son inconstitucionales.

Tanto más extraño y, por tanto, sospechoso es este empecinamiento del Gobierno actual en la obtención para sí de dicha potestad reglamentaria, denunciada en su informe al anteproyecto por el propio Consejo General del Poder Judicial, cuanto que en el texto alternativo de la enmienda a la totalidad, que en su día formuló el Grupo Socialista del Congreso al proyecto de abril de 1980, se mantenía una posición absolutamente contraria a la que ahora se defiende por el Gobierno; es decir, se confiaba al Consejo General del Poder Judicial elaborar y promulgar estos reglamentos.

Resulta inevitable traer también aquí a colación lo que sobre esta potestad reglamentaria del órgano constitucional que debía ejercerla pensaba el señor Ledesma, actual ministro de Justicia, cuando era vocal del Consejo General del Poder Judicial y en una conferencia, que ha entrado por la puerta grande ya en la historia del Derecho español, sostenía que la potestad reglamentaria del Consejo era un poder implícito, bien interpretado el artículo 122 de la Constitución, y junto con una serie de argumentos que en este momento por falta de tiempo no puedo reproducir, terminaba diciendo que, de aceptarse la tesis que él contradecía, que es la tesis que inspira el actual Proyecto de Ley Orgánica que suscribe, se volvería —decía literalmente— cabalmente a la situación anterior a la Constitución. Decía que el Consejo General no pasaría de ser una Dirección General de Justicia sometida al órgano investido de poder reglamentario externo. Con ello perdería el Consejo General dos de sus notas características: la independencia y la paridad de rango respecto a los demás órganos constitucionales. Y lo que es más importante —añadía—, los jueces volverían a estar reglamentados en lo no reservado a la ley, naturalmente, por el Poder Ejecutivo. En último término —concluía—sería el propio principio constitucional de división de poderes el que resultaría vulnerado.

Hasta aquí sus palabras, señor Ledesma. Nosotros estamos de acuerdo con ellas en lo fundamental porque creemos que otorgar al Poder Ejecutivo potestad reglamentaria en el gobierno del Poder Judicial muy probablemente es inconstitucional. Pero lo importante es que el proyecto no está de acuerdo con sus convicciones o, en otros términos, quizá su señoría no está de acuerdo con el proyecto y tampoco puede estar conforme con el proyecto en este importante punto, el informe al anteproyecto elaborado por el Consejo General del Poder Judicial, que dice literalmente que el fundamento de la potestad reglamentaria del Consejo en todo el ámbito gubernativo del Poder Judicial se encuentra en su carácter de órgano de gobierno. La función de gobierno tiene una dimensión singular o ejecutiva, y otra general o normativa. La injerencia reglamentaria —añade en su informe el Consejo— de un Poder distinto en el ámbito sometido al gobierno autónomo de otro, es incompatible con la autonomía o independencia de este.

No cabe por tanto atribuir potestad reglamentaria en materia judicial al Gobierno de la nación. Lamentablemente esta cuestión no es bizantina; hay que evitar la injerencia del ejecutivo en la ordenación del estatuto judicial para que no se desnaturalice el derecho del ciudadano al juez ordinario predeterminado por la ley.

Una segunda observación básica. El Proyecto de Ley que nos ocupa nace viejo; el Proyecto de Ley nos ofrece una ley aquejada de senilidad precoz. ¿Cómo es posible que a estas alturas de 1984 el Partido Socialista insista en la idea romántica de la justicia de paz? El Derecho ha adquirido en su desarrollo y evolución tal complejidad, que resulta pueril pensar que personas sin formación jurídica, aunque gocen de la difícil virtud de la prudencia, estén capacitadas para dirigir una acertada diligencia de prevención, cometido un delito, o decidir, sin salirse del espíritu del «ordenamiento jurídico», un litigio civil, no obstante, se le diga que lo resuelva en equidad.

Todos sabemos, dicho sea con todo respeto y con sinceridad para los venerables varones que se ocupan de tales menesteres de manera ocasional, honorífica y gratuita hasta ahora, que la justicia de paz de ordinario, o no sirve para nada o para casi nada, o sirve para sancionar algún que otro cacicazgo menor.

La Constitución no dice expresamente que se suprima la justicia legal o no técnica, pero el artículo 122 se refiere exclusivamente como integrantes del Poder Judicial a los jueces y magistrados de carrera. No nos atreveríamos a afirmar rotundamente que del referido artículo 122 se derive automáticamente que la subsistencia del juez de paz sea anticonstitucional, pero la gran duda sobre la constitucionalidad de la justicia de paz se suscita a través del artículo 125 de la Constitución.

Aparte de la función promotora de la justicia que se asigna a la acción popular, los ciudadanos pueden participar en la Administración de Justicia, pero, ¿de qué manera? ¿Siendo juez de paz? No, señorías, solo, porque la enumeración de ese precepto es exhaustiva, solo a través de la institución del Jurado o formando parte de los tribunales consuetudinarios o tradicionales, es decir, del Tribunal de las Aguas en Valencia, y de algún que otro similar si los hubiere, los jueces de paz ni son jurados ni tribunales consuetudinarios o tradicionales por razones obvias.

Por otra parte, el artículo 117 de la Constitución establece, como sabemos, que la justicia se administra por jueces y magistrados integrantes del Poder Judicial independientes, inamovibles, responsables y sometidos únicamente al imperio de la Ley. Pero el proyecto que nos ocupa prevé que los jueces de paz sean compatibles con el ejercicio de actividades profesionales o mercantiles. Con relativa independencia, por tanto, señores socialistas; amén de que se eligen cada cuatro años, luego no son inamovibles, por la mayoría política del Ayuntamiento de turno. Sin comentarios.

Y este es, de otra parte, el sentido y evolución de los países de Europa más avanzados. Francia, cuna de la justicia de paz moderna, hace ya muchos años que eliminó esta justicia inferior por considerarla tercermundista. Lo mismo ha ocurrido en Alemania, y no quiero seguir poniendo ejemplos.

En España la Ley de 1870 representó un progreso para su época, pues exigía que los jueces municipales supieran leer y escribir, y no se olvide que aquella ley coincidió con el año inaugural de la primera línea férrea, esto es, que el sistema de comunicación usual en la época era todavía la diligencia, con el relevo de caballos en las casas de postas. Y a pesar de todo, en cuanto ya se observa la dura realidad, se intenta su reforma.

Colmenares, en 1874, pide que sean jueces profesionales los que ingresen en la justicia municipal, equivalentes a la de paz. Lo mismo pide Bugallal en 1880, y Alonso Martínez, en esta Cámara, en 1886. Canalejas reconoce en 1889 la unánime condena de la justicia municipal. Y, en 1904, don Antonio Maura confirma que acabar con el caciquismo pasa por acabar con la situación de los jueces de paz.

¿No es triste que hoy, en 1984, por pura inercia, el Proyecto de Ley mantenga la justicia de paz? Cabe preguntarse si es por pura inercia o, a lo peor, puede incluso ocurrir que la idea del Partido en el Gobierno no sea fruto de la inercia, ni siquiera de ideas románticas o trasnochadas. Digo esto porque en el texto alternativo al Proyecto de Ley Orgánica del Poder Judicial de 1980, el Grupo Parlamentario Socialista defendía literalmente lo siguiente: «La configuración de una justicia de paz de carácter no técnico e integrada por jueces de elección popular, verdadera innovación que justificaría —se nos dice— por sí sola la presentación de un texto alternativo».

Ya en el articulado se cambiaba lo que es una constante en la justicia de paz, a saber, su carácter gratuito, con esta solemne declaración: «Los jueces de paz —se decía— serán retribuidos por el sistema y en la cuantía que legalmente se establezca». Idea retributiva, por cierto, señorías, que en este caso no cambia en el proyecto actual. Eso sí, se dulcifica el sistema de elección popular por una propuesta vinculante de nombramiento producida por votación mayoritaria en el seno del pleno del Ayuntamiento respectivo.

No creo que detrás de esta propuesta lo que anide sea solo un espíritu encomiable, aunque limitado, de remediar parcial o simbólicamente el problema del paro. Pero, en todo caso, parece más lógico que estos puestos de trabajo contribuyesen, en su caso y día, a remediar el desempleo juvenil de tantos y tantos licenciados en Derecho que están en paro, con lo cual tendríamos una justicia técnica, menos proclive a manejos políticos y caciquiles y acorde con las previsiones constitucionales.

Querría hacer acto seguido una tercera consideración, y es la de que el proyecto no se enfrenta con el clima de corruptelas en que se desenvuelve buena parte de la Administración judicial.

La situación de la Administración de Justicia, con ineficacia, repleta de corruptelas y, en muchos casos, de corrupciones que son delictivas, tiene que ser, debe ser, porque no parece que lo sea, obligada realidad subyacente del proyecto, no para describirla, sino para adaptarla, al tenerla verdaderamente presente, a las prevenciones y mecanismos que permitan salir del grave estado de quiebra —y empleo una terminología que el señor ministro sabe que no es mía— en que se encuentra la Administración de Justicia, abriendo esperanza a la efectividad de la tutela judicial que proclama y garantiza al ciudadano el artículo 24 de la Constitución.

Esta situación adquiere tintes solanáceos cuando se examina la realidad de la justicia de las grandes ciudades, especialmente Madrid y Barcelona. No es ya que el retraso judicial se haya convertido en endémico; no es solo que el principio de inmediación judicial sea la excepción y no la regla, como manda la ley; es que la propia maquinaria detiene su curso, bamboleando en no pocas ocasiones entre chirridos y resoples si no se engrasa. Y engrasar es una palabra del argot que todos los profesionales del Derecho saben, señorías, lo que significa.

No se nos diga como consuelo que nuestros jueces no se dejan sobornar o, como segundo argumento, que todo lo que ocurre es como consecuencia de la abrumadora carga competencial, pues aun siendo esto, por lo general, muy cierto, estas explicaciones no nos valen, pues nada resuelven. Amén de los aumentos imprescindibles de plantilla, demos a la justicia toda cuanta independencia reclama la Constitución. El Gobierno tiene el deber de presentar un proyecto que reconozca en toda su plenitud el autogobierno, pero esta ley debe hacer posible a la par un régimen de responsabilidad judicial moderno como contrapeso de aquella independencia.

La ecuación libertad-responsabilidad tampoco está asegurada en este proyecto que presenta el Gobierno. Solo voy a citar ahora dos aspectos de la máxima importancia.

El primero es el de la inspección de tribunales. ¿Qué innova el proyecto sobre esta materia? Nada. Si se leen los artículos correspondientes, más parece concebida la inspección como un privilegio de los órganos de autogobierno, de ejercicio potestativo, protocolario o excepcionalísimo, que como pieza fundamental de permanente vigilancia, de acción de control de las irregularidades del funcionamiento de nuestra Administración de Justicia.

Otro aspecto es el de la responsabilidad judicial. Resulta muy chocante que el proyecto olvide los históricos debates sobre esta materia y en particular no tenga en cuenta que la acción popular para la persecución de los delitos que pudiera cometer el personal al servicio de la Administración de Justicia fue una de las grandes conquistas del Derecho constitucional español, hasta el punto de figurar como tal reconocimiento específico en alguna de nuestras Constituciones históricas.

¿Por qué —me pregunto— justamente ahora, que la Constitución reconoce un ámbito más general en que los ciudadanos pueden ejercer la acción popular, se les limita en este proyecto su ejercicio en cuanto a los jueces y magistrados integrantes del Poder Judicial? No lo sé. Pero un Gobierno que presenta un proyecto tan cojo debe reconocer que no está en condiciones de hablar sobre la ineficacia judicial en los términos en que con frecuencia, me temo, señor Ledesma, se hace, y se hace mal.

Tengo que decir también —y en cuarto término— que el proyecto carece de rigor doctrinal, y, por falta de tiempo, solo voy a citar un caso. El caso del mayúsculo error en que incide el proyecto al asignar al Tribunal Supremo todos los recursos de casación que se funden en la infracción del precepto constitucional.

Nuestros constituyentes se inspiraron en el sistema europeo de justicia constitucional, que concentra en un órgano constitucional específico (por supuesto, el Tribunal Constitucional) la litigiosidad sobre los preceptos constitucionales, en razón de unos supuestos de legitimación tasada. La competencia del Tribunal Constitucional es privativa.

La jurisdicción ordinaria cumple otra misión, la importantísima de aplicar las leyes y demás fuentes del ordenamiento jurídico que sean conformes con la Constitución. Introducir un recurso de esta naturaleza, como se hace en este Proyecto de Ley, equivaldría soterradamente a introducir una acción de inconstitucionalidad de las partes en un determinado proceso, tergiversando el acceso restringido que tienen los ciudadanos a la aplicación directa de la Constitución solo a través del recurso de amparo, porque así lo quiere la Constitución, y desvirtuar el concepto de la cuestión de inconstitucionalidad que el artículo 163 de la Constitución encomienda a jueces y tribunales mediante un mecanismo de reenvío, *ex officio,* como todos sabemos, al Tribunal Constitucional.

En quinto lugar, señorías, el Proyecto de Ley ignora las innovaciones constitucionales. Como ha dicho muy bien el señor Vizcaya, hubiera sido esta ley el marco idóneo para establecer la regulación del Jurado dentro del orden normal de la composición y del funcionamiento de los Tribunales penales. Por otra ley, de acuerdo, señor Sotillo, por otra ley que modificase la de Enjuiciamiento Criminal pueden determinarse los supuestos delictivos a los que se aplicaría el Jurado. No ha sido así, y yo me temo que no ha sido así porque el Partido Socialista guarda en la manga el intento de instaurar la figura de los escabinos. Se me dirá en el turno de réplica si estoy o no en lo cierto.

En sexto término, nos parece que el Proyecto de Ley es regresivo.

El señor PRESIDENTE: Señor Alzaga, le ruego que vaya terminando.

El señor ALZAGA VILLAAMIL: Termino, señor presidente.

Citemos un caso. Sabemos todos que el sistema acusatorio penal es el más civilizado, con rigurosa separación entre el juez que instruye o investiga, que hace la fase sumarial o equivalente, y el juez, auténtico juez, que decide, falla o sentencia, tras haber dirigido y practicado las pruebas del juicio oral o público.

La Ley de 1870 se encontró con una situación difícil a este respecto, pero hizo frente a la misma y en la propia exposición de motivos dijo: «Defraudaría este proyecto la pública expectación si estableciera el principio de que el juez instructor del sumario fallase la causa, organización defectuosa que los hombres de ciencia censuran y que nuestra historia jurídico-legal rechaza».

Este principio se deterioró mediante el parcheo de la Ley de Enjuiciamiento Criminal y muy en particular mediante la reforma de 1967; pero había que esperar a esta oportunidad, a una oportunidad excepcional como esta, que conlleva o debe conllevar la reordenación de la planta de juzgados y tribunales, para intentar, con esperanza renovada, la recuperación de la mejor tradición democrática y liberal que late en la vieja Ley de 1870 y en nuestra venerable Ley de Enjuiciamiento Criminal, y tampoco ha sido así.

En séptimo lugar y para ir terminando diría que el Proyecto de Ley Orgánica del Poder Judicial, como ya se ha afirmado, no puede ser obra de un partido. Y en la propia Memoria de 1983 del Consejo General del Poder Judicial encontramos el siguiente párrafo, enormemente ilustrativo, en el que nos dice tan alto Consejo: «El Gobierno que ha resultado de la contienda electoral cuenta con el apoyo suficiente de las Cámaras para que sus decisiones políticas puedan convertirse en leyes con facilidad, incluso en leyes orgánicas. Se trata, evidentemente, de un resultado querido por el cuerpo electoral, pero está claro que este exceso de poder es el anverso de un exceso de deber, lo que en el caso de la Justicia significa exceso en la apreciación de una política que, radicalmente y mientras dure la Constitución, pertenece al Estado y debe sobrevivir a las modificaciones que determinen sucesivamente las opciones electorales dentro del pluralismo político que encarnan los partidos».

Apelo, señorías, a esta consideración de que la Ley Orgánica del Poder Judicial, como materia de Estado, según reconocía el señor ministro ante esta Cámara hace algo más de un par de horas, debe servir de base para que en función de una devolución de este Proyecto de Ley al Gobierno podamos todos pedir al mismo que abra un amplio cauce de consultas y de diálogo —que no se ha producido— a fin de que entre todos consigamos elaborar una Ley Orgánica del Poder Judicial a la altura de nuestro tiempo, en el seno de una sociedad democrática y en el marco de la vigente Constitución.

Para terminar, quería traer a colación una cita de don Ángel Ossorio y Gallardo que tomo de un gran libro que en alguna ocasión ha citado ante esta Cámara su presidente, don Gregorio Peces-Barba. Don Ángel Ossorio decía: «El patrimonio real del hombre es su dignidad y no hay dignidad segura sin justicia que la ampare. Quienes se consuelan o se enorgullecen de una opresión del alma alegando que en cambio existe un buen ferrocarril, no deben ir en él como viajeros, sino como mercancías. Al abogar por la Justicia libre —concluye el señor Ossorio y Gallardo— se aboga por el alma libre».

Esta, señorías, es una cuestión con ribetes técnicos, pero en su meollo están los derechos y la libertad de nuestro pueblo, que merece un Proyecto de Ley Orgánica del Poder Judicial infinitamente mejor que el que el Gobierno ha traído a esta Cámara.

Nada más y muchas gracias.

* * *

El señor PRESIDENTE: Tiene la palabra el señor Alzaga por un tiempo de cinco minutos.

El señor ALZAGA VILLAAMIL: Señor presidente, con la máxima brevedad.

Tengo que empezar por decirle, con el mayor respeto al señor Ledesma, que he sido citado en cuanto a los requisitos de la independencia del Poder Judicial, en cuanto a la concepción del Poder Judicial tan fragmentariamente como él sabe. Porque yo dedico, en unos *Comentarios* que no pretendo que tengan el carácter de Biblia en la materia, a la temática de la independencia del Poder Judicial muchas páginas, que, como es natural, él no podía leer desde la tribuna y ha leído una pequeña parte tan solo.

Tengo que añadir que cuando yo sostengo en mi obra, que no tengo aquí porque mi egocentrismo no llega hasta el punto de viajar a los escaños con mi pequeña producción de literatura jurídica y no he podido consultar sobre la marcha, cuando digo que en algunos países se acepta que la independencia del Poder Judicial coexista con facultades disciplinarias de la judicatura lo planteo a nivel general. Pero cito en mi obra, en algún pasaje, que la Constitución italiana, por ejemplo, tiene un precepto expreso que sirve de escarpia de la que se cuelga esa práctica disciplinaria en la justicia italiana, y que la modificación que se hace de la Constitución de 1946, que rigió en la Cuarta República francesa, a la hora de entrar en vigor la Constitución Gaullista de 1958, permitió también el retorno a las facultades disciplinarias al Poder Ejecutivo. Pero esos resortes no están en la Constitución española de 1978.

El tema de la potestad reglamentaria, señor Ledesma, usted sabe tan bien o mucho mejor que yo, que es un tema capital. Usted me pregunta dónde, en qué parte del Proyecto de Ley, se le reconoce al Gobierno esa potestad reglamentaria. Esa no es la cuestión. La cuestión está en que no se le reconoce al Consejo General del Poder Judicial esa potestad reglamentaria; y eso es lo que, en su día, usted planteó.

El señor Ledesma acaba de decir ante la Cámara que el artículo 97 de la Constitución recaba para el Gobierno del que él forma parte la potestad reglamentaria. Pero el mismo señor ministro en una conferencia manifestó unos criterios muy importantes que forman parte de ese libro *Jornadas de estudio sobre el Consejo General del Poder Judicial,* de diciembre de 1981. Y en la página 505 dice lo siguiente: «Frente a quienes sostengan que la misma situación persiste después del Consejo General, lo que equivaldría a mantener que dicho Consejo carece de esa potestad reglamentaria externa, deben oponerse las siguientes razones. Primera, la potestad reglamentaria que el artículo 97 de la Constitución atribuye al Gobierno, hace relación al ámbito sometido a su gobernación. Pero acontece que el Gobierno del Poder Judicial no se atribuye al Gobierno, sino al Consejo General, al que por ello ha transferido la Constitución ese poder reglamentario. La transferencia no ha sido explícita, dice usted, no luce en el artículo 122 de la Constitución. Se trata de un poder implícito, pues la potestad reglamentaria sobre el orden gobernado está implícita en todo órgano de Gobierno. No puede pretenderse que el reglamento no tenga cabida en esta materia, ni puede aceptarse la existencia de un poder sin titular que lo ejerza, ni sería posible que el Consejo General pudiera ejercitar la plenitud de las funciones del artículo 122.2, sin estar simultáneamente investido de un poder reglamentario». Y sigue usted, pero no dispongo de tiempo.

Antes me decía usted, señor ministro, que en algunas cuestiones solo había citado un ejemplo; ya sabe usted que tenemos el tiempo tasado y hay más casos, no son solo ejemplos, sino casos.

El hecho es que su tesis no solo era su tesis, era la tesis del Partido Socialista en el texto alternativo al Proyecto de Ley que el Gobierno de entonces presentó en esta Cámara en 1980. Y es además la tesis que sostiene hoy el Consejo General del Poder Judicial. Pero en lo que a usted respecta, le tengo que decir, con el máximo respeto, señor Ledesma —porque a usted, como persona, yo le considero un jurista merecedor de respeto—, que en Derecho privado se dice que la voluntad es ambulatoria, que es cambiante, y por eso en el testamento el testador puede cambiarla en todo momento antes del fallecimiento. Pero en Derecho público, del hombre público que cambia su voluntad y se viene atrás de su compromiso se dice otra cosa, señor ministro; se lo digo con todo afecto *[Risas]*.

Trae usted a colación la temática de la Justicia de paz y lo que yo he escrito sobre ella. Lo que yo he dicho sobre la Justicia de paz —porque tenemos que hablar como juristas rigurosos— en esta página de mi libro que ha mencionado de pasada es que al hilo del artículo 122 y lo he dicho esta tarde, y me remito al *Diario de Sesiones,* es que no se puede deducir que por la mención que en el mismo se hace de los jueces de carrera se haya suprimido la Justicia de paz. Pero que donde está la gran duda es en los artículos 125 y 117. En los casos tasados de intervención de los ciudadanos en la Administración de Justicia que se mencionan en el 125, y en el 117 que, entre otras cosas, pide inamovilidad, y no es inamovible quien está cuatro años y se mueve a los cuatro años. Aparte de que hay un tema en el que no quiero entrar —ya entraremos en el debate del articulado— que es que se confía el nombramiento a la mayoría de los ayuntamientos, una cuestión no estrictamente baladí.

Usted me habla de que los jueces de paz entienden de una mínima cuantía —según la legislación vigente, de hasta 500.000 pesetas—; si para los socialistas 500.000 pesetas es pequeña cuantía, lo celebro. Pero el proyecto que estamos discutiendo no fija la cuantía y, por tanto, pasado mañana, mediante modificación de cualquier ley se puede establecer el listón de la cuantía donde se estime pertinente. Por tanto, no sabemos la cuantía. Aparte de que no se puede jugar con unos criterios para una cuantía y con otros para otra.

El señor PRESIDENTE: Ha terminado el tiempo, señor Alzaga.

El señor ALZAGA VILLAAMIL: Termino, señor presidente.

Usted, señor ministro, me cita la equidad. La equidad es de complejísima aplicación. Mire usted como está redactado el apartado 2 del artículo 3 del Código Civil y verá cuán compleja es la aplicación de la equidad en el Derecho privado. Le iba a citar a *sir* Edward Coke, pero no tengo tiempo para ello. Ya en el siglo XVII la justicia técnica está unida al comienzo del proceso democrático.

Pero yo quería decir algo más, muy rápidamente, aprovechando la benevolencia del presidente, y es que en materia de inspección yo no dudo de que su voluntad es esa —no me atrevería en ningún momento a dudarlo— y que se busca una mayor claridad. Es más, esa es la posición también, afortunadamente, del Consejo General del Poder Judicial. Pero estamos discutiendo un Proyecto de Ley, y en su literalidad todo eso no está.

Tengo que decir, señor ministro, que le he cogido en un pequeño renuncio —no se preocupe, porque eso pasa en las mejores familias—. Usted me dice que no es verdad que se impida el ejercicio de la acción pública contra jueces y magistrados, pero está de tal manera redactado el artículo 429 del Proyecto de Ley (que dice —se lo leo—: «El juicio de responsabilidad penal contra jueces y magistrados solo podrá incoarse por providencia del Tribunal competente o en virtud de querella del Ministerio Fiscal o del perjudicado u ofendido») que es evidente que la acción popular ha sido expresa y voluntariamente omitida por el redactor del proyecto.

Yo he querido saber qué pasaba con el proyecto —ese que temía que estaba en la manga del Gobierno— de los escabinos. Su señoría no me ha contestado y mi duda se acrecienta.

Y, para terminar, decir que en Italia, por mis pequeños conocimientos en la materia —no soy un experto en Derecho italiano— creo que la instrucción básicamente no está confiada al juez, y menos aún al juez que juzga en puridad, sino al fiscal. Es un sistema en que fundamentalmente corresponde a la fiscalía instruir los procedimientos penales. Hay que evitar, señor ministro, la figura del juez inquisidor y hay que evitar traer demasiado deprisa y de demasiado lejos ejemplos de Derecho comparado, porque, como en una ocasión se dijo, el problema es que estos ejemplos de Derecho comparado traídos así merman mucho en el transporte.

Nada más y muchas gracias.

VIII.7. DEBATE DE TOTALIDAD SOBRE EL PROYECTO DE LEY ORGÁNICA DE RÉGIMEN ELECTORAL GENERAL EN EL PLENO DEL CONGRESO *

Tras la intervención del vicepresidente del Gobierno, don Alfonso Guerra González, se inició el debate de las enmiendas de totalidad.

El señor VICEPRESIDENTE *(*TORRES BOURSAULT*)*: Enmienda del Grupo Parlamentario Popular de devolución al Gobierno. Para su defensa tiene la palabra el señor Alzaga.

El señor ALZAGA VILLAAMIL: Señor presidente, señoras y señores diputados, me cabe el honor de representar a mi Grupo Parlamentario en un debate que sin duda alguna atañe a una cuestión importante.

Algunos manuales de Derecho político suelen decir, en términos que casi son tópicos, que una Constitución viene a responder básicamente a tres preguntas: quién manda en un sistema político, cómo manda y para qué manda. La primera es, sin duda alguna, la gran pregunta, una pregunta central porque afecta a la legitimidad de origen, y su respuesta tiene en una Constitución democrática sus premisas básicas y tiene, por supuesto, su desarrollo en la ley electoral del país de que se trate. En ambos casos son, con toda evidencia, reglas de juego básicas que no pueden ser redactadas unilateralmente —como tácitamente ha reconocido hace breves minutos el vicepresidente del Gobierno— por una mayoría coyuntural y que, como también he creído entrever en sus palabras, ello requiere de acuerdo, de compromiso y de consenso.

En efecto, la legitimación de los gobiernos de las democracias pluralistas radica en las elecciones libres y competitivas, y la práctica de las mis-

---

* Sesión Plenaria núm. 174, de 5 de diciembre de 1984, *Diario de Sesiones del Congreso de Diputados*, núm. 174, pp. 8068-8081.

mas, de estas elecciones auténticas, constituye el principal hecho diferencial con aquellos otros sistemas políticos, que no es preciso denominar, que carecen de ellas.

En consecuencia, es fácil determinar ya dos ideas básicas. De una parte, que las mejores, las más viejas y más venerables democracias se sitúan desde hace tiempo en las antípodas de lo que fue la práctica decimonónica en España, en que cada Gobierno hacía una ley electoral a su medida cuando ganaba unas elecciones, cosa que trajo las consecuencias funestas que todas sus señorías conocen perfectamente. Y, en segundo término, que estas mismas grandes democracias tienen leyes compactas, leyes en las que ni hay resquicio para el fraude ni para la duda sobre la pureza del sufragio.

En torno a esas dos consideraciones yo quería subrayar, con el mismo talante constructivo y moderado con que se han pronunciado quienes han tenido la oportunidad de pasar hace un momento por esta tribuna, dos preocupaciones de fondo que nos pueden asaltar. En primer lugar, una que afecta a lo que el Reglamento de esta Cámara, en su artículo 110, cuando se refiere a la materia propia de las enmiendas de totalidad, llama la oportunidad de un proyecto de ley objeto de debate. Es evidente que se quiere modificar la Ley Electoral en una legislatura en que hay un partido que ha conseguido, en buena lid, en unas elecciones una mayoría suficiente para él solo tener los votos para poder aprobar una ley orgánica. Esto plantea la cuestión de si se va a intentar proponer el debate y aprobación de esta ley con auténtico consenso o quizá con un semiconsenso, no quiero decir con un pseudoconsenso.

Se ha hablado de conversaciones por el vicepresidente del Gobierno. Sabe bien el vicepresidente del Gobierno que las mismas fueron sin papeles delante. Sabe bien el vicepresidente del Gobierno que cosa distinta es en castellano pactar y oír. No ha habido pacto, se ha oído a los distintos Grupos Parlamentarios, pero se les ha oído sobre planteamientos generales, no sobre fórmulas electorales reflejadas en un proyecto, se les ha oído sobre criterios generales; consulta que nuestro Grupo Parlamentario agradece y considera positiva, pero cree, evidentemente, que no constituye, ni con mucho, el grado de concierto de voluntades que debe presidir, ni más ni menos, que la elaboración de la ley electoral.

Se nos dirá —creo que se nos ha dicho por el señor Guerra— que la Ley había que modificarla. Tengo que decirle con franqueza al señor Guerra que de su medida intervención lo que más me ha sorprendido es la línea argumental que ha utilizado para extraer esta conclusión. El señor Guerra ha venido a sostener que el Decreto-Ley de normas electorales, de 1977, constituye una normativa caducada en función de la redacción de la Disposición Transitoria octava, de nuestra Constitución política. El señor Guerra sabe perfectamente que esa Transitoria ha tenido por algunos autores esa lectura, por otros comentaristas otra lectura y, en todo caso, estas normas han sido objeto de aplicación a todo un conjunto de elecciones autonómicas y locales sobre las cuales, incluso, en ocasiones han tenido la oportunidad de pronunciarse los tribunales, y de hacerlo aplicando una normativa que no se ha considerado caducada. Desde luego, la tesis de que esa norma caducada ha recuperado vigencia para llenar un vacío normativo para poder hacer las elecciones de 1982 es una tesis poco asumible en buena técnica jurídica, porque cuando una ley se encuentra agotada en la duración prevista, en este caso en la Constitución, un vacío normativo no puede convertir en vigente una norma que no lo está.

Digo todo esto, en primer lugar, para tranquilizar al Grupo Socialista, el Grupo mayoritario y al Gobierno, de que está ocupando sus posiciones institucionales, por supuesto, en virtud de unas elecciones llevadas a cabo con una Ley que estaba vigente y sobre cuya vigencia no cabe venir a suscitar dudas, ni siquiera a efectos dialécticos, como creo que ha hecho el señor vicepresidente del Gobierno, quizá un tanto impensadamente. Pero, en segundo término, para subrayar también, y por qué no, que hay una legislación electoral que no está caducada, que está vigente, y, por tanto, no era imprescindible en esta legislatura venir a dictar una ley electoral como se hace, en función de las atribuciones que corresponden a la mayoría, no a la necesidad insoslayable de llenar un vacío normativo. Porque, como mucho, lo que podemos admitir es que hay ciertos puntos menores, casuísticos y secundarios, en los cuales la norma electoral vigente, en cuanto anterior a la Constitución, puede suscitar dudas de constitucionalidad, y la propia Disposición Transitoria octava, en materia de incompatibilidades, hacía ya una adaptación porque era consciente de que no se adaptaba a las previsiones del artículo 70 de la Constitución lo que el Decreto-Ley de 1977 venía a dictar al respecto.

Ahora bien, en ese caso, lo que resultaba imprescindible era solo superar esos escasos puntos para adaptarlos al techo constitucional de 1978 y, quizá, aportar alguna garantía adicional. Es obvio, basta la mera lectura del proyecto de ley que nos ocupa hoy en esta Cámara para llegar a la conclusión de que el mismo ni se limita a resolver esos puntos excepcionales en que cabe concebir dudas de inconstitucionalidad, ni brilla, precisamente, por aportar garantías adicionales al proceso.

Yo quiero, en honor a la verdad, elogiar la medida, que no es pequeña, en que el proyecto se atiene a la normativa anterior; la medida en que el Gobierno ha tenido la prudencia de respetar varias de las paredes maestras de una Ley como la de 1977, que es, en toda la historia del Derecho electoral patrio, la que ha dado lugar a menos críticas en cuanto a los vicios en que se pudiera incurrir en las elecciones, la que ha generado menos impugnaciones, la que, en definitiva, ha conllevado un clima de mayor legitimación en el sistema por vía electoral. Ahora bien, al igual que elogio esa prudencia en el respeto a muchos aspectos de la normativa anterior, que me parece que se hace con buen sentido, sobre todo si no hay consenso, quiero creer que la mayoría socialista no va a ensayar en esta ley alguna de esas prácticas que hemos conocido en otros proyectos de ley como, por ejemplo, la de introducir en el Senado a última hora, en el último minuto, con escaso debate, una enmienda para suprimir ciertos cuerpos de la Administración.

Nosotros creemos que esta es una norma que afecta a las bases del sistema y que, por tanto, el clima de concertación al respecto, sobre todo si el Gobierno insiste en hacer uso de su mayoría parlamentaria para cambiar la Ley Electoral, es absolutamente fundamental. Ahora bien, junto a esta negativa de la oportunidad, que hago con las matizaciones que he subrayado ante sus señorías, ante todo y sobre todo querría en nombre de mi Grupo Parlamentario marcar el acento en que esta Ley, según nuestro honesto y leal saber y entender, tiene demasiadas fisuras e intersticios en un procedimiento electoral que debe garantizar la autenticidad de las elecciones.

Este es un capítulo en el que observamos abundantes agujeros. Nos preocupa porque todo manual de Derecho electoral parte del análisis de que la primera clave para unas buenas elecciones, para unas elecciones auténticas, es disponer de un buen censo en cuanto a su elaboración, a la dirección imparcial de su elaboración, a su supervisión, corrección de errores, etcétera. Porque es en la elaboración de un buen censo donde se ponen las premisas básicas que vienen a garantizar que no se incurra en el doble o triple voto, que no voten los muertos, que desgraciadamente en nuestra historia electoral en algunos momentos han votado incluso más que los vivos, que no se lleven a cabo omisiones de electores situados en ciertos barrios en ciertas localidades donde se presupone que hay una abundancia de electores de las fuerzas políticas adversarias, etcétera.

En este tema, señores del Gobierno, nosotros quedamos más que insatisfechos con lo que leemos en el proyecto, no ya porque algunas de las preocupaciones que suscitó en su día la normativa que ahora se trata de derogar no tengan contestación, como por ejemplo el que los listados de electores se facilitan a los partidos sin el DNI, lo cual dificulta el control por ordenador, la problemática del doble voto, etcétera, a que antes me he referido —que esta es cuestión que, por supuesto, por vía de enmienda al articulado nuestro Grupo Parlamentario va a defender en su caso y día—, sino que, conscientes como somos de que si un censo es adulterable, como sabe muy bien la mayoría parlamentaria, las elecciones se pueden llegar a convertir en una filfa.

Nosotros observamos que hay un cambio sustancial sobre varios puntos de la normativa vigente. Por ejemplo, en la normativa electoral hasta ahora vigente, en el artículo 14.1 se atribuía la competencia a la Junta Central en primer lugar respecto de la importante cuestión de dirigir e inspeccionar cuantos servicios se refieran al censo electoral. Y el artículo 11 de la misma disposición decía que el Instituto Nacional de Estadística pondría a disposición de la Junta Central, de las provinciales y de zona los asesores técnicos que estas reclamasen. Es decir, toda la responsabilidad política quedaba en manos de la Junta Central, y el Instituto Nacional de Estadística asumía una función cooperadora.

En el proyecto que en estos momentos tenemos entre manos nos encontramos con una situación realmente diversa. Nos encontramos con que los servicios administrativos del censo se liberan de la dirección de la Junta Central. Nos encontramos con una novedosa Sección II del Capítulo III titulada «La oficina del Censo Electoral», y en ella leemos, en el artículo 11, que la oficina del Censo Electoral, encuadrada en el Instituto Nacional de Estadística, es la autoridad encargada de la formación del censo electoral, etcétera. Nos encontramos en el artículo 12 las importantes competencias atribuidas a la oficina del Censo Electoral. Nosotros queremos subrayar que el Instituto Nacional de Estadística, como aquí conocemos todos, depende de un Ministerio del Gobierno de la nación.

De otra parte, en el proyecto, la Junta Electoral Central, en el artículo 32.1, se encuentra con que sus competencias expresas están recortadas de modo y manera que puede resolver quejas, consultas, puede ejercer jurisdicción disciplinaria, puede corregir ciertas infracciones, pero no puede ni llevar a cabo facultades de dirección sobre el censo, ni siquiera tiene facultades de inspección sobre el censo. Esto es grave. Pero el complemento de esto está en que la oficina del Censo Electoral tiene unas delegaciones provinciales y estas delegaciones provinciales del Censo vacían a las Juntas Provinciales del Censo también de la dirección y de la inspección en materia de censo, dentro de los límites de sus respectivas jurisdicciones que antes tenían confiadas en función de lo que decía el artículo 15.1 del Decreto-Ley que se aspira a derogar.

Señorías, una elaboración del censo electoral gubernamentalizado es grave. Obliga a suscitar la pregunta de por qué se intenta establecer. Yo prefiero no contestarla e invitar al Gobierno de la nación a que rectifique en cuestión tan capital. Es grave igualmente la política de reducir competencias a las Juntas del Censo. Es asimismo materia no baladí la política de modificar algo tan delicado como la composición de las Juntas del Censo, en unos casos, introduciendo composiciones que a nosotros nos parecen menos solventes, en otros a la par, llevando a cabo composiciones que nos parecen menos independientes.

En esta materia se han introducido muchos cambios. Mi Grupo Parlamentario ha enmendado todos ellos y, por tanto, en el debate sobre el articulado tendremos ocasión de discutir esta materia. Pero yo querría, en el debate de totalidad, hacer uso de aquel viejo adagio de que «como muestra vale un botón», lo más rápido y sencillo de exponer que sea posible.

En materia de Juntas de Zona, el artículo 9 del Decreto-Ley de normas electorales hasta ahora vigente, establecía que los vocales eran tres jueces municipales o comarcales, el decano del respectivo Colegio de Abogados, y dos electores designados por sorteo entre los que residan en la cabeza de partido y ostenten al menos título, edad, etcétera. El artículo 24 del proyecto que en este momento está sometido a la consideración de está Cámara, mantiene tres jueces, desaparece el decano del Colegio correspondiente de Abogados y, a lo que voy, nos encontramos en un apartado *b)* con que han desaparecido los vocales por sorteo y, en su lugar, el proyecto dice: «Dos vocales designados por el Gobierno Civil entre licenciados en Derecho residentes en el partido judicial. La designación de estos vocales tendrá lugar una vez proclamadas las candidaturas. A este fin, los representantes de las candidaturas presentadas en el distrito electoral correspondiente propondrán conjuntamente las personas que hayan de desempeñar estos cargos. Cuando la propuesta no tenga lugar antes del comienzo de la campaña electoral, el gobernador civil procede a su nombramiento».

El señor VICEPRESIDENTE (*TORRES BOURSAULT*): Señor Alzaga, le ruego resuma lo que le resta de su intervención.

El señor ALZAGA VILLAAMIL: Tanto como me sea posible, señor presidente.

El señor VICEPRESIDENTE (*TORRES BOURSAULT*): Es que no está defendiendo una enmienda de devolución, señor Alzaga.

El señor ALZAGA VILLAAMIL: Yo creo que los puntos que toca afectan a la naturaleza y espíritu del proyecto. Intentaré, en todo caso, ceñirme...

El señor VICEPRESIDENTE (*TORRES BOURSAULT*): En todo caso resuma, por favor, señor Alzaga.

El señor ALZAGA VILLAAMIL: Muchas gracias.

Sin entrar en detalle, señor Guerra, es evidente que este mecanismo supone que si no hay propuesta conjunta de los partidos, por el hecho, por ejemplo, de que muchas candidaturas sean difícilmente capaces de lograr un acuerdo en solo dos nombres, o por algo tan sencillo como que el partido del Gobierno no coopere a ese acuerdo y entonces no será posible la propuesta conjunta, el gobernador civil, con sus santas manos, puede designar el 40 por 100 de los miembros de las Juntas de Zona. Nosotros creemos que las santas manos de los Gobiernos Civiles, cuando se introducen en estas materias, pueden ser cuasi pecaminosas. Admiramos el ingenio de los redactores de este mecanismo y de otros en los que no voy a entrar. No quiero decir que estén en la más rancia tradición decimonónica ni que se trate de conseguir que el ministro del Interior pueda llegar a utilizar el título de gran elector que el pueblo español atribuyó en su día a su predecesor el señor Romero Robledo; no sé, incluso, si se le daría tal título al señor Barrionuevo pero me parecería malo, incluso, que, como mínimo, algún dibujante como Peridis quite el casco en sus dibujos al señor Barrionuevo y le ponga uno o cientos de pucheros; no sé cuántas Juntas de Zona hay en España.

Yo creo que no se trata solo de velar por el prestigio del Gobierno, sino que se trata, evidentemente, de velar por la seriedad del sistema electoral y de la práctica de los Gobiernos Civiles. En la historia del Derecho electoral español está escrito todo y no hace falta insistir más. Con permiso de la Presidencia, a otros muchos casos de gubernamentalización del proceso que registra el proyecto podríamos traer a colación los que se producen en la regulación del voto por correo, sistema necesario que hay que flexibilizar, tanto como las garantías lo permitan, en los artículos 73.2 y 74.6 del proyecto, donde se deslegaliza la cuestión hasta términos que, desde nuestro punto de vista, incurren en inconstitucionalidad *[Rumores]*.

Yo querría referirme aun, brevemente, a tres temas. Son de naturaleza técnica y sobre los cuales quiero ser breve. Me refiero a la temática de los medios de comunicación de titularidad pública, a incompatibilidades y a financiación.

Sobre la utilización de medios de comunicación de titularidad pública para la campaña electoral, nuestro Grupo Parlamentario piensa que, si se puede hacer con garantías —y, como es natural, esto merece un subrayado—, se debe ir al mayor empleo, dentro de lo razonable, de estos medios. Porque en toda Europa, en Estados Unidos y, en general, en las democracias occidentales, las campañas electorales, progresivamente se van alejando del viejo mitin, del viejo cartel y de la octavilla, que ensucian mucho y comunican poco y van progresivamente circulando a través del empleo de la radio y de la televisión, que permiten una comunicación directa, extensa y sosegada.

Por tanto, nosotros pensamos que en esta materia deberíamos ir a una modernización de nuestras campañas electorales; que la normativa electoral vigente —que fue muy cauta, quizá porque era una normativa de la Transición—, puede ser superada en esta materia, si se llega a entrar en la redacción de esta ley, a condición —repito— de desgubernamentalizar el control.

Un constitucionalista tan ilustre como André Hauriou tiene escrito que donde la televisión está en manos privadas, donde se cumplen las horas de imagen, hay que establecer en la ley electoral cautelas frente al peso del dinero. Pero añade que donde la televisión es del Estado es preciso tomar precauciones en contra del poder.

No parece que esa sea la máxima que haya inspirado a los redactores del proyecto cuando, en el apartado 2 del artículo 64, vienen a establecer que una comisión de control para radio y televisión, bajo la dirección de la Junta Electoral Central, es competente para aprobar y supervisar la programación de informativos y de otros espacios de contenido político que hayan sido acordados, etcétera. Y, en el 3, que la comisión de control está formada por nueve vocales; de ellos, cuatro representantes de la Administración, designados por el Gobierno y los cinco restantes por la Junta Electoral Central, a propuesta conjunta de los partidos. Yo, señor Guerra, por supuesto estoy muy conforme y satisfecho con el tono constructivo que ha empleado en su intervención. No creo que pueda tomar a mal que nosotros estemos un tanto preocupados sobre la realidad de Televisión Española, de la televisión que dirige el señor Calviño...

También intentaba decir que, desde nuestro punto de vista, en materia de medios de comunicación pública y en su empleo en la campaña electoral, es un principio básico de una ley electoral garantizar un control que esté desgubernamentalizado en la misma medida en que, obviamente, en ese momento de pugna electoral, el partido que sustenta al Gobierno es parte de la contienda electoral y, consiguientemente, el Gobierno es parte y, de forma imposible, juez a la hora de mediar. Tengo que decir, por otra parte, que los criterios de distribución de tiempo y otros aspectos que se contienen en esta parte del proyecto de ley nos parecen, señores de la mayoría, razonablemente articulados en el proyecto.

En materia de causas de inelegibilidad e incompatibilidad —intentaré no entrar en el articulado— nosotros no estamos, por supuesto, contra estas causas que traen razón de ser en el artículo 70 de la Constitución, que contiene no un *numerus clausus*, sino como todos sabemos bien, una numeración abierta. Ahora bien, ciertos criterios excesivamente expansivos que pueden ser criticables afectan al empobrecimiento de la Cámara, suponen limitaciones de derechos subjetivos y, en particular, del derecho de participación en asuntos, cargos y funciones públicos con expresa referencia a las elecciones periódicas que se enumeran en el artículo 23 de nuestra Constitución.

Nosotros creemos, por tanto, sin poder ahora entrar en detalles, porque soy consciente de los apercibimientos de que he sido objeto, que algunos supuestos que contempla este proyecto de ley pueden ser inconstitucionales. El señor Guerra en su intervención ha hecho referencia a que el Tribunal Constitucional dijo que aquella ley que aprobó esta Cámara se introdujera en la Ley Electoral *[El señor presidente ocupa la Presidencia]*.

Yo creo que seriamos más exactos todos si dijéramos que la oposición ganó aquel recurso de inconstitucionalidad por el primer motivo, que era el de que aquella materia tenía que ser tratada dentro de la Ley Electoral; pero el Tribunal Constitucional no entró en otros motivos de fondo, y uno de esos motivos de fondo, y muy importante, era el de que no se pueden limitar más allá de lo imprescindible estos derechos subjetivos que tienen que poder estar a la altura del artículo 23 de nuestra Constitución. Nosotros, por supuesto, no queremos plantear en esta materia nuevos recursos de inconstitucionalidad, y esperamos del sentido común de la mayoría la posibilidad de una regulación razonable de las responsabilidades.

Y, para terminar, una brevísima referencia a la regulación de gastos y subvenciones electorales. Esta regulación es probablemente no ya conveniente, sino necesaria. Hay que regular los gastos. Se ha dicho que quizá en las campañas electorales en nuestro país se tira la mitad del dinero, pero que es probable que los partidos no sepan cuál es la mitad que se tira y cuál la mitad que es necesaria. Nuestra intervención a este respecto básicamente es técnica, pero de principio porque es metodológica. Nosotros creemos en la superioridad de la unidad metodológica de tratamiento de esta cuestión, y de la muy estrechamente ligada a ella, la financiación general de los partidos en una ley que abarque cuanto guarda relación con la financiación de los partidos políticos. Este es el criterio más extendido en Derecho comparado, aunque es verdad que hay algunas excepciones, excepciones importantes, pero es el más extendido.

Nosotros creemos que hoy hay una *communis opinio* probablemente en esta Cámara y fuera de ella sobre la necesidad de una legislación de financiación de partidos. Suponemos que tras los trabajos que está llevando a cabo la Comisión que esta Cámara tiene constituida bajo el expresivo nombre de «Sobre financiación de los Partidos Políticos», estaremos en el momento idóneo de, con el máximo conocimiento de causa, extraer conclusiones no apriorísticas, sino basadas ya en unos estudios y redactar un proyecto de ley completo y coherente sobre las actividades de los partidos y sobre las campañas electorales, que son una parte de las actividades de los partidos. Por todas estas razones, mi Grupo Parlamentario pide a sus señorías el voto favorable a la enmienda a la totalidad que ha presentado sobre este tema. Nada más y muchas gracias.

* * *

Tras la réplica dada por el señor Martín Toval.

El señor PRESIDENTE: En turno de réplica tiene la palabra el señor Alzaga.

El señor ALZAGA VILLAAMIL: Gracias, señor presidente.

Permítame el señor Martín Toval, en primer término, que le diga, con la máxima cordialidad, que yo no sufro al Gobierno socialista en tanto en cuanto como demócrata sé bien que a una sociedad pluralista corresponde, en unos momentos, ejercer la función de Gobierno a unos y, en otros momentos, a otros, y eso para un demócrata no es nunca motivo de sufrimiento. Sufro, como es natural, como persona que pretende ser mínimamente cartesiana y lógica cuando se perciben argucias permisibles en la técnica parlamentaria en función de las cuales no se contesta a lo que se ha dicho, etcétera. En todo caso, yo no sufro nunca al señor Martín Toval y estoy seguro de que él no me tendrá que sufrir cuando, como él se teme, me encuentre en la Ponencia de esta Ley Electoral si, como nos tememos, no es aceptada nuestra enmienda de totalidad.

De la forma más telegráfica posible, señor Martín Toval, no hay consenso propiamente dicho en este caso, cuando una parte dice que lo hay, sino cuando ambas partes están en condiciones de decir que lo hay. Su señoría, sin duda, de forma quizá impensada, ha traído a colación por vía de ejemplo para otro tema, cual está siendo la dinámica en la vida pública italiana en estos momentos de alcanzar un auténtico concierto de voluntades entre los diversos Grupos Parlamentarios para una reforma de algo tan capital como es la Ley Electoral, auténtico pilar de un sistema político. Eso que se está haciendo en Italia es buscar, es configurar, es alcanzar un consenso. Yo no le critico más por esta cuestión al Gobierno. Solo hemos subrayado que no existía consenso al respecto y que había habido unas conversaciones, que agradecemos, y que valían lo que valen, como ha quedado dicho.

En segundo término, no creo que se pueda decir en puridad que el Decreto-Ley de normas electorales de 1977 está tachado de excepcionalidad, pues se interpreta la Transitoria octava en términos de que solo se mantenía la vigencia de esta Ley Electoral para la consulta siguiente, es decir, para la de 1979, o también para las restantes.

Cuando se redactó la Transitoria octava se suprimió —no recuerdo bien, porque hablo de memoria— si en el Senado o en la Comisión Mixta Congreso-Senado de aquella legislatura constituyente una palabra que creo que era «primeras», y donde hablaba de las elecciones decía «primeras elecciones». Y aquello que estaba en el texto que salió de esta Cámara, se sustituyó en aquel momento, con lo cual quedaba clara la posibilidad, por vía de aquella Transitoria, de mantener esa Ley.

Esta es una discusión que no conduce a ninguna parte. Se han hecho las elecciones de 1982, y nadie duda de su validez, con una determinada Ley. Por tanto, se podrían hacer elecciones siguientes en su caso y momento con esa determinada Ley.

No hay sentencia del Tribunal Constitucional que diga otra cosa, y no hay que citar sentencias por citarlas cuando no vienen a ventilar esta cuestión, y uno, como abogado en ejercicio, esa habilidad la conoce.

Su señoría ha empleado cuatro quintos de su tiempo, aproximadamente, no en contestar o valorar nuestra enmienda de totalidad y a la intervención que yo había tenido la satisfacción de llevar a cabo en esta Cámara, sino a una valoración que usted mismo ha calificado de urgencia de las enmiendas que al articulado ha presentado mi Grupo Parlamentario y que, como es evidente, corresponde tratar en trámites sucesivos y distintos de aquel en el cual nos encontramos inmersos.

Yo, sobre muchas de las cosas que ha dicho, le podría explicar que se incurre en mala interpretación, pero, con razón, el presidente de la Cámara me llamaría a la cuestión, porque incluso, yo pensaba que, sin razón, el vicepresidente, en función de presidente, me ha llamado a la cuestión y yo me he atenido a su llamamiento en mi anterior intervención. Su señoría ha tenido más suerte y nos ha hablado de ocho o diez enmiendas al articulado que consideraba fáciles de contestar. Entre ciento y pico enmiendas, encontrar ocho o diez para contestar, aparte de que este no es el trámite, siempre se encuentran. Incluso puede haber algún lapsus, pero eso no es contestar a las cuestiones capitales que nos ocupan, ni me parece que lo sea el atribuir un clima de desconfianza.

Nosotros —y en el nosotros, por supuesto, asumo la representación del Grupo Parlamentario en cuyo nombre hablo— no nos dejamos llevar por sentimientos subjetivos y desconfianzas. Pero esta es una materia en la que la confianza hay que llevarla al último elector.

Las leyes electorales, en gran medida, son leyes rituarias, son leyes de procedimiento, son leyes de detalle, que tienen que recoger garantías para que el censo electoral vaya a votar con plena confianza. Yo no tengo desconfianza.

Sus señorías, como Grupo mayoritario, tienen la responsabilidad política muy importante de buscar al máximo la inserción de tantas garantías como se pueda. No se hace y este es el problema.

En materia de censo me cita su señoría a ciertos autores italianos que hablan de que la organización del censo debe estar dotada de autonomía. En efecto, ese es el problema. Hace falta que esté dotada de autonomía; pero lo que ocurre es que el artículo 11 del proyecto que nos ocupa dice que la Oficina del Censo Electoral, encuadrada en el Instituto Nacional de

Estadística..., y el Instituto Nacional de Estadística es un Organismo del Ministerio de Economía y Hacienda. Esto no tiene autonomía, se busque por donde se busque.

En la normativa vigente, que se trata de sustituir, había una autonomía, porque se concebían unas Juntas del Censo autónomas, con la facultad de dirigir e inspeccionar todos, todos sin excepción, los trabajos del Censo.

Me cita su señoría el artículo 19 del proyecto. El artículo 19 lo único que dice, hasta donde soy capaz de descubrir: «1. Contra las resoluciones de la Oficina del Censo Electoral puede interponerse recurso ante el juez de Distrito o, en su caso, de Primera Instancia, en un plazo de cinco días a partir de su notificación».

El problema con el censo, señor Martín Toval, no es que una persona se percate, en un momento determinado, de que se ha cometido una irregularidad que le afecta y tenga la posibilidad de un recurso —que siempre es un mecanismo traumático, como todo lo judicial— para, con una serie de molestias, conseguir ser reinsertado en el disfrute de sus derechos. El problema no es ese. El problema es que errores masivos, aunque sean involuntarios, no pueden tener nunca tratamiento por vía de garantía judicial. Consiguientemente es el órgano autónomo por excelencia, que es la Junta Central del Censo y, en sus respectivos ámbitos, las provinciales y las autónomas las que tienen que estar al frente de esos trabajos y no el Ministerio de Economía y Hacienda. Yo sé que a usted a lo mejor le da más confianza que la Junta Central del Censo, pero esto no es una cuestión de confianza. En ningún país democrático de Europa esto funciona así, señor Martín Toval. Siga usted consultando la bibliografía italiana que ha citado y verá que en ningún sitio funciona así.

El señor PRESIDENTE: Termine, señor Alzaga.

El señor ALZAGA VILLAAMIL: Sí, señor presidente. Yo le he citado el tema de cómo a los gobernadores civiles se les deja en las manos el 40 por 100 de las Juntas del Censo. Usted me sale contestando, con la habilidad que le caracteriza —y yo se la reconozco y alabo—, que si los decanos de los colegios notariales tienen que estar o no en las Juntas Provinciales. Ese es el consabido método Ollendorff. Yo lo que esperaba de su señoría es que reconociese que era un lapsus y dijera que el Gobierno socialista, que el Grupo Parlamentario que lo sustenta, no tenía tal pretensión y, lejos de lo que era una broma cordial sobre las posibilidades de ser cambiado en alguna viñeta el tocado del ministro del Interior, expresara la voluntad firme de que estas figuras no se mantengan en el proyecto de ley cuando pase a ser ley, porque son fisuras realmente graves.

A mí siempre se me puede pedir rigor, pero no se me puede pedir rigor en concreto, señor Martín Toval, sobre lo que yo he dicho del voto por correo, diciendo que no es serio y diciendo —como ha dicho su señoría— que únicamente se dan facultades al Gobierno de la nación en un caso muy excepcional, como es el personal embarcado en buques de la Armada o en la Marina Mercante.

En el artículo 74, que es kilométrico, por cierto, el apartado sexto dice literalmente lo siguiente: «El Gobierno puede regular los criterios y limitar los supuestos de aplicación de este artículo...». Casi nada. Y sigue diciendo: «así como establecer otros procedimientos para el voto de los residentes o ausentes que vivan en Estados extranjeros donde no sea posible lo dispuesto en este artículo...».

Si esto no es dejar el voto por correspondencia absolutamente en blanco y decir que lo que le parezca mejor al Gobierno será, en definitiva, el mecanismo de regulación del voto por correspondencia, su señoría ya me dirá.

Y lo que yo no acabo de entender es por qué se puede deslegalizar una materia que tiene reserva no de ley, sino de Ley Orgánica, en todo el voto por correspondencia y no puede deslegalizarse también en el voto que no es por correspondencia, ya que no acabo de entender en base a qué consideración técnico-jurídica se puede deslegalizar prácticamente todo el voto por correspondencia, sin establecer implícitamente la tesis de que se pueden deslegalizar todos los votos.

Es evidente que es necesario flexibilizar, siempre dentro de las garantías, el voto por correspondencia. Proponga el Gobierno el procedimiento que le parezca oportuno y recójase con rango de ley, que es lo que corresponde, señores, a esta cuestión.

Yo esperaba que hubiese encontrado su señoría —yo no lo he encontrado— un solo caso, no digamos ya dos, en la Europa democrática, de leyes electorales en que haya una Comisión de Control de Televisión con cuatro miembros de nueve nombrados a dedo por el Gobierno.

Se me han hecho otras consideraciones absolutamente inocuas. Su señoría ha tenido a bien no contestar sobre el tema de incompatibilidades y, consiguientemente, no cabe réplica.

Por último, sobre el tema de financiación, señor Martín Toval, nosotros no estamos remitiéndonos *ad calendas graecas*... Seamos serios y estemos a lo que realmente sostiene en cada punto cada Grupo Parlamentario. Nosotros sostenemos que en una ley que debe ser anterior a las próximas elecciones generales, que debe ser —como en tantos países de Europa— una ley que comprenda que la financiación de actividades de partidos y la financiación de campañas electorales se entrecrucen, que es muy difícil distinguir el duro que tiene en caja un partido político para unas cosas y lo que tiene para hacer actividades de campaña electoral...

El señor PRESIDENTE: Termine en un minuto, señor Alzaga.

El señor ALZAGA VILLAAMIL: En una ley de conjunto y por razones técnicas —yo le he mencionado el Derecho comparado y le he remitido al Derecho alemán y le he reconocido que hay excepciones, como la ley inglesa—, habiendo tiempo como hay, es lógico que se vaya a una regulación coherente de una materia que si empezamos a regular mal no ofrecerá las garantías plenas que hoy nos demanda nuestro pueblo al respecto.

Nada más y muchas gracias.

VIII.8. DEBATE SOBRE LA LEY ORGÁNICA DEL RÉGIMEN ELECTORAL GENERAL EN LA COMISIÓN CONSTITUCIONAL DEL CONGRESO *

En relación con la Disposición Transitoria cuarta sobre los datos censales.

El señor PRESIDENTE: La única objeción que se ha hecho por el Grupo Parlamentario Popular es a la Transitoria, no al texto articulado, porque la oferta del Grupo Socialista es una Transaccional global a las enmiendas 550 a 552. Es una transacción que comprende artículo 31 y Disposición Transitoria. Naturalmente que el Grupo Parlamentario Popular puede optar por lo que crea más oportuno.

Tiene la palabra el señor Alzaga.

El señor ALZAGA VILLAAMIL: Dado que nuestro ánimo es constructivo, como se desprende de las palabras de mi compañero de Grupo Parlamentario que acabamos de oír, quizá una fórmula sería, si la magnanimidad de la Presidencia consiente en ello, que aparcáramos hasta el término del debate de este proyecto de ley esta cuestión, lo cual nos depararía el tiempo suficiente para acabar de hablar con el Grupo Socialista sobre algunos aspectos de perfil que consideramos importantes en la redacción de la disposición transitoria, pues en este momento no podemos, sobre cuestión tan capital, improvisar.

Precisamente como es un tema que está colgado tanto del artículo de marras como de la disposición transitoria, si forman paquete podemos discutirlo al final, cuando llegue el momento de discutir la transitoria, y eso

* Comisión Constitucional de 26 de marzo de 1985, *Diario de Sesiones del Congreso de los Diputados,* núm. 286, p. 8943.

nos da un tiempo en el que nosotros queremos creer que alcanzaremos pleno acuerdo.

* * *

Continuación del debate de Comisión sobre la Ley Orgánica del Régimen Electoral General, el 27 de marzo de 1985 *

Inicio del debate de las enmiendas al articulado de la Sección VI del Capítulo VI, relativa a la utilización de medios de comunicación para la campaña electoral.

El señor PRESIDENTE: Tiene la palabra el señor Alzaga.

El señor ALZAGA VILLAAMIL: Con su venia, señor presidente.

Es enteramente obvio para todos los señores comisionados que estamos tocando una materia que reviste la máxima trascendencia, porque afecta al comportamiento que durante el periodo electoral vengan a desarrollar los medios de comunicación públicos, y sabido es el número importante y la audiencia de estos medios en nuestra sociedad. Entre ellos se encuentra, obviamente, uno enormemente particular, que es Televisión Española, que constituye de suyo la principal correa de transmisión que tienen los partidos, federaciones y coaliciones, en suma, los candidatos, para entrar en comunicación con el pueblo español, que tiene que emitir su parecer soberano en unos comicios electorales.

Evidentemente, la lectura de los preceptos que están mereciendo la atención de esta Comisión en este momento suscita la preocupación de todos sobre la limpieza del juego electoral, que es tanto como si vamos a ser capaces entre todos, a la hora de asumir nuestro compromiso como legisladores, al debatir y aprobar esta ley, de garantizar que las elecciones en nuestro país deben ser enteramente libres y competitivas, porque elecciones, señorías, hay por supuesto en muchos países; elecciones auténticamente libres y competitivas, solo en las mejores y más venerables democracias.

Yo creo que esta ley, con algunas excepciones que hemos venido en señalar desde nuestro Grupo Parlamentario, viene siendo una ley homologable a las mejores leyes electorales europeas. En esta materia, señores de la mayoría, nosotros albergamos dudas importantes.

Tengo que decir, en primer lugar, que nuestro Grupo Parlamentario celebra, y esto no es semántica, esto es sincero, el que se haya producido un esfuerzo a la hora de presentar estas enmiendas transaccionales, este paquete de fórmulas de punto de encuentro, porque, en primer término, es evidente que ello conlleva el reconocimiento de que no es plenamente mantenible con carácter dogmático la filosofía que contiene al respecto el

---

* Comisión Constitucional de 27 de marzo de 1985, *Diario de Sesiones del Congreso de los Diputados,* núm. 287, pp. 8975-8976.

proyecto de ley remitido por el Gobierno a esta Cámara, y, en segundo término, porque yo quiero creer que de ello se deriva también una voluntad, una disposición por parte del Grupo Parlamentario que respalda al Gobierno, de buscar una fórmula aceptable, una fórmula mejor.

Ahora bien, si nos asomamos a la literalidad de las fórmulas que la mayoría somete a la consideración de esta Comisión, tenemos que decir, en primer lugar y en lo que concierne al artículo 65, y como creo que ya ha venido a señalar alguno de los diputados que me ha precedido hace breves minutos en el uso de la palabra, que el mecanismo que se aporta, que desde algún punto de vista puede significar un progreso, como por ejemplo, en el ámbito de Televisión Española, respecto de la fórmula que anteriormente se sugería en Ponencia y se contenía en el proyecto del Gobierno, es una fórmula difícilmente aplicable a aquellos medios de comunicación de titularidad pública que no tienen constituidos consejos representativos según viene a disponer el artículo 20.3 de la Constitución, y en esta misma Cámara, hace no muchas fechas, yo tenía la oportunidad de recordar a la mayoría que en Radio Cadena Española, que en la Agencia Efe, etcétera, estos consejos, este control que exige el artículo 20.3 de la Constitución no está establecido. Yo creo, por tanto, que el artículo 65 requiere un nuevo proceso de reflexión.

En segundo lugar, y sin pretender ser exhaustivo en este momento a la hora de abordar la totalidad de los temas que los Grupos Parlamentarios que han venido pronunciándose sobre esta cuestión han ido tocando, en segundo término, repito, querría dejar constancia de nuestra preocupación muy prioritaria por cómo se mantiene en el número 3 del artículo 64 el dispositivo de una Comisión —ahora no se le llama de control— para Radio y Televisión. Esta Comisión, señorías, es una Comisión atípica; es difícil, por no decir imposible, encontrar en el Derecho comparado comisiones de este género; es una institución que trae causa del Decreto-Ley del 77, norma preconstitucional y de la que, precisamente, se ha criticado siempre, dentro de que era una norma que por lo general contenía amplias garantías, la reminiscencia de la vocación gubernamental de otros momentos por controlar el comportamiento en materias políticas de Televisión Española, y no digamos ya cuando se avecina el periodo electoral.

El proyecto del Gobierno sobre esta cuestión venía a procurar la mayoría gubernamental *de facto,* por un mecanismo muy directo, que era el reservar a la libre designación del Gobierno el nombramiento de cuatro miembros en la Comisión de que vengo hablando.

Aquí se produce una modificación, que yo no diría que es regresiva, como ha dicho el señor Vizcaya, con un entusiasmo por el texto del Gobierno que solo puede ser trasunto del pacto de legislatura que opera en el País Vasco, en virtud del cual hay mayor entusiasmo por los proyectos del Gobierno socialista en el Grupo Vasco, en alguna ocasión como en esta, que en el propio Grupo Socialista; yo no diría tanto; con franqueza, yo no veo una recesión; lo que no veo es avance, francamente. No lo veo porque el dispositivo que se nos ofrece en este tercer apartado del artículo 64 es una Comisión integrada por un representante de cada partido, federación o coalición que concurriendo a las elecciones convocadas cuenten con representación en el Congreso de los Diputados, y, se dice, «dichos representantes votarán ponderadamente de acuerdo con la composición de la Cámara».

A este respecto, aparte de que creo, en este punto en concreto, que se podría realmente reflexionar sobre los argumentos que nos facilitaba el señor Carrillo, sobre el mantenimiento de un voto ponderado en función de la composición de una Cámara que ya ha expirado su mandato, que ya está disuelta, el hecho cierto es que esta Comisión viene a quebrar el principio fundamental de concepción de una ley electoral moderna, que es el principio de la existencia de una administración electoral plenamente independiente de la Administración central del Ejecutivo, y plenamente independiente del poder político mayoritario en las elecciones anteriores, es decir, del Legislativo. La presencia de una administración electoral al margen de una mayoría política concreta, al margen de la mayoría gubernamental saliente, es realmente el pilar fundamental de concepción de esta ley, de concepción de las mejores leyes electorales españolas a partir de la célebre Ley Maura, que en este caserón se aprobó en el verano de 1907, y aquí se quiebra, porque, en vez de sostener que es la Junta Electoral Central, a través de los órganos que quiera construir por vía de delegación, la que va a efectuar las funciones a que se refieren los artículos 64 y 65, se le intenta introducir a la Junta Electoral Central un órgano respecto del cual lo que queda claro es que la mayoría socialista desea reservarse un control, desea reservarse una presencia mayoritaria y decisiva tanto en el texto del proyecto de ley como en el de la enmienda transaccional.

Y no nos vale, señorías, como respuesta el que la forma en que está redactado el artículo 64 supone que esta Comisión para Radio y Televisión se reserva un ámbito competencial de propuesta y que, a la postre, las decisiones están radicadas en la Junta Electoral Central, porque ese ámbito de propuesta tiene una importancia política enormemente trascendente.

En la práctica, lo que ocurre es que se articula una decisión en esta materia en dos niveles: hay un primer nivel de control de mayoría del Gobierno de turno (no quiero decir ahora del Gobierno socialista, sino del Gobierno de turno) y existe un segundo escalón, que es el de la Junta Electoral Central. Pero yo, en el día de hoy, no puedo sustraerme al hecho de que una persona tan autorizada en el Gobierno y en el partido que lo sustenta, como don Alfonso Guerra, podría decirnos, si se produjera un intento de la Junta Electoral Central de opinar con independencia de lo que fuese el contenido de la propuesta de esta Comisión para Radio y Televisión que cómo es posible que los miembros de la Junta Electoral Central estuvieran en lo cierto, opinando distinto a las conclusiones a que había llegado la Comisión para Radio y Televisión porque difícilmente puedo esperar que el Gobierno confíe una mayor autoridad a la Junta Electoral Central que al Tribunal Constitucional.

Por tanto, es necesario, es preciso, que no nos veamos en el trance de que se pueda aplicar esta doctrina tan singular que a partir de hoy parece que va a resplandecer en la vida política nacional. Yo creo que, si existe realmente, y quiero creer que sí, una voluntad transaccional en el Grupo Parlamentario Socialista, esta temática debe tener tratamiento, debe tener solución. Y ello se puede alcanzar por vías diversas, siempre y cuando el Grupo Parlamentario Socialista no pretenda reservarse el dominio pleno de la Comisión para Radio y Televisión.

Yo creo que eso ni le conviene al Gobierno ni al partido que le sustenta, ni a las radios ni a las televisiones de titularidad pública ni, desde luego, al sistema democrático español.

Búsquese una composición de esta Comisión, o, junto a la composición, un mecanismo de mayorías cualificadas que asegure que la Comisión tiene que operar por consenso y, si no se encuentra, suprímase esta Comisión tan atípica y confiérase, pura y simplemente, a la Junta Electoral Central el desarrollar esta función, a través de los mecanismos que libremente estime oportuno constituir al efecto.

Quiero, para terminar, dejar constancia muy sincera de que nuestro Grupo Parlamentario, junto a la preocupación grave que tiene en esta materia, reitera una voluntad abierta, una voluntad firme de alcanzar un acuerdo con los demás Grupos, con el Grupo del señor Martín Toval y con los restantes Grupos, en esta cuestión, y nos atreveríamos a sugerir que esta materia quedara aparcada para el final de la ley para encontrar una fórmula. Como veo el gesto negativo del señor Galeote, si no se accediera a tal cosa, al menos rogaríamos conversaciones para buscar, para explorar, fórmulas de superación de esta grave discrepancia, que veo que muchos Grupos tenemos sobre este precepto en el periodo de tiempo, en el interregno que ha de mediar entre el fin de los trabajos de esta Comisión y el momento en que se inicien los debates del Pleno.

Nada más, señor presidente.

VIII.9. DEBATE SOBRE LA LEY ORGÁNICA DEL RÉGIMEN ELECTORAL GENERAL EN EL PLENO DEL CONGRESO DE LOS DIPUTADOS *

El señor PRESIDENTE (*TORRES BORSAULT*): Se reanuda la sesión. Entramos en los artículos 50 al 69, referentes a la campaña electoral. A estos artículos hay voto particular y enmiendas del Grupo Parlamentario Popular. Para su defensa tiene la palabra el señor Alzaga.

El señor ALZAGA VILLAAMIL: Señor presidente, señoras y señores diputados que a las cuatro en punto de la tarde tienen el mérito de estar aquí con nosotros; a este diputado le cupo el honor, en su momento, de defender la enmienda a la totalidad que nuestro Grupo Parlamentario se vio en el deber de formular al Proyecto de Ley que nos ocupa. Hoy tengo que decir que se ha llevado a cabo un esfuerzo de diálogo mayor del que supone la media, excesivamente baja, a que venimos estando acostumbrados a lo largo de esta legislatura. Fruto de ese esfuerzo de diálogo ha sido una aproximación de posiciones en los trabajos de Ponencia, también en Comisión, y, en consecuencia, el hecho de que se hayan subsanado buena parte de las objeciones básicas que nuestro Grupo Parlamentario tuvo que exponer ante el Pleno, con motivo precisamente, de la defensa de la enmienda a la totalidad, a que he hecho referencia.

No obstante, han quedado en pie reservas, pero, como se ha ido demostrando a lo largo de los debates de esta mañana, mi Grupo ha querido responder a ese esfuerzo de diálogo soslayando hoy desacuerdos y enmiendas menores, y, como es natural, mi comportamiento esta tarde está en la misma dirección, dirección que consiste, por tanto, en centrarse en puntos

* Sesión Plenaria núm. 199, de 18 de abril de 1985, *Diario de Sesiones del Congreso de los Diputados*, núm. 199, pp. 9144-9163.

fundamentales de discrepancia que aún quedan y en concreto, en esta intervención, en dos puntos que atañen a la campaña electoral.

Sabido es por sus señorías que las elecciones democráticas son, entre otros aspectos, un alto en el camino de la vida política democrática que permite renovar el vínculo fundamental de representación que une a gobernantes con gobernados, y ello se hace tras un gran debate nacional, debate que abarca la gestión llevada a cabo por la mayoría saliente, debate que se tiene que extender, necesariamente, a las ofertas de futuro, a las alternativas y contraalternativas, entre las cuales, en definitiva, ha de optar el electorado en tal coyuntura.

Es obvio que es una cuestión clave la transparencia y la claridad en las reglas del juego por las cuales se ha de regir este gran debate nacional, y esto es tanto como decir que encierran la máxima trascendencia los requisitos que deben darse en la regulación de la campaña electoral. En este campo, como apuntaba, a nuestro Grupo Parlamentario se le suscitan dos aspectos, uno de los cuales realmente nos plantea una grave preocupación, y otro que, por naturaleza, consideramos que también es importante.

El primero de ellos es ya conocido de todos porque ha sido suficientemente comentado entre los muros de este viejo caserón de la Carrera de San Jerónimo. Se trata de la composición de la Comisión para Radio y Televisión que se prevé en el apartado 3 del artículo 65 del Proyecto de Ley que es objeto de nuestra atención.

Yo no voy a insistir en estos momentos ante esta Cámara en que el medio ambiente, el medio básico y fundamental en cualquier campaña electoral moderna, por supuesto en España o en cualquier democracia europea, es la televisión, ni voy a marcar el acento en algo también obvio, como que el medio que le sigue en influencia en ciertas zonas geográficas y entre determinados sectores de población es la radio, dentro del cual el peso de las radios públicas es muy significativo en nuestro país.

Tampoco creemos que sea preciso recordar a sus señorías la utilización que el Partido Socialista hace de Televisión Española cada día. Sobre todo, cuando entiende que están en juego los intereses del Gobierno y del Partido que lo sustenta. Si Televisión Española entra, en un juego oficializado, gubernamentalizado, en tareas tan delicadas como aquellas que conciernen, por ejemplo, a esa prestigiosa y alta Institución que es el Tribunal Constitucional, qué se puede esperar cuando se trata de cuestiones en las que son parte los diversos partidos políticos, protagonistas de la liza política de una campaña electoral. Es decir, que la realidad del comportamiento de Televisión Española, en cuanto al cumplimiento del requisito constitucional, de facilitar una información veraz y objetiva y respetar el pluralismo de la sociedad, es la que es, y en consecuencia, nuestro Grupo Parlamentario, señorías, no está formulando un juicio de intenciones cuando plantea esta cuestión, sino que está demandando de la Cámara una reflexión serena sobre una realidad innegable que está ahí, y de la que debemos ocuparnos.

Pues bien, señorías, la composición de la Comisión de Radio y Televisión en el Proyecto de Ley Electoral garantiza un comportamiento progubernamental de Televisión Española en la campaña. Porque, efectivamente, basta leer el apartado 3 del mencionado artículo 65 para observar que la literalidad del mismo es la siguiente: «La Comisión —se dice— es designada por la Junta Electoral Central y está integrada por un representante de cada partido, federación o coalición que concurriendo a las elecciones convocadas cuente con representación en el Congreso de los Diputados», para añadir acto seguido: «Dichos representantes votarán ponderadamente de acuerdo con la composición de la Cámara».

Esta forma de decirlo, significa, como saben muy bien cuantas señorías me escuchan en estos momentos, que la aplicación del voto ponderado para una Comisión de esta naturaleza y composición, significa —repito— que a través de un solo representante con voto mayoritario el Gobierno saliente en unas elecciones tiene mayoría, tiene la mayoría parlamentaria con que cuenta, tiene, en este caso, mayoría absoluta, para hacer en el seno de esta Comisión y con Televisión y las emisoras de radio públicas lo que mejor le parezca en los trances de la campaña electoral, como es natural con las limitaciones y requisitos que se encuentran en el resto de estos preceptos en los que ahora no voy a entrar.

Nuestro Grupo Parlamentario entiende —y lo dice en los términos más constructivos, lo dice con la esperanza aún de encontrar solución a este problema— que en este precepto quiebra toda la filosofía de la ley, porque afortunadamente, esta Ley Electoral parte de instaurar una administración electoral básicamente distinta de la Administración Pública, independiente de la Administración Pública, independiente del Gobierno, independiente de la mayoría política salida de unas elecciones. Es decir, que se construye en esta norma una administración electoral de tales características que pueda garantizar al pueblo español el que los comicios se van a celebrar con neutralidad y con imparcialidad en los órganos que van a tomar las decisiones que conciernen a la marcha de las elecciones y en concreto en las Juntas electorales.

Este es el modelo europeo electoral, que procura garantizar que las elecciones libres y competitivas se hagan de forma muy distinta a aquellos países donde realmente más bien existen pseudoelecciones.

Ahora bien, nosotros hemos preguntado hasta la saciedad al partido que respalda al Gobierno: dónde existen comisiones como esta, en qué país de Europa se dan de forma análoga, y la respuesta hasta ahora ha consistido en el silencio natural que se produce cuando no se encuentran en el ancho campo del Derecho comparado precedentes que poder citar. El único precedente está en el Decreto-Ley de 1977, precedente preconstitucional, precedente, si se quiere, predemocrático.

Nuestras soluciones son la desaparición de la Comisión, o bien dejar a la Junta Electoral Central que si la misma estima pertinente o necesario el que exista una Comisión, la pueda crear con libertad acudiendo a personas independientes, a tal efecto, porque, de otra manera, en nuestra sociedad no van a faltar quienes piensen que, mediante este mecanismo, el Gobierno se reserva una palanca para poder manipular la campaña a través de los medios de comunicación, a los cuales me he referido, lo cual encierra una gravedad que yo no necesito subrayar ahora en este hemiciclo.

La otra preocupación que embarga a nuestro Grupo Parlamentario, y a la que me voy a referir con mayor brevedad, es la que se expresa a través del voto particular de supresión del tercer apartado del artículo 50 del Proyecto de Ley. Dicho apartado dice literalmente: «Ninguna persona jurídica distinta de las mencionadas en el apartado anterior podrá realizar campaña o publicidad electoral orientada a promover o dirigir el voto de los ciudadanos en un determinado sentido, a partir de la fecha de la convocatoria de las elecciones».

Yo tengo en primer término que recordar a las señoras y señores diputados que este inciso no figuraba en el Proyecto de Ley que el Gobierno remitió a la Cámara. Este inciso es una prohibición. El verbo «prohibir» es un mal verbo para ser conjugado en normas que rigen procesos electorales. La democracia parlamentaria se apoya, como sabemos en la libertad de expresión, y el hecho de constituir prohibiciones en esta materia supone que se bordea ese gigantesco riesgo de la censura, que de forma expresa viene a prohibir el artículo 20 de nuestra Constitución.

Es evidente que, tal y como está redactado el número 3 del artículo 50 de este proyecto de ley, persona jurídica son, por ejemplo, todas las empresas editoras de diarios y de otras publicaciones periódicas que hay en España y que, según este apartado, no podrían solicitar de sus lectores o aconsejarles un comportamiento electoral en una determinada dirección.

Una persona jurídica es un sindicato de pequeños propietarios agrarios, es un colectivo de taxistas, es una asociación feminista, son tantos cuerpos sociales que, en España, como en las viejas democracias europeas, tienen por pauta de comportamiento plantearse el contenido de los programas electorales en aquello que más concierne a sus legítimos intereses, y, en función de ello, llevar a cabo un análisis que ponen en conocimiento de sus asociados, de las personas respecto de las cuales tienen influencia, para, al menos, subrayarles una preocupación, y en ocasiones para darles un consejo de comportamiento electoral, que es perfectamente lícito.

Con esto no estoy defendiendo, en nombre de mi Grupo Parlamentario, el derecho que asiste a ciertos colectivos, que nos puedan ser más o menos próximos, a poder tomar postura en conjunto en una campaña electoral, en un momento electoral. Yo defiendo con el mismo énfasis que, por ejemplo, la Unión General de Trabajadores considere, tanto en un referéndum como en unas elecciones, que puede recomendar a sus miembros un determinado comportamiento electoral.

No sé qué es lo que preocupa en estos momentos más a los señores que ocupan los bancos de la izquierda, si los consejos que puedan venir desde unas asociaciones o desde otras, de las que he mencionado. En cualquier caso, nuestra posición tiene que ser clara; nosotros entendemos que la política democrática tiene que ser cada vez más participativa, que la democracia no tiene que ser una democracia gobernada por unos políticos profesionales, sino abierta al debate, a la participación de todos los ciudadanos. La política no es un gueto y, consiguientemente, el momento electoral no es un momento de monopolio de los políticos.

De otra parte, para no extendernos, yo preguntaría qué pasaría si alguien infringiese esta limitación, este precepto. Si sus señorías me aceptan un cierto sentido del humor, podríamos pensar que quizá habría que poner en marcha la máquina del señor Leguina para cotejar firmas o documentos de identidad de los que se permitieran venir a opinar durante la campaña electoral, o se deberían llevar a la Junta Electoral Central todos los casos de los que, llevados de un sentido cívico, quisieran plantear una toma de postura en un momento clave para la vida nacional. Resulta simplemente imposible.

Nosotros estamos convencidos de que todos los Grupos Parlamentarios de esta Cámara tienen la suficiente sensibilidad democrática para darse cuenta de que la posición que inicialmente suscribía el proyecto de ley, que es la común en el Derecho electoral europeo, la de no plantear limitaciones o prohibiciones de este género, es la que mejor se compadece con el espíritu de nuestra Constitución y con lo que son unas auténticas elecciones democráticas.

Desde esta convicción y desde la oferta continuada del Grupo Parlamentario Socialista en Ponencia, donde este tema se suscitó, luego en Comisión, luego en pasillos, de replantear la cuestión y buscar fórmulas de transacción, nosotros solicitamos la reconsideración de este inciso, repito, que no estaba en el proyecto de ley y que ahora figura como número 3 del artículo 50 del dictamen de la Comisión, por iniciativa del Partido Socialista.

Nada más. Muchas gracias, señor presidente.

* * *

Tras la presentación de diversas enmiendas transaccionales a diversos preceptos del Proyecto de Ley, que la Presidencia admitió a trámite, sin oposición de ninguno de los Grupos Parlamentarios, el presidente rogó a los diversos grupos que sus intervenciones fueran breves.

El señor PRESIDENTE: El señor Alzaga tiene la palabra.

El señor ALZAGA VILLAAMIL: Señor presidente, señoras y señores diputados, en primer término, y por razones de elemental cortesía agradecer la recepción de nuestros argumentos en cuanto a la enmienda transaccional presentada por el Grupo Parlamentario Socialista respecto del apartado 3 del artículo 50 de la ley. No es exactamente lo que hubiéramos deseado, que era la pura y simple supresión de este párrafo, pero nos parece una fórmula aceptable.

Yo espero, señor Carrillo, que esta muestra de cortesía y de buena educación no la interprete usted, cuando a continuación haga uso de la palabra, como una nueva prueba, como decimos los abogados en nuestra jerga profesional, una «prueba tumbativa» de la existencia de mayor consenso del que se observa que pueda existir. Yo quiero a este respecto decir en dos palabras —porque en este momento cuento con poco tiempo para estar en la tribuna— que nosotros, nuestro Grupo Parlamentario, ha entendido que un esfuerzo de diálogo, sobre todo por nuestra parte, era especialmente requerible y obligado en esta ley. Sabemos que la ley electoral precisa de amplio respaldo parlamentario y hemos hecho un esfuerzo para poderlo dar, sabedores como somos de que esta ley afecta a los fundamentos, a la legitimación del mismo poder democrático, a las bases del sistema.

Nosotros, señor Carrillo, en ningún momento nos hemos opuesto ni directa ni indirectamente a que las minorías y el Grupo Parlamentario Socialista que respalda al Gobierno alcanzaran acuerdos en los puntos en que aún conservaban desacuerdos. Es más, los que hemos estado trabajando en Ponencia sabemos bien que hemos hecho todo lo que estaba en nuestras manos para que esos acuerdos se produjeran. Su señoría que estaba en otros temas más acuciantes no asistía a los trabajos de la Ponencia y quizá esa desinformación explique, en parte, su reserva.

Quiero decir, también, que el consenso es parcial y prueba de que así es la encontramos en que yo tengo que pasar acto seguido, sin mayor preámbulo, a contestar las argumentaciones del señor Martín Toval sobre el número 3 del artículo 65, para decir, en primer lugar, que me ha llamado profundamente la atención que usted que es un buen parlamentario me diga que no entiende nuestra posición, la del Grupo Parlamentario que tengo el honor de representar sobre este tema, cuando la hemos reflejado hasta la saciedad en Ponencia, en Comisión y en Pleno. Nuestra posición es muy sencilla y figura en nuestra enmienda aplicable al caso. Opinamos que no puede haber una Comisión de Radio y Televisión que de una forma u otra esté por entero en las manos de la mayoría política de turno, en este momento del Partido Socialista. Pero digo de turno porque daría exactamente lo mismo cualquiera que fuese el Gobierno sentado en el banco azul. Para simplificar nuestra posición, que es sencillísima: nosotros consideramos no aceptable que la Comisión para Radio y Televisión esté en manos de una mayoría absoluta, de ustedes, porque no se puede tener un poder absoluto sobre Televisión en campañas electorales.

Es verdad que la redacción literal del proyecto de ley era otra, era la de que había cuatro miembros designados digitalmente por el Gobierno. Es verdad que ustedes han buscado otras fórmulas transaccionales y se ha llegado a esta, pero hay un hilo conductor que dota de unidad a su planteamiento, y es que en todas las fórmulas ustedes tienen en la mano plenamente esa comisión.

Me preguntaba su señoría: «Señor Alzaga, ¿qué quiere usted?». Es muy sencillo: que no exista una Comisión de carácter partidista, de mayoría partidista, a estos efectos. Porque, es evidente —lo sabemos todos, no hace falta que me extienda sobre ello— que los intereses contradictorios, en cuanto a la presencia en la televisión en una campaña electoral, son importantes; esa contradicción puede suponer un conflicto significativo. Por tanto, allí donde hay un conflicto de esa naturaleza es preciso arbitrar.

Nosotros estamos negando que estén en condiciones de pronunciarse en términos arbitrales quienes son a la vez juez y parte. Es decir, aquí se está estableciendo un mecanismo de voto ponderado. Nosotros lo que decimos es: vayamos a una fórmula sin ese voto ponderado. Su respuesta, señor Martín Toval, es la de decir: en ese caso, me quedo en minoría; en ese caso, no tengo el control de esa Comisión.

Nosotros pensamos que nadie, ninguna fuerza política tiene que tener el control de la televisión. Por eso, en nuestra enmienda sosteníamos, y hoy lo venimos a ratificar, porque seguimos pensando lo mismo, que esa Comisión o no es necesaria o es un mero reflejo de la Junta Electoral Central; que esa Junta Electoral Central que tiene en lo básico una naturaleza judicializada, que es una Junta, según hemos convenido todos los Grupos de esta Cámara, dotada de independencia frente a las fuerzas políticas...

El señor PRESIDENTE: Señor Alzaga...

El señor ALZAGA VILLAAMIL: Estoy terminando, señor presidente.

Que construya una comisión de naturaleza y composición independiente, porque, señor Martín Toval, en el siglo XIX en España, se decía que el señor ministro del Interior de turno era el gran elector. Hoy se puede empezar a decir que el director de Televisión Española puede ser el gran elector, y eso tiene poco que ver con lo que es una democracia moderna *[El señor vicepresidente, Torres Boursault, ocupa la Presidencia]*. Nosotros tenemos ahí una reserva importante. Creemos que la composición de esta Comisión no tiene nada que ver con el tema del Consejo de Administración de Televisión, etcétera. Como su señoría sabe mucho mejor que yo, esta Comisión constituye un borrón que empaña esta ley y que, además, y se lo voy a decir serenamente, es demasiado expresivo de la forma que tiene su partido de entender cómo se hace política. Yo me permitiría rogarle encarecidamente en nombre de mi Grupo Parlamentario que, si no hoy, al menos en trámites ulteriores, quizá en la Alta Cámara, ustedes busquen una fórmula que garantice, en interés del propio sistema democrático, de la limpieza del juego y de la legitimidad que tienen que generar nuestras elecciones, que esa gran máquina de Televisión Española durante el proceso electoral esté rodeada del máximo de garantías, porque no otra cosa es lo que está pidiendo mi Grupo Parlamentario.

Nada más, muchas gracias, señor presidente.

IX
INTERVENCIONES PARLAMENTARIAS, DESDE LA OPOSICIÓN, EN LA TERCERA LEGISLATURA

IX.1. INTERVENCIÓN EN SESIÓN DE INVESTIDURA DE FELIPE GONZÁLEZ EN 1986 *

El señor PRESIDENTE: En nombre del Partido Demócrata Popular, por tiempo de quince minutos, tiene la palabra don Óscar Alzaga.

El señor ALZAGA VILLAAMIL: Señor presidente, señoras y señores diputados, en nombre de los parlamentarios del Partido Demócrata Popular, para razonar por qué emitiremos un voto negativo a la investidura de don Felipe González Márquez para la Presidencia del Gobierno.

A nadie se le oculta que este debate va a tener un resultado en votos favorable al señor González y ello responde a la profunda lógica democrática de que el Partido Socialista ha ganado las elecciones del pasado 22 de junio y ha obtenido la mayoría de los escaños. Pero, en función de la misma lógica democrática, a quienes combatimos en las pasadas elecciones el programa electoral del Partido Socialista nos corresponde asumir una crítica seria, sin rechazos sistemáticos ni demagogias, propia de una oposición responsable, constructiva, en la que intentaremos apoyar la acción de gobierno en lo que coincida con los intereses generales de nuestro pueblo, una oposición democrática, en suma, al servicio del pluralismo político, valor fundamental de nuestro Estado de Derecho.

A muchos de nosotros esta sesión de investidura nos recuerda la de diciembre de 1982, e imagino que más que a nadie a don Felipe González, pero las diferencias son sustanciales. La primera consiste en que muchos demócratas no socialistas en 1982, y con independencia de las expectativas que pudiéramos tener respecto a lo que iba a dar de sí la gestión de un Gobierno socialista, teníamos que celebrar que se ultimase un ciclo de alternancia en el poder, que la democracia constitucional funcionara y se

* Sesión Plenaria núm. 3, de 23 de julio de 1986, *Diario de Sesiones del Congreso de los Diputados,* núm. 3, pp. 67-102.

consolidase a un tiempo. Hoy, esta segunda mayoría socialista, tan legítima, por supuesto, como la anterior, a los demócratas de la oposición no puede confortarnos desde el mismo ángulo. Habremos de juzgar el próximo Gobierno socialista desde la normalidad democrática y con la buena vara de medir de los éxitos o de los fracasos en la solución de los problemas cotidianos de los españoles.

Hay una segunda diferencia, que es obvia: el descenso en el clima de ilusión con que los españoles asisten a ambos acontecimientos históricos. Permítaseme una breve cita, que es la siguiente: «Si se compara junio de 1986 con el entusiasmo de las elecciones de octubre de 1982, es como si un viento helado hubiera invadido el escenario y petrificado todos los gestos y actitudes». Son palabras recientes de don Pedro Cerezo, que fue diputado socialista en la anterior legislatura, que yo creo que muchos españoles podrían hacer suyas *[Rumores]*. De otra parte, en 1982, don Felipe González heredaba un estado de cosas que le legaba un Gobierno de distinto signo político al suyo. Hoy el señor González recibe su propia herencia. No seré yo el que le niegue que en la misma hay partidas importantes en el activo, como haber firmado el Tratado de Adhesión de España a la Comunidad Económica Europea, pero pienso que el señor candidato sabe muy bien que hay capítulos en la herencia que recibió de Gobiernos centristas, como, por ejemplo, el de la deuda, que era de 3,6 billones en 1982, que hoy asciende a la cifra de 13 billones de pesetas, en que la antigua herencia le parecerá envidiable.

Al entrar en el programa de investidura, en el que desearía tener tiempo para tratar muchas de sus lagunas, querría empezar por referirme a una de las más importantes, que es la que concierne a las libertades. Yo hubiera deseado escuchar ayer que no se iba en ningún caso a realizar una utilización partidista de los resortes del Estado. Nadie duda, señor González, de sus convicciones democráticas y que entre las mismas está el respeto al discrepante, pero muchos españoles hubieran deseado escuchar que la Administración Pública iba a no aplicar criterios muy diferentes a unos o a otros funcionarios, a unos o a otros ciudadanos por razón de su posicionamiento político. Pienso, señor candidato, que conviene también desvanecer algunas dudas: sobre si se encuentra totalmente de acuerdo o no con el señor vicepresidente del Gobierno en funciones sobre si Montesquieu ha muerto *[Risas]*, sobre si la división de poderes y, por tanto, la independencia del Poder Judicial han fenecido o no *[Rumores]*, porque la opinión pública española observa con preocupación que, por ejemplo, un sumario de la trascendencia del de Banca Catalana no parezca seguir el ritmo ordinario de la vida procesal y parezca moverse a impulsos de la Fiscalía, que parecen coincidir con momentos postelectorales: a raíz de las elecciones autonómicas del 84 o después de las elecciones generales recientes *[Rumores]*.

Creo, señor presidente, que usted coincidirá conmigo en que hay que asegurarse que nadie dé pasos de ningún género que puedan conducir a la radicalización del catalanismo. Yo estoy seguro de que usted estará de acuerdo conmigo.

También hubiéramos agradecido escuchar que los muy poderosos medios de comunicación del Estado no van a ser objeto de una utilización partidista *[Rumores]*, que la objetividad informativa y el respeto al pluralismo van a ser algo más que la letra de la Constitución y de la Ley. Honraría, pienso, a su señoría, que nos asegurase a todos que, por ejemplo, Televisión Española va a tratar a sus adversarios políticos en forma distinta a como en ocasiones lo ha hecho en el periodo anterior. Creo firmemente que en esta Cámara coincidimos todos en una concepción de España como una España grande, de todos y para todos; sabemos que la democracia es convivencia sin lugar al miedo, sabemos que es convivencia gobernada por la mayoría, por una mayoría que ha de respetar las minorías, máxime cuando esa mayoría es una primera minoría electoral del 44 por 100 de los electores, con algo más del 30 por 100 del censo. Yo celebré ayer escuchar al actual y futuro presidente del Gobierno que entra en sus intenciones convertirse en el primer garante de los derechos de todas las minorías, cualquiera que sea su condición.

El señor González ayer trató del terrorismo, de la inseguridad ciudadana, parcelas capitales de la convivencia. Los profesionales del terror nos han golpeado mucho y recientemente, pero yo creo que conservamos la cabeza fría y desde ella podemos formular algunas ideas básicas. En primer lugar, que creemos que es verdad que el terrorismo no puede desestabilizar nuestro sistema político democrático; en segundo lugar, que creemos que también es verdad eso que empiezan a pensar algunos españoles de que hemos vivido en un clima de demasiado, de excesivo, de falso optimismo sobre cómo iba la lucha antiterrorista y que, en consecuencia, es preciso incrementar un tanto la conciencia colectiva de la necesidad de progresar paso a paso, con todo el peso de la ley en la lucha por la paz.

Desde luego, la oposición tiene un deber especialísimo en este terreno de respaldar al Gobierno, de respaldar a las fuerzas de seguridad. Puede contar el futuro Gobierno con nosotros y, por supuesto, también para su consenso, de cara al cual formularemos propuestas concretas en las próximas semanas, inspiradas en las mejores y más exitosas experiencias europeas al respecto.

Todos conocemos la dura realidad de la seguridad ciudadana, conocemos las estadísticas oficiales; cómo, por ejemplo, en materia de delitos contra la propiedad se ha pasado de los 308.000 delitos de 1983 a más de 550.000 en 1984; el aumento aún más rápido de los robos y de los atracos, y cómo esta realidad incide más duramente en los sectores con menos recursos económicos para defender su vivienda o para defender su comercio.

Nadie discute hoy que la droga es un factor de multiplicación de la delincuencia, y sabemos también que, por ejemplo, el consumo de la heroína a partir de 1983 se está incrementando anualmente a un ritmo superior al 100 por 100. Por ello hemos escuchado con particular atención la intervención del candidato sobre cómo atajar esta realidad, sus alusiones al Plan Nacional sobre la Droga, pero de la experiencia de los últimos años se derivan demasiadas preocupaciones.

Se ha hablado de una Fiscalía especial, pero no podemos olvidar que el fiscal especial, señor Jiménez Villarejo, desasistido de los apoyos necesarios, solicitó el relevo; se ha hablado del Plan Nacional de Drogas, pero no podemos olvidar que ha pasado un año desde su publicación, con un buen texto, sustancialmente, que hay que suscribir, pero en ese tiempo ha crecido la oferta de la droga en la calle, la oferta delictiva de una droga organizada por las mafias que controlan el narcotráfico.

Creemos, señor candidato, que usted sabe bien que tiene por delante la difícil tarea de acabar de superar las posiciones que en su día adoptaron las Juventudes Socialistas en esta temática, de acabar de superar una filosofía que inspiró la reforma del artículo 344 del Código Penal. Entiendo que lo va a hacer, y, desde luego, si lo hace, no solo los Grupos de la Cámara, creo que toda la sociedad le respaldará.

Permítaseme una alusión a un dato que entiendo que tiene cierta relación con lo anterior, y es que el problema fundamental de nuestra juventud es el del empleo, porque muchos de nuestros jóvenes no encuentran empleo y con frecuencia pierden la esperanza de hallarlo. El 48 por 100, como sabemos, de la juventud española está en paro, y es la cifra récord de Europa, y desde 1982 se ha producido un aumento de nueve puntos, aumento que es el récord de Europa, en un periodo en que muchos países europeos han conseguido reducir la tasa del paro juvenil.

Querríamos afirmar que será siempre escaso el énfasis que se ponga en que la política fundamental para modernizar la sociedad y posibilitar que las generaciones en puertas tengan trabajo es la del esfuerzo educativo, porque en el mundo sin aranceles proteccionistas de la Comunidad Económica Europea, si perdemos la batalla de la calidad de la enseñanza, vamos a perder después también la batalla de colocar unos buenos productos con buena relación calidad-precio en ese mercado. Y la verdad es que, últimamente, no se ha elevado la edad de la enseñanza obligatoria, ni ha habido avances sustanciales en la política de formación profesional, ni podemos decir que la calidad de la enseñanza que se imparte en nuestras Universidades esté a la altura de la media europea, por razones de hacinamiento, por razones de limitaciones presupuestarias.

Es un caso único en Europa, por ejemplo, el de la Facultad de Derecho de la Complutense, que en un edificio de tamaño reducido alberga una población escolar equivalente a toda la población de la ciudad de Teruel *[Rumores]*. Si queremos ofrecer un horizonte a nuestros jóvenes, hemos de partir de que no es posible que el gasto público en educación, en comparación con el producto interior bruto, sea la mitad del de la media de Europa; que no es posible que el gasto público en materia de investigación, también en comparación con el producto interior bruto, sea del orden de la séptima parte del que se despliega en Francia.

Volviendo a la apremiante realidad del paro, yo creo que toda la Cámara coincide en que para crear puestos de trabajo hay que llevar a cabo la gran batalla de la inversión, del fomento de la inversión; que hay que canalizar los máximos recursos disponibles a la inversión pública, a la inversión privada y, dentro de esta, a las pequeñas y a las medianas empresas, que son las más capaces de generar puestos de trabajo.

Sin embargo, del discurso de investidura que escuchábamos ayer se deduce poca luz sobre dos claves en esta dirección: la reducción de los gastos corrientes o consuntivos del sector público y la disminución de las cargas fiscales que soportan las empresas, porque, si entendimos bien, esa reducción es algo a lo que se renuncia en estos momentos. Seguimos sin saber, en verdad, qué medidas concretas para detener el déficit público creciente se van a articular, aparte de las dos que el señor González nos insinuó: la de la reducción del coste financiero y la de la lucha contra el fraude fiscal, que tienen nuestro apoyo, como es natural, pero que son insuficientes, y yo creo que el señor González lo sabe mejor que nadie.

Seguimos sin saber cómo se va a reformar una Administración que cada vez gasta más y en ocasiones peor; cómo se va a evitar la duplicidad de servicios; cómo se va a establecer un sistema definitivo de financiación de las Comunidades Autónomas y de los Ayuntamientos; cómo y cuándo se va a contener el gasto de administración, de gestión, de la Seguridad Social, que de los años 1983 a 1985 ha crecido en un 46 por 100, en el mismo periodo en el cual se han congelado o se han reducido muchas pensiones: cuándo el Gobierno va a combatir los excesos de la contratación por adjudicación directa, de bienes, de servicios, de obras, en lugar de ir por las vías más ordinarias de la subasta, del concurso, porque todos sabemos que ahí hay una fuente potencial de despilfarro y, en ocasiones, dolorosamente, de corrupción.

Mientras no haya, señor candidato, respuesta a tanta incógnita veremos crecer el gasto público no productivo, ascender el déficit, aumentar inútilmente unos impuestos que cada vez nos son más sofocantes y resultan menos progresivos y nos tememos que seguirá aumentando la deuda pública. Cada español, por el mero hecho de serlo o de nacer, adeuda automáticamente trescientas mil pesetas, en términos aproximados. Cada mes que pasa nacen los españoles debiendo una cifra algo superior. Estamos trasladando una carga difícil de soportar a las generaciones venideras; eso, sabemos todos, ni es solidario ni es ético. Ese cuadro, señor presidente, hemos de cambiarlo y realmente, cuando se decida a hacerse en una forma comprensible, desde la oposición contará con nuestra crítica positiva y leal y con nuestro apoyo.

Una última reflexión, y es que la política de austeridad en materia de gasto público ha de ser compatible con la política de progreso social al servicio de la justicia. Hay que hacer un esfuerzo solidario y permanente en favor de los sectores más débiles, más desprotegidos de nuestra sociedad, en especial en momentos particularmente difíciles...

El señor PRESIDENTE: Señor Alzaga, vaya concluyendo.

El señor ALZAGA VILLAAMIL: Desde esta óptica, y telegráficamente, apuntaré algunas preocupaciones de política social. El Gobierno saliente, con buena intención, en Sanidad extendió en cuatro millones la población asistida, pero a la vez se redujo el gasto sanitario, se limitó el número de camas disponibles y las listas de espera de los hospitales alcanzaron récord, triste récord histórico y, a la vez, se disparó el número de españoles que intentaban asegurar su riesgo de enfermedad con compañías privadas de seguros.

Señor candidato, usted sabe muy bien que la ayuda familiar en España es simbólica —no la voy a calificar de ridícula—, porque es infinitamente menor que en Europa. Una familia con dos hijos en España obtiene una ayuda familiar que es veinte veces menor que la que se percibe en Alemania o en Francia y treinta veces más reducida que en Gran Bretaña o en Bélgica.

En el mundo rural, junto a la asfixia de las Cámaras Agrarias —de las que hemos hablado tanto en la legislatura anterior—, la no remisión a esta Cámara de un proyecto de ley de cooperativas, que yo le invito a enviarnos en esta legislatura en un momento en que hay demasiados rumores *[Rumores]* sobre proceso de posible manipulación del movimiento cooperativo, señorías *[Rumores]*, yo subrayaría, si sus señorías me lo permiten, y voy a terminar, una inquietud fundamental: en materia de calidad de vida rural es poquísimo lo que se ha hecho. Y doy un solo dato... *[Rumores]*.

El señor PRESIDENTE: Un momento, señor Alzaga. Ruego silencio a sus señorías y a usted, señor Alzaga, le ruego concluya, porque ha rebasado ampliamente el tiempo.

El señor ALZAGA VILLAAMIL: Termino ahora mismo.

Doy un solo dato: mientras el 20 por 100 de los jóvenes españoles de veinte a veinticuatro años reciben algún tipo de enseñanza, en el mundo rural este porcentaje es del 3,5 por 100.

Señor González, hay que hacer un esfuerzo histórico por mejorar las condiciones de vida de los pueblos, de nuestro mundo rural. Señor González, yo le animo, en los tiempos difíciles en que estamos, a que cuando tome decisiones de Gobierno tenga presente siempre a las clases medias, a los más débiles, porque todos sabemos que es una exigencia capital de justicia, y le aseguro que si toma esa dirección contará siempre con nuestro apoyo.

Nada más. Solo desear muy sinceramente a don Felipe González Márquez el mayor éxito en su gestión.

El señor PRESIDENTE: Muchas gracias, señor Alzaga.

* * *

El señor PRESIDENTE: En representación del Partido Demócrata Popular, para réplica y por cinco minutos tiene la palabra el señor Alzaga.

El señor ALZAGA VILLAAMIL: Señor presidente, señorías, con la máxima brevedad debida, decir, como es natural, con todo respeto hacia el candidato, que he tenido la impresión de que formulaba una caricatura de mi intervención, porque, sin duda, es más fácil contestar una caricatura que una intervención propiamente dicha y porque, de otra parte, se han omitido aspectos sustanciales de la intervención en su réplica. Yo voy a atenerme solo a aspectos tocados por él, como es natural.

En primer lugar, señor candidato, me parece, con toda franqueza, que es una caricatura decir que hemos puesto en cuestión la legitimidad de su victoria electoral, cuando de forma reiterativa yo he insistido en que no cabe la menor duda de que esa es una victoria electoral plenamente legítima, lo que ocurre es que hay una distancia clara, hay una diferencia elemental entre legitimidad de una mayoría parlamentaria y el respaldo social obtenido por un partido en unas elecciones.

El 44 por 100 de los electores es una envidiable mayoría electoral y yo se la envidio *[Risas]*. El 30,6 por 100 del censo sigue siendo una envidiable cifra, y no hay que enfadarse porque esas sean las cifras, no hay que negar la realidad. Los franceses suelen decir que los hechos son testarudos y, por tanto, hay que aceptarlos, y los hechos son que su señoría dispone de la primera minoría política del país que constitucionalmente es una mayoría en ambas Cámaras, evidentemente, y en ello no hay ningún recorte de esa legitimidad sustancial, socialmente es el reflejo de las cifras que acabo de mencionar.

Yo creo que recordar esas cifras no es hacer un flaco servicio a su señoría, es hacer una reflexión en voz alta de que su partido, que no se caracteriza precisamente por que la virtud que más le agrada sea la de la modestia, no incurra en eso que tanto se le imputa desde los medios de comunicación de la prepotencia. Yo creo que es una reflexión que solamente lleva a la anotación de una realidad, y, evidentemente, es una realidad envidiable, don Felipe González.

En segundo lugar, tomo buena nota de que su señoría garantiza la neutralidad del comportamiento de la Administración Pública con los funcionarios, con los ciudadanos, cualquiera que sea su posicionamiento político, y si el candidato me lo permite yo le tornaría, en el mejor sentido del término, la palabra. Pero no puede olvidar el candidato que en su partido hay muchas personas, algunas personas —no quiero decir muchas personas— que parecen confundir una victoria electoral con que a uno le haya caído la lotería *[Risas]*. Y el señor González me entiende.

Por tanto, yo no le pido que me garantice nada, me basta con que me diga que se va a esforzar por conseguir esa neutralidad de la Administración Pública, y yo creo que esa sería una tarea óptima para la profundización en nuestra democracia.

Me preocupa una cosa, señor González, y es que entre las lagunas de su contestación a mi pequeña intervención hay demasiadas en lo que concierne a los aspectos de la política social. Pero si le he escuchado bien, realmente ese tipo de lagunas se ha dado también con otras intervenciones de otros representantes de la Cámara. Porque es verdad que usted se ha referido al tema de las pensiones; yo lo que subrayaba es un incremento de los gastos de gestión consuntivos de 1983 al 1985 de aproximadamente el 46 por 100. Como se puede subrayar que las empresas públicas, que los grandes ayuntamientos, que otros entes públicos adeudan del orden de 80.000 millones de pesetas, según cifras publicadas. Hay un problema de gestión en la Seguridad Social, a eso me refería yo en concreto; me refería a los problemas capitales que conciernen a la sanidad. Creo que no ha contestado a eso.

Otros representantes de otros Grupos han aludido a los problemas de la vivienda social, últimamente gravada, por cierto, con el 6 por 100 del IVA y no he oído respuesta sobre ello.

Sobre educación me dice que están haciendo un esfuerzo financiero; es posible, pero dedicamos en España el 2,5 por 100 del producto interior bruto a gasto educativo, que es la mitad, *grosso modo,* de lo que se dedica en Europa. En materia de educación, muchos de los problemas que tenemos se resolverían con un esfuerzo financiero, porque se podría traer a colación aquel viejo refrán que dice que donde no hay harina, todo es mohína.

Yo hacía alguna alusión a esa ausencia de una política de ayuda familiar que merezca tal nombre, no hay respuesta. A la falta de esfuerzo por la mejora de la calidad de la vida rural, no hay respuesta. Me decía el señor González: coincidimos en los principios básicos expuestos en el terreno de la política social, yo creo que sí; yo creo que, probablemente, coincidimos en esos principios básicos. El problema de la política es que hay que trasladar los principios al duro terreno de la realidad.

Yo, señor González, voy a intentar, desde esta tribuna, hablarle durante cuatro años, con toda modestia y con todas mis limitaciones, de los problemas de la política social, y espero que al término de la legislatura no se pueda aplicar al caso —ya que va de refranes esta intervención— aquello de que una cosa es predicar y otra dar trigo. Nada más y muchas gracias.

IX.2. DEBATE DE LA LEY DE PRESUPUESTOS GENERALES DEL ESTADO PARA 1987, EN SESIÓN PLENARIA DEL CONGRESO DE LOS DIPUTADOS *

El señor PRESIDENTE: Muchas gracias, señor ministro. Para defender la enmienda a la totalidad de la Agrupación de Diputados del PDP, del Grupo Parlamentario Mixto, tiene la palabra el señor Alzaga.

El señor ALZAGA VILLAAMIL: Señor presidente, señoras y señores diputados, al PDP le hubiera agradado profundamente observar en estos Presupuestos, los primeros de esta legislatura, un avance desde una triple óptica: la jurídica, la económica y la política. Por desgracia, nos encontramos con unos Presupuestos que siguen la línea de los anteriores y que, por consiguiente, encierran sus errores y sus deficiencias.

En el plano jurídico, y por imperativo del artículo 134 de la Constitución, la Ley de Presupuestos constituye un mandato dirigido al Gobierno para que este no se extralimite en el gasto, ni destine los recursos públicos para otros fines que no sean los previstos en la ley. Por ello, parece un grave retroceso en nuestras prácticas democráticas que, a semejanza del pasado ejercicio económico, se prevea en el artículo 9 que el Consejo de Ministros pueda autorizar la transferencia de créditos entre programas, incluidos en distintas secciones, correspondientes a servicios u organismos autónomos de diferentes departamentos ministeriales, sin limitación de ninguna clase.

Aparentemente, se respeta el principio constitucional de examen, enmienda y aprobación de los Presupuestos Generales del Estado por el Parlamento, pero, en esencia, lo aprobado por el Parlamento resulta totalmente ineficaz.

---

* Sesión Plenaria núm. 12, de 29 de octubre de 1986, *Diario de Sesiones del Congreso de los Diputados,* núm. 13, pp. 502-514.

Si el Gobierno dispone lo contrario, no tiene valor alguno modificar el proyecto del Gobierno en virtud de una enmienda aprobada por las Cortes Generales. Al día siguiente de la entrada en vigor de la Ley de Presupuestos, el Gobierno, en virtud de la facultad que se le reconoce, puede reponer las cifras al estado en que se encontraban en el proyecto. Es de tal importancia esta materia que pone en tela de juicio toda la filosofía de los Presupuestos y supone una burla del trabajo que estamos llevando a cabo.

Desde el punto de vista económico, podemos afirmar que los Presupuestos Generales del Estado para 1987 no son los idóneos para combatir nuestros principales desequilibrios económicos: el paro, la inflación y el déficit público. No son los Presupuestos necesarios para corregir la crisis, sino que, al incidir en los mismos defectos que los Presupuestos anteriores, vienen a alimentar la crisis.

Nuestro primer interrogante serio se refiere al crecimiento del PIB previsto por el Gobierno. Reconocerán ustedes conmigo, señores del Gobierno, que lo suyo no son las predicciones. Ni en 1984, ni en 1985, ni en 1986 acertaron ustedes con su previsión de crecimiento. En el año 1984 previeron ustedes el 2,5 por 100 y se quedó en el 2, en el 85 previeron el 3 y fue de nuevo el 2 por 100, y para el año 1986 tenían previsto el 3 por 100 y, según todos los expertos, nos vamos a quedar —y sinceramente lo lamento— en torno al 2,5 por 100, aunque sé, señor ministro, que usted mantiene en estos momentos aún —bastante en solitario— su previsión de 3 puntos.

Con estos precedentes no es ninguna temeridad adelantar que las previsiones gubernamentales para 1987 carecen de la debida fiabilidad. Por desgracia, ninguno de los economistas españoles ajenos al Ejecutivo se cree que el PIB crecerá en 1987 un 3,5 por 100. Las previsiones del Gobierno se basan en un importante crecimiento de las exportaciones de bienes y servicios y para ello sería necesaria una política favorable a la exportación que, de momento, es solo una incógnita.

Lamentablemente, el sector exterior, que en 1984 fue el motor principal del crecimiento de la economía española, en el plazo de dos años ha venido a restar capacidad a este crecimiento. ¿Y por qué ha sucedido esto? Por varias razones. La primera se encuentra en el inicio del desarme arancelario inherente a nuestro ingreso en la Comunidad Económica Europea; en segundo lugar, sufrimos la conversión en ingresos fiscales de las rentas derivadas del descenso del precio del petróleo, del que venimos hablando tan reiteradamente en este debate, y una tercera causa es la clara pérdida de competitividad que se origina en la diferencia existente entre nuestra inflación y la que tienen los principales países.

Y si debemos aceptar la primera de estas causas como inevitable, no sucede lo mismo con las otras dos. Con reiteración hemos solicitado al Gobierno la rebaja de los precios de los productos energéticos, repercutiendo así los descensos experimentados por los crudos del petróleo en beneficio de las empresas y los consumidores. El Gobierno ha preferido convertir estos descensos en un ingreso fiscal, perdiendo una magnífica ocasión, que ha sido aprovechada en la mayoría de los países competidores, con el consiguiente abaratamiento de sus productos en el mercado internacional.

He dejado para este momento la referencia a la inflación, factor determinante de la merma de las exportaciones —que el señor ministro se empeñó ayer en desconocer en bastante medida— para dedicar a este punto un mayor detenimiento. La reducción de la inflación es, junto al aumento del empleo, uno de los dos objetivos que ha señalado el Gobierno, como sabemos, para 1987. Partimos de una inflación que se había previsto para 1986 en un 8 por 100 y a finales de septiembre hemos alcanzado el 7,6 por 100, lo que, por desgracia, nos hace temer que se llegue a un índice entre el 9 y el 10 por 100.

El Gobierno quiere hacer una de sus habituales operaciones cosméticas atribuyendo este incremento al establecimiento del IVA y al sector de la alimentación, pero no es una explicación suficiente, y el Gobierno lo sabe. El Gobierno se ha equivocado una vez más en sus previsiones. Por ello no parece temerario afirmar que en el año 1987 va a haber una nueva derrota en la lucha por la reducción de la inflación y, en consecuencia, nos vamos alejando más de las metas conseguidas por los países competidores. Así, este año nos acercamos al 10 por 100. Yo esperaba ayer que, tras la publicación del IPC de septiembre, el señor ministro reconsiderase el optimismo que preside el Informe económico financiero que acompaña a los Presupuestos y, sin embargo, no fue así.

Pensamos, señor ministro, que hemos de buscar las causas de la alta inflación, entre otras, en la falta de austeridad en el gasto público, en el déficit público y en la no repercusión a los consumidores del descenso del precio de los crudos. Estas causas permanecerán vigentes para 1987 y a ellas hay que unir unos tipos de interés que se resisten a la baja, junto a una política monetaria que, hasta el gobernador del Banco de España, en comparecencia ante esta Cámara, parece desconocer. Todo ello constituye un insuperable obstáculo para lograr la reducción de la inflación. Y explica que, en el mes de julio de este año, el entonces candidato a la Presidencia del Gobierno, que hace breves minutos nos ha girado una breve visita a la Cámara, anticipase una previsión de una tasa de inflación del 4 por 100 para 1987. Explica, digo, que el 10 de septiembre el señor ministro modificase la estimación al 5 por 100 *[Rumores]* y que, actualmente, los especialistas, ante la evolución del IPC en los últimos meses, duden muy seriamente de que el Gobierno sea capaz de alcanzar este objetivo y se pregunten por los efectos sobre los Presupuestos de una previsión tan voluntarista.

A continuación, aludiré, aunque sea brevemente, a cada uno de estos puntos. El Gobierno afirma que los Presupuestos presentados se inspiran en la austeridad del gasto público, pero esta brilla por su ausencia en un punto tras otro, como en el nada baladí ejemplo de los gastos de personal, que suben un 10 por 100, siendo así que el aumento de las retribuciones es solo del 5 por 100. ¿En qué se gasta el otro 5 por 100? ¿En aumento de la burocracia? Nosotros creemos que no hay que aumentar el número de funcionarios o empleados del Estado y que, en cambio, la retribución de los trabajadores del sector público debe incrementarse entre el 6 y el 7 por 100, tomando en consideración tanto la evolución previsible del IPC en 1987 como el hecho de que, si un trabajador medio perdió entre 1983 y 1986 un 3 por 100 de su poder adquisitivo, un funcionario ha perdido casi 7 puntos en el mismo periodo.

También cabe preguntarse desde qué criterios de austeridad se prevé un crecimiento de un 12,5 por 100 en la compra de bienes y servicios. Nos tememos que la respuesta se encuentra en la falta de rigor con que se piensa seguir combatiendo el déficit público. La gran cuestión del déficit público es muy preocupante. No solo está, por supuesto, el déficit no financiero, que es un concepto claro: gastos menos ingresos, sino que hay que tener en cuenta, además, la necesidad de endeudamiento por la agregación de las variaciones de los activos y pasivos financieros y por la suma de la amortización de la deuda. Pues bien, todo ello suma para 1987 la impresionante y conocida cifra de 2.152.000.000.000 pesetas. Esta es la cantidad que hay que financiar y para la cual se cuenta con la autorización de emisión de deuda pública por importe de 1.410.000.000.000 pesetas, saldo que puede ser sobrepasado en determinadas condiciones. El resto se tendrá que financiar con créditos sin interés del Banco de España.

En cuanto a los términos en que se va a emitir la deuda, el Gobierno ha decidido reservarse la mayor discrecionalidad y huir de todo control parlamentario, incluyendo en el artículo 38 de la Ley de Presupuestos el derecho a hacer de su capa un sayo.

Lo que sí hemos podido deducir, por la notable disminución de las previsiones en materia de gastos financieros, es que el Gobierno se las promete muy felices, colocando una deuda pública con largos plazos de amortización y bajos tipos de interés, lo cual, en sí mismo, es difícil de compaginar, máxime si tenemos en cuenta que se suprime la desgravación de que gozaban estos títulos en el Impuesto sobre la Renta de las Personas Físicas. Si a ello añadimos que el costo del dinero es en buena parte el resultado de la política monetaria, hemos de lamentar que al presentarse los Presupuestos se desconozca la política monetaria que se seguirá el próximo año. No se sabe cuál será la banda de fluctuación del crecimiento del dinero, y realmente el Gobierno no puede saber cómo habrá de retribuir los capitales obtenidos por el Estado para financiar el déficit público.

Ni qué decir tiene que deseamos que los intereses desciendan en general, sobre todo por lo que ello pueda significar de acicate para el relanzamiento de la inversión por parte de numerosas empresas, pero nos da miedo tanto lo que de optimismo injustificado pueda haber en cuanto al coste de financiación de nuestra deuda pública, como lo que de coartada haya en esta voluntarista previsión, para seguir adentrándose por el peligroso camino del endeudamiento. La deuda pública ha pasado de 6,1 billones al acceder al poder el Partido Socialista, a fines de 1982, a la cifra actual de 14,4 billones de pesetas. Es decir, en torno a 350.000 pesetas adeuda cada español y cada español que nace. En todo caso, seguiremos con un elevado déficit público, cuyo control por el Gobierno hay que poner en duda cuando el último dato real conocido, alcanzado en 1985, es la cota histórica del 6,1 por 100 respecto del PIB.

En nuestra opinión, el impacto monetario del Presupuesto de 1987 va a ser negativo como consecuencia del déficit que alcanzará, en realidad, un porcentaje alto, entre otras razones porque el producto interior bruto, señor ministro, no crecerá desgraciadamente en la cota prevista por el Gobierno, produciendo todo ello un efecto de desplazamiento del sector privado.

A lo anterior se suma que estos Presupuestos se presentan sin que se haya despejado la incógnita de cómo se van a financiar las Comunidades Autónomas, y la forma en que se haga puede tener una incidencia clara en los términos del déficit.

Señores del Gobierno, creemos que es imprescindible y urgente hacer un acopio de coraje para dar un viraje espectacular a nuestro déficit público, aunque reconocemos las dificultades que puedan existir para superar la fuerza inercial del gasto público. Esta fuerza hace que el Gobierno no domine los Presupuestos, sino que sean estos los que atenacen al Gobierno. Si existe una voluntad política firme para romper con esta inercia y reconsiderar todo el gasto público, el partido político que represento le prestará toda su colaboración. Es el primer año de legislatura y puede ser la mejor ocasión para emprender este nuevo camino, pero la vía que nosotros proponemos para enfrentarse al gasto público es la de recortar gastos innecesarios, es la de la austeridad y no la que apunta el Gobierno con estos Presupuestos de optar por el aumento de la recaudación fiscal, que origina un daño importante a nuestra economía. El encarecimiento del factor trabajo por razones fiscales representa una rémora para la competitividad, contribuye a la inflación y obstaculiza la creación de puestos de trabajo. El incremento de la presión fiscal en los últimos años ha sido en la práctica una gran fábrica de parados.

En 1982 de 100 pesetas generadas en la actividad económica se destinaban al Estado, organismos autónomos y Seguridad Social, datos consolidados, 34,5 pesetas; en 1987 se destinarán 38 pesetas sin contar los incrementos que se produzcan en las partidas de las Comunidades Autónomas y los Ayuntamientos.

Este crecimiento del sector público se ha producido en el momento en que los países occidentales, con independencia del signo político de sus gobiernos, dieron prioridad absoluta a la lucha contra la inflación, utilizando como instrumentos esenciales la contención del gasto público y la reducción del dinero en circulación. Los países que han emprendido esta política, entre los que la República Federal de Alemania es el arquetipo, ya están saliendo de la crisis y pueden permitirse un gasto público más expansivo y reducir el número de parados. España, que ha escogido el peor momento para desarrollar el sector público, sigue con ritmos de crecimiento insuficientes para reducir el paro y con una inflación mucho más alta que la de nuestros competidores.

El aumento de la presión fiscal ha producido costes adicionales. Se ha dado prioridad a los impuestos que menos resistencia de los contribuyentes provocan como son los impuestos indirectos en detrimento de los directos, que se notan mucho más. En efecto, el Gobierno ha venido cambiando impuestos directos por impuestos sobre el consumo, lo que, como todos sabemos, supone gravar más a los sectores sociales más modestos, que consumen todo lo que ganan, que a los más privilegiados, que pueden ahorrar parte de sus ingresos y, en consecuencia, escapar a los impuestos indirectos. La relación entre impuestos directos e indirectos, que llegó a ser del 115,5 por 100 en los años posteriores a la reforma de 1977, ha descendido hasta el 84,79 por 100 en 1987. He de señalar que los nuevos Presupuestos acentúan esta política antisocial. Hay que frenar los impuestos indirectos que se han disparado con graves perjuicios económicos y sociales.

Pero lo más grave es que en el Impuesto sobre la Renta, que teóricamente es el más progresivo, se penalizan especialmente las rentas del trabajo, que aportan 82 pesetas de cada 100 que se ingresan por este impuesto. Este dato cobra su verdadera dimensión si se tiene en cuenta que las cotizaciones a la Seguridad Social, que solo gravan los salarios, representan en 1987 el 33 por 100 de los ingresos del sector público estatal.

No dispongo de tiempo, señor ministro, para detenerme en que el fraude fiscal sigue siendo todavía muy elevado —el director general de Inspección decía el otro día en esta Cámara que es del orden del 50 por 100 en las rentas declaradas en el año 1985— o en cómo se va a producir el aumento de la recaudación en el Impuesto sobre la Renta de las Personas Físicas, a base de no adaptar los tipos a la inflación, a base de la supresión o reducción de deducciones de la cuota, a base de seguir sin resolver el problema de consideración de la unidad familiar.

En definitiva, señor ministro, a diferencia de las políticas seguidas por los países de nuestro entorno, la presión tributaria crece un 0,92 por 100 según el Informe económico-financiero. Usted, señor ministro, ha aludido en varias ocasiones en este debate a los ajustes que deben hacerse en relación con aquellos tributos o recargos con destino a las Corporaciones locales, que han sido absorbidos por la creación del IVA. A veces, los ajustes contables tratan de disfrazar la realidad. No obstante, vamos a admitir, a efectos dialécticos, su argumentación. Pero es imprescindible que conozcamos la presión tributaria, que comprende todos los ingresos que coactivamente se recaudan por todas las Administraciones Públicas: Estado, Comunidades Autónomas, Seguridad Social, Corporaciones locales, etcétera. En varias ocasiones se ha pedido este dato y en las comparecencias de las autoridades tributarias se reiteró, sin obtener éxito alguno. Es necesario, señor ministro, que se haga este estudio y se nos aporte al Parlamento.

No voy a extenderme sobre la importante cuestión abordada ya por otros Grupos Parlamentarios de la insuficiente cifra de la inversión pública: 565.000 millones, de los cuales, 95.000 millones son inversión de reposición; del resto, más de la mitad, exactamente 236.000 millones, son consecuencia de la Ley 44/1982, de modernización de las Fuerzas Armadas. Pero, como recordábamos ayer, estos últimos gastos militares, los que se ejecutan en cumplimiento de esta Ley, tienen la consideración de consumo público, en términos de contabilidad nacional.

En resumen, mucho gasto público, escasas inversiones reales, de forma que no nos endeudamos para dotarnos de equipamientos sociales o mejorar nuestras infraestructuras, sino para dar de comer a la voraz máquina de la Administración Central, con grave quebranto de nuestro deber de solidaridad para con las generaciones en puertas.

Con esta política de gastos e inversiones públicas, no solamente no se conseguirá ninguno de los objetivos económicos perseguidos, sino que el Estado se convertirá en la principal rémora para salir de la crisis en que se encuentra nuestra economía y corremos el riesgo de que aumente la distancia que nos separa de la media europea.

Pero el Presupuesto, señorías, no constituye solo una pura previsión económica de ingresos y gastos, con la cuantificación de un déficit y la determinación precisa de los recursos llamados a financiar. Es mucho más. Los Presupuestos Generales del Estado son la expresión económica, y por ello cifrada, de un proyecto político para un horizonte temporal, un año, y la plasmación numérica del esfuerzo-sacrificio que se pide a los ciudadanos para atender servicios o necesidades colectivas.

Pues bien, señores del Gobierno, estos Presupuestos no son la expresión de un proyecto político explícito ni implícito, como no sea en este caso dar cuerda un año más a la máquina del Estado, sino la suma de compromisos obligados para una praxis administrativa: el mantenimiento de un aparato y su correlato político, la continuidad en el poder. ¿A qué proyectos sirven si no los Presupuestos para 1987? Nadie lo sabe, entre otras cosas, porque el presidente del Gobierno, en su aún reciente discurso de investidura evitó definir un auténtico programa político.

Los Presupuestos que estamos considerando son más bien un conjunto heterogéneo de objetivos y acciones, cuya ordenación de prioridades no tiene hilo conductor y que quedan desmentidas cada día por el quehacer real. De otra parte, cabe preguntar dónde están las contrapartidas en servicios, en prestaciones sociales, educativas, culturales, de la vivienda, de la seguridad y de la justicia. Se pide a los españoles un sacrificio de más de 13 billones de pesetas, el 38 por 100 del producto generado por todos, ¿a cambio de qué? Esta es la cuestión: cuáles son las contrapartidas de cambios de verdad, de caminos que conduzcan a mayores niveles de bienestar social, de servicios para todos, especialmente con los menos favorecidos social y económicamente.

Frente a estas preguntas, que son lenguaje común en las democracias y que constituyen la razón legitimadora del poder y del impuesto, un repaso al panorama nacional descubre la continuación de muchas inercias y la perpetuación de no pocas penurias. Los servicios públicos siguen funcionando mal, y por ello todas las encuestas demuestran que los españoles creen que pagan demasiado por lo que reciben. A cambio de 13,2 billones financiamos una Administración en la que, habiendo cambiado algunas cosas, otras muchas siguen donde estaban: lejos, muy lejos de los niveles mínimos unas veces, lejos de la Europa en la que acabamos de entrar, y ello a pesar de las mal llamadas reformas, anunciadas como logros por los distintos Gobiernos socialistas desde 1982.

He aquí unos pocos, pero significativos botones de muestra. Por ejemplo, en el campo de la investigación, científica y técnica seguimos con unas dotaciones mínimas, a pesar de una Ley que solo aborda y resuelve tímidamente problemas de coordinación administrativa. En los Presupuestos Generales para 1987 se destinan para investigación del orden de 100.000 millones de pesetas en un presupuesto de 13,2 billones, lo que significa el 0,75 por 100 del mismo. En unión de recursos de otra procedencia representa el 0,28 por 100 del producto interior bruto, esto es, la tercera parte de Bélgica, Italia o Dinamarca, y menos de la cuarta parte de Alemania, Francia o Inglaterra.

El señor PRESIDENTE: Señor Alzaga, vaya concluyendo su intervención.

El señor ALZAGA VILLAAMIL: Voy terminando, señor presidente.

En el terreno educativo y en el puro ámbito de las cifras —lejos por tanto de polémicas ideológicas— hay que decir que, pese a los esfuerzos realizados, que no negamos, seguimos ocupando el lugar más bajo de la CEE, salvo Portugal y Grecia, con un gasto público del 2,7 por 100 del producto interior bruto, apenas la mitad de lo que se dedica en la Comunidad.

El esfuerzo ha generado mayores logros en el terreno del número de puestos escolares que en el de la calidad, donde la falta de recursos se ha traducido en un deterioro más que preocupante. Nuestras Universidades, desbordadas y masificadas hasta extremos increíbles, reciben del Estado recursos totalmente insuficientes.

Nuestra Sanidad pública es otro botón de muestra de las asignaturas pendientes. En esta materia el anterior Gobierno socialista extendió, con buen criterio, en cuatro millones de personas la población asistida, pero a la vez tomó la equivocada decisión de reducir el gasto sanitario. Se limitó el número de camas disponibles, que actualmente es de 2,6 por 1.000 habitantes, cuando la media europea está en el 5 por 1.000. Se disparó el número de españoles que intentaban asegurar el riesgo de enfermedad con compañías de seguro privadas, a la vez que los insuficientes medios de que disponen los servicios de la sanidad pública se han traducido en los tristes récords históricos alcanzados por las listas de espera de los hospitales y por el número incontable de los enfermos de pasillo, y ello, señorías, con miles de médicos en paro forzoso.

La solución del problema de la vivienda es otra de las contrapartidas esperadas por los ciudadanos a cambio del sacrificio tributario, es otra de las grandes frustraciones colectivas que tampoco abordan satisfactoriamente los Presupuestos que debatimos. En el segundo plan cuatrienal de viviendas, aprobado en diciembre de 1983, se preveía una construcción de 250.000 viviendas, de las cuales solo 30.000 viviendas anuales tenían carácter netamente social, es decir, dirigidas a los estamentos más débiles y promovidas directamente por el Estado, las Comunidades Autónomas o las Corporaciones locales. En el año 1985, respecto al año anterior, solamente se alcanzó el 50 por 100 de viviendas sociales, es decir, unas 15.000 viviendas, y en 1986 la cota de los logros es aún más modesta. De otra parte, la especulación en lo que respecta al suelo para viviendas sociales ha ido en aumento. Es decir, la necesidad de vivienda social no solamente no ha disminuido en estos cuatro años —en estos cuatro años se ha incrementado el precio de una vivienda social en un 70 por 100, como sabe el señor ministro—, sino que, por el contrario, esta problemática ha aumentado y la respuesta desde el poder es más débil.

En los Presupuestos Generales del Estado para 1987 las dotaciones para viviendas sociales apenas experimentan cambios y las declaraciones del señor ministro de Obras Públicas y Urbanismo, en reciente comparecencia en esta Cámara, dejan pocas dudas de que no habrá un plan cuatrienal en 1988, o este se limitará a un modesto fomento de la vivienda libre. Ello frente a unas necesidades de viviendas de carácter social que estudios solventes sitúan en la cifra de 150.000.

No es mejor, señor ministro, la situación de la infraestructura de Obras Públicas y de Transportes. Los años 83, 84 y 85 registraron bajas en las inversiones reales superiores en algún caso al 15 por 100 en pesetas constantes, debido a algo que nos tememos que no es sino ineficiencia parkinsoniana. Ya en 1986, y en los Presupuestos Generales del Estado para 1987, parece haberse cerrado el proceso, pero solo en un capítulo, ciertamente importante, que parece acaparar la atención del Gobierno: las carreteras. Parece acaparar la atención del Gobierno hasta el punto de que en una revista económica podía leerse recientemente que las carreteras serán pagadas con agua.

En efecto, en obras hidráulicas las consignaciones presupuestarias decrecen desde 1984. Para 1987, si el Gobierno no cambia su criterio, las inversiones en obras hidráulicas, infraestructura urbana, saneamientos y abastecimientos, infraestructura en recursos hidráulicos y de regadíos se reducirán en un 10 por 100 en términos reales respecto a 1986. Y todo ello en una geografía y en una climatología como la nuestra que ha obligado a restricciones de agua en no pocas ciudades en el pasado verano, y que ha dado lugar a inundaciones recientes en la cuenca del Segura y en la zona de Valencia, no por anunciadas menos importantes y mal resueltas con la política cicatera de infraestructura en los últimos años.

El señor PRESIDENTE: Señor Alzaga, le ruego que concluya.

El señor ALZAGA VILLAAMIL: Termino.

En consecuencia, señores del Gobierno, nos tememos que no hay un auténtico proyecto político sino meras inercias. Se impone, en definitiva, señorías, cambiar de tendencia, no perpetuar la carencia sino superarla, ciertamente no en un año o en dos, sino a lo largo de un periodo en el que se pueda acometer un verdadero proyecto político.

Señores del Gobierno, para unos Presupuestos que contengan y expresen un proyecto político de verdadero cambio, en la línea de las sugerencias que he formulado, cuenten con nuestro apoyo y con nuestra posición favorable para un consenso de las fuerzas sociales y políticas sobre programas concretos a medio y largo plazo. Cuenten con ello como para todo lo que suponga caminar hacia una España más libre, más justa y más solidaria.

Para los Presupuestos que se nos ofrecen, y lamentándolo muy sinceramente, señores del Gobierno, cuenten tan solo con nuestra enmienda de devolución, y, eso sí, con la sincera voluntad de mejorarlos en los trámites parlamentarios subsiguientes.

Muchas gracias.

* * *

Tras la intervención del señor ministro de Economía y Hacienda.

El señor PRESIDENTE: Muchas gracias, señor ministro. El señor Alzaga tiene la palabra.

El señor ALZAGA VILLAAMIL: Señor presidente, señoras y señores diputados, no me paga el Estado español como parlamentario para ser indiferente *[Rumores]*, sino para intentar contribuir con una crítica constructiva, con el apoyo que crea en conciencia que debemos prestar a las cuestiones que se debaten.

Sin más preámbulo, señor Solchaga, entrando por el tema de la previsión del producto interior bruto, le diré que, nos guste o no nos guste, la credibilidad de las previsiones está en función del grado de acierto de las previsiones que un mismo equipo de Gobierno ha hecho en fechas anteriores.

En 1984 se esperaba por el Gobierno socialista que la demanda interior creciera el 1,5 por 100, y, sin embargo, se redujo en un – 0,8 por 100. Fue necesario que la demanda exterior pasara, de unas previsiones de crecimiento de 1 punto, a 2,9 puntos para que el producto interior bruto se incrementara, no en el 2,5 previsto, pero, al menos, en el 2 por 100. De nuevo esta explicación, porque no es solo la variación final la que llama la atención, sino la discrepancia existente entre las previsiones de sus componentes y lo que fue en la práctica el comportamiento real.

Esto se repite en 1985, año en que las previsiones sobre el aumento de las exportaciones, del 7,6 por 100, se queda en una realización del 3,8 por 100, es decir, prácticamente —décimas aparte— de la mitad. Por ello, el producto interior bruto crece en un 2 por 100.

Usted me puede decir que ustedes rectificaron, posteriormente, la previsión de crecimiento del PIB en el año 1985, y es verdad. Lo que ocurre es que la previsión inicial, aquella que acompañaba a la realización de los

Presupuestos, era el punto de referencia de elaboración de los Presupuestos. Tengo la impresión de que usted va a volver a rectificar en el año 1987 en cuanto a la previsión de crecimiento del PIB de 3,5 por 100, lo que ocurre es que usted construye unos Presupuestos sobre una previsión optimista, voluntarista. Creo que sería mejor que ajustáramos con realismo las previsiones al terreno de lo hacedero, y nos encontraríamos con unos instrumentos de política financiera, con unos instrumentos presupuestarios, más realistas, que se comportaran mejor.

Señor ministro, yo deseo que se incremente el PIB de mi país tanto como sea posible, igual que usted. Pero no puedo desconocer, por ejemplo, que la OCDE, en un informe sobre España que usted conoce mucho mejor que yo, para el año 1987 nos calcula un crecimiento del PIB del 2,9 por 100, no del 3,5. Por tanto, cuando le estoy suscitando una duda, es una duda razonable, no es una duda que se haga desde una oposición que quiera negar al Gobierno el pan y la sal.

Señor ministro, creo que sobre la inflación caben dos actitudes: explicar por qué se ha disparado la inflación, o dominar la inflación. Probablemente, usted y yo tenemos cierta formación por nuestro historial académico, y los profesores tendemos a creer que, cuando explicamos una cosa, hemos cumplido con nuestro cometido. Pero, evidentemente, cuando se está asumiendo una posición de responsabilidad en el Ejecutivo, junto a la explicación, es necesario también controlar la situación. No entro a discutirle a usted la explicación académica que usted proporciona a la Cámara, porque esto no es un seminario de economía pública.

Yo creo que ustedes no están consiguiendo —y bien que lo siento— controlar el proceso inflacionario. Yo no estoy en condiciones de discutirle a usted, con toda sinceridad, por qué se disparan los precios agrícolas; pero lo que, desde luego, yo no he dicho es que es por el déficit público; así, tan simplonamente, no lo he dicho. Usted, por ejemplo, puede ver que los productos alimenticios tienen un recargo de un 6 por 100 del IVA en nuestro país, y usted sabe mucho mejor que yo que en otros países de la Europa comunitaria se aplica un tipo cero. Cabe toda una gama desde ese tipo cero hasta los seis puntos, pero aquí hay un gravamen de seis puntos y no se puede desconocer. Y se desconoce cuándo en Televisión se le echa la culpa de la tasa de inflación, siempre que hay una mala noticia del IPC un mes, a los agricultores. Yo me imagino a esos agricultores de parcelas pequeñas, en esas zonas de nuestra patria donde el nivel de renta de un agricultor suele estar entre la mitad y un tercio del nivel de renta de un trabajador de la España urbana, de la España industrializada, cuando se ve que él es el culpable de que al ministro de Economía se le hayan salido los números del cuadro.

Creemos, señor Solchaga, que, en el tema agrícola, habría que ver si los créditos a los que acuden nuestros agricultores son a un interés comparable al de los que acuden los agricultores de otros países en la Comunidad, porque usted sabe que no. Por tanto, habría que hacer un estudio para ser justos en esta materia y para poner remedio, que es de lo que se trata obviamente, a la situación. Aquí lo importante es que el diferencial de inflación con los otros países de nuestra área, con los que estamos comerciando, aumenta, porque Italia está en un 5,5; Dinamarca en un 4,6; Irlanda en el 3,1; el Reino Unido en el 3,0; Francia en el 2,3; Bélgica en un 0,9, por no decir Alemania y los Países Bajos y Luxemburgo, que registran una incidencia negativa de la inflación del 0,4 o del 0,3, y nosotros estamos en una tasa interanual del 9,5.

Con este escenario de fondo y sabiendo que se hizo por ustedes una estimación del 4 por 100 en julio, que usted el 10 de septiembre la eleva al 5, que una vez que se conoce el IPC de septiembre, y en privado cualquier persona que conozca el tema, como mínimo habla del 6 por 100, nos encontramos con que de julio a octubre se está hablando de una variación de un 50 por 100 sobre la tasa de ese IPC para 1987. No es que yo sea incrédulo, es que nos encontramos con que los inversores españoles y, lo que es más grave, los inversores extranjeros que estaban invirtiendo en las Bolsas españolas, se encuentran con la tasa del uno y pico de septiembre y hacen una valoración, que es la que está haciendo todo el mundo menos usted y su Gobierno, hacen una valoración desde una grave preocupación. Cuando hay un problema, yo creo que la actitud más razonable, más realista y más positiva para resolverlo es afrontar ese problema con todas las consecuencias.

Sobre el gasto público, señor ministro, después de escucharle a usted, yo sigo pensando que va a haber un nuevo estirón de la burocracia. Usted me ha rectificado, incluso recreándose en mi menor conocimiento de las cifras en que se mueve el Presupuesto, que yo hablaba de un 10 por 100 en el aumento de los gastos de personal y usted me dice que es el 9,6. Sin duda, tendrá usted razón pero, en ese caso, señor ministro, está mal la página 401 del informe económico-financiero; y como el responsable del informe económico-financiero ante esta Cámara es usted, el que se equivoca es usted, y se lo digo con todo afecto, porque, como es natural, yo tengo que partir de sus datos: columna tercera, primer apartado, gastos de personal, 10 por 100. Y yo le ruego a usted que vea dónde está el error. Pero, por supuesto, el error está en su información ante esta Cámara.

A mí, señor ministro, me ha conmovido la argumentación sobre los haberes pasivos de los pensionistas republicanos. Porque usted juega con ventaja. Usted sabe que yo le voy a decir, desde mi sensibilidad hacia un sector preterido injustamente durante lustros en nuestro país, que ahí hay una responsabilidad de nuestra colectividad que hay que asumir. Por supuesto. Y usted sabe, sin duda, a cuánto asciende esa cifra. Y sabe que no me está usted contestando con esa pequeña cifra, como no me ha contestado usted respecto a ese incremento del 12,5 por 100 en la compra de bienes y servicios. Y es que, en materia de gasto público, señor ministro, hay muchos puntos por donde recortar. Porque cuando ustedes acceden al poder, y construyen el organigrama de la Administración del Estado, el 28 de febrero de 1983, construyen una Administración central de 134 Direcciones generales. Desde entonces acá, entre otras evoluciones, se ha producido una reforma importante en la organización territorial del poder político; se ha producido un gigantesco proceso de transferencias a las Comunidades Autónomas. Pues bien, en 1986, si no hemos hecho mal la cuenta, ustedes tienen, en la Administración central, no 134, sino 153 Direcciones generales. Usted podría haber hecho un redimensionamiento a la baja, como consecuencia del proceso de transferencias, y estar en una centena, quizá, de Direcciones generales.

Señor ministro, yo creo que, cuando la situación económica es delicada, se pueden pedir sacrificios, cómo no, a los asalariados, y a los profesionales, y a los funcionarios, y a los empresarios, y a los agricultores, siempre y cuando el Gobierno, en su parcela más próxima, en la Administración central y periférica del Estado, empiece por tener la *auctoritas* imprescindible, porque, realmente, asume una política de recortes y de reajuste del gasto.

En un país tan importante como la República Federal Alemana, cuando el canciller Kohl llega al poder y anuncia una política de austeridad, llega a cosas tales como a revisar la necesidad de mantener las suscripciones de publicaciones periódicas en todos los ministerios, organismos autónomos y dependencias públicas. Eso es una política de austeridad.

Y le voy a decir más. Voy a decirle que aquí se ha hecho un proceso de transferencias a las Comunidades Autónomas sobre la base de, a la vez que se hacía la transferencia, incrementar de nuevo, o, al menos, no reducir en la escala correspondiente, la dimensión del Estado.

Hemos tenido, en nuestro Partido, la paciencia de hacer un estudio de 300 folios, que le puedo proporcionar, y, si vemos los Presupuestos iniciales de un año, por ejemplo, los de 1983, el Capítulo I, 1.259.460.000.000 pesetas, y deducimos los 187.521 millones de pesetas de transferencias, de remuneración del personal transferido, nos encontramos un resultante al que habríamos de aplicar el ocho por 100 de incremento previsto entonces para el Capítulo I. Pues bien, lo que nos encontramos es que, actualizando la cifra de 1984, hay una diferencia de crecimiento de la Administración central, en este caso, de 67.334 millones de pesetas. Y hecho el estudio pormenorizado, resulta que el año 1983, la Administración central se aprovechó del proceso de transferencias para aumentar, en la práctica su gasto, o no disminuirlo en la proporción en que hacía la transferencia, en 136.200 millones; el año 1984, en 98.900 millones, y el año 1985, en 12.600 millones.

El señor PRESIDENTE: Señor Alzaga, le ruego concluya, por favor.

El señor ALZAGA VILLAAMIL: Es decir, que tenemos un proceso «parkinsoniano», al que hay que embridar en beneficio del interés general.

Señor ministro, el déficit hay que calcularlo en función del producto interior bruto y, como es natural, discrepamos de ese punto de referencia. Por tanto, estamos discrepando de nuestra apreciación, de nuestra previsión sobre el porcentaje definitivo del déficit para 1987.

En segundo lugar, tengo una duda que me parece lógica, y es que en cuanto se transfieran a las Comunidades Autónomas más de los 60.000 millones de pesetas previstos, se va, como es lógico, a aumentar el déficit.

Usted me dice que no puede prever los tributos de las Comunidades Autónomas. Usted, que conoce bastante bien la economía sumergida, según nos decía en el debate del otro día, no puede conocer los tributos de las Comunidades Autónomas. Yo, que de esto entiendo menos que usted, me he quedado haciéndome la pregunta en mi escaño de que, entonces, ¿cómo conoce usted con tanta exactitud la inflación que va a haber en 1987? Si tiene usted el primer interrogante, creo que debe usted albergar algún espacio para el segundo interrogante.

Sobre la materia fiscal no me queda tiempo, me temo, para contestarle, pero sí querría, con el permiso de la Presidencia...

El señor PRESIDENTE: Muy brevemente, señor Alzaga.

El señor ALZAGA VILLAAMIL: Un minuto, señor presidente. Tiene usted razón.

El artículo 31 de la Constitución establece que nuestro sistema tributario ha de ser justo e inspirado en los principios de igualdad y progresividad y este es un mandato constitucional, que, como es natural, permite la aplicación de leyes dentro de una determinada franja, pero esos principios son parte constitutiva de nuestro sistema de convivencia y que le corresponde al Gobierno de turno velar porque se lleven a la práctica.

Nosotros lo que pedimos es que se reduzcan los impuestos directos, que se pueden reducir de forma razonable, para, en función de otras reducciones de gasto de las que antes hablábamos, llegar a ese equilibrio entre impuestos directos e impuestos indirectos.

Sobre el proyecto, como usted ha visto, no me queda tiempo para contestarle, cosa que hubiera sido fácil, dada la escasez de su intervención a este respecto.

Le dejaría a usted una preocupación, que en este momento está en el ambiente. Me preocupa verle conforme con lo que están haciendo y no le veo con la conciencia plena de que hay que cambiar esta tendencia. Realmente, si seguimos con una política en virtud de la cual nuestro desfase tecnológico de la Europa comunitaria es cada vez mayor, difícilmente vamos a crear trabajo para las generaciones venideras. Si la carencia de viviendas sociales cada vez es mayor en España, estamos creando un problema social importante. Si en la Facultad de Derecho de la Complutense hay más estudiantes que ciudadanos tiene la ciudad de Teruel, no podemos esperar que de ahí salgan titulados en Derecho en condiciones de competir con los que salgan de otras Universidades europeas.

Yo, como mínimo, esperaría del Gobierno una preocupación, una tensión anímica en este sentido, de la que pudiéramos esperar, desde las fuerzas de la oposición, que se produzca una reconsideración de los presentes Presupuestos en algunas de sus paredes maestras, en beneficio de la modernización de nuestro país.

Nada más y muchas gracias por su benevolencia, señor presidente.

* * *

Tras nueva intervención del señor ministro de Economía y Hacienda.

El señor PRESIDENTE: Señor Alzaga, ha consumido usted los dos turnos más dilatados de este debate. Le ruego que en dos minutos estrictos haga alguna puntualización para concluir esta fase del debate.

El señor ALZAGA VILLAAMIL: Muchas gracias, señor presidente. Sin salirme de la cuestión, como ha hecho al final de su intervención el señor ministro, he de decir, en primer lugar, que las previsiones, los objetivos, como el señor ministro sabe mejor que yo, no son inoperantes, máxime si se refieren al producto interior bruto, porque si no se cumplen, señor ministro, en primer lugar deja de ser verdad que se reduzca el déficit sobre el producto interior bruto; en segundo término, deja de ser verdad que el gasto público crezca menos que el propio producto interior bruto, y, en tercer término, todo el cuadro macroeconómico deja de ser coherente.

Tengo que decir que lamento que el señor ministro haya encontrado un fácil chivo expiatorio —me apuntan los compañeros de grupo— en el agricultor. En primer lugar, porque me parece que el señor ministro está confundiendo aumento de precios con aumento de rentas; por ejemplo, en los seis primeros meses han bajado los precios de la carne del ganadero y subido al consumidor. Hay un problema de estructuras de comercialización y, consiguientemente, el tema es más complejo y el problema de estructuras de comercialización es de la propia competencia de su ministerio, donde estoy seguro que habrá proyectos concretos para su mejoría.

En segundo lugar, las rentas agrarias han estado congeladas mucho tiempo en España, y eso no se puede desconocer; no podemos desconocer que los agricultores en España abandonan el campo, que hay un fenómeno de despoblamiento; también hay un fenómeno de falta de equipamiento rural que, por cierto, estos Presupuestos no vienen a subsanar. En consecuencia, ese panorama suyo, idílico y dorado, de los agricultores nada o poco tiene que ver con la estricta y dura realidad.

Señor ministro, en cuanto al porcentaje de aumento de la compra de bienes y servicios, yo lo que le puedo decir es que he vuelto a tomar mi información de la página 401 del informe económico-financiero, donde se da para 1986 la cifra de 646.000 millones de pesetas, y para 1987 la de 727.000 millones, y se dice que el incremento es del 12,5 por 100.

Espero que no todos los datos facilitados a la Cámara sean erróneos.

Y, por último, yo le diría, señor ministro, que es verdad que yo hace cuatro meses no conocía ciertos datos, entre otras cosas porque esos datos han sido públicos con posterioridad y yo hubiera hecho un análisis en función de la información disponible. En este momento tenemos esa información; yo la tengo que tomar en cuenta, y lo que a mí me cuesta trabajo es comprender por qué usted no quiere tomar en cuenta esa información. Es fácil enfadarse con el espejo, cuando ese espejo va a trasladar unas imágenes que a uno no le agradan, pero en economía no es posible no enterarse de los datos estadísticos, máxime cuando las fuentes son su propio Ministerio o el Banco de España.

El señor PRESIDENTE: Señor Alzaga, le ruego concluya.

El señor ALZAGA VILLAAMIL: Yo me temo, señor ministro —y termino—, que estos Presupuestos, después de oírle a usted, están hechos desde la perspectiva de los datos de hace cuatro meses y me temo que debemos aprovechar su tránsito por esta Cámara para adaptarlos a la realidad.

Nada más y muchas gracias.

IX.3. DEBATE SOBRE EL ESTADO DE LA NACIÓN EN EL PLENO DEL CONGRESO DE LOS DIPUTADOS *

El señor PRESIDENTE: En nombre de la Agrupación de Diputados del PDP, tiene la palabra el señor Alzaga.

El señor ALZAGA VILLAAMIL: Señor presidente, señoras y señores diputados, en mi condición de quinto toro de la corrida, voy a seleccionar los capotes, para procurar no cansar a la afición *[Rumores]*. He de empezar, quizá, por una de las materias más áridas: la de la situación de nuestra economía... *[Continúan los rumores]*.

El señor PRESIDENTE: Un momento, señor Alzaga, por favor. Ruego silencio a sus señorías.

El señor ALZAGA VILLAAMIL: ... procurando hacerlo con la máxima objetividad.

Hay que reconocer que hay datos importantes que permiten hablar de una cierta recuperación en el contexto de una coyuntura económica favorable, como es, sin duda, por ejemplo, el crecimiento del producto interior bruto o el aumento de las inversiones privadas en bienes de equipo.

Pero hay otros datos, no menos significativos, que resultan verdaderamente preocupantes, como sucede, para empezar, con el sector exterior, que desde 1984 y durante dos años ha sido el verdadero motor del relanzamiento de nuestra economía. Pero en 1986 la balanza comercial no energética, como sabemos, ha sufrido un deterioro de 854.000 millones de pesetas. Y los españoles se preguntan, frente a ese deterioro de nuestras ventas al exterior y, sobre todo, de la mayor proporción de compras que estamos

* Sesión Plenaria núm. 31, de 25 de febrero de 1987, *Diario de Sesiones del Congreso de los Diputados*, núm. 32, pp. 1804-1852.

haciendo en el exterior, si no estamos ante un caso que recuerda, que se asemeja al de esos niños que llevan de la mano un perro pastor alemán y es difícil saber si es el niño el que lleva al perro o es el perro el que tira del niño; esto es, si es el Gobierno el que controla la situación o si es la situación la que está tirando del Gobierno.

En la tarde de ayer, señor presidente, no se nos dio la menor idea que nos permita tener un criterio respecto a cómo piensa el Gobierno afrontar esta situación que, como es natural, es fruto del desarme arancelario y consecuencia de nuestra incorporación a las Comunidades.

Hay una serie de temas al respecto que hay que afrontar, y usted supongo, señor González, que lo sabe perfectamente, como es el de si nuestra capacidad de crear, de producir artículos de buena calidad, en buena relación calidad-precio, en términos competitivos, no está siendo afectada por nuestra menor dedicación en el terreno de la investigación. Por cada 125 investigadores que hay en la OCDE, en España tenemos del orden de 25; y mientras la República Federal de Alemania dedica 291 dólares per cápita a la investigación, en España estamos destinando unos 20 dólares. Como es natural, eso tiene la consecuencia de un retraso cada vez mayor en el terreno tecnológico, en el terreno del progreso científico, que incide en la calidad de nuestros productos.

Hay también una clara pérdida de competitividad por razón de la diferencia entre nuestra inflación y la de los restantes países con los que comerciamos. A fines de 1982, cuando usted, señor González, se hace cargo del poder, nuestra inflación supera a la de la Comunidad aproximadamente en 4 puntos, y a fines de 1986 nuestra inflación supera a la de los países de la Comunidad aproximadamente en 6 puntos, como usted vino a reconocer ayer.

Pero el problema no está solo en reconocer la situación, sino en ver si somos capaces de superar la misma, y hay que atender a las causas. Una de las causas reside en los tipos de interés que se resisten a la baja, pero hay otra causa también, sobre todo, que es la falta de austeridad en el gasto público. Porque los gastos del Estado, señor presidente del Gobierno, en 1986 han crecido un 20 por 100, y los gastos de las economías particulares, de las economías familiares de la generalidad de los españoles, de ordinario no han podido crecer un 20 por 100, porque los ingresos no han crecido en esa proporción. De aquí, que el español medio se pregunte si al frente del Estado hay un gobierno manirroto.

Nos dice con frecuencia su Gobierno, su partido, que hay una reducción del déficit, pero esa pequeña reducción del déficit se ha logrado por dos caminos: en primer término, por la vía de trasladar demasiados pagos a 1987; en segundo lugar, aumentando los ingresos por impuestos en un 28 por 100; un 52 por 100 han crecido los impuestos indirectos y un 12 por 100, los directos. Es decir, que el déficit no se está reduciendo por lo que usted llamaba en la campaña electoral el buen camino de la reducción del gasto público, sino por el mal camino del aumento de una presión fiscal cuyo incremento en los últimos cuatro años ha sido la principal fábrica de parados de nuestro país; y a esto se ha sumado una inversión estatal muy corta en 1986 y en 1985, como lo va a ser en 1987.

En resumen, señor presidente, que nos estamos endeudando no para dotarnos de equipamientos sociales, no para mejorar nuestras infraestructuras, sino para dar de comer a la voraz máquina de la Administración, esa Administración de la que don Juan Luis Cebrián, director de *El País,* decía hace diez días en Roma que está vampirizada por los intereses políticos del partido gobernante. Frase dura, que no es mía, como digo.

Y así nos encontramos, con que la deuda pública, que a fines de 1982 estaba en seis billones de pesetas, a fines de 1986 está en 14,4 billones de pesetas, a razón de 350.000 pesetas por persona y que estamos haciendo gravitar sobre las espaldas de los más jóvenes, planteando un problema de solidaridad intergeneracional que debe merecer la atención de todos.

Otro aspecto preocupante de la marcha de nuestra economía, señor González, es la ruptura de la concertación social. El Gobierno, en nuestra opinión, se ha equivocado al lavarse las manos. Quizá puede argumentar que no debe intervenir —aunque creo que indirectamente lo está haciendo— en la fijación de la banda salarial y decir que ese es un tema a solventar por trabajadores y empresarios. Pero ¿cree usted que su Gobierno no tiene nada que aportar en una mesa de concertación sobre el empleo, sobre la formación profesional —sobre todo de los jóvenes en paro—, sobre la Seguridad Social, sobre la reconversión industrial —si es que se pueden poner de acuerdo al respecto los señores Croissier, Solchaga y de la Dehesa—, sobre la adaptación de las empresas al marco europeo y a las nuevas tecnologías?

Yo creo, señor González, que solo el miedo al fracaso tras la experiencia del AES puede explicar, que no justificar, el no sentarse. Y si se ha pensado que el que no hace nada no se equivoca, yo tengo que recordar que en política la pasividad es una enfermedad de muy graves secuelas. Porque la falta de concertación significa la pérdida de un acuerdo marco, implica el deterioro del clima laboral, y eso lo sabemos porque tenemos la experiencia reciente del año 1984.

En suma, señor presidente, creo que hace usted bien en marcar el acento en ciertos progresos. Pero me temo, sinceramente, que es un error ocultar, desconocer, infravalorar ciertos aspectos negativos, porque difícilmente se resuelven los problemas si se niega su existencia, si se les da la espalda. En economía, como en las restantes materias, el exceso de optimismo, no quiero hablar de triunfalismo, digamos un cuasi-triunfalismo es peligroso. Ese cuasi-triunfalismo con frecuencia es uno de los alimentos de la prepotencia de los gobernantes políticos y creemos que, en cuanto a prepotencia de dirigentes políticos por estos lares, conviene que todos nos vayamos poniendo a dieta.

Pues bien, para terminar estas consideraciones de política económica y adentrarme en las de política social propiamente dichas, pensamos que hay que reconocer que el Partido Socialista se ha desprendido de ciertas hipotecas en cuanto a filosofías económicas trasnochadas. Pero empezamos a no saber, señor González, con qué se ha quedado.

En el libro reciente del exsecretario de Cultura del PSOE, Ignacio Sotelo, que se titula *Los socialistas en el poder*, leemos literalmente: «Al asumir las responsabilidades de Gobierno, siempre hay que tirar por la borda una buena cantidad de simplezas, ingenuidades, arbitrismos que se acumulan en el periodo de oposición; pero parece que al volcar la bañera con las aguas sucias se ha arrojado también a la criatura. En la purificación que a las ideas impone la práctica, el socialismo se ha despojado hasta de la identidad».

Como es natural, señor presidente, algunos nos preguntamos si por el desagüe de esa bañera no se han ido todas las exigencias, todos los imperativos de la justicia social. Porque la política social del Gobierno no resiste los más elementales tests.

Vamos a prestar atención un momento a los sectores más desprotegidos de nuestra sociedad, empezando por los trabajadores que perciben el salario mínimo interprofesional. Pues bien, de 1982 a 1986, durante los Gobiernos socialistas, estos trabajadores han perdido poder adquisitivo de forma notable. Sin embargo, de 1977 a 1982, durante los Gobiernos de UCD, los mismos perceptores del salario mínimo ganaron en poder adquisitivo, en términos reales, de forma muy significativa. Y si nos fijamos en las pensiones medias de jubilación, vemos también que su revalorización fue superior comparativamente del año 1977 a 1982 y de 1982 a 1986. Y si nos fijamos en la Ley de 31 de julio de 1985 por la que se han elevado los requisitos hasta entonces exigidos para causar ciertas pensiones y se han rebajado dichas pensiones, vemos que, así, para los nuevos pensionistas más humildes ha habido un recorte en 1986, estimado, para los trabajadores por cuenta propia del régimen especial agrario, en aproximadamente 5.000 pesetas al mes. Son muchas pesetas, señor González, para un pensionista del postergado sector agrario, de ese sector agrario que es el sector más desfavorecido de nuestra sociedad y que en estos momentos está siendo objeto de unas movilizaciones para llevarles a ustedes su inquietud sobre su problemática social; sector sobre el que usted ayer no dijo ni una palabra en su intervención ante la Cámara.

En 1986, señor presidente, los problemas sociales han sido más agudos que en 1985, y yo me temo que la respuesta, en términos de justicia social por parte del Gobierno, ha sido más débil.

El Gobierno sabe que el IPC aumenta el 8,3 al término del año pasado; pero también sabe que el índice de precios alimentarios subió más, subió un 11 por 100. Sabe que los perceptores de rentas más modestas tienen que dedicar una parte mayor de su dinero, de su sueldo, a poder comer y, consiguientemente, les ha subido la vida más del ocho y pico por ciento. Sabe que en las familias numerosas hay más bocas que alimentar y conoce que la ayuda familiar con cargo a la Seguridad Social en nuestro país es simbólica: es del orden de cuarenta veces menor que la media europea y es cada vez más pequeña en relación con la media europea.

Observamos la misma falta de política social moderna si nos fijamos en la sanidad pública. Hace quince días que desde esta tribuna la diputada del PDP Pilar Salarrullana mantuvo un interesantísimo debate, con motivo de una interpelación con el ministro del ramo, sobre las listas de espera, que se va a ultimar, espero, la próxima semana como consecuencia de una moción subsiguiente a la interpelación que tenemos presentada. Allí no quedó claro si son 133.000 o 107.000 los enfermos sujetos a listas de espera. Pero quedó claro que el Gobierno ha dejado de publicar estas estadísticas que resultan incómodas.

Señor presidente, hay especialidades como la cardiología, la cirugía general, la cirugía maxilofacial o la cirugía vascular en las que es frecuente en la sanidad pública española una espera de más de un año. Me temo que tenemos un sistema sanitario para enfermos con una mala salud de hierro, pero un tanto inquietante, señor presidente, para enfermos debiluchos.

Otro botón de muestra nos lo ofrece la vivienda social. En el segundo plan cuatrienal, aprobado en diciembre de 1983, se prevé la construcción de 250.000 viviendas; en ellas, 30.000 viviendas sociales para los sectores más débiles, a construir por distintos poderes públicos. En 1985 solo se construyen 15.000 viviendas sociales. En 1986, la cota de los logros en este terreno aún es más modesta señor presidente, la especulación relativa al suelo para viviendas sociales está aumentando. El precio de una vivienda social en cuatro años se ha incrementado en un 70 por 100 y el déficit actual de viviendas sociales es de más de 150.000 viviendas. Me temo que para los que aspiren a una vivienda social el viejo aforismo de Larra, el clásico «Vuelva usted mañana», va a consistir en: vuelva usted dentro de diez o quince años, es decir, vuelva usted el siglo que viene.

Creo, señor presidente, que no es necesario aportar muchos más datos. Nos tememos que la política social de su Gobierno es prácticamente nula. Ya observamos en el discurso de investidura que no había proyectos. Observamos en el debate de presupuestos que no había programas concretos, y hemos podido contemplar ayer en su intervención que sigue sin existir un proyecto al respecto.

Desde mi formación social cristiana, a mí realmente este tema me preocupa, y me preocupan las consecuencias que pueda tener a medio y largo plazo. Creo que todos aquí conocemos aquella definición del gobernante: un hombre tan ocupado que no tiene tiempo de pararse a pensar en lo que está haciendo. Yo, señor presidente, no soy quién para darle consejos, pero quizá recomendaría parar una o dos semanas para reflexionar sobre su política social. Porque yo estoy convencido de que si usted, como hombre demócrata que es y como hombre que proviene de la izquierda, reflexiona sobre el conjunto de la política social llegará a conclusiones análogas a las que le estoy exponiendo.

Hay, señor presidente, otro buen motivo de reflexión al que usted sí aludía en la tarde ayer. Me refiero a las últimas movidas estudiantiles en un país como España, que es demográficamente el más joven de Europa. En el horizonte, por supuesto, están del orden de 1.400.000 parados, el cuarenta y tantos por ciento de nuestra población juvenil, el mayor de los paros juveniles de los países desarrollados y el que ha crecido más deprisa en una serie de años. Señor presidente, eso es un horizonte de marginación, es un horizonte de dificultad de construir un proyecto personal, familiar y profesional para nuestros jóvenes. Quizá con la débil esperanza de encontrar un empleo en la economía sumergida.

Esta es, sin duda, la faceta más grave y entendible de la movida estudiantil, que no la podemos desconocer por mucho que entre las reivindicaciones encontremos algunas que no se tengan de pie, que sean ilógicas. Yo creo, señor González, que usted no debe acusar a la oposición de eso que dijo ayer: que nosotros no hemos denunciado algunos excesos violentos que se han producido por ciertas minorías muy localizadas en esas manifestaciones. Usted sabe bien que algunos, como desde luego el PDP, creemos (lo hemos creído y lo decimos siempre) que la razón se pierde por quien usa la violencia, que es la sinrazón. Pero si continúan ese tipo de situaciones y se vuelven a producir actos violentos, yo me temo, señor presidente, que si se hace la pregunta de quién ha premiado esa violencia, usted tendrá que mirar a su ministro de Educación, que, sin duda sin quererlo, se ha encontrado premiando la presión por la fuerza días después.

Hay otras facetas, señor González, en este terreno a las que hay que prestar atención. Somos el país de la OCDE con menos proporción de profesores por población escolar de menos de veinticinco años, incluidos Portugal y Grecia en la comparación. Unos 200.000 jóvenes de catorce a dieciséis años no asisten a ningún centro educativo y, señor González, en España es ilegal trabajar antes de los dieciséis años. Hay un agujero negro en el esquema educativo contra el cual algunos venimos clamando. Sin ir más lejos, nuestro diputado, señor Uribarri, en la anterior legislatura defendió el 16 de octubre de 1985, en la Comisión correspondiente, la toma en consideración de una proposición de ley sobre escolarización obligatoria y gratuita hasta los dieciséis años. Los diputados socialistas votaron en contra, según consta en el acta.

Yo creo, señor presidente, que con este contexto carece de sentido el acoso a los centros privados, con los cuales se podría concertar la resolución de esta laguna y de otros problemas educativos acuciantes. Y tengo que recordarle con toda cordialidad que usted mismo en esta Cámara, el 1 de diciembre de 1982, dijo: la escolarización de catorce a dieciséis años es objetivo inmediato del Gobierno; entre dieciséis y dieciocho años a lo largo de la legislatura. Palabras pronunciadas el 1 de diciembre de 1982 y aún no cumplidas. Ni la LODE ni la LRU han afrontado el problema de la calidad de la enseñanza, señor presidente, y, en consecuencia, nos tememos que dentro de siete años nos puedan venir jóvenes especialistas de otros países de la Comunidad a discutir con ventaja puestos de trabajo a nuestros jóvenes. Urge plantearse la temática de las nuevas profesiones y hay que hacerlo superando ciertas parcelas anticuadas de esa formación empresarial para alumnos de malas notas, de acuerdo con las demandas del sistema productivo y con el empresario, como se hace en otros países de Europa.

Esta es una temática, señor González, a abordar con visión de futuro, no solo a golpe de reuniones precipitadas con representantes de movimientos asamblearios. Se nos dijo en el Congreso de los Diputados, al hilo de los debates presupuestarios, que no eran posibles mayores dotaciones económicas en esta materia, para pactar dos meses después con unos representantes *de facto* 50.000 millones de pesetas. Sin comentarios. Como nos tememos que el problema estudiantil no ha terminado, yo recomendaría pensar sobre él. Según el señor Maravall, le separaba de las reivindicaciones un milímetro, un ápice. Pues bien, teniendo en cuenta que para recorrer un milímetro se han necesitado tres meses moviditos y 50.000 millones de pesetas, yo creo que el Gobierno se debe ir preparando para la hipótesis de que tenga que afrontar reivindicaciones de varios centímetros con el mismo equipo, porque es muy costoso y lento resolver problemas con el mismo equipo que los ha creado.

El señor PRESIDENTE: Señor Alzaga, le ruego concluya.

El señor ALZAGA VILLAAMIL: Voy concluyendo.

Yo creo, señor presidente, que en el fondo hay un problema de pérdida de horizonte, de pérdida de escala de valores humanistas, de convivencia, de filosofía de la libertad, del valor de la igualdad básica del hombre, de una sociedad con oportunidades para todos, de los valores de una sociedad justa donde se retribuya el mérito, el esfuerzo y la capacidad, de los valores de la solidaridad, y esto requiere no una política de parcheo, sino una política de principios que coja los problemas por su raíz. De lo contrario hay muchos problemas que sin una referencia a una escala de valores no tienen solución, como ocurre con la droga.

Si vemos la Memoria del Fiscal General del Estado de 1986, podemos leer, por ejemplo, un párrafo de la Audiencia de Cádiz, que dice: «Es dramática la invasión de la llamada droga dura, pues si hace tres o cuatro años era raro el delincuente adicto a la misma hoy lo raro es lo contrario, y si hace ese mismo número de años no se conocían en la capital casos de heroinómanos, en la actualidad existen en la capital y sus alrededores de cuatro a cinco mil, y unos diez mil en la provincia. Diez mil heroinómanos en una sola provincia, la de Cádiz, es una cifra que acredita que se está perdiendo la batalla de la droga en todos los frentes: en el frente de la lucha contra las mafias que controlan el narcotráfico, en el frente del terreno educativo y preventivo e, incluso, en el sanitario y en el de la recuperación, donde tenemos en toda España solo 160 camas».

En este campo de la pérdida de valores me parece importante que todos nos comprometamos en el trabajo por la paz. Por ello, señor presidente, yo celebro su anuncio de la firma del Tratado de No Proliferación. Usted sabe que nosotros presentamos una proposición no de ley, instando al Gobierno a ello, y que está en el orden del día de la próxima semana. Por tanto, estamos de antiguo comprometidos con esta tesis. Yo lo que le pediría hoy es que anuncie también los motivos que puedan existir para el cambio de opinión. Porque, como usted sabe, el 7 de enero de 1985 afirmó su opinión contraria a la firma del Tratado de No Proliferación nuclear, que calificó de hipócrita. Y cuando se le pregunta en un programa de televisión sobre este Tratado afirma que aunque debería ser prudente, no iba a serlo. Y explicó que tal Tratado es una de las mayores hipocresías del mundo, un Tratado que imponen los países —dice usted— que tienen armas nucleares a los que no las tienen. Yo no tengo intención —dice usted entonces— de fabricar armas nucleares, pero tampoco acepto que me humillen. Hipócrita y humillante llama usted al Tratado. ¿Por qué entonces era hipócrita y humillante? ¿Por qué ahora no lo es? Creo que debe usted una pequeña explicación a la Cámara para que la gente no piense que al Gobierno le da igual una tesis que su contraria. Pero, por favor, no cambie de opinión, señor González, que nosotros le vamos a apoyar en esta materia.

Quiero para terminar, señor presidente, decir dos palabras sobre Melilla...

El señor PRESIDENTE: Le ruego que lo haga en un minuto, señor Alzaga.

El señor ALZAGA VILLAAMIL: Sí, señor presidente.

Espero que el señor presidente me reconozca que la forma en la aplicación de la Ley de Extranjería fue poco afortunada. Se calibró mal, se midió mal y, como dijera Machado, el culatazo llegó más allá que el tiro.

Espero que también me reconozca que el nombramiento del señor Dudú como asesor por parte del ministro del Interior no constituye un motivo de orgullo, toda vez que el mismo día de la firma se publicaba en la prensa que había indicios de antiguo de que se trataba de un doble agente que trabajaba para Marruecos. A mí me parece, señor presidente, que este es un caso análogo a aquel en que el presidente de la Internacional Socialista, el señor Brandt, hizo un nombramiento —entonces él no tenía los datos sobre el contenido de aquel nombramiento— y cuando se descubrió que se trataba de un agente de una potencia extranjera procedió a dimitir. Yo me pregunto, señor presidente, qué hubiera ocurrido si un ministro del Interior de UCD hubiera hecho ese tipo de nombramiento. Me falta imaginación para suponer la reacción de la oposición socialista. Yo creo, señor presidente, que ustedes tienen una oposición de guante blanco.

Quiero hacer una última reflexión al respecto. Creo que necesitamos todos que el Gobierno ponga uno o varios políticos experimentados al frente de la problemática de Melilla, que es de primer nivel. El problema es, como salta a la vista, de primer nivel. Yo estoy seguro de que el partido que represento y la totalidad de la oposición colaborarán constructivamente, porque nosotros procuramos siempre, señor presidente, colaborar con el interés general aunque desde la oposición, puede ser más duro colaborar con el interés general. Una de las diferencias entre un sistema democrático y uno que no lo es, consiste en que en el sistema democrático se valora, por principio, la acción de control responsable que se ejerce desde la oposición. Nada más y muchas gracias, señor presidente *[Aplausos]*.

El señor PRESIDENTE: Gracias, señor Alzaga.

* * *

El señor PRESIDENTE: Por la Agrupación de Diputados del PDP tiene la palabra el señor Alzaga.

El señor ALZAGA VILLAAMIL: Señor presidente, señorías, tengo la impresión de que el presidente del Gobierno, que sin duda estima en mucho las tesis de su vicepresidente, ha optado por el género literario parlamentario de la respuesta en tropel. Este es un tipo de respuesta que se caracteriza porque se mezcla lo que han dicho todos los Grupos Parlamentarios; se sostiene que se ha dicho una cosa y se acaba contestando a lo que precisamente no ha sostenido en sus intervenciones ninguno de los Grupos Parlamentarios precedentes. Y hay que reconocer que la técnica tiene la rentabilidad de que facilita construir el maniqueo y, en consecuencia, facilita el vapuleo.

Yo, señor presidente, tengo la impresión de que algunas de las cosas que su señoría en términos vigorosos ha contestado, casi en términos de fervorín, ante la Cámara, no se han dicho en la mañana de hoy. Al menos, nosotros no hemos hablado de un déficit tercermundista. Tengo que decir que si alguien lo ha hecho me parece que esa es una tesis inconsistente, pero sí habíamos dicho alguna cosa, de pasada, sobre el déficit.

El déficit se ha disminuido este año en 170.000 millones de pesetas. Para empezar, hay 100.000 millones de pesetas más que en el año anterior, que se han trasladado del 86 al 87. Es decir, que casi dos tercios de la disminución del déficit es por un traslado de ejercicio; en segundo lugar, tenemos la reducción de la factura energética, que como es natural, es un evento extraordinario, y, en tercer término, hay un aumento de recaudación, por razón de los tributos, del 28 por 100, nada menos.

De aquí que nuestra tesis fuera: «No se reduce el déficit por el buen camino de disminuir el gasto, sino por el mal camino de aumentar los impuestos, que tienen un límite, pues nos puede generar un déficit potencial en ejercicios futuros».

El problema está en el gasto público, señor presidente, está en la austeridad de la Administración Pública. Le decía esta mañana que se ha producido un incremento de los gastos del Estado del 20 por 100. El problema está en que usted se encuentra al frente de la Administración Pública y que administración viene de administrar, pero de administrar las pesetas de los contribuyentes y aquí hoy tenemos la oportunidad de calibrar si usted es o no, con su equipo, un buen o mal administrador.

Usted me dice: «Si usted quiere que le reduzcamos los gastos, hágame usted el favor entonces de no pedirme mayores demandas en el terreno de los gastos sociales». No, no pretendo reducir los gastos sociales, don Felipe

González, pero usted sabe que en los Presupuestos Generales del Estado para 1987 la partida de gastos de personal se aumenta en un 10 por 100, incrementando la retribución de los funcionarios solo en un 5 por 100, y con la explicación de los deslizamientos, le anticipo que no me puede usted cubrir el otro 5 por 100; hay ahí un incremento innecesario de burocracia.

La partida de compra de bienes y servicios se aumenta un 12,5 por 100, con una previsión de incremento de la inflación de cinco puntos. Las Direcciones Generales se han aumentado en gran número respecto del organigrama que presentaron en 1983.

Las duplicidades de servicios con diversas Comunidades Autónomas (no siempre por culpa de los gestores de esas Comunidades Autónomas; en muchos casos por la responsabilidad de la Administración central), son una fuente verdaderamente ancha e importante de ahorro; amén de lujos, gastos innecesarios, etcétera.

Eso es la austeridad de la Administración Pública, a la cual los españoles, a los que se les pide que se aprieten el cinturón, tienen el más legítimo de los derechos, y entonces, sí hay algunas pesetas, entonces sí las hay, señor González, para esas demandas de sanidad que le planteaba esta mañana, respecto de las cuales no me ha contestado una sola palabra; o respecto de unas peticiones de viviendas sociales para los sectores más débiles de la sociedad, respecto de las cuales tampoco, señor González, hay respuesta.

Mire usted, en el mundo rural no todo es la temática de los precios —que no podemos en este momento abordar *in extenso*—, que depende de muchos factores, como nuestra incorporación a la Comunidad Económica Europea. Hay una problemática de infraestructura en el mundo real. Hay que dotar de equipos sociales mínimamente próximos a los del mundo urbano, a los de la España industrializada.

Señor González, usted sabe —y además usted tiene sensibilidad para darse cuenta de la anchura del problema— cuán escasos son los supuestos en que los hijos de un agricultor en nuestro país acceden a la universidad. Estamos muy por debajo de la media de la España urbanizada y muy por debajo de las cotas de la Europa rural y democrática de la que formamos parte.

Tenemos una responsabilidad política de superar esas situaciones, de elaborar programas de verdad para poner fin a esas injusticias sociales. Hace falta, señor González, más coraje para enfrentarse con estos casos, como para enfrentarse con el desempleo juvenil. Ya sé que existen ciertos programas en marcha; lo que estamos diciendo es que son insuficientes; salta a la vista la insuficiencia de esa política; todos los españoles lo sabemos.

Nosotros le decimos que hay una parte de la problemática de las nuevas profesiones que hay que plantearse con el mundo de la empresa, que hay que encajar la preparación que ofrecemos a los jóvenes con la demanda del mundo industrial y productivo en general de nuestra época. Hace falta un diálogo —por ejemplo, inspirándonos en el modelo alemán, que es modélico—, de colaboración del mundo sindical y del mundo empresarial en este terreno.

Señor presidente, en materia de investigación, qué duda cabe que ha habido un cierto crecimiento de los fondos públicos, pero mire su señoría que de ese dinero solo 4.500 millones están destinados a programas concretos para 23.800 investigadores, lo que significa unas 200.000 pesetas de media por proyecto. El resto se gasta en salarios, infraestructura, gastos corrientes. Es decir, que la mayor parte del presupuesto se va en gastos generales y lo que se dedica por proyecto, prácticamente, impide afrontar investigaciones que merezcan seriamente tal nombre.

No tengo el tiempo disponible para entrar en las asignaciones económicas a la política educativa —me remito a lo que nuestro Grupo sostuvo, con poco éxito, en el debate de los Presupuestos a ese respecto—, pero sí querría entrar en qué me parece que el señor González no me ha entendido en lo que yo decía en materia salarial.

Me refería, señor presidente del Gobierno, al salario mínimo interprofesional. Yo decía: si tomamos el IPC del año 1977 como 100 y el salario mínimo interprofesional como 100, nos encontramos con que el IPC el año 1982 es el 209,9 y el salario mínimo interprofesional es el 249,5. Es decir, durante los gobiernos de UCD se ganó capacidad adquisitiva para los trabajadores más débiles de nuestra sociedad, de 39,6 puntos. Pues bien, haciendo el mismo cálculo de 1982 a 1986, se ha perdido capacidad adquisitiva en 6,2 puntos.

En materia de pensiones de jubilación le puedo hacer un cálculo verdaderamente análogo. La diferencia no es tan grande, pero resulta igualmente que la conciencia social —y, en definitiva, las cifras de los gobiernos centristas— superan al balance de la de los gobiernos socialistas.

El señor PRESIDENTE: Le ruego concluya, señor Alzaga.

El señor ALZAGA VILLAAMIL: Concluyo, señor presidente. Solo para decir una palabra sobre la droga.

Sobre la droga yo puedo estar de acuerdo con usted en que una de sus facetas, y no la menos importante, es la que tiene de enfermedad. Ahora bien, si eso es así, usted estará conmigo en que con 160 camas en toda España no hay ni para empezar. Los especialistas hablan de una necesidad mínima de 2.000. Y yo le pregunto al Gobierno si no es posible afrontar un esfuerzo consecuente en ese terreno.

Y solo subrayar una última laguna. Sigo esperando, señor presidente, que, en un minuto, usted explique a la Cámara su, por nuestra parte aplaudido, cambio de criterio en lo que respecta al Tratado de No Proliferación de armas nucleares.

Nada más y muchas gracias.

El señor PRESIDENTE: Gracias, señor Alzaga.

* * *

El señor PRESIDENTE: Por la Agrupación de Diputados del PDP, para la defensa de su moción tiene la palabra el señor Alzaga.

El señor ALZAGA VILLAAMIL: Señor presidente, señoras y señores diputados, el PDP ha presentado, al término del debate que estamos celebrando, 14 propuestas de resolución. Evidentemente, proceder a su defensa en este momento ante sus señorías es imposible; no solo es imposible defenderlas, sino que es imposible incluso leerlas. Creo que, en términos cuasi telegráficos, poco más puedo hacer que leerles el índice. No lo tomen ninguno de ustedes a descortesía; viene a ser, más o menos, lo que hacen algunos miembros, no muchos, de tribunales de tesis doctorales; que cuando la tesis es muy gruesa casi la tienen que juzgar en función del índice.

Pues bien, en esta presentación somera, yo subrayaría que dos de nuestras propuestas de resolución tienen la finalidad de contribuir a la reducción del gasto público innecesario. Una insta al Gobierno a que en el plazo de tres meses presente a la Cámara un plan de racionalización de la Administración Pública, con supresión de direcciones generales y de otros organismos que no sean imprescindibles. La segunda insta, asimismo, al Ejecutivo para que en el mismo plazo plantee un plan de coordinación administrativa con desaparición de servicios periféricos de la Administración del Estado en campos que han sido objeto de transferencias y donde se registran duplicidades.

En otro orden de cosas, hemos firmado seis propuestas de política social. En este cuarto de hora, señorías, para el PDP esta es la preocupación más agobiante, y nos preocupa sinceramente no tanto el que no hayamos recibido del presidente del Gobierno —en estos momentos ausente— respuesta concreta a los puntos que hemos ido subrayando a lo largo del debate, en términos de las exigencias de la justicia social que, desde nuestro punto de vista, son más agobiantes, como el hecho de que nos parece que no hay respuesta porque no hay un proyecto en el orden de la política social.

Pues bien, estas propuestas versan sobre homogeneización de regímenes especiales de la Seguridad Social, con el nivel de protección del régimen general; sobre revisión automática del salario mínimo interprofesional, para el supuesto de que la inflación al término de 1987 supere la cota prevista del 5 por 100. Otra moción análoga a la anterior sobre el importe de las pensiones. Una cuarta sobre constitución, en esta Cámara, de una Comisión no permanente que estudie los problemas más acuciantes que en el terreno educativo están siendo suscitados por la juventud española en estos momentos. En quinto término, pedimos ciertas medidas gubernamentales para reducir las listas de espera en la sanidad pública. Y en sexto lugar, que el Gobierno, en colaboración con las comunidades autónomas, presente un plan cuatrienal de vivienda social, con un mínimo de 100 viviendas sociales de promoción pública.

Desde otra perspectiva, planteamos la reforma técnica y la agilización de la Administración de Justicia. Creo que no tengo que cansar la atención de sus señorías para venir a decir que nuestro Poder Judicial está en un grado de saturación superlativo. Hay tribunales, hay juzgados en España que ven aumentar el número de casos en una proporción del 30 o 40 por 100 más de año en año, y el número de sentencias pendientes de ser dictadas crece, igualmente, en la misma proporción, en muchos casos, de año en año, cuando muchos magistrados, a su vez, están dictando una media de una sentencia diaria, que es todo un récord. Sus señorías saben bien que una Justicia lenta no es buena Justicia. Al paso que vamos podemos tener que llegar a la situación *in extremis* de prácticamente tener que cerrar la organización judicial dos o tres años para que se ponga al día. Y esto saben sus señorías que es imposible porque sería tanto como cerrar nuestro Estado de Derecho.

Otra extensa resolución de seis puntos plantea las líneas básicas de una réplica eficiente al tráfico de drogas. Las cifras oficiales subrayan que hay 60.000 cocainómanos, 70.000 heroinómanos, por hablar tan solo de los drogodependientes de drogas duras. Los especialistas particulares dan, desgraciadamente, cifras más importantes. Esta Cámara tiene la obligación de dedicar sus mejores esfuerzos a afrontar con todas sus energías esta problemática. De otra parte, instamos al Gobierno, de conformidad con lo previsto en la transitoria quinta de nuestra Constitución, a que presente de inmediato los proyectos de ley orgánica donde se contengan los Estatutos de Autonomía de las ciudades de Ceuta y de Melilla; esa es la vía para normativizar y para normalizar a un tiempo la situación de convivencia en libertad y en concordia de los habitantes de estas dos ciudades.

El señor PRESIDENTE: Señor Alzaga, le ruego concluya.

El señor ALZAGA VILLAAMIL: Con carácter penúltimo subrayo, señor presidente, y voy terminando, que, dada la insuficiencia, por la que yo no culparía a nadie —dicho sea por delante— del debate en materia de política exterior y, en concreto, en el terreno de paz y seguridad, se acuerde celebrar un debate monográfico sobre esta materia, como es natural precedido por la correspondiente comunicación del Gobierno a la Cámara.

Y, por último, solicitamos, señor presidente, un mecanismo de información a la Cámara en materia de venta de armas; porque, señores del Gobierno, no queremos tener que estar funcionando con el recurso de, por ejemplo, encontrarnos con que, con fecha 3 de febrero, a la Agrupación de Diputados del PDP se le contesta por escrito a una pregunta sobre la venta a Chile de aviones C-101, que son cazas de apoyo a la infantería, que se venden como aviones de entrenamiento, pero en tales condiciones que son fáciles de armar y de utilizar bélicamente, y la respuesta, señorías, es para una auténtica antología de las evasivas, que algún día en esta Cámara, si tenemos tiempo, quizá se pueda publicar.

Y esto, como es natural, refuerza sospechas, la sospecha de que la venta existe, de que el uso del arma no está claro, que hay ambivalencias y que, incluso, puede haber en la Administración alguien que tiene una mala conciencia al respecto.

El señor PRESIDENTE: Concluya, señor Alzaga.

El señor ALZAGA VILLAAMIL: Señorías —y termino, señor presidente, en diez segundos—, la autoridad moral de nuestro pueblo y de nuestra democracia en el concierto de las naciones requiere arrojar claridad en esta materia. Hay cuestiones que no significan solo una obligación política, sino que realmente suponen un deber moral.

Nada más, señor presidente. Muchas gracias.

X
DISCURSO ANTE EL II CONGRESO NACIONAL DEL PARTIDO DEMÓCRATA POPULAR

X.1. DISCURSO, COMO PRESIDENTE DEL PDP, ANTE EL II CONGRESO NACIONAL*

NOTA PREVIA

Se transcribe este discurso por reflejar como entendimos por entonces —en el Palacio de Congresos de Madrid, ante algo más de mil delegados del partido— que se podían agrupar y motivar cuadros cualificados para hacer una oposición constructiva y edificar una alternativa moderna y genuinamente centrista. Posiblemente el lector concluirá que el discurso delata que su autor no era propiamente un político, sino un mero catedrático de universidad empeñado en ayudar a que en nuestra dura tierra la dinámica democrática fuese protagonizada por partidos cohesionados en torno a análisis sólidos y a un compromiso desinteresado con la europeización de nuestro sistema de partidos.

Queridos amigos del PDP.

Queridos delegados de los partidos fraternos de la Internacional Demócrata Cristiana.

Delegados de otros partidos amigos.

Señoras y señores:

Al ocupar esta mañana el podio de este Palacio no puedo evitar que la memoria me traslade a este mismo lugar y a las fechas —que en la aceleración en la que vivimos pueden parecernos remotas, pese a su cercanía— de nuestro I Congreso, en septiembre de 1982, y al trasluz de esa memoria me embarga —nos embarga, me imagino, a muchos— un sentimiento contradictorio en el que se mezclan la satisfacción por cuanto hemos avanzado desde entonces y la exigencia del camino aún por recorrer. Sería fácil —y

* Transcripción del texto escrito repartido a la prensa, 26 de enero de 1985.

tal vez halagador para todos nosotros— dejarnos dominar por la primera y transitar por la pendiente suave y grata de la autosatisfacción. Creo que hay que dominar esa tentación. Más que la memoria de lo pasado, debemos recurrir a esa especie de memoria de lo futuro que es la imaginación. Y más que de nosotros mismos, debemos hablar de nuestros ciudadanos, de quienes fuera de estas paredes aguardan —con sus problemas y sus inquietudes— algún mensaje que permita encarar el porvenir con una esperanza razonable.

Con todo, dejad que tan solo por unos momentos echemos la vista atrás. Porque creo que en esta hora, ante quienes hoy expresan aquí su fraternal solidaridad con nosotros en los ideales de libertad y de justicia, debemos saludar con legítimo orgullo la situación de democracia en camino hacia su consolidación en que hoy nos encontramos. Y debemos —por qué no— reconocer el esfuerzo de tantos de los nuestros que lucharon por traerla a nuestro país en los largos años de oscuridad, que siguieron trabajando sin desmayo por asentarla en los años difíciles de la transición y que continúan hoy en la brecha para hacer que eche sólidas raíces. Sé que a muchos hasta os incomoda ese reconocimiento, porque quien trabaja por la democracia desde unas convicciones lo hace sin pensar jamás en pasar factura. Pero ahora se hace preciso recordar que fue la democracia cristiana quien divulgó los principios democráticos cuando nadie lo hacía. Es preciso reclamar la contribución de los hombres de la democracia cristiana primera en la formación de los equipos humanos en las décadas de los cincuenta y de los sesenta, después en hacer una transición con el menor coste político y social, para elaborar una Constitución justamente llamada de la concordia, para hacer real el pluralismo político, la tolerancia y el diálogo, para combatir las marginaciones intolerables y para expresar un sentido solidarista de la convivencia en el mundo.

Hoy, la gran mayoría de las gentes que hicieron esta tarea están aquí presentes o representados por nosotros. Y ese es el fundamento de nuestra esperanza en el papel que el PDP está llamado a desempeñar en nuestro país. Por fin, la democracia cristiana se encuentra unida en torno a un proyecto político homogéneo. La responsabilidad que esta unidad echa sobre nuestros hombros nos dispensa de detenernos en la autocomplacencia de haberla conseguido...

Pero como decía hace un momento, hay que mirar al futuro y no al pasado. Como dijo un ilustre pensador, «venimos de lejos, pero miramos mucho más lejos». Hay que hablar de la esperanza razonable. Para ello, para abordar ese futuro de esperanza, lo primero que hace falta es saber dónde estamos. Sin ello, difícilmente podríamos trazar una meta hacia la que dirigirnos. Permitidme, pues, que dedique algunos minutos a considerar la situación presente.

Vivimos un momento importante en nuestra historia colectiva. Quizá los afanes del día a día nos oculten parcialmente la trascendencia de este momento, pero creo que si nos detenemos un instante, adquiriremos una correcta apreciación de unas circunstancias en las que confluyen, en presente, la más larga experiencia democrática de masas de nuestra historia y el intento más serio de superar el problema secular de integrar lo uno y lo diverso en nuestro país y, en futuro inmediato, nuestra integración en el proyecto europeo. Y junto a estos rasgos que expresivamente ilustran el interés del momento, hallamos también una atmósfera social que pareciera más resignada que ilusionada, más desentendida que atenta, más inerte que dinámica. Nuestro pueblo, después de las sucesivas oleadas de emoción y desencanto que la política le ha deparado a lo largo del último decenio, parece ahora volverse de espaldas a ella en un claro reflujo de la euforia que hace dos años se percibía en anchos sectores de la sociedad.

Y es natural tal reflujo. Porque al cabo de dos años de gobierno socialista todos hemos percibido que efectivamente el PSOE no nos lleva, como algunos temieron, ni a la revolución ni a la catástrofe. Lo malo es que nos lleva, a toda velocidad, hacia ninguna parte. Instalado en la crisis, trata de suavizar sus perfiles o de distraer la atención sobre otros temas. Vivimos —para los socialistas—, cuando no en el mejor de los mundos posibles, en el único mundo posible. Lo malo del hoy es preludio de lo bueno de mañana, y es, en todo caso, inevitable. No solo están empeñados en que no haya alternativa política, sino en que parezca que tampoco hay política alternativa. Este discurso de lo inevitable, que con algunas dosis de ironía se podría pensar que es hijo del «todo está escrito» de nuestra herencia musulmana, hay que denunciarlo como una trampa del poder. Trampa además peligrosa, por cuanto inocula el virus del conformismo, que es una de las enfermedades que más gravemente pueden afectar al cuerpo social.

El socialismo español se ha reconvertido, a una velocidad pavorosa, desde el marxismo al oportunismo. Desde nuestro análisis de los fenómenos que en el PSOE se producen, lo que nos preocupa es que su vertiginosa pérdida de referencia ideológica acabe convirtiéndole en una pura maquinaria al servicio del poder por el poder.

No tenemos —ni debemos en momento alguno tener— ningún género de obsesión antisocialista. Ya he dicho en varias ocasiones que la estabilidad de este país requiere un buen partido socialista. No creemos tampoco en una política que se defina a través de sus «antis», que parta de definiciones negativas. Una política por reacción acaba por otra parte siendo una política reaccionaria. Y desde luego no tenemos el menor interés en ser reaccionarios.

No hay tampoco inconveniente en reconocer los méritos que el Partido Socialista ha contraído. No dejamos de verificar que los riesgos de una involución parecen hoy más remotos, que la democracia parece más asentada. Aunque desde luego denunciemos esa obsesión por la patente que caracteriza a nuestros actuales gobernantes.

En otro orden de cosas, no debe negarse un cierto coraje a la política económica socialista a la hora de predicar y en parte —solo en parte— de afrontar algunos ajustes inaplazables en nuestro aparato productivo, a despecho del precio político que pudiera acarrear. Cierto es que el ritmo y la eficiencia social de las reconversiones hasta ahora acometidas se comparan con desventaja con las que con más silencio, mayor eficacia y menos coste humano ha afrontado el sector privado. Y también es cierto que observamos titubeos, indefiniciones y contradicciones en el diseño de una política de reindustrialización. Pero sobre todo ello volveré más adelante cuando hable de nuestra alternativa.

Ahora bien, que en el PDP no tengamos obsesiones antisocialistas y seamos capaces de observar los aspectos positivos con objetividad, es desde luego completamente compatible con nuestra condición de demócratas sin complejos.

El ser capaces de reconocer esos elementos positivos no significa que, como conjunto, nuestro balance del bienio socialista lo sea. Es mucha la esperanza defraudada en estos dos años. Mucha la improvisación y la falta de diseño. Mucha la arrogancia, que no se corresponde con realidades verificables. Y es poco, sin embargo, el fruto de la retórica del cambio, que se agota en un verbalismo estéril. Que no refleja sino la absoluta insustancialidad de la propuesta socialista y que cada vez expresa con mayor desnudez su carácter tautológico: el poder por el poder, cuanto más mejor, y cuanto más duradero más apetecible.

No hay ambición más vana en los hombres que la de querer ser eternos. No hay mayor deformación de una política de gobierno que la que consiste en que el poder se autosatisfaga en su propia necesidad de permanencia. El Gobierno dice que la derecha ha gobernado este país siempre —cajón de sastre histórico donde tienen cabida, por lo visto, los Reyes Católicos, Carlos III, el general Franco, Adolfo Suárez y tantos otros—, para añadir que en compensación precisan de décadas de ocupación del gobierno para desarrollar un proyecto a largo plazo que nadie acaba de explicarnos en qué consiste, o porque no se tiene o porque puede no ser compartido por muchos de sus coyunturales votantes.

Es curioso, de otra parte, que en el ejercicio de autocomplacencia sin límites en que ha consistido el XXX Congreso del PSOE, solo se destaque una veta de cierta apariencia crítica. En el discurso de Felipe González el único elemento de autocrítica que aparece es la referencia a la «incapacidad para explicar a los ciudadanos lo que estamos haciendo». No hay tal autocrítica. Hay, en el fondo, un desplazamiento: «Qué torpes son los ciudadanos, que no entienden bien lo que estamos haciendo». Y para reforzarlo basta ver las calificaciones despectivas hacia la función crítica de la prensa y de los medios de comunicación en general. Aquí, el único problema para los socialistas es que algunos se resisten a comprender. La sociedad no sabe agradecer los favores que se le hacen. El nuevo «despotismo ilustrado» está en marcha.

Despotismo ilustrado que no vacila en arrumbar un equipaje ideológico que opera como fardo a la hora de ejercer el poder y sobre todo a la de mantenerse instalado en él. Pero que no sustituye ese lastre ideológico por otras propuestas, sino por una táctica que se alimenta de tópicos cuya referencia concreta o resulta imposible de establecer o varía según las necesidades del momento.

En última instancia, si a algo puede reducirse el discurso del socialismo en el poder —pese a que retóricamente ello se desmienta— es a decirle a la sociedad: «Deme usted el poder y renuévemelo al vencimiento y yo me ocupo del resto. Abdique usted de su protagonismo, que yo le marcaré en cada momento la senda que más convenga. Déjeme usted a mí, que ya verá...».

Nuestro país, tras cuarenta años de franquismo, tenía menguada su capacidad de iniciativa y responsabilidad individual, de autoorganización y acción colectiva en la sociedad civil. Los actores sociales han generado organizaciones muy endebles. Los hábitos sociales de los españoles eran —y en gran medida siguen siendo— precarios.

En consecuencia, las gentes lo esperaban todo del Estado. Las escasas organizaciones tenían como primera meta establecer los mejores vínculos posibles con el aparato estatal. Esta regla conoció pocas excepciones, pues a ella se atuvieron desde los intelectuales a los campesinos, pasando por las clases medias profesionales y los mismos empresarios.

El advenimiento de la democracia, más que despertar un sentido del protagonismo individual y social propios de la condición de ciudadanos responsables, ha confluido frecuentemente entre nosotros a crear un clima de más fácil desarrollo de las perspectivas y demandas sociales dirigidas hacia el Estado.

De ese clima psicológico de indefensión y voluntad de sumisión de la sociedad frente al Estado supo el Partido Socialista extraer réditos electorales y poder. Ahí encajan promesas como la creación de ochocientos mil puestos de trabajo. Promesa insolvente y falaz, como se ha demostrado, porque se formuló solemnemente sin tener ni la más remota idea sobre las medidas con que se iba a intentar cumplir. Y cuando la realidad arroja un fuerte incremento de las cifras de paro, los mismos responsables de la promesa electoral anterior, aparte del socorrido y desesperanzado discurso de lo inevitable, sondean dos posibles fórmulas de distracción cara a los próximos comicios. El «todo se arreglará» de una confiada e interesada pasividad o la que merece el Nobel del desparpajo de «estamos creando los empleos prometidos en la economía sumergida».

Nuestro pueblo merece que desterremos para siempre de la vida política democrática las promesas engañosas. Los hombres públicos no tienen derecho a halagar los oídos con lo que los políticos pensamos que puede resultar halagador, sino la obligación de decir aquello que pensamos que mejor puede contribuir a superar la actual falta de horizontes.

Ese es el sentido de una ética de la autenticidad que no se agota en su proclamación, sino que se despliega consecuentemente en un testimonio. Ética que reclama la invocación del esfuerzo, del trabajo, del sacrificio, que reconoce las dificultades. Pero que entiende que frente al resignado discurso de lo inevitable está el discurso del esfuerzo por evitarlo. Que frente al camino fácil de la abdicación está el de la recuperación de su protagonismo por la sociedad. Que frente al estancamiento y al ir tirando está el progreso.

Eso es para nosotros verdaderamente modernizar este país. Hemos de comprometer nuestras mejores energías en la tarea de modernizar España. Quizá el término «modernización» ha padecido, como tantas otras palabras, abusos partidistas y apropiaciones indebidas. Pero ello no justifica que dejemos la bandera del dinamismo y del progreso en cualesquiera manos, cuando es precisamente desde nuestros principios como mejor cabe garantizar el avance de la sociedad española.

Nosotros no hablamos de «modernización» desde el vacío. Para nosotros esas expresiones no remiten al reino de utopía, sino a modelos verificables y a los que nos queremos asemejar.

El problema se da entre quienes confunden «modernizar» con «estar a la última». Los contenidos de la modernización se convierten así en los dictados de la moda, en olfatear los vientos que soplan con mayor fuerza, en arrimarse en cada momento al sol que más calienta. Y de ese modo es imposible llegar a puerto. Cuando los socialistas hablan de modernizar este país, se percibe a menudo esta confusión, esta falta de referencia, esta ambigüedad. Esta tendencia, tan de nuestros socialistas, de dejarse arrastrar por «la espuma de los días».

Vamos a decirlo claramente: para nosotros la modernización de este país, a la que aspiramos, supone simplemente hacer que esta sociedad se aproxime al modelo de aquellas que en nuestro entorno geográfico, social y cultural han acreditado la capacidad de combinar las mayores dosis conocidas de justicia y libertad. Para nosotros, modernizar este país no es buscar vías inexploradas, sino explorar conjuntamente con el resto de Europa un camino que, como se ha demostrado, es el mejor de los conocidos. Parafraseando a uno de nuestros regeneracionistas, pero yendo más allá del casticismo que inspiraba la sentencia de Ganivet, diríamos: «*Nolite foras ire; in interiore Europae habitat veritas*».

Y la Europa a la que aspiramos como modelo —naturalmente sin que esto quiera significar ningún género de renuncia a unos perfiles políticos y culturales propios— es la misma Europa que concibieron gentes como Konrad Adenauer, Alcide de Gasperi o Robert Schuman.

En la misma Europa que, con tensiones y dificultades, está saliendo adelante el proceso de integración política más ambicioso de los tiempos modernos. Y lo cierto es que esa Europa se ha construido en torno a unos ejes de valor, en los que el peso de la solidaridad ha sido decisivo. Yo llamo la atención sobre este principio de solidaridad, que está igualmente lejano de la idea de que «cada cual se las componga como pueda», propio de un concepto ultraliberal, como del igualitarismo gregario y anulador de la libertad que es propio del socialismo real. La solidaridad —que no es más que una traducción secular del viejo principio cristiano del amor— significa que en una sociedad en la que hay espacio para la realización personal de cada uno, debe haber también un compromiso para hacerse cargo de quien, sin ayuda, no es capaz de salir adelante. No es un modelo, pues, de «Estado mínimo» ni tampoco de Estado que lo invade todo. Propugna un Estado de las dimensiones necesarias para atender con eficacia las funciones —incluidas las de compensación social— que tiene que cumplir. A esa Europa de la solidaridad y del progreso es a lo que nosotros llamamos modernidad.

Decimos en el eslogan bajo el que se celebra este Congreso que traemos «otra política, otro futuro». En este discurso no pretendo, ni siquiera por vía de resumen, agotar los contenidos de esa propuesta de renovación, cuya sustancia ha de percibirse en su conjunto una vez debatidos y aprobados el programa básico y las resoluciones que constituyen nuestro material de trabajo. Pero permitidme que al menos me refiera a algunas ideas básicas de nuestra propuesta de modernización, que quintaesencia lo que queremos decir al pueblo español, más allá de la retórica, de las vaguedades y de los verbalismos, a partir de una realidad y en la búsqueda de un horizonte.

Me voy a referir con la brevedad que las circunstancias demandan a nuestra filosofía de las libertades, a la revitalización de la sociedad, a la actualización del sistema educativo, a la política económico-social, al equilibrio entre tradición y modernidad en la salvaguarda de los valores más permanentes, a la puesta al día del aparato del Estado, a la culminación del proceso autonómico y a la europeización de nuestro sistema de partidos políticos.

Respecto a la política de libertades, no es una novedad el hecho de que las democracias cristianas se hayan señalado en la reciente historia occidental como fuerzas políticas intransigentes, no solo en la preservación de las libertades básicas, sino en algo más: la expansión del espacio social de la libertad y la creación de condiciones estructurales que la hagan más efectiva.

Yo, sinceramente, no creo que los cimientos y las paredes maestras del edificio de nuestra libertad estén en peligro, porque advierto que los pasos que ha dado la sociedad española para su constitución son sencillamente irreversibles y que la inmensa mayoría de nuestro pueblo está dispuesto a velar por su conservación.

Lo que desgraciadamente sí percibo son ciertos recortes a las libertades. El que se haya menguado manifiestamente ese clima de tensión hacia la libertad, que presidió lo mejor del camino recorrido por nuestro país en esa gran peripecia colectiva que fue la inauguración de nuestra democracia.

Un prestigioso filósofo escribió en la prensa hace varios meses: «Cuando se mira el periódico se encuentra en él cada día una nueva regulación, una restricción, un cambio por lo general no deseado, en todo caso no consultado». Y ello afecta a facetas múltiples de desenvolvimiento de la vida de los ciudadanos y de los grupos.

También advierto una tentación, que me resisto a considerar natural, la de descalificar por parte del poder el ejercicio de esas libertades cuando le incomodan. De modo particular, la libertad de expresión, piedra angular del edificio de las libertades, está sufriendo reiterados ataques en las frecuentes ocasiones en que el partido en el poder no asume las consecuencias lógicas de la función de los medios de comunicación en una sociedad democrática.

Y eso está pasando cada vez que se critica un caso de corrupción o se entra en discusiones sobre dónde están los «pesebres» y se buscan o se inventan motivaciones inconfesables en aquel que osa levantar su voz contra el poder. Nosotros podemos estar más o menos de acuerdo con los juicios que en los medios de comunicación merezcamos. Pero —y creo que nuestras biografías lo acreditan suficientemente— jamás se nos ocurrirá poner en cuestión ni el derecho a enjuiciamiento ni desde luego la legitimidad y honorabilidad profesional de aquellos que nos critiquen. Y defenderemos, en cualquier caso, el derecho de cada uno a usar de su criterio sin más límites que los que señala la Constitución y las leyes.

Pero además hay un concepto dinámico de estas libertades. Allá donde el avance de la sociedad abre posibilidades de ensanchar cualquier libertad, esas posibilidades deben ser utilizadas.

Y en nuestra época, dominada por las nuevas tecnologías de la comunicación, el tema de la libertad de expresión y el derecho a la información se relaciona estrechamente con el papel del Estado como empresario informativo. Habrá que recordar que en este país el Estado, tanto en términos de audiencia, como de incidencia publicitaria, como de mano de obra empleada, como de cantidad de información y comunicación difundida, supone como empresario más del 50 por 100 del total del sector de información y comunicación. Es hora de preguntarse si no ha llegado el momento de hacer más efectivo un principio de subsidiariedad que encontraría en este caso su aplicación práctica en la idea de que los particulares y los cuerpos intermedios deben asumir un papel más protagonista que el del Estado en la generación y diseminación de la información. Hay, en cualquier caso, un repertorio de temas vinculados al de la libertad de expresión, que con seguridad van a ser objeto de reflexión en este Congreso: el control social y no solo político de la televisión pública, la actual participación obligatoria del Estado en las cadenas de radio privadas, las condiciones de acceso de medios públicos y privados al mercado publicitario, el tema esencial para la pervivencia de una democracia pluralista de las ayudas del Estado a la prensa. Pero especial preocupación nos suscita a todos el que haya elementos de juicio bastantes para pensar que se está preparando por parte del Gobierno una respuesta cicatera y restrictiva a la incontenible demanda social de pluralismo en televisión. Nuestro pueblo quiere una pluralidad real de oferta televisiva, no un sucedáneo controlado por el Partido Socialista.

Cuando nosotros hablamos de libertades no lo hacemos desde un punto de vista solo formal. Que se contente con las proclamaciones legales. Para nosotros, las libertades son indisociables de unas condiciones estructurales que las hagan reales en su ejercicio. Cuando hablamos, por ejemplo, de la libertad de educación, no estamos defendiendo solo del derecho teórico de los padres a elegir el tipo de educación que quieren para sus hijos, sino el derecho de todos los padres, cualquiera que sea su situación económica o geográfica, a tener un margen de elección tan amplio como sea posible. Es decir, un derecho efectivo y no solo nominal.

Y defendemos, por supuesto, un concepto integral de las libertades que deriva del reconocimiento de que todas ellas tienen una dimensión auténtica en su conjunto. Que no se puede disminuir o recortar una libertad concreta sin que el mismo edificio de la libertad se resienta. Que no se puede administrar arbitrariamente, en privilegio de unos y detrimento de otros, el legado más precioso de nuestra civilización, nuestra condición de hombres libres.

También tenemos una preocupación por «profundizar en la democracia». Pero esa expresión entre nosotros no equivale a hacer que la *longa manu* del Estado penetre en el tejido de la sociedad para regular hasta los más mínimos detalles, recortando o desconociendo cualquier capacidad de autoorganización, sino en el fenómeno contrario. No predicamos tampoco la autonomía del individuo y la ausencia de coacción como únicos referentes de la libertad, porque conocemos los límites de una concepción estrechamente individualista en la que al final el individuo —al servicio de cuya libertad se dice estar trabajando— puede quedarse inerme y perfectamente incapacitado para disfrutarla. Defendemos la capacidad de la sociedad para generar espacios asociativos, cuanto más fuertes y más autónomos mejor. Estamos seguros de que una sociedad en la que estos fenómenos asociativos tienen más pujanza, es una sociedad que contiene al mismo tiempo el germen de una mayor libertad, de una mayor solidaridad y de una mayor justicia.

Para nosotros, «profundizar en la democracia» es también, por supuesto, hacer efectivo el principio de igualdad de oportunidades, es ser auténticamente solidario con el que sufre en su carne las consecuencias de la crisis y de la extensión del desempleo, no es hacer tabla rasa de las razonables desigualdades sociales que reflejan el fruto de la capacidad, del mérito y del esfuerzo de las personas, porque nosotros creemos en el trabajo y en un premio social como eje de una sociedad humanista moderna.

Al plantearnos la modernización de nuestro país, para el PDP siempre ha sido prioritaria la tarea educativa. Sabemos que demográficamente España es la nación más joven de Europa. Esta dura tierra nuestra es pobre en muchos aspectos, pero somos ricos en potencial humano. La mejor inversión que podemos llevar a cabo es la que hagamos en educación y cultura. Posibilidad que está ciertamente a nuestro alcance.

Pero el desarrollo educativo no se alcanza desatando polémicas decimonónicas o sectarias guerras escolares al estilo de las que Bélgica y Holanda cerraron con buen criterio hacia 1920 con sendos pactos escolares repletos de buen sentido y afán de concordia. El debate educativo de los hombres de nuestro tiempo es el de cómo la sociedad y el Estado —sin excluirse— propician en el marco de la libertad y del pluralismo el desarrollo integral de cada persona, cómo optimizan la calidad de la enseñanza, cómo formamos hoy a la juventud en las nuevas tecnologías, para que se les facilite el acceso al trabajo futuro, puesto que habrá de concurrir en los duros mercados internacionales con la calidad y la variedad que aportarán quienes trabajen desde sociedades de alto nivel tecnológico.

Por ello, nosotros creemos que hay que poner punto final al olvido y desprecio con que tradicionalmente los poderes públicos han tratado a la Universidad, cuyo deterioro en los dos últimos años alcanza cuotas particularmente preocupantes, porque sus mejores profesores —en pleno desánimo— empiezan a pensar que puede ser irreversible.

Nuestro diseño de un futuro mejor concede especial importancia a la política cultural. Desde una concepción humanista, pensamos que hay que proponerse como ideal el aumento del nivel de vida, sobre unas bases éticas distintas de las de la sociedad de consumo y la posesión de bienes materiales. Hay todo un conjunto de valores y unos hábitos que hay que desarrollar, porque guardan mayor relación con la dignidad humana que los puramente materiales. Sin detrimento del bienestar, del legítimo derecho a poseer y disfrutar de bienes materiales, hay una serie de productos culturales inagotables en sí mismos, que ofrecen unos niveles de satisfacción más altos, que cuadran con la dignidad y condición del hombre y que pueden al mismo tiempo ser fuentes de hallazgos de nuevas energías y medios de aumentar la calidad de vida y la realización personal de todos los hombres. Sobre todo ello vamos a trabajar también en este Congreso, y después del mismo, para convertir estos ideales en programas cada vez más concretos, que permitan la extensión de la cultura y la profundización en conocimientos útiles para el trabajo, el ocio e incluso el equilibrio psicológico de las personas.

Y modernizar este país es, sin duda, avanzar por los caminos económicos que permiten salir de una crisis en la que no se pueden instalar nuestros gobernantes sin incurrir en la más reaccionaria de las actitudes.

El Gobierno no puede dedicarse a reiterar a los españoles, con claras miras electorales, el consabido discurso de la inevitabilidad de la crisis y que su ámbito es internacional. Debe predicar menos resignación y fomentar más la capacidad de todos los actores sociales para fórmulas de propuesta creativa.

Este país da mucho más de sí. Este país tiene un futuro mejor si somos capaces de diagnosticar y aplicar fórmulas de superación que están bien definidas.

Porque el hecho cierto es que la situación —pese a ciertos ajustes a los que antes me he referido y que no dejamos de reconocer— está demandando un cambio efectivo en la dirección de la política económica. Anteayer mismo se daba a conocer la última estadística de paro registrado, y según ella en el mes de diciembre se han creado 12.000 nuevos dramas personales y familiares, es decir, 12.000 parados que añadir a las escalofriantes cifras de los meses anteriores. Y, solo por poner otro ejemplo, se comprende mal —yo comprendo mal— que en un Estado que gasta anualmente más de diez billones de pesetas, es decir, más de un cuarto de millón por cada español, se deba asistir impotente al tremendo caso de gente que muere de frío en las calles cuando bajan las temperaturas más de lo acostumbrado. Algo muy importante está fallando también en nuestra política social y redistributiva.

Modernizar es reformar el sector público. Dicha reforma se concreta en una contención del crecimiento del gasto público y, con él, de la presión fiscal.

El Estado español es hoy un Estado derrochador, que gasta demasiado y gasta mal. Un volumen presupuestario como el actual, bien gestionado, es más que suficiente para proporcionar la oferta de bienes y servicios públicos que la sociedad española demanda. Para asegurar el cumplimiento del objetivo de la equidad y para poseer un margen de maniobra que permita, a través de la política fiscal, en combinación con la política monetaria, conseguir el equilibrio macroeconómico, es decir, lograr la estabilidad de precios, mantener el equilibrio exterior y propiciar un incremento del producto interior bruto que permita generar empleo.

La actual política de gasto público, que es abrumadoramente una política de transferencias, adolece de dos defectos básicos que se impone corregir: no está orientada hacia la inversión, que es como decir que no contribuye a la renovación del equipo productivo, y al tiempo, la redistribución que se ejerce a través del gasto debe ser más selectiva, más discriminada.

En materia impositiva, es preciso ser conscientes de que el esfuerzo fiscal que efectúa el país es de los más altos de la OCDE, es decir, se pagan muchos impuestos en proporción a nuestro nivel de renta. No puede proseguir el escalofriante ritmo de incremento de la presión fiscal si se quiere evitar un daño irreversible al tejido económico y social, y sobre todo hay que centrar la atención en la estructura de la presión fiscal. La recaudación se está consiguiendo a partir de un cuadro tributario que no es el adecuado en las actuales circunstancias de crisis económica. Debe plantearse, al respecto, una nueva reforma fiscal diseñada para fomentar el ahorro y la inversión, superadora de viejas concepciones en este terreno, al tiempo que debe modernizarse la tributación personal evitando la actual discriminación sobre la unidad familiar.

La reforma del sector público incluye también a la Seguridad Social y a la empresa pública. Es necesario dotar a estas instituciones de una nueva disciplina de actuación acorde con las exigencias de una economía de mercado. Hemos de estudiar si esta reforma puede pasar, como muestra la experiencia de otros países, por la privatización de determinadas prestaciones o producciones que llevan a cabo las mencionadas instituciones.

Estamos ante una buena coyuntura para la reforma de la estructura industrial española si nos atenemos a unas cuantas, pero no numerosas, reglas de elección. Ha de apostarse por sectores que sean competitivos en relación con la CEE; es preciso apostar por la innovación tecnológica y, en particular, por las inversiones de informatización; han de promoverse industrias en los sectores nuevos de este último cuarto de siglo; no ha de sucumbirse ante la tentación de gigantismo y habremos de pensar que no pocas de nuestras ventajas comparativas (y por añadidura con mejor calidad de vida) vendrán por la vía de la pequeña y mediana empresa.

En general, no se trata de destruir determinadas estructuras o instituciones rígidas para, sobre cimientos, construir otras de corte parecido que no tardarían en quedar obsoletas, sino diseñar esquemas de funcionamiento flexibles que permitan una rápida adaptación a las circunstancias cambiantes y, en definitiva, la incorporación de España a la actual revolución tecnológica. De haberse seguido este criterio en el pasado, problemas que hoy parecen de difícil superación, como el paro, causado en buena parte por la rigidez laboral, o el envejecimiento industrial, que obliga a la traumática reconversión del aparato productivo, ni siquiera se habrían planteado.

Pero, a nuestro entender, la modernización pasa también por una política social compensadora que redistribuya los mayores frutos de la eficiencia económica bajo un prisma de justicia. Y eso en nuestro país quiere decir mayor atención social de los desprivilegiados, cualquiera que sea su capacidad organizada de llevar sus reivindicaciones al Estado. ¿Por qué han de ser agricultores y pensionistas quienes con mayor dureza sufran las consecuencias del ajuste económico? No ciertamente porque partieran de la situación comparativa más ventajosa, sino, pura y simplemente, porque carecen de organización o capacidad de reivindicación. Y una sociedad que no es capaz de hacer efectiva la solidaridad entre las generaciones, llevando a situaciones incluso de marginación a quienes ya completaron su ciclo laboral, no es una sociedad moderna ni justa. Y una sociedad que no asume la solidaridad intergeneracional cuando la mayor parte de su juventud tiene quebrados sus proyectos vitales por falta de empleo, no es una sociedad moderna ni justa. Y una sociedad incapaz de reconocer el sacrificio de quienes más directamente se ocupan de nuestro sustento mediante el esfuerzo físico, a veces extenuante, no es una sociedad moderna y justa. Nosotros, a diferencia de don Felipe González, no estamos dispuestos a sacrificar la política social a la eficacia económica, sino que debemos hacer que marchen juntas, porque solo a mayor progreso económico correspondería mayor avance social. Y nos comprometemos públicamente en la lucha contra la recesión y una nueva política de relanzamiento económico y de progreso social.

Es particularmente importante hacer compatible esa voluntad de modernización en todas las esferas de la vida social con el mantenimiento en un lugar destacado de ciertos valores tradicionales, como el derecho a la vida, la defensa de la institución familiar, la educación en libertad y justicia y ciertas pautas de moralidad pública, por referirme solo a algunos casos. Hemos de ser capaces de combinar adecuadamente modernidad y tradición y de defender estos valores tradicionales con el lenguaje de nuestra época, desde una posición de diálogo y respeto a todas las libertades que garantiza nuestra Constitución, en los términos y con los instrumentos que corresponden a la sociedad pluralista de nuestros tiempos.

Hemos de saber actuar en esta defensa con los procedimientos modernos y didácticos con que lo hacen nuestros partidos homólogos en el resto del continente europeo. No se trata de atrincherarse en el combate por ciertos valores frente a quienes no los comparten. Se trata, y en esto también contribuimos a la auténtica modernización de este país, de hacer una defensa inteligente de valores que ayudan a la supervivencia de la sociedad, en un momento en el que la nuestra parece alejada de eso que en las ciencias sociales se llama «anomía» es decir, falta de normas de valor que orienten un comportamiento.

Aunque creemos que el Estado español es mayor, menos eficaz y más lastrado por sus deudas de lo que debiera ser, no caemos en la utopía ultraliberal de creer que el proceso de cambio hacia adelante se puede hacer contra el Estado o sin el Estado. Para nosotros es sencillamente obvio que hay determinados retos de nuestra vida colectiva que solo se pueden afrontar desde los poderes públicos. En pocos terrenos la ausencia de las célebres carpetas de don Alfonso Guerra ha sido tan escandalosa como en el de la reforma de la Administración del Estado, porque nunca como ahora hay tanto pesimismo en el español medio sobre la invertebración del aparato del poder, la desarticulación existente entre las diversas administraciones públicas, la multiplicación de circuitos políticos ministeriales en paralelo con los propiamente administrativos, la incapacidad de elaborar un presupuesto moderno, el desorden económico en los pagos a suministradores y contratistas, las sospechas de corrupción, el maltrato del funcionariado de carrera, las contrataciones de personal adicto con carnet, así como otras muchas realidades amargas que se traducen en ineficiencia y deterioro progresivo del tipo de relación que debe haber entre los ciudadanos y el Estado.

Por ello, es preciso que subrayemos que, para convertir un proyecto de futuro en realidad, hay que plantearse la gran cuestión a la par instrumental y prioritaria de la reforma administrativa a cuyo estudio muchos de vosotros habéis dedicado vuestros mejores esfuerzos y lo vais a seguir haciendo durante este mismo Congreso.

Por supuesto, esta es materia estrechamente relacionada con la del proceso autonómico. Todos sabemos que en muchos rincones de España la improvisación, las vacilaciones y las contradicciones primero y los despilfarros y errores de gestión después han deteriorado no poco el prestigio de algunas instituciones autonómicas. Ahora bien, la sustitución del caduco Estado centralista por el nuevo Estado de las Autonomías es irreversible, y con el mismo talante modernizador con que las democracias cristianas europeas han conducido procesos análogos, el PDP debe contribuir sin reservas ni recelos a construir la nueva organización territorial del Estado, como base de nuevas formas de convivencia basadas a un tiempo en los valores de libertad, solidaridad y respeto a los derechos de los administrados, que se merecen una gestión directa, democrática, austera y eficaz.

De otra parte, en el contexto integrado y coherente que pretendemos dar a todo nuestro planteamiento político, entra también la política exterior. Hasta fechas muy recientes, y todavía hoy, para muchas de las fuerzas que componen el arco parlamentario de nuestra democracia, la política exterior es pura y simplemente una división, un añadido, una guinda más o menos vistosa a poner en las afirmaciones más o menos ideologizadas, más o menos presentables.

Para nosotros, por el contrario, pensar en la proyección exterior de los españoles constituye parte inseparable de la reflexión sobre nuestro propio proyecto modernizador. También, y entre otras razones, porque siempre hemos pensado que para este nuestro baqueteado pueblo, eterno sufridor de soledades y de aislamientos, receptor incómodo de manipulaciones xenófobas, es bueno y necesario decirle, decirnos, que no estamos solos, que nuestra experiencia no se produce en el vacío, que otros antes y después y al mismo tiempo que nosotros han procurado resolver las mismas cuestiones referentes a la ordenación de sus respectivas sociedades en pleno respeto a unos parámetros básicos de libertad y de justicia. Este es un mensaje consustancial a nuestras propias creencias, porque nos sentimos muy íntimamente ligados a la experiencia internacional de la Democracia Cristiana; porque sabemos cómo esa experiencia ha contribuido a superar los enfrentamiento entre los pueblos europeos y porque conocemos la virtualidad de un mensaje que pretende, más allá de cualquier otro tipo de consideraciones, enseñar a esta comunidad nacional también el sentido de la pertenencia a otros mundos, otras realidades y otros valores. No es fácil esta empresa que proponemos, porque supone decirnos a nosotros mismos que existen otras realidades aparte de las internadas en nuestro redondo ombligo. Pero que esa invitación de adelantar la vista más allá de nuestras fronteras y de tender la mano en gesto de solidaridad hacia otros pueblos, otras culturas y otras latitudes es lo que han hecho todas aquellas comunidades nacionales conscientes de sus propias potencialidades hacia dentro y hacia fuera. Si supiéramos al fin y al cabo bucear en nuestra propia historia, podríamos reconocer cómo ese fue en un determinado momento nuestro mejor y más alto tinte de gloria: el salir, el participar, el compadecer, el volcarse en otros, hacia otros, por otros.

Son estos días en que estamos contemplando todo tipo de equilibrios políticos a la hora de explicar la política exterior de España y su último sentido. Nosotros no podemos por menos que alegrarnos de que tesis que han sido siempre nuestras, aparezcan hoy recogidas como las tesis de otros. No nos duelen prendas al respecto ni queremos recrearnos en el fácil recurso de reprochar la ceguera de antaño. Aunque buena parte de nuestros compatriotas lamenten, y con razón, las desmesuras y el sectarismo con que las nociones de la política exterior que hoy se abandonan fueron puestas de relieve y vendidas en el mercado electoral hace hoy apenas tres años.

Pero precisamente por eso, lo que hoy y aquí podemos nosotros reivindicar con tranquilidad y con justicia es la coherencia y la constancia con que hemos venido manteniendo nuestros postulados individual y colectivamente, desde nuestras propias creencias. No creo yo que la coherencia sea la única de las virtudes, pero sí aquella que otorga credibilidad a una determinada oferta política. Y por eso hoy, cuando aquellos que ayer abominaban de la «Europa de los mercaderes» creen que esa Europa es el principal punto de apoyo electoral para sus carencias, limitaciones e incapacidades;

y cuando esos mismos que ayer rechazaban a la OTAN como compendio de todos los males, reconocen hoy que es uno de los mejores garantes de un sistema de libertad; y por eso cuando esos mismos que negaban cualquier tipo de contacto entre la OTAN y la CEE, la OTAN y Gibraltar, la OTAN y la democracia y la OTAN y la lucha contra el terrorismo hoy reconocen de manera muy explícita la existencia de tales relaciones.

Para las gentes del PDP el proyecto europeo ha sido siempre tan sugestivo, que incluso en ocasiones hemos hecho nuestra aquella afirmación de que «Europa es nuestra manera de negarnos a un retorno al pasado». Sin perjuicio de sostener día a día que los altos intereses de nuestra economía nacional deben ser defendidos con más rigor y menos electoralismo en la recta final de las negociaciones que se celebran en Bruselas, nosotros hemos hecho y haremos siempre del europeísmo una bandera y procuraremos fortalecer a un tiempo la solidaridad en materia de política de seguridad. Amamos la paz con tanta o mayor fuerza que el que más. Queremos crear la paz con cada vez menos armas. Pero sabemos muy bien que el desarmado pierde la capacidad de autodefensa y queda expuesto al chantaje. La seguridad de España y de Europa es un bien irrenunciable. Desdichadamente nadie negocia con el indefenso. Creemos que los españoles debemos asumir nuestra responsabilidad en la OTAN y, desde ese terreno seguro, luchar por reducir el armamento en España y en todo el mundo. Y para todo ello, desde la óptica del interés nacional cualquier referéndum es disfuncional, salvo para que el partido en el poder aparente una coherencia y una credibilidad que no le pertenece.

Lamento ciertamente que las limitaciones de tiempo impidan extendernos en nuestra vocación de fuerza solidaria con todos los pueblos y en especial con los de América de habla española que sufren dictaduras, cualquiera que sea su signo, y en general con quienes ven conculcados sus libertades y derechos fundamentales con cualquier género de arbitrariedades. Nosotros haremos del PDP un partido modélico en el ejercicio no de solidaridades semánticas o de coartada, sino de auténticos vínculos fraternales con quienes luchan sin violencia por la causa de la convivencia en libertad y democracia.

Finalmente, modernizar un país es también dotarle de unas estructuras políticas y de un sistema de partidos que sirvan al propio objetivo de la consolidación de la democracia. En la Europa a la que aspiramos a integrarnos, esa consolidación se ha fundamentado en la existencia de partidos políticos con claras definiciones ideológicas, basados más en la capacidad de presentar equipos y programas al servicio de las ideas que en «fulanismos» o personalismos de ocasión. En nuestro país hemos asistido, con el final que se recuerda, a un intento fallido de articular una fuerza política sobre la base del compromiso entre perfiles ideológicos heterogéneos o sobre la ausencia incluso de tales perfiles. Se llegó a decir que en UDC estaba comprendido todo el arco ideológico del Bundestag alemán y verdaderamente aquella heterogeneidad es una de las claves que explican su final. Desde ese punto de vista, creo que nuestro partido contribuye a clarificar un panorama de opciones desde bases más sólidas que las que puede proporcionar la agrupación ocasional de personas en torno a un líder o un proyecto escasamente definido.

Y precisamente desde una definición ideológica clara, desde unos perfiles nítidos, es posible buscar la cooperación con los afines, de tal forma que se contribuya del modo más eficaz a convertir las propias ideas en poder político. Permitidme que recuerde brevemente que, desde nuestro nacimiento a la vida política, en el verano de 1982, hemos antepuesto a cualquier veleidad aislacionista el propósito de servir a la articulación más eficaz de una alternativa. Suscribimos entonces un pacto electoral, y tal como anunciamos solemnemente en nuestro Primer Congreso, lo hemos respetado en medio de cuantas dificultades y tensiones han surgido. Decíamos en aquella ocasión —y perdón a todos por la autocita— que «como partido que entiende su acción en la vida pública desde postulados éticos, el Partido Demócrata Popular actuará en el seno de la Coalición electoral con toda lealtad». Creo que hoy podemos afirmar que ese compromiso lo hemos cumplido y lo vamos a seguir cumpliendo ejemplarmente.

El mantenimiento de ese compromiso de lealtad lo hemos hecho compatible con la necesidad de destacar nuestros perfiles propios, de afirmar nuestra autonomía política y nuestra sustantividad en el panorama ideológico.

También en los países de Europa en los que las leyes electorales penalizan la excesiva fragmentación del espacio político se conoce la técnica de la coalición electoral, que no ha impedido a los partidos que la practican mantener su presencia diferenciada y específica en el panorama de opciones.

No os oculto que a veces tengo la impresión de que en España existe aún no poco confusionismo sobre esta cuestión. Si me permitís hablar en román paladino, una coalición no es un procedimiento de prostitución política ni de incesto parlamentario, sino una técnica democrática para que lo esencial de los programas de gobierno de partidos afines pueda plasmarse en la realidad a través del ejercicio del poder. Pienso que un partido político no puede definirse por su negativa a coaligarse, ni nacer a la vida pública con la voluntad de ser un coaligado eterno. Pero un partido debe saber que a veces la coalición se impone como una necesidad. La realidad española actual, con el marco de una legislación electoral que prime las coaliciones haciendo que dos y dos sumen cinco y con el dato del número de votos y de parlamentarios que obtuvo el PSOE en las últimas elecciones generales, obliga a concluir que sin una coalición es imposible fraguar una alternativa real al Partido Socialista.

Vosotros sabéis mejor que nadie que cuando nos proponemos como meta la victoria electoral en las generales próximas, no lo hacemos por ambición personal, sino por ser fieles a la utilidad del voto de nuestro electorado, por conseguir que nuestro ideario y nuestro programa se traslade del papel al terreno de los hechos y de las realidades y especialmente por modernizar nuestro sistema democrático, porque desde luego no hay nada menos moderno que un sistema político que gire fundamentalmente en torno a un solo partido político, aunque este se quiera identificar con el progreso. La hegemonía de un partido conduce al «tercermundismo político».

Nuestro análisis a este respecto en el caso español es bien conocido: llevamos muchos meses apostando por un acuerdo amplio de los conservadores, demócratas cristianos y todos los liberales, con vistas a ofrecer en las próximas elecciones una oferta alternativa, moderna y centrada, cuajada en torno a un gran programa alternativo de libertad y progreso que haga inviable el proyecto hegemónico del Partido Socialista. Cuantas veces se nos ha requerido hemos expuesto ese parecer, y pienso honradamente que lo hemos documentado suficientemente. No queremos insistir en que nuestra disposición es total, incondicional y con renuncia previa a ambiciones personales, ni en un análisis tan reiterado que es suficientemente conocido. Ahora corresponde a otros el valorar con serenidad qué resulta preferible en términos no solo de los proyectos políticos de cada uno, sino de la modernización de nuestra vida política.

Aunque he abusado en demasía de vuestra paciencia, querría, a modo de última reflexión, afirmar que los requisitos de la modernidad se extienden asimismo al clima social. Al fin y al cabo, en el mundo occidental el avance hacia la modernidad es la superación de la intransigencia, la crítica civilizada, el debate abierto y permanente de las alternativas. El diálogo y la confrontación con la participación de todos los agentes sociales es un síntoma inequívoco de vitalidad de una sociedad.

En nuestra sociedad, el debate nacional sobre las grandes asignaturas pendientes aún es escaso, se sigue dialogando poco y chillando demasiado.

No hay cultura cívica que enaltezca el debate y la participación en él. No es así extraño que una gran parte de nuestros conciudadanos se refugien en el ámbito privado y vean como algo ajeno, o que no les concierne, la solución de los problemas colectivos.

Desde este punto de vista, nuestro partido desea aportar una invitación permanente a participar en sus filas a los ciudadanos más sensibles a los problemas de nuestro pueblo, un talante que hace de la moderación y de la apertura al debate una actitud permanente. No solo nos consideramos moderados por nuestras metas en la política, sino también por los métodos mediante los que tratamos de llegar a ellas. Esta moderación de las metas y los métodos ha hecho en toda Europa de la democracia cristiana el paradigma de una actitud centrista en la política que nada tiene que ver con el hipertacticismo oportunista, con las ambigüedades ideológicas o con la tibieza en la defensa de los propios principios.

Y nada más. Sin retórica, os expreso mi agradecimiento más profundo y el de toda la Comisión Ejecutiva por la confianza que nos habéis dispensado en dos años de gestión.

Cuando estamos a punto de comenzar unas sesiones de trabajo en cuyo fruto tienen puestas sus miradas muchos de nuestros conciudadanos, a quienes no podemos defraudar, yo os animo a que mediante vuestro trabajo logréis no solo su atención, sino también su entusiasmo. Habéis sabido lo que es construir un partido casi de la nada, desde la intemperie, a base de esfuerzo, de dedicación, de voluntad de ofrecer lo mejor de vosotros mismos a unas ideas por las que pensáis que vale la pena luchar. Este talante ético en la vida pública es algo que nuestro pueblo sabrá al cabo agradecer y valorar. De este Congreso debe salir un partido en el que la sociedad vea no solo esa capacidad de testimonio, sino también las ideas, los programas y los equipos que merezcan el depósito de confianza a que aspiramos. No estamos nada satisfechos con ser el tercer partido de España. De vuestro trabajo, de nuestro trabajo depende que consigamos ser el primero.

Muchas gracias.

XI
ENTREVISTA SOBRE EL PROCESO CONSTITUYENTE, CONCEDIDA A *HISTORIA CONSTITUCIONAL*

XI.1. ENTREVISTA CONCEDIDA A LA REVISTA *HISTORIA CONSTITUCIONAL* *

Historia Constitucional: *Profesor Alzaga. En un Parlamento como el actual, muy fragmentado y en el que las divisiones ideológicas generan un estado de crispación más acusado que en anteriores asambleas, no estaría de más conocer, a través de su experiencia, cómo considera que fue la relación entre las distintas fuerzas políticas que formaban la Asamblea Constituyente en un momento, además, en el que se trataba de sumar y de avanzar para sacar adelante un texto que dejase atrás la dictadura.*

Usted forma parte de un grupo de profesores de Derecho político que actuaron en la Asamblea Constituyente y que, además, ideológicamente se hallaban muy distantes, como Manuel Fraga o Jordi Solé Tura. ¿Existía algún tipo de relación especial entre ustedes? ¿Se entendían mejor por esa común formación jurídico-política? Y, sobre todo, ¿cuál considera que fueron sus aportaciones que pudieron ofrecer al diseño de la Constitución a partir de sus conocimientos teóricos?

En los trabajos de Comisión y de Pleno del Congreso de los Diputados —y sobre todo en las reuniones de negociación a puerta cerrada— naturalmente resultó muy útil la relación de confianza recíproca que cada diputado pudiera tener con otros parlamentarios de otros grupos. Creo sinceramente que con quienes habíamos forjado una sincera amistad desde hacía bastantes años, pudimos hablar con dosis de claridad y sinceridad que resultaron muy operativas.

La pregunta que se me hace se refiere específicamente a profesores de Derecho político y se menciona especialmente al Manuel Fraga y a Jordi Solé Tura. Pero, antes de referirme a ambos, debo especificar la relación de

* «El proceso constituyente español visto por uno de sus protagonistas: entrevista a Óscar Alzaga Villaamil», en *Historia Constitucional,* núm. 19, Madrid, 2018, pp. 1-6.

amistad mía con profesores de la ponencia y de la Comisión. Creo que he de destacar la que mantenía desde muy joven con Gregorio Peces Barba, por entonces profesor agregado de Filosofía del Derecho, que poco después accedería a la condición de catedrático, a la de presidente del Congreso de los Diputados y seguidamente a la de rector de la Universidad Carlos III. Con Gregorio yo había compartido el esfuerzo de poner en marcha *Cuadernos para el Diálogo,* de la que fuimos cofundadores, la organización ilegal denominada Unión de Jóvenes Demócratas Cristianos, muy pronto reconocida por la Internacional, y compartimos responsabilidades políticas en la oposición democrática, en la defensa de los derechos y de las libertades de muchas personas, recurriendo expedientes sancionadores, poniéndonos la toga ante el Tribunal de Orden Público y desplegando numerosas actividades que no creo necesario citar aquí, pero que no cesaron cuando él a la altura de 1970 se incorporó al PSOE. El profesor Peces-Barba fue el autor del texto sobre el que se trabajó para la redacción en ponencia del Título I CE y, como era el único miembro del PSOE en la ponencia, formó una discreta comisión de apoyo, integrada por profesores de Derecho político con los que yo tenía buena relación, si bien nunca le puenteé y procuré mantener todos los diálogos importantes directamente con él. Nuestra amistad y nuestra confianza recíproca creo que fue utilísima para superar numerosos atascos y encontrar un importante número de soluciones transaccionales sobre puntos delicados a lo largo del texto constitucional; y también a la hora de desarrollar nuestra carta magna a través de diversas leyes orgánicas, tanto cuando surgieron problemas políticos serios que hicieron temblar acuerdos ya alcanzados —como sucedió con la Ley Orgánica del Tribunal Constitucional, tras superar los trabajos en la Comisión, al iniciarse los debates en el Pleno del Congreso—, como cuando en ponencia él —que naturalmente actuaba como portavoz del PSOE— y yo —como portavoz de UCD— consensuábamos mano a mano la práctica totalidad de una ley, de lo que fue buen ejemplo la Ley Orgánica del Defensor del Pueblo.

En lo que concierne al profesor Fraga Iribarne, mi relación era mínima, porque él llevaba muchos años con escasa dedicación a su condición profesoral por ocupar sucesivamente cargos políticos. Además, su pleno alineamiento con el Régimen anterior suponía una distancia objetiva importante con quienes militábamos en un partido ilegal. Mi primer contacto indirecto con Manuel Fraga se había producido con motivo de que él estaba entre los promotores del diario *El País* y siendo ministro de Información Pío Cabanillas no se atendía la solicitud de inscripción en el Registro de medios de comunicación; entonces había preguntado a la Asesoría Jurídica del Ministerio qué abogado le recomendaban para que llevase el Recurso contra la denegación de inscripción por silencio administrativo, y le habían hablado de mí diciéndole que hacía unos buenos escritos en materia de sanciones por presuntas infracciones del artículo 2 de la Ley de Prensa y que sobre todo era muy pragmático y prefería siempre llegar a una transacción a un lucimiento en la vista oral a celebrar ante la Sala Tercera del Tribunal Supremo. Seguidamente Fraga contactó con su amigo el profesor Sanchez Agesta, que había sido el director de mi tesis doctoral, para que le facilitase mi teléfono, pero no me llamó personalmente él, sino el entonces presidente de PRISA, José Ortega. Lo que fue toda una prueba de que Fraga pensaba más factible que yo aceptara el encargo si se me pedía por conducto diferente a su persona. Y efectivamente acepté redactar un prolijo escrito denunciando la mora, que, por cierto, se me pagó con extrema generosidad.

Dicho en otras palabras, yo no tenía relación previa con él, a diferencia de Gabriel Cisneros, Miguel Herrero y José Pedro Pérez Llorca, que le conocían desde hacía bastantes años. Por otra parte, Manuel Fraga fue dejado fuera de las discretas sesiones nocturnas que configuraron una especie de segunda ponencia informal. Y cuando llegaron los debates en la Comisión y en el Pleno del Congreso, asumí en varias ocasiones defender los nuevos textos consensuados, respecto de los que el profesor Fraga sostendría sus enmiendas. La inteligencia político-práctica de Fraga no me corresponde cuestionarla, pero su formación como profesor de Derecho político no era moderna y no estaba familiarizado con el constitucionalismo europeo de la época que inevitablemente era el principal referente de Derecho comparado, a la hora de optar por soluciones institucionales y de afinar en la redacción sobre la composición y las funciones de los diversos órganos.

Llegué a las tareas constituyentes con una buena relación personal con Jordi Solé Tura, al que había conocido en 1972 cuando ambos concurrimos en unas oposiciones nacionales al cuerpo de profesores adjuntos de Universidad. Se produjo la paradoja de que militando yo en la Izquierda Demócrata Cristiana y él en el PSUC, don Torcuato Fernández Miranda, que presidía el Tribunal, se empeñó en que no se me concediese el número uno, lo que finalmente no logró pues el resto de los miembros del Tribunal le dejaron solo en ese propósito. Jordi fue muy solidario conmigo al tener noticia de la actitud de Fernández Miranda. Y allí empezó nuestra buena química, que se prolongó cuando en 1975 ambos coincidimos con otros cuatro amigos como candidatos a la plaza de profesor agregado de Derecho político de la recién creada Facultad de San Sebastián, ocasión en que el Consejo de Ministros había instruido al ministro de Educación para que enviase mensaje a los miembros del Tribunal sobre la no pertinencia de que me dieran la plaza; en lo que tampoco tuvieron éxito.

Ahora bien, la buena relación con Jordi, que nos permitió dialogar mano a mano con confianza sobre las dificultades a solventar en Comisión, produjo escasos efectos fructíferos, pues él oscilaba en las reuniones de trabajo apoyando bien las propuestas del PSOE, bien las sugerencias de Miquel Roca y desde UCD se había optado por tener relación directa bien con los parlamentarios socialistas que asistían a las reuniones, bien con el propio Miquel. Jordi era un tipo estupendo, que estaba pasando del eurocomunismo a la socialdemocracia y que mantuvo una posición muy constructiva y para nada problemática en aquellas innumerables sesiones para mejorar el texto aprobado en la ponencia. Aunque no era exactamente un constitucionalista, en la acepción en que hoy entendemos el término, su formación teórica —que incluía amplios conocimientos de la historia política y constitucional española— le permitía hacer aportaciones útiles en casi todas las sesiones en que participaba, si bien el hecho de representar al PSUC-PCE le dejaba en los bordes del núcleo del consenso.

No me preguntan ustedes por dos catedráticos que fueron diputados constituyentes, Enrique Tierno y Raúl Morodo. Ellos y su partido, el PSP, como todos recordamos fueron dejados al margen de la ponencia, al igual que el PNV, en una decisión de los restantes partidos que en mi modesta opinión debe hoy ser calificada de errónea. Con ambos tenía desde hacía bastantes años una óptima relación personal, que continuaría después. A los dos se les debe el buen texto del Preámbulo de nuestra Constitución y la redacción del artículo sexto, que como sabemos estableció que la organización y funcionamiento de los partidos políticos debería ser democrático, lo que fue aceptado por los restantes partidos en liza, aunque con notorio escaso entusiasmo.

Procuré, durante los trabajos noctámbulos para consensuar textos, reuniones durante los meses de trabajo de la Comisión, en que también a instancias del PSOE se dejó al margen a Tierno y a Morodo, invitar a don Enrique a varios cafés mano a mano, para informarle de lo que estábamos hablando y pedirle su opinión. Él me agradeció mucho esa deferencia, que en mi opinión era lo mínimo que se merecía. Probablemente en recuerdo de esto, don Enrique me elogia en demasía en un renglón de su librito de memorias *Cabos sueltos,* en que se refiere a mi con estas palabras: «Le encontraba con frecuencia y día a día confirmaba la idea de ser uno de los constitucionalistas más capaces y cultos y de las inteligencias más finas que se colocaron en el sector conservador» (p. 335). Elogio inmerecido hacia mí, que lo que sí denota era el sólido aprecio recíproco que siempre nos profesamos. Y que se demostró cuando siendo alcalde de Madrid, poco antes de fallecer, para el acto de entrega del *ABC de Oro,* en junio de 1985, tras vetar la asistencia de Felipe González y de todos los miembros del Gobierno socialista, así como la de Manuel Fraga —y a los otros seis miembros de la ponencia constitucional— y demás dirigentes de Alianza Popular, facilitó la lista de amigos a invitar, dejando claro que su amigo Óscar se sentaría a su lado, de forma que a mí me correspondería hacer su semblanza. Tuve la impresión de que la excelente cabeza de don Enrique había llegado a la conclusión de que yo era el único parlamentario ajeno a su partido al que había interesado, durante el proceso constituyente, conocer su docta opinión sobre los complejos temas a los que se buscaba solución en discretas reuniones a las que Tierno nunca fue invitado.

HC: *Suele decirse que la filtración del anteproyecto constitucional supuso un incremento de las presiones sobre la Asamblea Constituyente. ¿Sintió usted esta circunstancia? ¿Diría que de algún modo afectó al resultado final del texto?*

Efectivamente en la etapa final de los trabajos de la ponencia, en noviembre-diciembre de 1977, hubo filtraciones significativas a los medios de comunicación sobre discrepancias de sus miembros, acerca de algún desplante en su seno e incluso se facilitó el texto del borrador de anteproyecto a la revista *Cuadernos para el Diálogo,* que publicó los primeros 39 artículos en su número 239. Nunca se aclaró la autoría de esta filtración pues ninguno de los ponentes admitió su relación con la misma. Es verdad que Gregorio Peces-Barba pertenecía —como también yo— al grupo de fundadores de *Cuadernos,* pero también dos ponentes habían escrito en sus páginas y tenían buen acceso a la redacción. Mi amigo Gregorio dimitió como consejero de *Cuadernos* con este motivo. Y el 25 de octubre de 1977, *El País* publicó el texto íntegro de este borrador, cedido por *Cuadernos para el Dialogo*.

No estoy seguro de que sea certera la premisa que quizá late bajo esta pregunta acerca de una presión negativa sobre los constituyentes. Por lo que llegué a saber, cuando el texto redactado por la Ponencia se filtra los trabajos de la misma estaban bloqueados y el clima de consenso se había evaporado en buena medida. Por ejemplo, el eje formado entre los tres ponentes de UCD (Gabi Cisneros, Miguel Herrero y José Pedro Pérez LLorca) y Miguel Roca en torno al Título VIII había descartado por entero la alternativa federal que el profesor Peces-Barba como ponente del PSOE (que contaba, como ya hemos apuntado, en la rebotica con la colaboración de varios constitucionalistas) intentó sacar adelante sin éxito y mantuvo como enmienda. Pero el PSOE, que aceptaba casi todo el articulado del Título I sobre los derechos y deberes fundamentales, mantenía discrepancias significativas respecto de los restantes Títulos, incluyendo la composición del Congreso de los Diputados y del Senado, la estructura del Consejo General del Poder Judicial... por lo que formalmente mantuvo viva una enmienda sobre la forma de gobierno y otras muchas de gran alcance. Hasta el punto de que el profesor Peces-Barba abandonó la ponencia y esta cerró sus trabajos sin él. Y la preocupación por aquel estado de cosas estaba muy extendida y llegaba al Gobierno. ¿La filtración buscaba evitar la imagen ante la opinión pública de un amplio consenso? ¿Se intentaba con aquella convulsión superar un bloqueo para abrir una amplia renegociación?

Cuando a fines de diciembre de 1977 a este modesto profesor se le telefonea desde las alturas del Ministerio de Justicia —donde radicaba aún el gozne entre el quehacer constituyente y el Gobierno— para decirme que se me necesitaba y que habían pensado en nombrar fiscal jefe del Reino al diputado Juan Manuel Fanjul, para que corriese la lista de UCD por Madrid y tomara yo posesión del escaño, si yo asumía el compromiso de volcarme en la tarea constituyente, la situación era de bloqueo muy complejo. En aquellos días unos me hablaron del Título VIII y otros de diversos preceptos que los ponentes habían sacado adelante con escaso consenso y con toda suerte de dudas. Al incorporarme a principios de enero de 1978 me tocó vivir aquel clima grisáceo. Después de aterrizar de lleno en los trabajos constituyentes, a lo largo de mayo y junio —en que desplegamos un gran esfuerzo en reuniones permanentes y frecuentemente noctámbulas— logramos recomponer un consenso mínimo para que saliese de la Comisión de Asuntos Constitucionales y Libertades Públicas del Congreso un texto que la mayoría de los grupos consideraban mejor, aunque ciertamente con abundantes reservas por parte de AP.

Con otras palabras, podríamos decir que la Ponencia no había terminado su labor en forma brillante. De su atasco salimos mediante otra forma de trabajar y dialogar durante la fase, realmente capital, de tramitación en la Comisión del Congreso. Para empezar el equipo de la «segunda y nocturna ponencia», como la describió algún medio de comunicación, variaba parcialmente de composición. Suárez sustituyó como coordinador desde el Gobierno a Landelino Lavilla —que solo continuó tutelando el Título VI (del Poder Judicial)— por su amigo Fernando Abril, ingeniero agrónomo (*sic*). El PSOE reforzó a Gregorio Peces-Barba con Alfonso Guerra, perito industrial (*sic*) y con el miembro del PSC Martín Toval, inspector de trabajo malagueño (*sic*). UCD nos incorporó al catedrático de Derecho administrativo José Luis Meilan Gil y a mí. Se prescindió de Miguel Herrero de Miñón desde fin de mayo. Se invitó a estos trabajos al PNV —del que se había prescindido por error—, que estuvo representado por su secretario general, Xavier Arzallus. Y continuaron en los trabajos Gabriel Cisneros, José Pedro Pérez LLorca, Miquel Roca y Solé Tura. Quizá el cambio más importante consistió en prescindir por entero de Manuel Fraga y de cualquier otro diputado de Alianza Popular, para poder «centrar» nuestra Ley de Leyes.

Es imposible resumir en esta entrevista los amplísimos cambios efectuados, bastantes de ellos de verdadero calado. Entre los más relevantes cabe recordar que sobre el artículo 85 del informe de la Ponencia —en su apartado 4 reconocía a las Comunidades Autónomas la iniciativa de convocar referéndums para derogación de leyes— mostramos nuestra mayor preocupación quienes nos habíamos incorporado al equipo negociador e intuíamos la complejidad de un Estado autonómico en que algunas comunidades podían estar gobernadas por dirigentes nacionalistas. Tras complejas negociaciones se consiguió modificar ampliamente el precepto y suprimir este apartado, lo que se incorporó mediante una enmienda *in voce*, consensuada por buen número de grupos parlamentarios, pero al que negó su apoyo Alianza Popular. La enmienda fue defendida por Jordi Solé Tura y Manuel Fraga hizo pública su discrepancia. La historia se ha encargado de probar que el profesor Solé Tura era más conservador en el mejor sentido del término que el exministro Fraga, que había jugado un papel relevante en el referéndum huérfano de garantías con el que se refrendó en 1967 la LOE. Si lo pensamos bien, en ello había un comportamiento menos paradójico de lo que podía parecer en cuantos intervenimos en aquel delicado y pertinente cambio.

Por todo ello quizá alguien, menos académico que quien contesta, podría decir sobre la filtración del borrador de la Ponencia que, según el viejo adagio, Dios escribe Derecho con renglones torcidos.

HC: *La distancia entre el anteproyecto constitucional, por un lado, y el proyecto aprobado por la Comisión de Constitución fue muy notable. ¿Cuáles diría que fueron los aspectos en los que la diferencia resultó más acusada?*

Efectivamente, las modificaciones introducidas por la Comisión de Asuntos Constitucionales y Libertades Públicas del Congreso fueron muy significativas. Sin ambición de exhaustividad, pues la pormenorización equivaldría a escribir aquí toda una monografía, subrayaremos las que nos parecen más relevantes.

En el Título II se optó en Comisión por la asunción de un modelo de monarquía parlamentaria europea homologable con las restantes, bien del Benelux, bien del norte de nuestro continente. Toda fórmula ambigua respecto de una monarquía constitucional fue sustituida por los parámetros propios de la monarquía parlamentaria europea de la época.

Del Título III, relativo a las Cortes Generales, se pueden anotar muchas modificaciones puntuales, pero mayor calado tuvo el debate sobre la composición del Senado, respecto de cuya composición los partidos de izquierda mantuvieron enmiendas. Ante la defensa numantina desde las alturas de UCD de la composición prevista en la Ley para la Reforma Política, solo se cedió en la inclusión del apartado 5 del artículo 69, relativo, como sabemos, a que las Comunidades Autónomas designan un senador y otro más por cada millón de habitantes.

El Título IV venía de ponencia instituyendo con énfasis la independencia del poder judicial. Premisa esencial esta de todo Estado de Derecho que se perfeccionó en lo posible, tras un debate infinitamente extenso sobre la composición del Consejo General del Poder Judicial, que no dejó a nadie buen sabor de boca sobre la fórmula finalmente consensuada.

El Título VIII fue objeto de innumerables modificaciones, no siempre aplaudibles, como sucedió, para satisfacer al nacionalismo vasco y catalán, con la inclusión del artículo 150.2, pactado en el despacho de Fernando Abril sin habérseme convocado pues había destacado por mi oposición ante una fórmula sin precedentes en el constitucionalismo federal europeo. Tan acusada era mi discrepancia que cuando publiqué mi libro *Comentario sistemático a la Constitución Española de 1978,* que salió a las librerías en la semana siguiente a la celebración del referéndum, opté por suprimir los tres folios de crítica sin paliativos que había redactado respecto del mismo, y me limité a reproducir entrecomillados unos párrafos de la defensa de este apartado efectuada en el hemiciclo del Congreso por el portavoz de UCD con argumentos que yo no podía asumir. Desde mi pública preocupación por haberse optado por un Título VIII inacabado, abierto, que constituía el campo ideal para los nacionalismos deseosos de practicar la reivindicación permanente, que diría Trotsky, incluí en la primera página de la introducción al estudio de este Título, en mi mismo libro, la siguiente afirmación: «Estamos en presencia no solo del Título más polémico de la Constitución, quizá porque es reflejo del debatido artículo 2, cuya glosa bien podría habernos servido de preámbulo a estas palabras, sino sobre todo porque la confrontación de las posiciones políticas divergentes en cuanto a la concepción de la Organización Territorial del Estado, en el seno de la Ponencia nombrada inicialmente por el Congreso arrojó un texto de partida que, aunque muy modificado, ha subsistido en lo fundamental y que políticamente puede obtener un juicio a su favor más o menos favorable, según la óptica subjetiva desde la que sea contemplado, pero que es difícil de calificar desde una perspectiva técnico-jurídica con benevolencia.

La falta de opciones claras en torno a algunos puntos básicos del Título y la falta de sistemática, que sobre algunos aspectos es casi absoluta, nos permiten atrevernos a profetizar que los especialistas harán una dura crítica del nivel de técnica legislativa que arroja al articulado de este Título y en especial del de su Capítulo Tercero, que, desde luego, es el meollo de aquel». Ni que decir tiene que mi opinión no estaba aislada; recuerdo que, a mitad del curso 1978/1979, me llegó la información de que don Francisco Murillo, que explicaba con su ameno verbo la nueva Constitución a los alumnos de la Facultad de Derecho de la Universidad Autónoma de Madrid, una mañana comenzó su lección en el aula con estas palabras: «Hoy ya nos toca el Título VIII; es como si paseando por el zoológico hubiésemos llegado a la jaula de la jirafa y un joven hijo nuestro dice *no es posible.* Nosotros le hemos de decir mirando su pescuezo: sí que es posible, es el Título VIII». Don Francisco, que era sin duda por entonces nuestro constitucionalista que sabía más de las dinámicas que estudiaba la politología contemporánea, leía ya como avanzarían los nacionalismos infraestatales por las pistas expeditas que ofrecía aquel Título enteramente abierto.

HC: *En la Constitución española son perceptibles huellas de otros textos constitucionales foráneos, como las Constituciones de Portugal, Francia, Italia y Alemania. ¿Defendió usted alguno de estos modelos extranjeros para implantarlo en el proceso constituyente? ¿Qué autores del Derecho constitucional europeo actuaban para usted y sus colegas de Derecho político como referentes en la fase constituyente?*

Desde mi formación, o desde mi deformación —pues no hay formación que no conlleve cierta deformación—, presté siempre atención a los modelos que ofrecían el Derecho constitucional europeo de la segunda postguerra mundial y al más reciente, representado por las Constituciones portuguesa y sueca.

Pero naturalmente la mayoría de los constituyentes no eran profesores de nuestra disciplina. Desde la ladera más conservadora subsistía un referente poco confesado, pero que se tenía muy presente y era el constitucionalismo de la restauración, que, como es bien sabido, había perdurado durante varias décadas. El texto de 1876 en muchos sentidos no era adjetivable de constitución normativa, según la terminología de Loewenstein, pero había permitido que, tras una fachada constitucional más o menos homologable con las usuales en su época, subsistiese una estructura caciquil, un sufragio adulterado y unas dinámicas presididas por unas corruptelas cada vez más visibles por la opinión pública y más rechazadas por la intelectualidad de la época. Aquella monarquía no era parlamentaria, sino meramente constitucional y la dura realidad de aquel sistema acabó enterrando la propia forma de gobierno monárquica. De aquel periodo constitucional poco había que admirar, pero ese era el modelo que tenían más presente personas que, como Torcuato Fernández Miranda, habían jugado un papel importante en el diseño de los primeros pasos de nuestra transición y de la Ley para la Reforma Política. La actitud de Fraga en la ponencia, las enmiendas de López Rodó en la Comisión y tantos otros pasos de los que hay prueba documental en el *Boletín de las Cortes* o en el *Diario de Sesiones del Congreso de los Diputados* ofrecen indicios o pruebas de todo ello. Frente a ese esfuerzo retardatario, la invocación del Derecho constitucional europeo vigente era poner como modelo el único invocable para construir un Estado social y democrático de Derecho parangonable con el de los países miembros de la Comunidad Económica Europea de la que aspirábamos a formar parte.

El PSOE trabajaba con ciertas notas de Derecho constitucional comparado preparadas por la Comisión en la sombra de profesores de Derecho político, a que ya hemos hecho referencia. Cuando yo me incorporé en enero de 1978 a la Comisión Constitucional y al equipo noctámbulo de negociación, percibí que los ponentes de UCD no tenían unas notas de Derecho constitucional europeo manejables para los debates pendientes sobre el alto número de cuestiones que seguían vivas en el debate. Preparé por mi cuenta esas notas, que me servirían en agosto, al dictar mi citado libro *Comentario sistemático a la Constitución española de 1978,* en que al iniciar el comentario de cada artículo de nuestra Constitución incluí, tras unos apartados sobre antecedentes del proceso de elaboración parlamentaria del precepto y sobre precedentes históricos, otro denominado *Derecho comparado,* que resumía los modelos foráneos que yo había tomado en consideración. Dejé así, con la mayor transparencia, constancia de lo que había tenido en cuenta en los debates; mientras que naturalmente puede deducirse también que lo allí no reflejado no lo había tomado en consideración. Como no pocos diputados de UCD a los que correspondió intervenir en los debates —pues procuramos que buena parte de los miembros del grupo parlamentario subieran a la tribuna— me pedían alguna nota escrita sobre lo que podían decir, en algunas ocasiones les facilité referencias de los modelos europeos que se habían tomado en consideración y que podían invocar en el debate, aunque bastantes diputados procuraron no meterse en un terreno que no conocían.

Por mi cuenta, las intervenciones parlamentarias que me correspondió asumir, en que mucho me temo que prevalecía el tono profesoral del catedrático que acudía todos los lunes a la Facultad de Derecho de Oviedo a impartir dos lecciones por la mañana y otras tantas por la tarde, mi manejo de los modelos foráneos era notorio. Eso me ocurrió no solo durante el proceso constituyente, sino también en toda la legislatura siguiente, es decir, a lo largo del desarrollo de la Constitución en la legislación orgánica y en algunas leyes ordinarias. Esta pregunta de su prestigiosa revista me sugiere que quizá debo pensar en ordenar cronológicamente o por materias esos discursos parlamentarios, en el contexto de debates transcendentes, pero hoy olvidados, para publicarlos, pues podrían resultar de interés para los constitucionalistas españoles que tienen la suerte de ser notablemente más jóvenes.

En cuanto a los autores de Derecho constitucional europeo que actuaban como referentes para nosotros en la fase constituyente, también quise dejar constancia en mi citado *Comentario sistemático,* en que, al término de la glosa de los preceptos de cada Título de nuestra Ley de Leyes, incorporé una «bibliografía seleccionada sobre la materia», que junto a los autores españoles tomados en consideración menciono la aportación de constitucionalistas extranjeros que tuve más presentes. Las referencias ahí constatadas y las lagunas que puedan observarse son el reflejo fiel de lo que entonces había dado vueltas por nuestra limitada cabeza profesoral.

HC: *De todos los Títulos constitucionales, quizá el más complejo de abordar fue el relativo a la organización territorial del Estado, que dio lugar a un tanto confuso artículo segundo y a la actual versión del Título VIII. ¿Considera usted que lo que se hizo entonces era la mejor de las opciones posibles? Si tuviera ocasión de volver a intervenir en el proceso constituyente, y a tenor de la experiencia vivida en estos cuarenta años, ¿cambiaría algo del diseño constitucional de la organización territorial del Estado?*

Al contestar a alguna de las preguntas anteriores creo haber respondido ya algo a esta, pero procuraré arrojar cierta dosis adicional de luz.

Aunque nunca tuve una respuesta completa para las cuestiones que me planteaba sobre por qué se hizo correr la lista de Madrid, para incorporarme al Congreso de los Diputados, cuando debía empezar sus trabajos la Comisión, tuve la impresión de que el ministro de Justicia, Landelino Lavilla, estaba preocupado con el texto que por la Ponencia se había consensuado sobre el Título VIII. Posiblemente quiso incorporar al ancho trabajo que quedaba pendiente a un joven catedrático de Derecho político que procurase racionalizar el texto que sobre el Título VIII había producido la ponencia.

El sigiloso secreto que rodeó los trabajos de la Ponencia no permitió tener noticias precisas ni sobre la gestación de este Título, ni sobre sus trabajos. No obstante, parece claro que unas partes significativas de su Informe se deben a la mayoría que los tres ponentes de UCD conformaron con el ponente de la minoría catalana, Miguel Roca; y entre esas zonas del Informe se encontraba la materia relativa a la ordenación territorial del Estado y especialmente a las comunidades autónomas. Se optó por una combinación de contenido mínimo y de apertura de *la fórmula constitucional* sobre la materia. Esto conllevaba una importante amplitud de lo delegado por el poder constituyente en materia de ordenación territorial del poder político, a favor del poder estatuyente. Y significaba también que la construcción de nuestro Estado autonómico se iba a convertir en el más dificultoso proceso de desarrollo de una Constitución europea de cuantos recordamos. El no optar por alguna modalidad de Estado Federal significaba, en mi modesta opinión, *desconstitucionalizar* en gran medida esta materia capital. Ni siquiera la Constitución estableció un mapa de Comunidades Autónomas incluso se había propiciado un proceso fáctico de preautonomías que en parte aportaba algunas soluciones y también en parte impedía al poder constituyente racionalizara partir de modelos funcionales lo que se había improvisado según los intereses de parte de una incipiente clase política. La Constitución establecía que la Nación española estaba integrada por nacionalidades y regiones, pero ni se había especificado de qué Comunidades era predicable una u otra condición, ni se había convenido si de tal distinción se derivaban diferencias de tratamiento jurídico-político.

Creo que mi visión era similar a la de Gregorio Peces-Barba y todo ello pudo explicar que el ponente socialista defendiese una enmienda a todo el Título, para su sustitución por una propuesta de carácter federal, que incluía unas listas de competencia cerradas, lo que consta en el correspondiente *Boletín Oficial de las Cortes* que transcribió esa y las restantes enmiendas. Hago esta referencia, porque no se suele recordar que estuvo sobre la mesa de la Ponencia una propuesta más razonable —por lo que tengo entendido, en buena medida debida a la pluma de Miguel Satrústegui— que, desde el conocimiento del modelo teórico de los federalismos vigentes en Europa y también de la realidad de su aplicación práctica, optaba por la federalización. Pero al nacionalismo catalán no le interesaba un modelo cerrado de carácter federal, pues su plan era el de ir progresivamente ganando competencias sobre nuevas materias, ir paulatinamente desnudando al Estado de ámbitos competenciales en Cataluña, obtener transferencias sucesivas de nuevas competencias y de más funcionarios... de manera que se llegase —quizá en dos generaciones— a una situación en que las fuerzas nacionalistas controlasen prácticamente por entero la educación primaria, secundaria y superior, todos los medios de comunicación públicos (prensa, radios, televisiones, agencias...), la gestión de cuantos servicios públicos interesan a la ciudadanía y la concesión de las ayudas propias de las políticas sociales en favor de los más necesitados, e incluso procurando introducirse en terrenos, como el de las relaciones internacionales, que por su propia naturaleza obviamente no competen a los Estados federados.

Concurría la circunstancia de que el ponente Manuel Fraga no quería ni oír hablar del federalismo, lo que a mí me parecía algo huérfano de toda lógica, pero que quizá podía entenderse desde sus alergias ideológicas. Y a mi buen amigo Jordi Solé, según parece, le pareció bien el diseño abierto que pilotaba la fina inteligencia de Miquel Roca. Todo ello significaba que la tesis federal que defendió Gregorio Peces-Barba en nombre del PSOE no pudo encontrar apoyos en Ponencia. Y cuando yo me incorporé a los trabajos constituyentes, prometí a Gregorio apoyarle en todo lo posible, pero al intentarlo en el seno de los cuadros de UCD tropecé con las citadas alergias ideológicas hacia el federalismo. No he olvidado la primera de las muchas entrevistas que celebré con Adolfo Suárez en su despacho; fue en enero de 1978 en que le expuse mi plena disconformidad con el enfoque y con el texto de los preceptos del Título VIII, a la vez que le pedí apoyo para formar un eje con el PSOE para defender una solución federal más o menos a la alemana, que aportaba las ventajas que le expuse. El presidente, con las buenas formas que en él eran habituales, me espetó que el federalismo había fracasado en España durante la Primera República. Y cuando yo le dije que el proyecto de constitución federal ni siquiera empezó a discutirse en las Cortes, pues el reverdecer de la guerra carlista absorbió toda la atención de los parlamentarios, él se quedó de piedra y me cambió la conversación.

El Título VIII contenía, casi exclusivamente, de una parte, las vías y procedimientos de acceso a la autonomía y, de otra, el establecimiento de techos competenciales máximos y mínimos en términos manifiestamente mejorables. Esta *cuasi desconstitucionalización* se canalizaba a través del llamado *principio dispositivo*, que —amén del denominado derecho de autonomía a la hora de acceder a ella, hoy ya esencialmente periclitado— establecía unas bases para la distribución de competencias, sin precedentes en el Derecho comparado y que podían propiciar toda suerte de tensiones. Era la distribución de competencias «a la carta» es decir, *a gusto del consumidor*, prescindiendo de la racionalidad de la estructura del Estado resultante. Más que de un consenso constituyente, se trató de la incapacidad de alcanzar un consenso federal en sede constituyente. Solo fue lo que años después Roberto Blanco Valdés adjetivó bien como *un compromiso apócrifo*.

Sobre el valor del aguado marco constitucional en materia de competencias, hay posiciones doctrinales diversas, a las que no es preciso referirme pues son bien conocidas. Pero en todo caso el principio constitucional de apertura era y es disfuncional y propenso a asimetrías competenciales —otra cosa son, por supuesto, las asimetrías naturales que derivan de lenguas propias, fenómenos insulares, comunidades costeras o sin litoral, tradiciones forales y alguna otra, muy pocas si hemos de ser sinceros, «diferencia natural»— que dificultan una articulación de la Administración centrada, racional y exenta de duplicidades conflictivas. Pero lo que no debía servir de legitimación a una asimetría entre las Comunidades Autónomas era su historia, como creo que había puesto de relieve el debate entre Azaña y Ortega en las Cortes constituyentes de 1931. El historicismo neorromántico solo servía a fines del siglo XX como caldo de cultivo para nacionalismos, pero a nosotros nos parecía inquietante su asunción como ingrediente de un proceso constituyente. Creo que frente al poder constituyente nunca hay derechos históricos adquiridos. Las Disposiciones Transitorias primera y segunda no constituyen aciertos del proceso constituyente; más bien han configurado un sendero arcaico que ha conducido a sensaciones de agravios en otras tierras de España y a discursos simplistas desde nacionalismos radicales que solo pretenden negar la condición de España como Nación para lograr, vía secesión, su propio Estado. Me ocupé de todo ello con mayor extensión en el discurso de ingreso que redacté y aporté a la Academia de Ciencias Morales y Políticas, publicando su texto ampliado en un librito que hoy mantiene toda su actualidad: *Del consenso constituyente al conflicto permanente* (2010).

Llegado el momento de elaborar los primeros Estatutos de Autonomía, la visión que Adolfo Suárez y buena parte de los políticos de UCD tenían sobre la materia no había cambiado gran cosa. El proyecto de Estatuto, denominado *de Sau*, que el Parlament de Catalunya remitió al Congreso, a fines de 1979, contenía en su artículo 9 un amplio número de competencias exclusivas de la Generalitat, entre las que figuraban cinco que a su vez se encontraban en la relación de competencias exclusivas del Estado (artículo 149.1 CE). Por entonces el modesto profesor que contesta esta encuesta había rechazado ya educadamente la cartera de Educación que el presidente Suárez le había ofrecido tras la celebración de las elecciones generales de 1979, para asumir la condición de portavoz de UCD en la Comisión de Asuntos Constitucionales del Congreso de los Diputados. En el desempeño de esa función me responsabilicé de redactar y presentar nuestras enmiendas a dicho proyecto y naturalmente incluí las relativas a la mencionada asunción por la Generalitat como competencias exclusivas de varias que la Constitución atribuía al Estado. En las negociaciones subsiguientes, todas celebradas en sesiones de trabajo larguísimas celebradas en el Palacio de la Moncloa, fui enteramente inflexible en una materia que entendí no negociable por imperativo de la Constitución vigente. Se llegó a un momento en que se había avanzado bastante en los diálogos, pero en este punto no se había podido dar ni un solo paso. Por lo que se me dijo, parece que Miquel Roca habló por teléfono con Tarradellas para que este hablase con Adolfo Suárez y pidiese una reunión en Madrid a la que vendría también Jordi Pujol. El presidente del Gobierno accedió a esta solicitud y se celebró en la Moncloa una larga sesión de trabajo en el despacho del presidente, a la que finalmente no acudió Tarradellas, pero si Pujol, de manera que el diálogo se mantuvo de una parte entre Adolfo Suárez acompañado por el ministro de la Presidencia, José Pedro Pérez Llorca, y, de otra, entre Jordi Pujol y Miquel Roca. Al término de la misma se me informó de su fruto: se había transado una fórmula inspirada en la cuadratura del círculo: «Es competencia de la Generalitat la materia [...], sin perjuicio de lo dispuesto en el número X del apartado 1 del artículo 149 de la Constitución». Esas competencias se convirtieron así, por vía a mi juicio inconstitucional, de exclusivas en compartidas, ante la perplejidad del joven profesor que entonces era. Y naturalmente la pseudosolución se traspasaría al Estatuto de Autonomía del País Vasco y a algún otro. Como todo aquello me parecía imposible de defender, seguí desempeñando mi rol de portavoz en la Comisión, pero sin hacer uso de la palabra ni en el debate habido sobre el Estatuto de Cataluña, ni sobre los demás, pues mi condición de profesor siempre prevaleció sobre mi estatus transitorio en aquella importante etapa de nuestra vida política.

Aunque intentaba, sin éxito, disimular el calibre de mi enfado, el presidente Suárez, con su inigualable simpatía personal, me citó en su despacho para darme toda suerte de explicaciones y para decirme que me iba a condecorar, junto a los otros ponentes del Estatuto de Cataluña, con la Gran Cruz de Isabel la Católica. Le contesté, con el debido tacto, que no lo podía aceptar pues ello contravenía lo dispuesto en el artículo 130 de la Constitución gaditana de 1812. Artículo del que naturalmente Suárez no había oído hablar y pensaba, con razón, que no estaba vigente. Pero le resumí lo que decía este precepto y el que le precedía y la posición de nuestros primeros liberales, reunidos en Cádiz, sobre que el Gobierno no otorgase las entonces muy importantes condecoraciones a diputados, que en mi opinión seguía siendo moderna y aplicable a la incómoda situación en que más de una vez se encuentra un profesor que se ve sumergido en las dinámicas de los políticos profesionales.

En resumen, al Título VIII, dicho sea con el debido respeto, no es fácil dedicarle elogios. He defendido siempre que había que reformarlo en dirección hacia una solución federal. Pero el bipartidismo imperfecto español impregnó al pragmatismo de gran parte de nuestros políticos profesionales de una idea motriz: el partido más votado en las elecciones generales podía gobernar, pese a no haber obtenido mayoría absoluta en el Congreso, con el apoyo de las fuerzas nacionalistas adquirible a base de transferir recursos, funcionarios y competencias, entre otras vías por la del artículo 150.2 de la CE, que ha permitido ir derogando en la práctica el listado de competencias exclusivas del Estado que contiene el artículo 149.1 de nuestra Norma Fundamental sin pasar por su Título X.

HC: Historia Constitucional *es una revista, obviamente, que mira sobre todo hacia el pasado, y por eso resulta inevitable que le preguntemos su opinión sobre qué aspectos de nuestra historia constitucional considera que en el proceso constituyente se tuvieron presentes para diseñar la Constitución del 78, pero también cuál considera usted que es el elemento (o elementos) más rupturista e innovador de nuestra actual Constitución en relación con las Constituciones históricas españolas.*

Durante nuestro proceso constituyente, estábamos alejados de las líneas maestras de nuestra historia constitucional, con constituciones que nunca se reformaron, amén de que quienes protagonizaron los pronunciamientos militares no se solían tomar la molestia de derogar la hasta entonces Constitución vigente. Recuerdo que cuando, en segundo curso de licenciatura, el maestro Ruiz del Castillo explicó en una de sus clases las principales aportaciones a la cultura jurídico-política occidental del constitucionalismo británico y del norteamericano, amén del francés, un alumno le preguntó qué había aportado nuestra historia constitucional; a lo que don Carlos le contestó con una abierta sonrisa: «El cuartelazo». Su fino sentido del humor quizá no andaba muy descaminado. No obstante, procuraremos contestar algo a tan difícil pregunta.

La operación de la reforma política se había pilotado, como es obvio desde el extremo conservador del espectro político de la época, por quienes a ciertos efectos se inspiraron en la fórmula de carta otorgada de que se había servido la Corona al dictar el Estatuto Real de 1834. Naturalmente había transcurrido casi siglo y medio y el escenario era otro muy diferente. No obstante cabe pensar que algunos de ellos tenían presente el Senado de nuestro siglo XIX, concebido como una Cámara Alta en que se sentaba la tradición histórica, en forma solo parcialmente diferente a la encarnada por la Cámara de los Lores en el constitucionalismo británico. También entre los posfranquistas influyentes en el proceso de la Transición se prefería nuestro sistema electoral mayoritario del siglo XIX, al proporcional propugnado en aquellos años por la oposición democrática al Régimen.

No pretendo en este trance profundizar en el complejo pacto constituyente sobre la composición del Senado y del Congreso de los Diputados, así como sobre sus respectivos sistemas electorales, que es materia imposible de explicar con la parquedad inherente al género literario que nos ocupa. Pero creo que cabe afirmar que tanto en los debates constituyentes, como en el seguimiento de los mismos por parte del profesorado de nuestra disciplina, prevalecía la opinión de que las soluciones no debían buscarse preferentemente en una historia jurídico-política en que es verdad que arrancó en las brillantes Cortes de Cádiz, que dieron a luz una gran Constitución. Pero no fue menos cierto que seguidamente tuvimos una muy modesta tradición constitucional. Escribí en su día que nuestros partidos decimonónicos defendían unas ideas políticas a las que no pensaban traicionar con pactos o transacciones suscritos con quienes actuaban desde otras tesis ideológicas, de forma que cada partido defendía un modelo de organización de la vida política, en ciertos aspectos, antagónico al preconizado por otras fuerzas políticas. Frecuentemente cada partido incorporaba a su programa un modelo de Constitución, que aspiraba a implantar tan pronto como alcanzase el poder, suprimiendo, claro está, la vigencia de la Constitución que había sido aprobada durante el mandato de un Gobierno anterior apoyado en otro partido.

Es decir, si una Constitución puede ser entendida como decisión unilateral de un solo partido o como solución de consenso alcanzada por varias fuerzas políticas, hemos de reconocer que nuestra historia constitucional ha estado plagada de constituciones del primer tipo, de constituciones decisionistas, si se nos permite extrapolar la terminología de Donoso Cortés, con la relativa salvedad de la Constitución de 1837 y de la Constitución canovista de 1876. Y esto por no hablar de otro factor de no menor transcendencia, a saber, el clima de guerra civil que coexistió con nuestra historia constitucional del siglo XIX y de buena parte del XX. Todo ello en nuestra historia decimonónica patria configuraba un clima de confrontación absoluta, muy alejado de la cultura que durante el mismo siglo se creó y consolidó en buena parte de los países europeos y en Norteamérica, de convivencia de los diversos partidos políticos en el marco de unas reglas constitucionales pactadas y respetadas por todos. Era en estos grandes modelos de Derecho constitucional foráneo en los que, durante nuestra fase constituyente, creímos que debíamos centrar nuestra atención buscando enseñanzas a adaptar a nuestra dura tierra.

No obstante, en los escaños constituyentes se sentaban sensibilidades diversas y aun contrapuestas. Y quienes tenían el propósito de continuar siendo políticos profesionales veían ventajas en la azarosa trayectoria de nuestra historia constitucional. Así, por poner un solo ejemplo, la admiración hacia nuestro Tribunal de Cuentas decimonónico, especializado en mirar hacia otra parte y en fijarse fundamentalmente en ejercicios ya prescritos era notoria en algunos diputados, que venían del sistema anterior. También recordamos la alergia de estos diputados a debatir qué sentido conservaban, a fines del siglo XX, las nociones de inviolabilidad o de aforamiento de los parlamentarios.

En la modesta opinión de quien contesta a estas preguntas de *Historia Constitucional*, que sabe mucho menos de nuestro constitucionalismo histórico que quienes dirigen esta magnífica publicación, el capítulo del que podemos estar más orgullosos de nuestro devenir constitucionalista es el de las Cortes de Cádiz y su interesantísima Constitución de 1812, que como es bien sabido se convirtió en su época en uno de los grandes referentes en la materia, junto con el constitucionalismo británico, la breve Carta Magna norteamericana de 1787 y la Constitución francesa de 1791. Reconozco ser un forofo de los debates gaditanos, del clima creado por los liberales españoles en torno a lo que la Europa de la época denominó *la Revolución española* y naturalmente intenté, junto con bastantes otros amigos que compartían esta visión, que algunas de las soluciones de nuestra *gloriosa Pepa* fuesen tenidas en cuenta. Así, en la constitucionalización de buena parte de los derechos de los justiciables nuestra primera Constitución, como tuve ocasión de exponer pormenorizadamente en una de las sesiones de mi Academia de Ciencias Morales y Políticas [1], consagra ciertas garantías puntuales que son pioneras en la historia del constitucionalismo universal. Recordemos varios ejemplos; el artículo 291 doceañista rezaba: «La declaración del arrestado será sin juramento, que a nadie ha de tomarse en materias criminales sobre hecho propio», solución innovadora que fue incorporada al artículo 24.2 de nuestra Constitución. El precepto 247 de nuestra Constitución gaditana dispuso: «Ningún español podrá ser juzgado [...] sino por el tribunal competente determinado con anterioridad por la ley», esencialmente transcrito en el artículo 24.2 de nuestra Constitución vigente: «Todos tienen derecho al juez ordinario predeterminado por la ley».

Traigo a colación estos ejemplos para disipar las dudas acerca de que no se recordaba en nuestro proceso constituyente el extenso y buen texto magno gaditano, aunque su peso en 1978 era infinitamente menor al que ejercían las grandes constituciones europeas vigentes. La distancia entre el primer constitucionalismo europeo y el contemporáneo era ya enorme y en nuestras Cámaras constituyentes prevalecía el deseo de incorporarnos a una Europa democrática de la que deseábamos formar parte. La homologación de nuestras instituciones políticas con las de los países miembros de esa admirada Europa tenía demasiada fuerza como para pensar en un diseño constitucional presidido por la idea romántica de conectar con nuestro constitucionalismo histórico.

HC: *En la misma línea, resulta evidente que el referente histórico más cercano y directo era la Constitución de la Segunda República. ¿En qué medida la Constitución del 31 fue empleada en los debates constituyentes, ya fuese para convertirla en referente, ya para rechazar frontalmente ese modelo?*

La Constitución de 1931 ha gozado siempre de mi mayor respeto. Antes he tenido ocasión de citar a mi maestro, Carlos Ruiz del Castillo. Aunque yo estudié con él los dos cursos de nuestra asignatura por los apuntes que tomé en sus clases, para asegurarme como buen empollón que sacaba sendas matrículas de honor, adquirí en una librería de viejo su magnífico

[1] *Vid.* «La justicia en la Constitución española de 1812», en *Anales de la Real Academia de Ciencias Morales y Políticas,* 2012, pp. 347-388. Recogido en Ó. Alzaga, *Sociedad democrática y Constitución (Estudios y cabos sueltos),* Madrid, Marcial Pons, 2018, pp. 75 y ss.

manual de Derecho político, escrito durante la vigencia de esta *Lex Normarum* republicana, que aún hoy constituye uno de los mejores textos que se ha escrito sobre esta Constitución, que tenía aspectos muy modernos, pero cuya vida fue interrumpida por el golpe de 1936. Ruiz del Castillo, que fue magistrado del Tribunal de Garantías bajo la vigencia del texto del 31, conservó toda su vida un especial respeto por muchas de las soluciones que allí se consagraron.

En nuestras Constituyentes latía la prudencia de la transición, y por ello se citó poco en los debates nuestra Constitución de la Segunda República. Sin embargo, hubo referencias más o menos puntuales, pero que no constituían un mero adorno. Recuerdo bien las referencias al texto de 1931 que formularon parlamentarios del Partido Nacionalista Vasco en torno a la materia del Título VIII. Pero también hubo algunas menciones de esta índole sobre cuestiones relativas a la organización y al funcionamiento de determinadas instituciones, como por ejemplo en el debate sobre la composición del Tribunal Constitucional, materia en la que no faltaron sugerencias desde las fuerzas nacionalistas para que existieran miembros del Tribunal Constitucional propuestos por las Comunidades Autónomas y ese antecedente de la Constitución de 1931, que concedió este *rol* a las regiones no había sido positivo, pero lo cierto era que no dejaba de estar en el museo del constitucionalismo histórico español. Dejando ahora a un lado que aquella contienda se resolvió considerando que los cuatro miembros del Tribunal propuesto por el Senado cumplirían ese papel. Fue interesante escuchar la intervención del portavoz socialista, Gregorio Peces-Barba, en el Pleno del Congreso (*Diario de Sesiones* de 20 de julio de 1978) justificando por qué no se habían seguido ciertas pautas marcadas, en cuanto a la composición del Tribunal de Garantías Constitucionales, por la Constitución republicana. Fueron palabras explicativas dirigidas a los escaños del propio PSOE, donde se sentaban algunos congresistas —sobre todo los de mayor edad— identificados con la trayectoria republicana de su partido. He tenido ocasión de referirme en un artículo[2] a esta cuestión y dejé anotado que «gravitó sobre los constituyentes socialistas el recuerdo de la Constitución de nuestra Segunda República», y planteando que está pendiente de abordar entre nosotros «en qué pequeña medida asumieron tal modelo y tradición y en qué forma obviaron seguir en lo fundamental las pautas de dicho precedente». Y añadíamos que «cabría estudiar tal problemática también respecto de otros grupos parlamentarios conectados con la experiencia republicana; principalmente es digno de ser analizado en profundidad el caso del Partido Nacionalista Vasco y algún interés tiene quizá este análisis referido a CIU y PCE, por razones que se nos antojan obvias».

[2] «Sobre la composición del Tribunal Constitucional», en *Teoría y Realidad Constitucional*, núms. 10-11, 2.º semestre de 2002, pp. 149-180.

OTROS LIBROS DE ÓSCAR ALZAGA

La primera democracia cristiana en España, Barcelona, Ariel, 1973.

Comentario sistemático a la Constitución española de 1978, Madrid, Del Foro, 1978.

Le origini della Democrazia Cristiana in Spagna, Roma, Edizioni Cinque Lune, 1978.

Comentario a las leyes políticas: Constitución española de 1978. Dirección de la obra y prefacio, 12 vols., Madrid, Ed. Revista de Derecho Público, 1983-1988.

Derecho político español, I. Introducción, Historia Constitucional y proceso constituyente. La Constitución como ordenamiento de un Estado de Derecho. Los derechos y las libertades. La corona, Madrid, Editoriales de Derecho Reunidas, 1996.

Comentarios a la Constitución española de 1978. Dirección de la obra y prefacio, 12 vols., Madrid, Ed. Cortes Generales y EDERSA, 1996-1999.

Del consenso constituyente al conflicto permanente, Madrid, Trotta, 2011.

Comentario sistemático a la Constitución española de 1978, 2.ª ed., Madrid, Marcial Pons, 2016.

Derecho político español según la Constitución de 1978, vol. I: «Constitución y fuentes del Derecho», 6.ª ed., Madrid, 2016.

Derecho político español según la Constitución de 1978, vol. II: «Derechos Fundamentales y Órganos del Estado», 6.ª ed., Madrid, 2017.

Sociedad democrática y Constitución (Estudios y cabos sueltos), Madrid, Marcial Pons, 2018.